Gottes lebendiger Geist

Gottes lebendiger Geist

Kirchentag 1991

Themen und Akzente

Ein Vorbereitungsbuch

Herausgegeben von Wolfgang Brinkel
und Heike Hilgendiek

Chr. Kaiser

CIP-Titelaufnahme der Deutschen Bibliothek
Gottes lebendiger Geist : Themen und Akzente; ein Vorbereitungsbuch / Kirchentag 1991. Hrsg. von Wolfgang Brinkel u. Heike Hilgendiek. – München: Kaiser, 1990
(Kaiser Taschenbücher; 95)
ISBN 3-459-01876-3
NE: Brinkel, Wolfgang [Hrsg.]; Deutscher Evangelischer Kirchentag <24, 1991, Bochum u. a.>; GT

Printed in Germany.

Umschlag: Ingeborg Geith, München,
Foto: Ruhrgebiet © Bilderberg, Hamburg / H.-J. Burkhard
ISSN 0931-7732
Gesamtherstellung: Clausen & Bosse, Leck

Inhalt

(über Befreiungstheologie!)

TEXTE ZU BIBELARBEITEN UND GOTTESDIENSTEN

THEMENBEREICH 1: VERANTWORTLICHES WIRTSCHAFTEN: UM DES LEBENS WILLEN

(bes. über Flüchtlinge!)

THEMENBEREICH 2: DIE DEUTSCHEN IN EUROPA: BEFREIT ZUM MITEINANDER

THEMENBEREICH 3: GLAUBE UND KULTUR: DER GEIST GEWINNT GESTALT

THEMENBEREICH 4: GELINGENDES LEBEN: KOMM HEILENDER GEIST

(=?!)

Vorwort

Deutscher Evangelischer Kirchentag im Ruhrgebiet: Eine *ganze Region* ist im Jahr 1991 Gastgeberin: eine Region, die sich in der Selbstdarstellung *Ein starkes Stück Deutschland* nennt. Dieser Slogan bezieht sich in erster Linie auf die Wirtschaftskraft des Ruhrgebietes; darin allein kann sich aber die Beschreibung des *Reviers* nicht erschöpfen: Sein kulturelles Angebot kann im internationalen Vergleich mithalten. Seine Lehr- und Forschungsstätten bringen kompetente WissenschaftlerInnen hervor. Es gibt bis in die Kleinstädte hinein viele Ansätze multikulturellen Zusammenlebens in der durch ausländische ArbeitnehmerInnen und Studierende oder Geschäftsbeziehungen entstandenen Internationalität dieses Gebietes. Selbst landschaftlicher Reize entbehrt das Ruhrgebiet nicht.

Und doch ist das Ruhrgebiet gerade auch in seinen Mängeln ein ›starkes Stück Deutschland‹: Ausländerfeindliche Stimmungen kommen hier besonders häufig zum Ausdruck. Die Arbeitslosigkeit mit allen ihren sozialen Folgen ist in der Industrieregion an Rhein und Ruhr besonders hoch. Altlasten und aktuelle (Industrie-) Schadstoffausstöße, Autoabgase und Abfälle gefährden Wasser, Luft und Boden, und damit das Leben selbst.

Deutscher Evangelischer Kirchentag im Ruhrgebiet: Für die Menschen, die im *Revier* leben, eine Chance, mit anderen ihre Erfahrungen zu teilen; ihr Anliegen, auch als Christen und Christinnen, auch als Kirche den Alltag der Welt wahrzunehmen und in diesem Alltag zu leben, deutlich zu machen. Und für die Gäste des Kirchentages eine Chance, Kirche in dieser – sehr viel stärker als in ländlichen Bereichen – säkularisierten Gesellschaft zu erleben.

Deutscher Evangelischer Kirchentag im Ruhrgebiet: Die Chance zum gemeinsamen Akzentesetzen, zum Miteinander-Feiern und -Diskutieren über Fragen, die Menschen bewegen. Dieses Buch dient der Einstimmung auf den Kirchentag: auf seine Region, seine Losung und seine Themenbereiche.

Hans-Martin Linnemann, Präses der Evangelischen Kirche von Westfalen, und *Johannes Rau*, Ministerpräsident des Landes Nordrhein-Westfalen, beide in Kirche und Welt gerade der gastgebenden Region mitbestimmend, leiten das Vorbereitungsbuch durch Grußworte ein.

Portraits der Städte Bochum, Dortmund und Essen vermitteln einen ersten Eindruck; daß die BesucherInnen sich im Laufe des Kirchentages, oder am besten an einigen Tagen vorher oder danach, selbst auch ein Bild davon machen müssen, was die Randgebiete der Ruhrregion prägt, versteht sich von selbst.

Eine Einführung in die Kirchengeschichte der Region stellt der Beitrag von *Traugott Jähnichen* dar. In literarischer Hinsicht bringt *Max von der Grün* das Revier nahe. Meditationen zur Losung des Kirchentages erhellen ihren biblischen Kontext, ihre Bedeutung und ihre Assoziationen sowie ihre gesprächsöffnenden Möglichkeiten.

Die Texte der Eröffnungsgottesdienste, Bibelarbeiten, des Feierabendmahls und des Schlußgottesdienstes sind kommentiert von Theologinnen und Theologen, die in ihren Beiträgen die Bibel im Alltag der Menschen um sie her zum Sprechen bringen wollen.

Die Aufsätze zu den vier Themenbereichen sind vielfältig: *Verantwortliches Wirtschaften* hat einerseits mit weltweiten wirtschaftlichen Zusammenhängen zu tun, bezieht sich aber auch auf Strukturen innerhalb unserer Gesellschaft. Die Mannigfaltigkeit der Texte spiegelt die Bedeutung des Themas für die verschiedenen Lebensbereiche von Kirche und Gesellschaft wider.

Daß das Ruhrgebiet in seinem kulturellen Angebot nicht ohne Bedeutung ist, ist bekannt. In den Beiträgen zum Themenbereich 2 *Der Geist gewinnt Gestalt* wird u. a. der Stellenwert der unterschiedlichen Religionen im Ruhrgebiet deutlich (jüdisch-christlicher und christlich-islamischer Dialog); aber ebenso das Anwachsen alternativer Kultur und ihre Auswirkungen auf das Zusammenleben der Menschen – auch in den Kirchen.

Im Themenbereich 3 *Die Deutschen in Europa* bilden einen Schwerpunkt die Entwicklungen in der DDR, das Zusammenwachsen der beiden deutschen Staaten (und die damit verbundenen Probleme) sowie die Rolle der Kirchen in diesem Prozeß. Es geht aber auch um die Frage der Identität der Deutschen in Europa und in der Welt auf dem Hintergrund ihrer unheilvollen Geschichte.

Im vierten Themenbereich *Gelingendes Leben* wird die Frage nach dem Miteinander behinderter und nicht-behinderter Menschen gestellt; es geht um die Beteiligung der Frauen am gesellschaftlichen Leben sowie um ihren Beitrag zur Gestaltung des Lebens, um emanzipative Formen des Zusammenlebens.

Den Autorinnen und Autoren danken wir für ihre engagierten Akzentsetzungen zu den Kirchentagsthemen. Den Lesenden wünschen wir, daß sie durch die Lektüre auf den Kirchentag 1991 eingestimmt werden; daß sie sich herausfordern lassen von den Fragestellungen dieses Buches, und daß sie mit guten Lese-Erfahrungen zum Kirchentag kommen und mit guten Lebens-Erfahrungen, getragen vom Geist Gottes, der zum Leben befreit, in ihren Alltag nach dem Kirchentag zurückkehren werden.

Marl, im Juni 1990 Wolfgang Brinkel · Heike Hilgendiek

Grußworte

Hans-Martin Linnemann

Gottes Geist bleibt an uns lebendig

Geleitwort des Präses der Evangelischen Kirche von Westfalen

»Gottes Geist befreit zum Leben.« Im 2. Kapitel der Apostelgeschichte erzählt die Bibel davon, welche Wirkung Gottes Geist auf Menschen hat: Wie ein Sturmwind fährt Gottes Geist unter die in ihrer Angst und ihrer Mutlosigkeit gefangenen Jünger und treibt sie hinaus zu den Menschen, in die Welt, in die sie durch Christi Befehl gesandt sind. Gottes Geist befreit von Angst und Sprachlosigkeit zur Zuversicht und vollmächtigen Rede.

Beim Kirchentag wird es auch darum gehen, daß Gottes Wort an uns lebendig bleibt, daß wir es hören, nachsprechen und anwenden in unserer immer wieder neuen Lebenszeit. So bietet uns der Kirchentag eine Möglichkeit zur erneuten Aktualisierung des Wortes Gottes für unsere sich ändernde Situation.

Was wird aus Deutschland? Was bedeutet »Befreiung zum Leben« in diesem Zusammenhang? Dies wird sicherlich ein wesentlicher Punkt sein für die Diskussion. Aber wir sollten darüber nicht vergessen, daß »Befreiung zum Leben« für viele Menschen von elementarer Bedeutung ist. Es wird auf dem Kirchentag um »verantwortliches Wirtschaften« in weltweiter Perspektive gehen – ebenso wie um »gelingendes Leben« im persönlichen Bereich. Fragen gibt es genug.

Für das Nachdenken darüber, für den Einstieg in die Diskussion des Ruhrgebiets-Kirchentages scheint mir ein Buch wie dieses ein wichtiger Schritt zu sein.

Johannes Rau

Kirchentag im Ruhrgebiet: Ein Ort der Begegnung mit Geschichte und Kultur einer Region

Grußwort des Ministerpräsidenten des Landes Nordrhein-Westfalen

Wieder einmal findet der Evangelische Kirchentag in Nordrhein-Westfalen statt: sechs Jahre nach dem in Düsseldorf 1985, diesmal in einer seiner Kernregionen, im Ruhrgebiet. Das ist für mich als Ministerpräsident dieses Landes und als Christ, der hier lebt und arbeitet, eine große Freude. Ich möchte alle, die als unsere Gäste nach Essen, Bochum und Dortmund kommen und dort an den zahlreichen Veranstaltungen teilnehmen werden, ganz herzlich grüßen und ihnen eine gute und gesegnete Zeit wünschen.

Ich freue mich auf diesen Kirchentag und auf die vielen Menschen, die im Revier zusammenkommen, um dieses große Fest der evangelischen Christen zu feiern. Vielleicht sind es wieder weit über Einhunderttausend, die dabeisein wollen: Junge und Alte, Christen, die sich ihres Gottes gewiß sind, und Zweifelnde, Fragende und solche, die einfach von ihren guten Erlebnissen mit Gott erzählen wollen.

Kirchentag – das ist immer vor allem Begegnung: Begegnung mit Gott im Hören, im Meditieren, in der Stille. Begegnung mit Menschen im Gottesdienst, am Markt der Möglichkeiten, beim Essen und beim Feiern.

Es ist aber auch Begegnung mit der Geschichte und Kultur einer Region. Diesmal ist es das Ruhrgebiet, das alte, industrielle Herzstück unseres Landes, das nach Jahren der wirtschaftlichen Krise und einer schwierigen Umstrukturierung dabei ist, in eine neue, ökologisch bestimmte Zukunft zu gehen. Hier begegnet man einer besonderen Mentalität und einer Geschichte, die gerade im Blick auf die Kirchen interessant ist. Zu denken ist an die Herausforderungen durch Industrialisierung und soziale Not im vergangenen Jahrhundert, an manche vertane Chance, aber auch an manche, die die Christen ergriffen haben. Mir fallen da die Innere Mission mit ihrer diakonischen Arbeit ein und auch die Solidarisierung der evangelischen Kreissynoden des Reviers mit den Forderungen der Arbeiter im großen Streik von 1905. Ich denke an die Arbeit der christlichen Jugendverbände, an das Weiglehaus in Essen und an das, was täglich in den einzelnen Gemeinden treu und oftmals im Verborgenen am Nächsten getan wird.

Kirchentag im Ruhrgebiet – das ist Begegnung mit der Geschichte von Kirche und Arbeiterschaft im Revier, mit der sozialen Frage gestern und heute, mit alten und neuen Herausforderungen. Da sind die Probleme der Dritten Welt, denen wir uns stellen müssen, und vor allem auch die ökologischen Schwierigkeiten einer modernen Industriegesellschaft. Gerade weil Christen nicht in einem weltfernen Wolkenkuckucksheim oder auf einer Insel der Seligen, sondern mitten in der Welt leben und dort als Christen glauben und handeln, gerade deshalb gehören diese Themen hierher auf den Kirchentag und werden uns intensiv beschäftigen. Auch heute müssen wir uns als Christen dafür einsetzen, daß hier wie überall auf der Welt Menschen menschenwürdig und gerecht leben und sich entfalten können. Es geht um die Bewahrung der Schöpfung, die uns anvertraut ist, nicht damit wir sie innerhalb weniger Generationen hemmunglos verbrauchen und ausbeuten, sondern damit wir mit ihr und in ihr leben und damit wir sie bewahren. Die Katastrophe ist absehbar, wenn wir das Menetekel nicht sehen, das täglich mit Giftstaub, Klärschlamm und Pestiziden an die Wand gemalt wird, und umkehren: zu einem Leben, in dem wir uns bescheiden und lernen, mit der Natur Frieden zu schließen. Das stellt nicht zuletzt die Christen vor neue Herausforderungen.

Ich meine »Herausforderung« nicht in dem Sinne, daß wir ständig den moralischen Zeigefinger hochhalten sollten. Es geht für mich nicht um ein Gesetz, das wir uns und unseren Nächsten als schweres Joch auf die Schultern legen, sondern darum, daß wir als Gerechtfertigte für Gerechtigkeit eintreten, als Befreite selber anderen helfen sich zu befreien, daß wir als Menschen, denen Frieden geschenkt ist, im Frieden auch mit unserer natürlichen Umwelt leben.

Wer an den Gott glaubt, der sich uns in Jesus Christus offenbart hat, sieht manches anders und manches besser: Er sieht in den fernen Menschen der Dritten Welt nicht Leute, die eben »Pech gehabt« haben und die uns in ihrer Armut und Not nichts angehen, sondern er erkennt in ihnen unsere Nächsten. Dasselbe gilt für unser Verhältnis zur Natur. Wer sich zu Gott als dem Schöpfer aller Dinge bekennt, wird in der Welt nicht ein bloß zufälliges Material menschlicher Arbeit und das Objekt einer natürlichen oder erlernten Besitzgier sehen, sondern er weiß: Die Natur ist ein unbeschreibliches Wunder, das von Gott so gewollt ist und von dem er gesagt hat: Es ist gut. Dann sind auch Tiere keine bloßen Gegenstände, die man nach Lust und Laune verbrauchen oder benutzen kann, sondern Geschöpfe Gottes, Mitgeschöpfe, die man in ihrer eigenen Würde anerkennt.

Der christliche Glaube befreit zu einer neuen Sicht, die uns helfen kann, unsere alte Blindheit zu überwinden, alte Bahnen zu verlassen und neue Wege zu gehen. Diese neue Sicht und diese neuen Wege brauchen wir als Einzelne und als Gesellschaft im Ganzen, die immer drängender und unausweichlicher mit neuen Herausforderungen konfrontiert wird. Daß wir sie mutig angehen können und nicht von vornherein ohne Hoffnung zu leben brauchen und dann resignieren müssen, hat mit diesem Gott zu tun, dessen Geist uns zum Leben befreit.

Das Motto dieses Kirchentages im Ruhrgebiet ist für mich kein frommes Sprüchlein. Es weist auf etwas hin, was nicht nur wirklich werden kann, sondern häufig schon Wirklichkeit geworden ist. Die Entwicklung der letzten Jahre in Ost-Europa hat das auf eine für uns alle überraschende Weise gezeigt: Waren es doch gerade die christlichen Kirchen, die mit ihrem gewaltlosen Widerstand häufig zum Kristallisationspunkt einer friedlichen Revolution wurden. Weil sich Menschen an die Bergpredigt erinnerten, lief die gepanzerte Macht autoritärer Regime ins Leere: Die friedlich demonstrierenden Menschen in Leipzig und Dresden, in Prag und Sofia paßten nicht in die alten ideologischen Feindbilder, die es den Machthabern erlaubt hätten, mit brutaler Gewalt zurückzuschlagen. Diese Erfahrungen können auch uns in der Bundesrepublik Mut machen, auf diesen Geist des Friedens zu vertrauen, der Mauern überwinden und Freiheit und Leben schenken kann.

Ich wünsche allen Teilnehmern und Teilnehmerinnen dieses Kirchentages viele gute Gespräche und Begegnungen, in denen sie etwas von dieser göttlichen Macht spüren, von dem Geist Gottes, der zum Leben befreit.

Zur Orientierung

Bochum: Eine Stadt stellt sich vor

Im Vergleich zu anderen großen deutschen Städten blickt Bochum auf eine kurze Geschichte zurück, denn 700 Jahre sind für eine Stadt kein Alter. Und von weltgeschichtlicher Bedeutung waren auch diese 700 Jahre nicht. Aber, es ist eine bewegte Vergangenheit, die das Ackerbauerndorf aus spätromanischer Zeit durchlebt hat, um letztlich eine bekannte Industrie- und Universitätsstadt zu werden. Denn wer, wie das alte kleine Bochum, seine Chance am Schnittpunkt zweier bedeutender Heer- und Handelsstraßen sucht, erlebt schon was.

Immerhin müssen sich die alten Bochumer bald bewährt haben, denn schon 1321 erhielten sie das Recht, sich Stadt zu nennen und entsprechend aufzutreten. Den Titel führten sie fortan im Schilde, ihr Auftritt aber fiel, typisch westfälisch, einigermaßen bescheiden aus. Es blieb die folgenden Jahrhunderte beim Ackerbau und der ländlichen Idylle. Erst der Steinkohlebergbau krempelte die hergebrachten Wirtschafts- und Lebensformen um.

Das war im 19. Jahrhundert, so um seine Mitte. Von da an lockten Bergbau und Stahlindustrie tausende und abertausende arbeitssuchende Menschen ins Revier. Die Einwohnerzahl Bochums stieg innerhalb von 50 Jahren um mehr als das Zehnfache auf über 40 000 im Jahr 1885. Und selbst diese Zeit, die so einschneidend und nachhaltig die Stadt und ihre Bewohner prägte, ist heute ein abgeschlossenes Kapitel der Geschichte. Es gibt nun schon seit 17 Jahren in Bochum keine Zeche mehr. Die historisch-kulturelle Bedeutung des Bergbaus bleibt allerdings in unserer Stadt »offensichtlich«. Über das Stadtgebiet verteilt trifft man auf zahlreiche, unter Denkmalschutz stehende Zeugen der Bergbaugeschichte: Stollenmundlöcher, Zechengebäude oder die industriearchitektonisch höchst interessanten Malakowtürme. Und nicht zuletzt die Bergarbeitersiedlungen, die heute im Zuge ihrer Renovierung ganz neue Reize entfalten. Geblieben ist auch der grünleuchtende von weither und aus allen Richtungen sichtbare Förderturm des Deutschen Bergbaumuseums, der sich – von ganz allein – als Wahrzeichen der Stadt durchgesetzt hat.

Von seiner Größe und Konzeption her als bergbauliches Fachmuseum ist das Deutsche Bergbau-Museum einzigartig in der Welt. In riesigen Ausstellungsräumen sind Originalmaschinen, Modelle und naturgetreue Nachbildungen ausgestellt. Sie führen dem Fachmann wie dem Laien die spannende Entwicklung des Bergbaus vor Augen, von den frühesten Anfängen bis zur heutigen Zeit.

Mit nahezu einer halben Million Besucher jährlich reiht es sich ein in die Riege der bedeutendsten und meistbesuchten deutschen Museen. Und kaum einer läßt sich die Auffahrt in den 68 Meter hohen Förderturm entgehen, um von dort oben den Ausblick auf die Stadt zu genießen, die trotz aller Bebauung überraschend grün aussieht.

Vielleicht ist es aber auch weniger die Höhe als vielmehr die Tiefe, die den Museumsbesuch zum eindrucksvollen Erlebnis werden läßt: eine Führung durch das in 15 bis 20 Meter Tiefe angelegte Anschauungsbergwerk vermittelt über eine Strecke von mehreren Kilometern einen Eindruck von der unglaublich harten Arbeit unter Tage.

Bochum heute – mit seinen fast 400 000 Einwohnern – hat sich zu dem gemausert, was man im trockenen Planerdeutsch ein gut ausgestattetes Oberzentrum nennt – wofür Bochumer aber sicher lebensnähere Bezeichnungen finden. Nicht zuletzt läßt sich bei einem Bummel durch die City erfahren, was gemeint ist. Denn da sind die vielen attraktiven Geschäfte, die großangelegten Plätze und Cafés, die zum Verweilen einladen, und da sind die Sehenswürdigkeiten, die die Zeichen der Moderne und die Spuren der Geschichte einer Stadt repräsentieren. So zeugt das Terminal, die berühmte Stahlplastik von Richard Serra, von progressiver Kunst und auch von kulturpolitischer Courage. Kaum fünf Minuten weiter entfernt weist das alte Kuhhirtendenkmal in eine Zeit, die über 100 Jahre zurückliegt, als noch der »städtisch angestellte« Hirte allmorgendlich ins Horn stieß, auf daß die Bürger ihm ihr Vieh anvertrauten, das er zur städtischen Weide führte.

Städtische »Weiden«, genauer gesagt städtische Freiflächen, werden – wen wundert's – auch noch heute gebraucht, nicht gerade, um Vieh darauf zu weiden, aber um Parks anzulegen, Wohnungen zu errichten und nicht zuletzt, um Gewerbebetriebe darauf anzusiedeln, die nach Bochum kommen oder in Bochum bleiben wollen.

Die Wirtschaft befindet sich in einem radikalen Umbruch, und dieser Umbruch stellt sich auch in einer räumlichen Neuordnung des Stadtgebietes dar. Die neuen Betriebe kommen, während die alten noch ihre Stellung halten. Oder um ins Planerdeutsch zurückzufallen: der Tertiärsektor kommt, der Sekundärsektor schrumpft sich gesund, was natürlich nichts daran ändert, daß nach wie vor Industriebetriebe wie Opel oder Krupp Stahl Bochums größte Arbeitgeber sind.

Beschäftigungszahlen spielen auch bei der Ruhr-Universität (RUB) eine Rolle, immerhin arbeiten hier rund 5000 Menschen direkt oder indirekt im Dienste der Wissenschaft, doch weit wichtiger noch ist ihre weitreichende Ausstrahlung für das Ansehen der Stadt, Kooperationen zwischen Wirtschaft, Universität und Gewerkschaften haben sich fest etabliert. Das wissenschaftliche Potential der Ruhr-Universität und der drei Bochumer Fachhochschulen ist von unschätzbarem Wert nicht nur für Wirtschaftsbetriebe, sondern auch für zahlreiche andere Einrichtungen. Nicht zuletzt trägt die Ruhr-Universität – nun schon seit fast 25 Jahren – zum kulturellen Leben der Stadt bei. Bochums Kultur hat Tradition, ob durch Schauspielhaus, Bochumer Symphoniker oder Shakespeare-Gesellschaft. Einrichtungen wie das Planetarium mit seinem multimedialen Sternentheater, das Bergbaumuseum oder das Institut für Puppenspiel haben sich längst über Bochum hinaus einen Namen gemacht. Wichtig ist es heute, auch der auf breiter Ebene und in spannender Vielfalt sich entwickelnden Alternativkultur eine Chance zu geben. Und das hat die Stadt mit hörbarem und sichtbarem Erfolg.

APOTHEKE

Gestatten: Dortmund

Mit über 580 000 Einwohnern und 28 020 ha ist Dortmund Westfalens größte Stadt. Dortmund, ideal gelegen am Schnittpunkt schneller Verkehrsverbindungen, ist aus allen Himmelsrichtungen gut erreichbar.

City

Dortmunds City, umgrenzt vom historischen Wallring, befindet sich im Wandel. Der Hansaplatz entsteht neu, der Alte Markt wird »gestylt«. Und als besonderer städtebaulicher Schwerpunkt gehen das neue Rathaus und der Friedensplatz ihrer Vollendung entgegen.

Mehr Aufenthaltsqualität, mehr Lebensqualität ist angesagt im Bereich rund um den attraktiven Stadtgarten mit dem weithin geschätzten Gauklerbrunnen, neben der »Pagode«, dem Stadtbahnhaltepunkt Stadtgarten. Nur einen Steinwurf entfernt die Oper und das Schauspielhaus.

Ebenfalls beliebt: Die Einkaufsstadt Dortmund, denn Dortmund ist die preiswerteste Großstadt der Bundesrepublik. Zahlreiche Großkaufhäuser und hunderte kleinere Einzelhandelsgeschäfte bieten ein umfassendes Sortiment. Und wer einen weiteren kulturellen City-Akzent sucht, sollte die vier Innenstadtkirchen mit ihren weit über die Stadtgrenzen hinaus bekannten fünf Altären nicht vergessen.

Kultur

Für den Theaterfreund bietet das »Theater Dortmund« ein komplettes Programm: Oper, Operette, Musical, Ballett, Philharmonische Konzerte sowie klassisches und modernes Schauspiel. Weit über die Grenzen hinaus nimmt man Notiz vom künstlerischen Niveau in Dortmunds »Opernhaus«. Und das Ballett-Ensemble macht seit einiger Zeit anerkannt »große Sprünge«. Das kulturelle Zentrum Westfalens ist ein gutes Pflaster für das freie Theater. Nur ein Beispiel: das Rocktheater Nachtschicht, eine bissige Mischung aus Revue, Pantomime, Kabarett, Musik und Slapstick. Insgesamt gilt: Rock-, Pop- und Jazzkonzerte sowie die städtische Philharmonie sorgen dafür, daß Dortmund musikalisch eine besondere Note hat.

Die regelmäßig stattfindenden Auslandskulturtage mit Ländern aus Ost und West setzen ganz spezielle kulturelle Akzente. Ebenso wie die Dortmunder Museen. Zum Beispiel das Naturkundemuseum am Fredenbaum-Freizeitpark mit dem 55 Millionen Jahre alten Fossil eines Urpferdchens und dem wohl schönsten jemals gefundenen Bergkristall. Sein stolzes Gewicht: 650 kg. Das Museum am Ostwall präsentiert einen umfassenden Überblick über Malerei, Graphik und Skulptur des 20. Jahrhunderts. Das Nachrichtenmagazin DER SPIEGEL urteilt: Ein Museum von Weltgeltung. Es meint damit die Zentrale des Westfälischen Industriemuseums, die Zeche Zollern II/IV. Sie zeigt die Originalmaschinen und Arbeitsabläufe der Zeche und veranschaulicht den Bergmannsalltag und damit ein Stück Sozialgeschichte des Ruhrgebiets.

Der »Dortmunder Goldschatz« – ein Fund römischer Goldmünzen, der reiche Möbelbestand, umfangreiche Bestände an Glas, Porzellan und Keramik, Gemälde des Mittelalters und des 19. Jahrhunderts sind nur einige wenige Glanzstücke aus dem umfangreichen Museumsangebot des Museums für Kunst und Kulturgeschichte, Hansastraße.

Wirtschaft

Stahlprodukte aus Dortmund genießen weltweit einen guten Ruf. Seit Jahrzehnten in aller Welt zu Hause sind außerdem Werkzeugmaschinen, Industrieanlagen, Stahlbauten, Baumaschinen und Gewinnungsgeräte, Bergbauausrüstungen, Elektro- und Elektronik-Komponenten sowie Büromöbel made in Dortmund, Nahrungsmittel, allem voran natürlich das Bier. Eine weitere Dortmunder Spezialität: Planung und Bau von Chemie- und Industrieanlagen in vielen Staaten der Erde. In den letzten Jahren kamen ständig neue Branchen und Betriebe hinzu. Vor allem der tertiäre Sektor – Handel, Banken und Versicherungen – entwickelte sich zum wichtigsten Standbein der Dortmunder Wirtschaft. Auch die Weichen für die Zukunft sind gestellt. Der Studien- und Lehrbetrieb der Universität Dortmund (19300 Studenten) ist vornehmlich technisch wissenschaftlich orientiert. Aber auch Fachhochschule, Sozialakademie und 24 wissenschaftliche Institute haben ihren Sitz in Dortmund. Im Dortmunder TechnologieZentrum mit dem angegliederten TechnologiePark an der Universität reifen die Produkte für die Welt von morgen. Zum Beispiel: richtungsweisende Logistik-, Roboter- und Fertigungssysteme. Fazit: Wirtschaft und Industrie der Stadt schlagen Brücken in alle Welt. Darauf ein fröhliches »Prösterchen«. Denn die Dortmunder lassen grüßen. Aus Europas Bierstadt Nr. 1. Von den zwölf deutschen Hektoliter-Millionären kommen allein vier aus Dortmund!

Sport

Fußball wurde in Dortmund schon immer groß geschrieben. Dreimal war der Traditionsclub Borussia Deutscher Meister. 1966 gewannen die Schwarz-Gelben als erste deutsche Mannschaft einen Europacup. Zur Fußball-Weltmeisterschaft 1974 wurde das erste lupenreine Fußballstadion in Deutschland, das Westfalenstadion, gebaut. Dortmund ist aber auch Bundeszentrum der Leichtathleten, der Ruderer und eine radsportbegeisterte Stadt. Die Turner haben in Dortmund eine beachtliche Tradition: aus dem TSC Eintracht 48/95 ist Willi Daume hervorgegangen.

Doch nicht nur die Spitzenathleten, sondern auch die »Breitensportler« finden in Dortmund Möglichkeiten am laufenden Meter. Sportstätten, Schwimmbäder und grüne Wege zum Wandern, Jogger und Radfahrer gibt es genug. Und das Sportzentrum an der Strobelallee mit dem Westfalenhallenkomplex, dem Westfalenstadion, dem Stadion Rote Erde sowie der Helmut-Körnig-Leichtathletikhalle hat bundesweit einen exzellenten Ruf.

Grün

Grün macht eine Stadt sympathisch. Zu Recht ist man in Dortmund stolz darauf, daß über 50% des Stadtgebietes aus Grünflächen und Gärten, Wiesen und Wäldern, Tierpark und dem Revierpark Wischlingen bestehen. Eine grüne Oase ist der Westfalenpark, in dem 1991 die Bundesgartenschau stattfinden wird. Er ist ein bunter Vergnügungspark, der jährlich über 1,5 Millionen Besucher anlockt und mit den Westfalenhallen sowie dem Westfalenstadion eine Einheit bildet: die Dortmunder Drillinge. Besonderer Anziehungspunkt: Das Deutsche Rosarium mit hunderten von Rosensorten aus aller Welt und dem 212 m hohen Fernsehturm. Von dort hat man einen tollen Blick auf die Stadt. Übrigens: an klaren Tagen kann man sogar die benachbarten Ausflugsziele von Münsterland und Sauerland, den beiden Urlaubsgebieten vor Dortmunds Haustür sehen. Grün – so weit das Auge reicht!

Essen: Die Stadt in der sich's leben läßt

Essen, mit rund 620000 Einwohnern die fünftgrößte deutsche Stadt, ist Zentralstadt des größten europäischen Ballungsraumes, des Ruhrgebietes, mit etwa 3,5 Millionen Menschen.

Zeigten einst Zechentürme und Schornsteine an, daß diese Stadt ihre wirtschaftliche Bedeutung durch Kohle und Stahl gewonnen hatte, so signalisieren heute hohe Bürotürme, daß in Essen die Bereiche Dienstleistung und Verwaltung sowie der Handel dominieren. Hier arbeiten inzwischen mehr als 60% aller Beschäftigten. Von den hundert größten Konzernen und Firmen in der Bundesrepublik haben elf ihre Zentrale in Essen.

Hochwertige Arbeitsplätze mit entsprechend guten Verdienstmöglichkeiten tragen nur zum Teil zu der Aussage bei, Essen sei eine »Stadt in der sich's leben läßt«. Als Beweis zeigen die Essener gern ihre geschätzten Wohngebiete vor, etwa die berühmte Gartenstadt »Margarethenhöhe«, oder die herrlichen Freizeit- und Erholungsmöglichkeiten: zum Beispiel ihr Wassersportzentrum, den 8 Kilometer langen Baldeneysee mit seinen bewaldeten Uferhöhen, die Gruga, einen der bekanntesten deutschen Freizeitparks, den bisher fast 80 Millionen Menschen besucht haben, den 75 Hektar großen Hügelpark, der den ehemaligen Wohnsitz der Familie Krupp umgibt.

Heute ist die Villa Hügel ein bekanntes Kulturzentrum, das vor allem für Ausstellungen von internationalem Rang, etwa »Barock in Dresden« oder »Prag um 1600«, bekannt ist.

Hohes Ansehen im In- und Ausland genießen auch das Museum Folkwang, das Deutsche Plakatmuseum, das in Westeuropa eine führende Stellung einnimmt, sowie die Folkwang-Hochschule für Musik, Theater und Tanz, aus der namhafte Interpreten hervorgegangen sind. Der Saalbau Essen ist nicht nur als Kongreßstätte geschätzt, dort finden auch Konzerte der Essener Philharmoniker statt und Auftritte international renommierter Gastkünstler. Die 1913 erbaute Synagoge, die bis 1938 das Zentrum der Essener jüdischen Gemeinde bildete, dient seit dem 9. November 1980 als Mahn- und Gedenkstätte sowie als historisch-politisches Dokumentationsforum. Unter dem Namen *Alte Synagoge* ist sie zu einem Zentrum des jüdisch-christlichen Dialogs geworden und zu einem Gebäude mahnender Erinne-

rung an das, was auch im Ruhrgebiet in den Jahren 1933 bis 1945 geschehen ist.

Im September 1988 wurde in Anwesenheit hoher internationaler Ehrengäste ein neues musikalisches Zentrum eingeweiht: das Musiktheater, erbaut nach den Plänen des berühmten finnischen Architekten Alvar Aalto. Die Inszenierungen in diesem neuen Haus haben bisher weit über Essens Grenzen hinaus großes Interesse gefunden. Im »Grillo-Bau«, der Spielstätte des Sprechtheaters, ist Hans-Günter Heyme der Hausherr.

Größte Veranstaltungsstätte ist mit 7200 Plätzen die Grugahalle. Zahlreiche Größen des Show-Geschäftes sind in dieser Halle aufgetreten. Daneben wird die Grugahalle für sportliche Großveranstaltungen wie Davis-Cup-Spiele oder die Judo-Weltmeisterschaften, aber auch für die Heimspiele des mehrfachen deutschen Hallenhandball-Meisters TUSEM genutzt.

Unmittelbar neben der Grugahalle befindet sich das Essener Messegelände. Begriffe wie die »Equitana«, die »Camping-Schau«, der »Caravan-Salon« oder die »Internationale Motor-Show«, sprechen für den Messeplatz Essen.

Nicht nur der Veranstaltungsbereich und die Wirtschaftskraft dokumentieren Essens Funktion als Zentralstadt. Essen ist zum Beispiel Sitz des Ruhrbischofs, des Kommunalverbandes Ruhrgebiet, der Landesanstalt für Immissionsschutz, mehrerer Wasserwirtschaftsverbände, einer Bundesbahndirektion und... last not least einer Universität.

Moderne Hochhäuser wie das Rathaus, mit 106 Metern das höchste Europas, verstellen leicht den Blick für die Tatsache, daß Essen eine bedeutende historische Tradition besitzt. Das im Jahre 852 gegründete Münster mit seinem wertvollen Kirchenschatz, dem bedeutendsten aus ottonischer Zeit, zeugt von der beachtlichen Stellung Essens im hohen Mittelalter.

An der alten Handelsstraße »Hellweg« gelegen war Essen schon früh ein Platz für Kaufleute. Auch heute gilt Essen als »Die Einkaufsstadt«. Nicht nur während der alljährlichen, äußerst besucherattraktiven »Essener Lichtwochen«, sondern auch an normalen Wochenenden machen auswärtige Besucher fast die Hälfte der Käufer in der Essener City aus.

Max von der Grün

Nirgendwo schmeckt das Bier besser

Im Frühjahr 1951 kam ich als »Gastarbeiter« deutscher Nationalität aus Bayern in den »Goldenen Westen«, um der Arbeitslosigkeit in Franken zu entkommen. Es war ein trüber Tag, als ich vom Dortmunder Hauptbahnhof mit der Straßenbahn nach Unna fuhr – heute ist sie nicht mehr durchgängig – wo mir Arbeit auf einer Zeche zugewiesen worden war. Auf dem Arbeitsamt hatte ich damals nicht gefragt, wo Unna liegt, schließlich kannte ich die Stadt aus der Literatur, Heinrich Heine hat es in »Deutschland – ein Wintermärchen« lobend erwähnt.

Aber was hatte das schon zu bedeuten, dachte ich, in dieser Region gibt sowieso eine Stadt der anderen die Hand.

Durch die Straßenbahnfenster sah ich auf graue und zerbombte Häuser, und die Fahrt durch diese Tristheit wollte kein Ende nehmen, die Gleichförmigkeit der Straßen machte mich traurig und hilflos. Mein Gott, Max, wo bist du nur hingeraten, kehr wieder um, sagte ich mir, pfeif auf das Geld, dachte ich mir. Zwei Jahre hatte ich mir vorgenommen zu bleiben, um Geld zu machen – nun bin ich bald vierzig Jahre hier.

Es kamen Tage und Stunden, da wollte ich Hals über Kopf wieder weg, ich kam mir vor, als hätte ich mich verlaufen, und ich wartete darauf, daß einer rufen würde, damit ich aus dem Labyrinth wieder herausfände. Es rief keiner, wenn doch, dann habe ich ihn niemals gehört.

Es gibt Bilder, die bleiben im Gedächtnis haften. Bei meiner ersten Fahrt durch das Ruhrgebiet sah ich Häuser, die mehr riesigen Hundehütten glichen, gleichförmig die Häuser, die Haustüren, die Fenster, die Vorgärten, ich dacht bei mir, da können sich nur Hunde zurechtfinden, weil sie ihre eigene Spur riechen.

Damals schämte ich mich noch, wenn ich Fremden sagen mußte, daß ich im Ruhrgebiet lebe, ihr Mitleid verletzte mich. Später reagierte ich trotzig, heute genüßlich.

Nach bald vierzig Jahren habe ich begriffen, daß das Ruhrgebiet eine kapitalistische Mißgeburt ist und nicht ein dummer Zufall. Ich habe aber auch begriffen: hier kann man leben, weil die Menschen menschlich miteinander umgehen, die Leute sind nicht »hinterfotzig«, hier wird »Tacheles« geredet und am Tresen in der Kneipe von der täglichen »Maloche«. Es wird frei geredet über die Tauben des Nachbarn, über Streik und Tarif und über Karl, der ein fettes Kaninchen geschlachtet hat und uns, seine Kumpel, nicht zum Schmaus eingeladen hat.

Einen Dialekt hat das Ruhrgebiet nicht, was Jürgen von Manger kreierte, ist eine Fiktion. Das Ruhrdeutsch, wenn es das überhaupt gibt, ist mancherorts nur ein Slang, je nachdem, ob rheinischer oder westfälischer Einschlag vorherrscht.

Zwei »Erscheinungen« sind mir damals sofort aufgefallen: die tapsenden Invaliden, manchmal ausgelaugte und nach Luft japsende Wracks, also die Steinstaublungenkranken, und Männer, die Sonntagsnachmittags stundenlang in ihren Gärten standen und zum Himmel starrten. Die »Taubenvatters« erkennen ihre Tauben am Himmel, noch ehe ein Unkundiger überhaupt wahrgenommen hat, daß dort oben am Himmel eine Taube fliegt.

Bis in die sechziger Jahre befanden sich in vielen Bergbausiedlungen die Plumpsklos noch über dem Hof, aus den Plumpsklos und Schweineställen sind später Garagen geworden, Taubenschläge wurden abgerissen oder zu Hobbyräumen umgebaut, in Neubausiedlungen ist in der Regel Taubenzucht verboten, aber die Tauben meines Nachbarn kacken mir das Veluxfenster meines Arbeitszimmers voll und ihr Gegurre auf dem Dach hört sich an wie heulender Wind.

Das Ruhrgebiet ist eine Ansammlung von Dörfern, denn die Innenstädte sind austauschbar: Glas und Beton sind so einfalls- und gesichtslos, wie es die Stadtväter waren, die diesen phantasielosen Wiederaufbau billigten.

Was hier menschlich ist, das sind die Vororte, die Dörfer, sind es nun alte aus dem vorigen Jahrhundert, in denen immer noch »Unbelehrbare« wohnen und sich gegen einen etwaigen Abriß wehren, oder sind es neue, in denen die Bewohner nach neuer Gemeinschaft suchen.

Hier wurde ein Jahrhundert lang zum Nutzen der Industrie gebaut, selten zum Nutzen der Menschen, und weil dem Ruhrgebietler das klar war, wuchsen die Siedlungen zu Gemeinschaften. Leben im Ruhrgebiet heißt für mich: Leben in einem Vorort, in einem Dorf.

Na eben, das ist es.
Das Ruhrgebiet ist so, wie Fremde es sich vorstellen.
Aber es ist ganz anders.

Traugott Jähnichen

Kirche im Ruhrgebiet – ein starkes Stück Kirche?

1. Kirche im Ruhrgebiet – Kirche in einer historisch jungen Region

Das Ruhrgebiet ist hinsichtlich der Rolle und Bedeutung der Kirche eine noch weitgehend unerforschte Region.[1] So sucht man etwa das Stichwort »Ruhrgebiet« in den gängigen theologischen Lexika vergeblich. »Kirche« und »Ruhrgebiet« ist eine noch eher ungewohnte Zusammenstellung. So ist es reizvoll, die Frage zu stellen, ob und inwieweit hier »ein starkes Stück Kirche« zu entdecken ist.

Als ein einheitlicher Raum mit historisch gewachsenen, intensiven internen Verflechtungen besteht das Ruhrgebiet erst seit rund 150 Jahren.[2] Es verdankt seine Einheitlichkeit weder den geographischen Gegebenheiten noch traditionellen kulturellen oder politischen Strukturen sondern in erster Linie der wirtschaftlichen und technischen Entwicklung. Mit der Herausbildung der klassischen Montanstruktur von Kohle- und Stahlindustrie ist das Ruhrgebiet ein entscheidender Motor der Industrialisierung in Deutschland gewesen. Noch heute stellt es als die größte Industrieregion Europas eher eine wirtschaftliche als eine politische oder kulturelle Einheit dar.[3]

Vor dem Hintergrund einer sehr jungen, primär durch ökonomische Prozesse beeinflußten Geschichte ist es zu erklären, daß der Aufbau einer politischen, wissenschaftlichen und auch kirchlichen Infrastruktur im Ruhrgebiet erst relativ spät in Angriff genommen worden ist. Im Kaiserreich ist dies sogar bewußt vernachlässigt worden. Aus Angst vor einem möglichen Übergreifen der revolutionären Gesinnung der Arbeiter auf Studenten und Soldaten wurde z. B. die Errichtung von Universitäten und Kasernen unterbunden. Im Ruhrgebiet sollte hart gearbeitet werden; die Elite – und damit auch die kirchlichen Amtsträger – kam von außerhalb oder wurde dort zumindest ausgebildet und geprägt. Erst im Jahr 1965 wurde mit der Ruhruniversität Bochum eine Universität im Ruhrgebiet – mit einer evangelischen und einer katholischen theologischen Fakultät – gegründet. Administrativ ist das Ruhrgebiet nach wie vor keine Einheit, durch die Regierungsbezirke Arnsberg, Düsseldorf und Münster wird es gleichsam »von außen« regiert. Demgegenüber ist es vor allem der Kommunalverband Ruhrgebiet, der sich um eine einheitliche Repräsentation des Ruhrgebiets bemüht. Seiner Arbeit ist es im wesentlichen zu verdanken, daß die vielen ungerechten, negativen Klischees über das Ruhrgebiet nach und nach abgebaut werden.

Ähnlich problematisch sind die kirchlichen Verwaltungseinheiten. Mitten durch das Ruhrgebiet zieht sich die Grenze zwischen der rheinischen und der westfälischen Landeskirche. Mit der Konstituierung der ehemaligen preußischen Provinzialkirchen Rheinland und Westfalen als selbständigen Landeskirchen in der Nachkriegszeit blieb man den althergebrachten regionalen Traditionen treu, verpaßte jedoch die Chance, durch die Schaffung neuer Verwaltungsstrukturen der historischen Entwicklung des Ruhrgebietes gerecht zu werden. Flexibler reagierte diesbezüglich die römisch-katholische Kirche mit der Errichtung des Ruhrbistums Essen im Jahr 1958. Obwohl nur ein Teil des Ruhrgebiets zu diesem neuen Bistum gehört, spielt der Ruhrbischof in der hiesigen Öffentlichkeit eine durchaus wichtige Rolle und profiliert sich zusehends als Sprecher der Kirche im Ruhrgebiet.

Für die evangelische Kirche haben sich die entsprechenden Superintendenten zur Ruhrgebiets-Superintendentenkonferenz zusammengeschlossen, um durch gemeinsame Arbeitssitzungen und öffentliche Stellungnahmen auf die Probleme und Herausforderungen der Region einwirken zu können. Allerdings stehen diese Bemühungen deutlich im Schatten der Aktivitäten des Ruhrbischofs. Somit steht die evangelische Kirche immer noch vor der Aufgabe, ihre Präsenz im Ruhrgebiet deutlicher zu konturieren. Vielleicht gibt die gemeinsame Ausrichtung des Kirchentages auch für ein stärkeres kirchliches Zusammenwachsen im Ruhrgebiet neue Impulse. Nach dem biblischen Zeugnis gewinnt der Heilige Geist auch immer in konkreten organisatorischen Regelungen Gestalt. Hierin könnte für die Kirche im Ruhrgebiet eine Konkretion der Kirchentagslosung »Gottes Geist befreit zum Leben« liegen.

2. Kirche im Ruhrgebiet – Kirche in der Industrieregion

Mit der deutlichen Schwerpunktsetzung des Themenbereiches 1: »Verantwortliches Wirtschaften« stellt sich der Kirchentag 1991 nicht allein auf die besondere Situation der Gastgeberregion ein, sondern nimmt zudem eine alte Tradition des Kirchentages auf. Die Kirchentage der Nachkriegszeit diskutierten in der Arbeitsgruppe I »Wirtschaft und Soziales« (seit 1951 Arbeitsgruppe IV) unter Mitwirkung hochrangiger Experten aus Politik und Wirtschaft die Fragen der zukünftigen Wirtschaftsentwicklung. Besonders aufschlußreich ist hier ein Rückblick auf den »Ruhrgebiets«-Kirchentag von 1950 in Essen.

Die damalige wirtschafts- und sozialpolitische Diskussion war wesentlich geprägt von den Auseinandersetzungen um die Sicherung der Montan-Mitbestimmung. Diese gleichberechtigte, weil paritätische Form der Mitbestimmung von Arbeitnehmern war im Jahr 1947 in der Montanindustrie des Ruhrgebiets von den englischen Besatzungsbehörden im Einvernehmen mit den Gewerkschaften und zunächst auch den Unternehmern eingeführt worden. Nach der Konstituierung der Bundesrepublik stand die Montan-Mitbestimmung zur Disposition. Im Sommer 1950 scheiterten Verhandlungen zwischen Gewerkschafts- und Unternehmerseite.[4] In dieser Situation griff die Arbeitsgruppe I des Kirchentages unter der Themenstellung »Der Mensch im Kollektiv«[5] die Frage der Mitbestimmung auf. Als Ergebnis dieser und auch vorangehender Diskussionen gab der Rat der EKD noch während des Essener Kirchentages eine Erklärung »Zur Frage der Mitbestimmung«[6] ab. Der Rat unterstrich hier den Willen der Kirche, »dem Aufbau einer neuen sozialen Ordnung zu dienen« und beschrieb den Sinn des Mitbestimmungsgesetzes dahingehend, das »bloße Lohnarbeitsverhältnis zu überwinden und den Arbeiter als Mensch und Mitarbeiter ernst zu nehmen.«[7] Wenn es die Ratserklärung auch vermied, konkret im Streit zwischen Gewerkschaften und Unternehmern Stellung zu beziehen, so wurde dennoch die grundsätzliche Bedeutung der Mitbestimmung betont und immerhin im Sinn einer reformorientierten Position für eine »Erweiterung des Betriebsräterechts von 1920«[8] plädiert.

Die im Jahr 1951 schließlich gesetzlich gesicherte Montan-Mitbestimmung hat sich in den folgenden Jahrzehnten gerade im Ruhrgebiet bewährt. Die tiefgreifenden Umstrukturierungen der

Region seit dem Ende der fünfziger Jahre – zunächst das »Zechensterben« und dann die Stahlkrise – konnten dank der institutionalisierten Mitwirkung von Arbeitnehmern und Gewerkschaften relativ sozialverträglich gestaltet werden. Wenn es auch im einzelnen zu manchen sozialen Härten gekommen ist, so zeigt vor allem der Vergleich mit anderen, in ähnlicher Weise betroffenen Industrieregionen (Lothringen, Mittelengland u. a.) die mit der Montan-Mitbestimmung verbundenen sozialen Errungenschaften.

Von kirchlicher Seite aus hat man versucht, im Sinn der Essener Ratserklärung die Menschen auch in der Arbeitswelt zu begleiten und sie dabei zu unterstützen, die »Würde der Arbeit«[9] zu verteidigen. Zunächst geschah dies in erster Linie durch den Aufbau spezieller Sonderdienste, wie der »Gemeinsamen Sozialarbeit der Konfessionen« im Bergbau und den Sozialämtern der beiden Landeskirchen. In den fünfziger und frühen sechziger Jahren waren im Ruhrgebiet erst wenige Pfarrer darum bemüht, Probleme und Themen der Arbeitswelt auch in das herkömmliche Gemeindeleben zu integrieren. Nicht zuletzt auf Grund des Engagements dieser »Pioniere«[10] und einer stärkeren sozialethischen Orientierung des Theologiestudiums gehen seelsorgerliche und soziale Verantwortung bei der jüngeren PfarrerInnengeneration immer mehr Hand in Hand. Vor diesem Hintergrund ist die zuletzt vor allem bei den Auseinandersetzungen um Betriebsstillegungen in Duisburg-Rheinhausen und Hattingen sichtbar gewordene Solidarität der Kirche mit Arbeitnehmern keineswegs nur ein punktueller Sonderfall. Ein recht starkes Engagement vieler Gemeinden bei Arbeitskämpfen oder anderen sozialen Auseinandersetzungen ist im Ruhrgebiet zu beobachten und für einige Gemeinden sogar zu einer Selbstverständlichkeit geworden.

Angesichts einer im Bundesdurchschnitt immer noch hohen Arbeitslosenquote stehen die Verantwortlichen im Ruhrgebiet gegenwärtig vor der schwierigen Aufgabe der Schaffung neuer Arbeitsplätze. Die Kirchenkreise des Ruhrgebiets haben auf diese Situation mit der Einrichtung von Arbeitslosenzentren und vereinzelt auch mit der Entwicklung alternativer Beschäftigungsmodelle reagiert. Auf diese Weise versucht man, konkret Verantwortung angesichts des gesellschaftlichen Skandals der Massenarbeitslosigkeit wahrzunehmen und die Selbsthilfe der Betroffenen zu unterstützen. Die Kirchentagslosung »Gottes Geist befreit zum Leben« hat sich nicht zuletzt im Blick auf diese Problemstellung zu bewähren. Gegenüber der Gefahr einer einseitig spiritualisierenden Deutung gilt es, die Bedeutung des befreienden Handelns des Geistes angesichts der tiefgreifenden Umstrukturierungen im Ruhrgebiet mit ihren Konsequenzen für die Menschen durchzubuchstabieren.

3. Kirche im Ruhrgebiet – Kirche in einer Einwanderungsregion

Das Ruhrgebiet ist ein klassisches Einwanderungsland. Der hohe Arbeitskräftebedarf konnte nur durch mehrere Zuwanderungsphasen gedeckt werden.

Zunächst warb man Arbeitskräfte aus den umliegenden Regionen an, deren Integration sehr schnell gelang. Um die Jahrhundertwende wurden, parallel zur Entstehung der Großbetriebe, verstärkt Arbeitskräfte aus den ostelbischen Provinzen Preußens, aus Polen und auch aus Slowenien geholt. Interessant ist, daß viele »Unternehmer die ›Werbegebiete‹ nach ihrer eigenen Religionszugehörigkeit auswählten: Die evangelischen Unternehmer Kirdorf und Grillo bevorzugten das evangelische Ostpreußen, die Katholiken Thyssen und Klöckner warben... in den überwiegend katholischen Gebieten Westpreußens und Polens.«[11] Nicht selten stießen diese neu Hinzuziehenden bei der ansässigen Bevölkerung auf Ablehnung, und erst die im Ruhrgebiet geborene nächste Generation konnte sich endgültig integrieren. Eine wichtige Rolle spielten in diesem Prozeß die Kirchengemeinden, die häufig an die kirchlichen Bindungen der Zuwanderer anknüpfen und ihnen eine erste Heimat anbieten konnten.

Nach 1945 strömte eine große Zahl von Flüchtlingen und Vertriebenen aus den Ostgebieten in das Ruhrgebiet, um hier z. T. bei Verwandten Aufnahme und in der Kohlen- und Stahlindustrie Arbeit zu finden. Bei einer Zerstörung des Wohnraums von rund 80 % – und einer entsprechend hohen Zerstörung von Kirchen sowie Gemeinde- und Pfarrhäusern – stellte dieser Flüchtlingsstrom die Menschen im Ruhrgebiet vor harte Belastungsproben. Viele Familien lebten mehr als ein Jahr in Bunkern, Kellern oder anderen Elendswohnungen; Nahrungsmittel mußten im wesentlichen durch die Fahrten in die ländlichen Randgebiete besorgt werden. Die Ortsverbände der Inneren Mission konnten durch die Verteilung von care-Paketen und anderen Hilfsgütern aus der Oekumene sowie durch Maßnahmen der Erholungsfürsorge für

Kinder – oft mit Hilfe des britischen Roten Kreuzes – in vielen Fällen die härteste Not lindern.[12]

Natürlich blieben vor diesem Hintergrund Konflikte nicht aus. So äußerte die westfälische Landessynode im Jahr 1948 in einem Wort an die Gemeinden die Sorge, daß sich »zwischen Einheimischen und Vertriebenen eine soziale Kluft aufzutun beginnt, die den inneren Frieden unseres Volkes ernsthaft gefährdet.«[13] Angesichts dieser Gefahr erinnerte die Synode an das Liebesgebot Christi und ruft zu ganz konkreten Schritten des Aufeinanderzugehens auf: »Durch ein freundliches Wort, durch kleinste Handreichung, aber auch durch persönliches Opfer an Lebensgütern können wir eine echte Lebensgemeinschaft schaffen. Jede Gemeinde baut sich selbst und verhilft den Heimatlosen zu neuer Beheimatung, wenn sie diese zur Mitarbeit heranzieht.«[14] Darüber hinaus wurde vielerorts die Vertriebenenarbeit im Rahmen des kirchlichen Gemeindedienstes für Innere Mission fest institutionalisiert.

Diese Bemühungen zeigten recht schnell Erfolge. Bereits zu Beginn der fünfziger Jahre konnte die Vertriebenenarbeit weitgehend eingestellt werden. Als neue Problemgruppe erwiesen sich Umsiedler, die in den sog. Notstandsgebieten der Bundesrepublik lange Zeit arbeitslos gewesen waren und nun im Ruhrgebiet einen Neuanfang versuchten. Erneut war die diakonische Hilfe der Kirche herausgefordert.

Im Rückblick ist es erstaunlich, wie rasch die Integration der Vertriebenen und Flüchtlinge nach dem Zweiten Weltkrieg im Ruhrgebiet gelungen ist. Die Rolle der Kirchengemeinden kann in diesem Prozeß gar nicht hoch genug veranschlagt werden. Vor allem für Frauen und Kinder waren die kirchlichen Angebote für das Knüpfen neuer Kontakte entscheidend. Bereits Mitte der fünfziger Jahre setzten sich z. B. die meisten Vereine der Frauenhilfe im Ruhrgebiet ganz selbstverständlich aus Einheimischen und Vertriebenen zusammen. In weniger als zehn Jahren war die Integration der Ostflüchtlinge im wesentlichen vollzogen.

Der Prozeß der Zuwanderung ist im Ruhrgebiet auch in der Gegenwart nicht abgeschlossen. Nach der Anwerbung von Gastarbeitern in den sechziger Jahren sind es nun vor allem Aus- und Übersiedler sowie Flüchtlinge aus aller Welt, die in das Ruhrgebiet kommen. Auch die damit verbundenen Aufgaben werden von vielen Gemeinden und den diakonischen Einrichtungen in Angriff genommen. Dabei treten eine ganze Reihe neuer, ungewohnter Problemstellungen auf, die eine Integration nach dem Vorbild der Nachkriegszeit erschweren oder auch ausschließen. Nicht nur im Blick auf das Zusammenleben mit Menschen anderer Religionen und Kulturen, sondern auch gegenüber Aus- und Übersiedlern ist es bisher nur an einzelnen Orten gelungen, in den Gemeinden Verständnis für die »Fremden« zu wecken. Nicht selten dominieren Mißtrauen und Ablehnung. (»Als Pastor müssen Sie das ja so sagen, wir sehen das aber anders!«) Hier ist ganz konkret der Ort, an dem sich das Motto des Themenbereiches 2 »Befreit zum Miteinander« als Auslegung der Kirchentagslosung zu bewähren hat.

4. Kirche im Ruhrgebiet – Kirche auf dem Weg in die Zukunft

Das Ruhrgebiet hat immer noch mit dem negativen Klischee einer unattraktiven Industrielandschaft zu kämpfen. So falsch dieses Klischee im Blick auf die Gegenwart auch ist, in der Vergangenheit hatte es sicherlich eine gewissen Berechtigung. Auch für viele PfarrerInnen galt das Ruhrgebiet nicht gerade als idealer Einsatzort, wie es die folgende Anekdote zum Ausdruck bringt: Als ein aus Norddeutschland stammender Pfarrer, der im Ruhrgebiet als Hilfsprediger tätig gewesen ist, nach dem Krieg auf der Durchreise hier Station macht, wird er von seinen ehemaligen Gemeindemitgliedern gebeten, die inzwischen vakante Pfarrstelle anzutreten und bei dem Wiederaufbau der Gemeinde mitzuwirken. Trotz anderer Pläne bleibt er schließlich mit der Begründung: »Ich mußte an die Missionare in Afrika denken. Wenn die es dort aushielten, dann kann ich es im Ruhrgebiet auch versuchen.«

Heute zählt das Ruhrgebiet demgegenüber insbesondere bei vielen jüngeren TheologInnen als äußerst interessantes Aufgabenfeld. Das Ruhrgebiet ist ein hochindustrialisierter und -urbanisierter Ballungsraum. Die Wandlungsprozesse der Industriegesellschaft mit ihren Auswirkungen auf das alltägliche Leben der Menschen sind hier exemplarisch zu beobachten. Wichtige gesellschaftliche Entwicklungen sind hier früher sichtbar als an anderen Orten. Gerade für PfarrerInnen, im Idealfall die Spezialisten im Blick auf den Alltag der Gemeindeglieder, ergibt sich die Aufgabe, angesichts dieser Herausforderungen die Botschaft von der Liebe Gottes zu verkündigen und mit der Hoffnung auf ein gutes Leben der Menschen zu »versprechen«. »Im Industriegebiet ist Kirche verpflichtet, avantgardistisch zu werden«, hier hat »Zukunftsarbeit«[15] zu geschehen.

Die Kirche im Ruhrgebiet ist bisher eine weitgehend traditionslose Kirche. Dies birgt gerade hinsichtlich der o. g. Aufgaben Chancen, aber auch Gefahren in sich. Die meisten Gemeinden sind kaum einhundert Jahre alt. Dementsprechend ist nur an wenigen Orten ein unverwechselbares Profil einer einzelnen Gemeinde entstanden. Nicht selten bedeutet ein Pfarrstellenwechsel recht schnell eine neue Prägung des Gemeindelebens. Um der damit verbundenen Gefahr der »Gesichtslosigkeit« zu wehren, ist gerade in den letzten Jahren ein verstärktes Interesse an der Geschichte der eigenen Gemeinde oder des eigenen kirchlichen Vereins festzustellen. Solche Formen der Aneignung der Vergangenheit sind als Versuche einer eigenständigen kirchlichen Identitätsgewinnung zu begrüßen.

Demgegenüber beinhaltet die relative Traditionslosigkeit der Ruhrgebietsgemeinden die Chance, sich leichter als andernorts von historischen Bindungen zu befreien. So spielt beispielsweise der alte Gegensatz der reformatorischen Kirchen im Ruhrgebiet heute keine Rolle. Es gibt hier nur ganz wenige lutherische oder reformierte Gemeinden. Für die meisten Gemeindeglieder ist dieser Unterschied völlig unverständlich. Man ist hier schlicht und einfach »evangelisch«. Auch die Konfessionsunterschiede sind im Ruhrgebiet vor dem Hintergrund überdurchschnittlich vieler konfessionsverschiedener Ehen weniger stark ausgeprägt. Inwieweit sich diese Tatsache günstig auf die oekumenischen Bestrebungen auszuwirken vermag, ist nicht abzusehen.

Die Situation einer eher geringen Bindung an traditionelle Vorgaben bietet den Gemeinden im Ruhrgebiet die Möglichkeit, kreativ und hoffentlich zukunftsweisend auf neue Herausforderungen zu reagieren. Allerdings ist man diesbezüglich bisher relativ zurückhaltend geblieben. Der Versuch des Teampfarramtes blieb eine Ausnahme. Formen von »Offener Kirche« werden vereinzelt erprobt, recht häufig immerhin im Bereich der Jugendarbeit. Auf der anderen Seite darf auch nicht vergessen werden, daß gerade im Ruhrgebiet viele Menschen leben, die sich nach dem Verlust ihrer Heimat und den Erfahrungen von Ungesichertheit nach vertrauten Strukturen sehnen. Insofern kann es keinesfalls um ein ungezügeltes Experimentieren gehen.

Von den Wandlungsprozessen im Ruhrgebiet ist die Kirche so

oder so mitbetroffen. Der Kirchentag kann die Möglichkeit bieten, daraufhin Perspektiven zu erarbeiten, damit der Geist hier »vor Ort« in neuer Weise Gestalt gewinnen kann und immer mehr »ein starkes Stück Kirche« entsteht.

Anmerkungen

1 Um dieses Forschungsdefizit zu beheben, ist im Jahr 1985 unter dem Vorsitz von Prof. G. Brakelmann der »Verein zur Erforschung der Kirchen- und Religionsgeschichte des Ruhrgebiets« gegründet worden, der in seiner Reihe »Schriften zur politischen und sozialen Geschichte des neuzeitlichen Christentums« erste Ergebnisse seiner Arbeit publiziert hat.

2 Zum Ruhrgebiet wird heute in der Regel das Verbandsgebiet des Kommunalverbandes Ruhrgebiet mit den Städten Bochum, Bottrop, Dortmund, Duisburg, Essen, Gelsenkirchen, Hagen, Hamm, Herne, Mülheim und Oberhausen sowie den Kreisen Ennepe-Ruhr, Recklinghausen, Unna und Wesel gezählt.

3 vgl. A. Schlieper, 150 Jahre Ruhrgebiet, unter Mitarbeit von H. Reinecke und H.-J. Westholt, Düsseldorf 1986, S. 16ff.

4 vgl. hierzu im einzelnen E. Potthoff, Der Kampf um die Montanmitbestimmung, Köln 1986 (Reprint von 1957).

5 vgl. die Sammlung der gehaltenen Referate »Der Mensch im Kollektiv«, in: Kirche im Volk, H. 6/1950.

6 Rat der EKD »Zur Frage der Mitbestimmung«, in: Kirche im Volk, H. 6/1950, S. 60.

7 ebd.

8 ebd.

9 So eine weitere Formulierung der o. g. Ratserklärung, ebd.

10 Eindrückliche Beispiele nennt M. Schibilsky, Alltagswelt und Sonntagskirche. Gemeindearbeit im Industriegebiet, München 1983, S. 106ff.

11 A. Schlieper, a. a. O., S. 54.

12 vgl. z. B. die Festschrift »25 Jahre Ortsverband für Innere Mission in Bochum«, (Bochum 1953), S. 9, S. 13f. und S. 21f.

13 Wort der westfälischen Landessynode an die Gemeinden zur Flüchtlingsfrage, in: Die Verhandlungsniederschriften der 1. (ordentlichen) Tagung der 1. Westfälischen Landessynode vom November 1948, hrsg. von E. Brinkmann und H. Steinberg, Bielefeld 1972, S. 166.

14 ebd.

15 M. Schibilsky, a. a. O., S. 190.

Carl Peddinghaus

»Zentren am Wege« – Der Kirchentag kommt in die Stadt

»Kirchentag Ruhrgebiet 1991 – Ein Wunsch der in Erfüllung gehen sollte.«

So schrieben Oberbürgermeister und Landräte aus dem Ruhrgebiet 1985 in einer schnell zusammengestellten Einladung an das Kirchentagspräsidium, das während des Düsseldorfer Kirchentages in der rheinischen Metropole tagte. Die hoffnungsfrohen Politiker wußten nicht, welche organisatorische Umorientierung diese Einladung zur Voraussetzung hatte.

Der Deutsche Evangelische Kirchentag findet angesichts seiner immer noch zunehmenden Größe nur noch als »Messe-Kirchentag« statt. Bei einer Teilnehmerzahl von rund 125000 kommen dafür inzwischen auch nur noch Hannover, Düsseldorf, Frankfurt oder München mit ihren Ausstellungsgeländen in Betracht. Hamburg und Berlin sind vom Raumangebot her ebenso wie andere westdeutsche Großstädte bereits aus dem Rennen. Eine Einladung des Deutschen Evangelischen Kirchentages 1991 in das Ruhrgebiet erfordert also eine erhebliche organisatorische und damit auch inhaltliche Umorientierung des Kirchentages.

Die »Zentren am Wege« sind Ausdruck solcher organisatorischen und inhaltlichen Umorientierung. Viele unterschiedliche Überlegungen der gastgebenden Region und der Kirchentagsbewegung finden darin ihren Niederschlag. In diesem Beitrag wird versucht, Anliegen, Entstehen und Angebot der »Zentren am Wege« für Außenstehende verständlicher zu machen.

I. »Zentren am Wege« in einer säkularen Stadt

Teilnehmer und Teilnehmerinnen eines Kirchentages setzen sich in der Regel aus Gruppen und MitarbeiterInnen evangelischer Kirchengemeinden zusammen. Sie repräsentieren zwar nicht die Gottesdienstgemeinde, aber sie leben auch nicht abseits von der Kirche. Wenn sie sich nun bei einem Kirchentag weitgehend in Messezentren treffen, dann können sie sich doch jenem grundsätzlichen Wandel entziehen, den die säkulare Stadt für Glauben und Gemeinschaftsbildung der Christen mit sich bringt. Wenn der Kirchentag in die Stadt kommt, dann sollte er sich diesem Wandel bewußt stellen.

Seelsorge, Lehre, Gottesdienst und Gemeindeaufbau haben vielerorts noch gar nicht wahrgenommen, wie tiefgehend die Säkularisierung die Menschen in der Stadt erfaßt und die Aufgaben der Kirche verändert hat. Die Menschen in der säkularen Stadt wenden sich anderen Dingen als der Religion zu und machen sie mit dieser Relativierung zu einer Privatangelegenheit.[1] Ist der bürgerliche Mensch langfristigen Bindungen und überkommenen moralischen Sanktionen verpflichtet, so ist das Leben des Menschen in der säkularen Stadt von Anonymität, Toleranz und Mobilität geprägt.[2] Seine nominelle Zugehörigkeit zu einer Kirche ändert daran nichts. Entweder setzt er in ihr das alte Lebensmuster fort und führt dann im Alltag möglicherweise ein anderes Leben, oder er nimmt den Kontakt zu seiner Kirche erst auf, wenn er darin einen Nutzen sieht. Der Mensch in der Großstadt bedarf der Anonymität, um aus der Fülle möglicher Kontakte jene herauszufinden, die er persönlich bejaht. Anonymität und die Entbindung von Verpflichtungen empfindet er nicht selten als Befreiung, um von dem riesigen Kontaktangebot nicht überfordert zu werden. Wer so mobil ist wie der Stadt-Mensch, leidet nicht notwendigerweise unter dem Gefühl der Einsamkeit, sondern versteht sie als Herausforderung, eigenständig und diszipliniert über Ort und Kontaktkreis seines Lebens zu entscheiden.

Der säkulare Mensch verwendet so gut wie keine Zeit mehr darauf, über letzte und religiöse Fragen nachzudenken.[3] Er wendet sich lediglich Einzelfragen des Lebens zu und orientiert sein Interesse in hohem Maße darauf, ob eine Sache funktioniert. Allgemein formuliert: Sein Wahrheitsbegriff ist nicht mehr ontologisch, sondern pragmatisch bestimmt. Aus den großen Hauptwörtern der Wahrheit werden unversehens Tätigkeitswörter. Das erinnert daran, wie Jesus nach dem Evangelisten Johannes das Stichwort »Wahrheit« verwendet.[4]

Das Leben in der säkularen Stadt gründet nicht mehr auf einer metaphysischen oder religiösen Sinnvorgabe, sondern auf einer vielfältigen Verbindung technischer, wirtschaftlicher, sozialer, kultureller und anderer Komponenten.[5] Für den Menschen entscheidend ist, ob er über seine äußeren und inneren Lebensumstände mitentscheiden und Antworten bei Lebensdefiziten erhoffen kann. Im Schnittpunkt von Lebenserwartungen und Lebensdefiziten erwachen praktische Lebensfragen, die weniger – wie in der christlichen Theologie bislang üblich – grundsätzliche, sondern nahezu immer pragmatische Fragen an die Lebensgestaltung sind. Die Arbeit der Kirche müßte demnach in einer säkularen Stadt weniger in der Suche nach Grundwahrheiten, in der Forderung von Lebensentscheidungen auf Dauer oder in dem Wunsch ihrer Selbstbehauptung als vielmehr in einer handlungsorientierten, lebensberatenden und lebensbegleitenden Arbeit gesehen werden.

Dieser Neuorientierungsprozeß mag vielerorts reflektiert worden sein; ihn kennenzulernen, ihn mit allen Grenzen und Schmerzen durchzudeklinieren an einem in der Region praktizierten Thema, dazu können die »Zentren am Wege« bei einem Kirchentag in der säkularen Stadt positive wie negative Beispiele bieten. Diese Chance in jedem Falle zu nutzen, ist ein Grundanliegen der »Zentren am Wege« auf dem nächsten Kirchentag.

Das große Pathos, mit dem Harvey Cox Stil und Leben in der »Technopolis« und deren christlichen Wurzeln am Ende der 60er Jahre beschrieben hat, ist verblaßt.[6] Die Bindungen innerhalb bestimmter Ortsteile prägen Menschen und gewähren ihnen ein Heimatgefühl. Vielerorts wird die Geschichte der Stadt neu entdeckt. Die eine große Stadt gliedert sich in viele unterschiedliche, voneinander bewußt abgegrenzte Teile als Ausweis dafür, daß die Anonymität nur *eine* Funktion im Leben der lebendigen »Technopolis« ist. Die Zusammengehörigkeit bleibt die andere, die korrespondierende Funktion auch der säkularen Stadt.

II. »Zentren am Wege« als »Gemeinde-Kirchentag«

Ein anderes Anliegen entstammt ganz anderen Überlegungen: Seit Düsseldorf 1973 wird die Frage gestellt, warum der Deutsche Evangelische Kirchentag mit seiner großen Anziehungskraft fast nur in Messehallen stattfindet. Ein Blick in die Kirchentagstaschenbücher, die schnell nach dem Kirchentag versuchen, diesen in Wort und Bild noch einmal festzuhalten, unterstreicht das auf seine Weise. Mit Ausnahme von Nürnberg 1979 verraten allenfalls ein oder zwei Abbildungen, wo diese bewegte Wallfahrt denn nun ihre Zelte aufgeschlagen hatte.

Bei der Präsidialversammlung nach dem Frankfurter Kirchentag 1987 skizzierte Oberkirchenrat Meusel aus Darmstadt den Effekt des Messekirchentages mit einem eindrücklichen Lutherzitat über die Wirkung der Predigt des Evangeliums:

»Liebe Deutsche, kauft, solange der Markt vor der Tür ist, sammelt ein, solange die Sonne scheint und gutes Wetter ist, macht Gebrauch von Gottes Gnade und Wort, solange es da ist. Denn das sollt ihr wissen: Gottes Wort und Gnade ist ein fahrender Platzregen, der nicht wiederkommt, wo er einmal gewesen ist. Er ist bei den Juden gewesen – aber hin ist hin. Sie haben nun nichts. Paulus brachte ihn nach Griechenland. Hin ist auch hin: Nun haben sie den Türken. Rom und das lateinische Land hat ihn auch gehabt, hin ist hin: Sie haben nun den Papst. Und ihr Deutschen braucht nicht zu denken, daß ihr ihn ewig haben werdet, denn der Undank und die Verachtung wird ihn nicht bleiben lassen. Darum greife zu und halte fest, wer greifen und halten kann! Faule Hände werden eine schlechte Ernte haben.«[7]

Kann und muß der Deutsche Evangelische Kirchentag mit seiner geringen Dauer und Fülle von Veranstaltungen denn nur in Messehallen meist abseits und isoliert vom Leben der Stadt und der gastgebenden Kirchen stattfinden? Seit Ende 1985 gibt es auf allen Seiten die Erwartung, im Ruhrgebiet mit mehreren Messegroßstädten – Dortmund, Essen, Bochum – könne der »Messekirchentag« zu einem »Kontakt-Kirchentag« werden.[8] Selbst die Verantwortlichen »des Kirchentages empfinden Unbehagen an dem Wanderzirkus von Messe zu Messe«.[9] Die Vertreter der gastgebenden Region äußern in vorbereitenden Verhandlungen, man wolle »mehr, als nur das ›Zelt für den Zirkus‹ liefern.«[10] In abwechslungsreichen Verhandlungen gewinnt auch bei VertreterInnen des Kirchentages der Gedanke Gestalt, die schon jetzt in der Mehrzahl in Gemeinden auftretenden kommunikativen Gruppen und inhaltliche Angebote der Region zusammenzufassen. In ihren Augen ist die Verzahnung von »Groß-Kirchentag« und »Gemeinde-Kirchentag« eine »ganz großartige« Idee.[11] Der damalige Kirchentagspräsident Helmut »Simon präzisiert, dies bedeute, daß in jedem Zentrum Bibelarbeiten, thematische Veranstaltungen, Gottesdienste, Feiern und Musik angeboten würden«.[12] »Unter Umständen könnten sich die Belastungen für die Kirchentagsleitung verringern, wenn die Vorbereitungsarbeit zu einem Gutteil in der Region geleistet würde.«[13]

Nach dem Frankfurter Kirchentag 1987 werden diese Überlegungen der Region zusammengefaßt und präzisiert. Das Papier »Kirchentag im Ruhrgebiet 1991 – Kirchentag der Besucher und Besuchten« spricht von einer sinnvollen »Aufgliederung des Gesamtprogramms in verschiedene Stränge, die neben den drei Großstädten auch zeitweise mittlere Zentren einbeziehen und so die Vielfalt und die unterschiedliche Prägung der Region und ihrer Kultur in Erscheinung treten lassen.«[14]

Zusammenfassend kann man feststellen, daß die Verzahnung zwischen einem Messekirchentag und einem Gemeinde-Kirchentag sowie das inhaltliche und organisatorische Zusammenwirken von Kirchentag und gastgebender Region beiden Seiten ab 1987 wünschenswert erscheinen. Damit würde das sonst zwischen ihnen herrschende Konkurrenzverhältnis[15] abgelöst durch ein konstruktives Miteinander.

III. »Thematische Zentren« 1989 in Berlin

In der Einladung zur Mitwirkung am 23. Deutschen Evangelischen Kirchentag Berlin 1989 fand sich unter dem Stichwort »Ein neuer Versuch« das Angebot an Berliner Kirchengemeinden zur inhaltlichen Mitwirkung: »In Zusammenarbeit mit Berliner Kirchengemeinden können einzelne Thematische Zentren zu den Themenbereichen des 23. DEKT eingerichtet werden. Ein Thematisches Zentrum kann nur entstehen, wenn folgende Voraussetzungen erfüllt sind:

- eine bereits vorhandene Beschäftigung einzelner oder mehrerer Gemeinden mit dem jeweiligen Thema;
- die selbständige, inhaltliche, organisatorische und finanzielle Trägerschaft;
- die Bereitschaft, Gastgruppen an der Gestaltung und Durchführung zu beteiligen;

...Für die Beteiligten an einem Thematischen Zentrum besteht kein Anspruch auf kostenlose Teilnahme am Kirchentag.«

Die Idee, für den Ruhrgebietskirchentag 1991 Erfahrungen zu sammeln, und die Bereitschaft, Gemeinden der gastgebenden Region inhaltlich zu beteiligen, haben sich ausgezahlt. Das Angebot stieß in Berlin auf großes Interesse. »Das Ergebnis: noch nie war die gastgebende Kirche inhaltlich so präsent im Kirchentagsprogramm wie in Berlin.«[16] Auch die westfälische Kirche entsandte einen Mitarbeiter und eine Mitarbeiterin für einige Monate nach Berlin, um als Kirchentagsmitarbeitende den Versuch zu begleiten. Die Thematischen Zentren wurden sorgfältig beobachtet und in einer Studie ausgewertet.[17]

Einige Tendenzen bei Vorbereitung und Durchführung sind für die 1991 anzubietenden »Zentren am Wege« richtungsweisend: Eine Ausschreibung sollte auf die Wege achten, die BesucherInnen während des Kirchentages zurückzulegen haben. Das Raum- und Veranstaltungsangebot muß stärker auf Gesprächsmöglichkeiten und den wechselnden Zuspruch hin geplant werden. Der vorbereitende Arbeitskreis sollte sich nicht nur aus einer Gemeinde oder einer Gruppe zusammensetzen, weil ihr Angebot von allgemeinem Interesse sein und dem hohen Informationsstand der BesucherInnen gerecht werden muß. Der intensive Prozeß des Zueinanderfindens ist ein maßgeblicher Gewinn des Vorbereitungsprozesses.[18]. Die einladende Atmosphäre, die Möglichkeit, themenkonzentriert und in kleiner Zahl persönlich am thematischen Prozeß mitzuwirken, wurden in Berlin von Veranstaltern und Besuchern als geglückt beurteilt und sollten unbedingt aufgenommen werden.[19]

Im Hinblick auf die eingangs gemachten Ausführungen zur Kirche in der säkularen Stadt sei noch daran erinnert, daß sich als Gemeinden vor allem Gruppen aus jenen Berliner Bezirken meldeten, die sich diesem Lernprozeß auch bewußt stellen.[20] Wie weit eine Kirchengemeinde oder ein Kirchenkreis insgesamt für eine inhaltliche Beteiligung gewonnen werden können, ohne daß das Thema an Eindeutigkeit verliert, bleibt ein offenes Problem. Alles in allem waren die Thematischen Zentren in Berlin außerhalb des Messegeländes Orte, an denen Themen mit geringeren Teilnehmerzahlen vertieft diskutiert werden konnten, ein richtiger und wichtiger Schritt.[21]

Indes zeigte sich, daß die bewußte Trennung von Gemeinde- und Kirchentagsveranstaltung sich mindestens organisatorisch am Ende nicht durchhalten läßt. Auch das Nebeneinander von Amtskirche am Ort mit ihren Strukturen und der engagierten, mit einem Projekt befaßten Gruppe bleibt unaufgearbeitet. Einige wenige können ohne eine ausreichende Vorgeschichte und die sie tragenden Gruppen kein Zentrum »schaffen«. Schließlich stellte sich heraus, daß über ganz Berlin verstreute Veranstaltungen in

Verantwortung des Deutschen Evangelischen Kirchentages und »Thematische Zentren« in Gemeindeverantwortung organisatorisch miteinander verbunden werden sollten.

IV. »Zentren am Wege« – Ausdruck einer zentrierten Dezentralität

1. Keiner denkt für das Ruhrgebiet

Das Ruhrgebiet ist seit Jahrhunderten aufgeteilt und kann damit weder mit *einer* politischen, wirtschaftlichen noch kirchlichen Stimme reden. Die Preußen wollten weder Kasernen noch Universitäten im Revier ansiedeln. Der verdienstvolle »Ruhrsiedlungsverband«, 1920 als Planungsbehörde des Ruhrgebietes gegründet, wurde nach 50 Jahren dem »Konkurrenzneid« der Städte geopfert und lebt als »Kommunalverband Ruhr« (KVR) fort.[22] Für das Ruhrgebiet sind drei Bezirksregierungen (Düsseldorf, Arnsberg, Münster), drei römisch-katholische Diözesen (Essen, Paderborn, Münster), zwei evangelische Landeskirchen[23], vielfache politische und wirtschaftliche Bezirke zuständig. Symptomatisch für das Gesamtproblem ist, daß in diesem Buch die drei stets miteinander konkurrierenden Oberzentren Essen, Dortmund und Bochum »die Region vorstellen«. Die eigentliche industrielle, produktive Zone an Emscher und Lippe bleibt in der Außendarstellung und bei öffentlichen Investitionen trotz einer internationalen Bauausstellung Emscher-Park (IBA) meist vergessen. Im nördlichen Ruhrgebiet wird trotz bester Voraussetzungen ein attraktives, öffentliches Verkehrsangebot blockiert.[24] Dieser Konkurrenzkampf macht natürlich auch vor den kirchlichen Strukturen nicht halt und gefährdet die erklärte Absicht, einen Kirchentag Ruhrgebiet« als Chance zu gemeinsamem Handeln des Ruhrgebietes zu nutzen. Vor diesem Hintergrund will die von Ruhrgebiets-Arbeitsstelle (RAST) und Kirchentagsleitung erarbeitete und vom Präsidium akzeptierte Struktur des »Kirchentages Ruhrgebiet 1991« gesehen werden.

2. *»Zentren am Wege« direkt an den Verkehrswegen*

KirchentagsbesucherInnen möchten die angebotenen Veranstaltungsorte in etwas weniger als einer Stunde erreichen und schätzen die Wechselmöglichkeit zwischen einzelnen Angeboten.[25] Da der Kirchentag 1991 in den Messezentren und Innenstädten von Dortmund, Essen und Bochum seine Großveranstaltungen anbieten wird, gilt es bei den regionalen und weiteren Kirchentagsangeboten zum einen auf deren verkehrsgünstige Plazierung zu achten. Zum anderen sollen sie in der Nähe der großen Gemeinschafts-Quartiere liegen. Detaillierte raumplanerische Untersuchungen der RAST führen zu einem Quartierbereich I, der neben den drei Oberzentren auch die Städte Gelsenkirchen (ohne Buer), Herne und Castrop-Rauxel umfaßt.[26] Damit sind wir bei der Frage nach der für die KirchentagsbesucherInnen relevanten Verkehrsstruktur im Ruhrgebiet.

Lebensstrukturen machen an kommunalen Grenzen nicht halt. Das gilt auch für das Ruhrgebiet. So strömen an jedem Arbeitstag insgesamt Hunderttausende in die drei Oberzentren und deren nach dem Krieg gegründeten Universitäten. Sie benutzen neben den Autobahnen vor allem die vielfältigen Schienenwege. Die »bergisch-märkische Eisenbahnstrecke« verbindet die drei Oberzentren im Süden und die »Köln–Mindener Eisenbahnstrecke« zwischen Duisburg und Dortmund im Norden die alten Kohlenlagerstätten Oberhausen, Altenessen, Gelsenkirchen, Wanne-Eickel, Herne, Castrop-Rauxel und Dortmund-Mengede. Laufen beide Strecken im Dortmunder Hbf direkt zusammen, so sorgt die Nah- und Fernverkehrsstrecke Essen–Recklinghausen–Münster in Gelsenkirchen und Wanne-Eickel für direkte Umsteigemöglichkeiten im Westen. Innerhalb der großen Städte übernehmen in der Regel Stadtbahnen (U- oder Straßenbahnen) den Nord-Süd-Verkehr, während die Deutsche Bundesbahn innerhalb des Verkehrsverbundes Rhein–Ruhr (VRR) bei der West-Ost-Verbindung dominiert. Nach den Überlegungen der RAST sollen alle »Zentren« an einem dieser Verkehrswege möglichst dicht am Hauptbahnhof mit der Maßgabe liegen, daß von ihnen aus *alle* Messezentren in weniger als einer Stunde zu erreichen sind, *ein* Zentrum aber in maximal 30 Minuten. Diesen Überlegungen entspringt ihre Bezeichnung »Zentren am Wege«.

3. »Zentren am Wege« als Kirche in der Stadt

Unmittelbar am Wege vom Gemeinschaftsquartier zur Kirchentagsgroßveranstaltung und umgekehrt begegnen KirchentagsbesucherInnen mithin den »Zentren am Wege«. Sie bieten in etwa 5–10 unterschiedlichen kirchlichen oder kommunalen Räumen ein breitgefächertes Veranstaltungsangebot. Die Räume sollen lediglich 5–8 Minuten zu Fuß voneinander entfernt sein, damit die Gäste sie als ein zusammengehöriges Zentrum empfinden und die Gastgeber es als ein solches gestalten können. Gerade die in Berlin so wohltuend empfundene Atmosphäre und persönliche Nähe sollen bis hin zu Familien mit Kindern und abendlichen Treffpunkten für Kirchentagsgruppen besonders gepflegt werden. Der Mensch aus der Stadt soll sich einfach hinzugesellen können und wird am Freitag nach dem Feierabendmahl – aber auch bereits zu diesem – zum gemeinsamen Fest in der Stadt ausdrücklich miteingeladen. So wird die ursprüngliche Idee eines Kirchentages von Besuchern und Besuchten Gestalt annehmen. Vielerorts werden dabei die inzwischen verkehrsberuhigten Mittelpunkte alter Städte und Vororte mitsamt ihren Kirchen für einige Tage wieder ihre alte »Markt«funktion wahrnehmen. Ganz bewußt werden darum Plätze und Fußgängerzonen in die »Zentren am Wege« ebenso wie Kirchen und Kinos miteinbezogen. Auf diese Weise wird der 24. Deutsche Evangelische Kirchentag nicht nur mit großen Veranstaltungen in Räumen und auf Plätzen der Innenstädte und Messegelände in Dortmund, Essen und Bochum stattfinden, sondern mit kleineren Veranstaltungen zugleich ein »Kirchentag in der Stadt« sein. Die vielfach erhoffte »Zeitansage mit Bodenberührung« wird stattfinden.[27]

V. »Zentren am Wege« bieten fünf Elemente an

1. Der thematische Beitrag der Region

Die Arbeitsstelle für den Kirchentag Ruhrgebiet 1991 der Evangelischen Kirche von Westfalen (RAST) hat in den Städten des Ruhrgebiets, die zum Veranstaltungsgebiet gehören, die Bildung von Trägerkreisen angeregt. Trägerkreise setzen sich aus kirchlichen und anderen Personen zusammen, die unabhängig von der ortskirchlichen Hierarchie Strukturen und Initiativen für den Kirchentag Ruhrgebiet überlegen. Diese Trägerkreise wählen die Themen der »Zentren am Wege« aus und berufen gemeinsam mit der RAST deren Arbeitskreise. Aufgabe der Arbeitskreise ist es, das thematische Element in einem Vorbereitungsprozeß inhaltlich und methodisch zu planen. Dabei soll darauf geachtet werden, daß die regionalen und generellen Aspekte in gleicher Weise zum Tragen kommen. Den Teilnehmenden soll in Veranstaltungen mit einer Größe von 100–400 Personen Gelegenheit zu konzentrierter Information, zum Kennenlernen persönlicher Erfahrungen und vor allem zu einem durchgehenden, regen und abwechslungsreichen Gedankenaustausch gegeben werden. Vorträge und umfangreiche Podiumsdiskussionen sollen nach den Berliner Erfahrungen die Ausnahme bleiben. Die persönliche Atmosphäre und Offenheit, die bei Großveranstaltungen nur schwer möglich sind, sollen dieses Element prägen. Insgesamt eine schwierige Arbeit im Vorbereitungs- und auch im Darbietungsprozeß.

Zunächst bestimmen spezielle seelsorgerliche und theologische Fragen »Zentren am Wege«: »Sucht« (Wattenscheid), »Sterbebegleitung« (Wanne-Eickel), die »Rollen der Familie« (Essen-Holsterhausen), »Missionarischer Gemeindeaufbau« (Bochum-Riemke), »Die Vollmacht Jesu und die Kirche« (Herne) oder »Internationale Oekumene – das Teilen lernen« (Gelsenkirchen).

Der Themenbereich »Verantwortliches Wirtschaften« wird unter jeweils unterschiedlichen, auch regionalen Gesichtspunkten in der Westfalenhütte (Hoesch) in Dortmund, in Bochum-Langendreer im Umkreis von OPEL und in der Essener City behandelt.

Um die Rolle von Kirche und Christen in der säkularen Stadt und Gesellschaft geht es bei Themen wie »Umwelt – Müllentsorgung« in der Universität in Dortmund, »Ausländer und Rechtsextremismus« im Dortmunder Norden, »Verbesserung der Lebensbedingungen« in der Dortmunder Innenstadt, »Frauen brechen auf zu mehr Gerechtigkeit, Frieden und Bewahrung der Schöpfung weltweit und auch im Ruhrgebiet« (Bochum-Innenstadt), »Kultur als Wirtschaftsfaktor« im Bergbaumuseum in Bochum, »Diakonie in der Stadt« in dem ehemals eigenständigen Steele oder »Kirchengemeinde und Stadtentwicklung« in dem mit aktiver evangelischer Beteiligung sanierten Essener Norden in Altenessen mit der bekannten Zeche Carl.

2. Die Sammlung der kommunikativen Angebote

Erstmalig bei einem Kirchentag werden einladende Kirche und die Geschäftsstelle des Kirchentages gemeinsam als Veranstalter auftreten. In Berlin lagen die »Thematischen Zentren« bekanntlich in der Verantwortung der Kirchengemeinden.

Die sonst auf viele, vor allem kirchliche Gebäude verteilten kommunikativen Gruppen des Kirchentages, die ein eigenes Programm in Form von Gottesdiensten, musikalischen Beiträgen, Theater oder Kirchenmusik anbieten, werden nun vor allem innerhalb des Raumangebotes der »Zentren am Wege« angesiedelt. Die Beiträge sollen möglichst das Thema des Zentrums ergänzen. Auch die neu geplanten »Kommunikativen Treffpunkte« sind vor allem im Umkreis der »Zentren am Wege« vorgesehen. Für KirchentagsbesucherInnen hat das den Vorteil, in einem »Zentrum am Wege« unterschiedliche Angebote anzutreffen und nach aufreibender Fahrt nicht vor verschlossene Türen zu geraten. Für das Zentrum und den Kirchentag insgesamt ist das sicherlich eine Konzentrationsbewegung, die die MitarbeiterInnen der RAST von »zentrierter Dezentralität« sprechen läßt. Der thematische Beitrag wird vermutlich den Vor- und auch den Nachmittag prägen, während das kommunikative Element den Abend in besonderer Weise bestimmen wird. Bereits zu diesem Zeitpunkt gilt es als sicher, daß in vielen »Zentren am Wege« abends kein »thematischer« Beitrag angeboten wird.

3. Missionarische und Bläser-Gruppen

Schwieriger als für das kommunikative Element wird eine ausgewogene Zuordnung der missionarischen Beiträge insgesamt sein. Generell sind mancherorts derartige Beiträge geradezu erwünscht. Sie gehören mindestens für Zentren wie in Bochum-Riemke oder in Herne zum Programm fest hinzu. Aber andernorts werden die aus allen Teilen Deutschlands kommenden missionarischen Gruppen sehr deutlich spüren, wie wenig sie die Sprache der Menschen im Ruhrgebiet sprechen und wie schwer die Menschen in einer säkularen Stadt mit Glaubensfragen in alter Missionierungsmanier anzusprechen sind. Der Kirchentag, der für Zuordnung und Einsatz dieser Gruppen die Verantwortung trägt, wird große Sensibilität und aufmerksame Rücksprache mit den Menschen, die die Zentren am Wege vor Ort verantworten, an den Tag legen müssen, sollen die missionarischen Aktivitäten zu einem lebendigen und akzeptierten Element der »Zentren am Wege« werden. Für die missionarischen Gruppen selbst, die bei vielen Kirchentagen weniger in der Stadt, als an bestimmten Punkten für ihre Fans auftreten, wird es nicht weniger eine kritische Bewährungsprobe sein. Bei alledem bleibt die Hoffnung, daß sich diese Gruppen und die ihnen begegnenden Menschen als Menschen einer Kirche gegenseitig akzeptieren. Diese bei Kirchentagen oft ausgeklammerte Frage wirft im Zentrum am Wege für alle Mitwirkenden die Frage nach der Solidarität der Glaubenden auf. Die Gastgeber sollten den Schaden nicht allein aufgebürdet bekommen und die Gäste sich nicht ausgegrenzt fühlen.

Überhaupt keine Frage ist, daß die Bläsergruppen überall auf aufmerksame und dankbare Zuhörer in der Stadt wie in den Zentren stoßen werden, haben doch viele Kirchengemeinden im Ruhrgebiet auch ihre »Bergkapelle«. Mit bekanntem und neuem Liedgut werden die BläserInnen geradezu die Melodie der gemeinsamen Hoffnung für die Zukunft intonieren, die mit der Losung angesagt ist.

4. Der regionale Beitrag zum Thema »Kultur und Glaube«

Nicht überall, aber vielerorts, gelegentlich auch mit direktem Bezug zum Thema des Zentrums, wird es regionale Beiträge in Verantwortung der RAST geben, die das Ruhrgebiet als besondere Kulturregion der Bundesrepublik ausweisen wollen. Die Evangelische Kirche von Westfalen, das Land Nordrhein-Westfalen und die Städte haben sich stark gemacht, weil sie sich von einem an Losung und Themenbereichen des Kirchentages orientiertem Dialog neue Impulse für das Zusammenleben im Revier versprechen. Damit könnte die evangelische Kirche, die sich als Kirche des Wortes auf diesem Gebiete schwerer tut als die katholische Kirche und eigentlich nur mit ihrer Kirchenmusik Eindruck auf dem Kultursektor machen kann, auf Dauer neue Interpretationsmöglichkeiten ihrer Botschaft hinzugewinnen. Auch aus diesem Grunde werden viele Beiträge aus dem regionalen Element »Kultur und Kirche« bereits im Vorlauf zum Kirchentag – auch außerhalb des Veranstaltungsgebietes – angeboten. Vielleicht erklären sich viele KünstlerInnen auch bereit, spontan während des Kirchentages den einen oder anderen Beitrag – etwa am Abend der Begegnung oder beim Festabend am Freitag – zu Kirchentagsbedingungen zu wiederholen.

5. *Begegnung von Besuchern und Besuchten*

Das letzte und nicht weniger wichtige Element »Service«
Dies alles soll ähnlich wie in Berlin eingerahmt werden durch Möglichkeiten des Ausruhens, der Bewirtung, des Mittagessens, der Information über Wege und Fahrtzeiten der nächsten Züge, über Strukturen und Konzeptionen der Gemeindearbeit, des Sich-Treffen-Könnens bis zum späten Abend oder der Begegnung mit den GastgeberInnen vor Ort. Daß dabei abends einmal ein Bier drin ist, versteht sich in der Regel von selbst. Ähnlich wie in Nürnberg soll die Kulisse der Stadt und die Begegnung mit ihren Menschen ein unvergessenes Stück Kirchentag Ruhrgebiet 1991 werden. Auch darum hoffen alle Zentren, daß in ihren Kirchen oder auf ihren größeren Plätzen der Kirchentag mit einem Eröffnungsgottesdienst am Mittwoch und an den drei folgenden Tagen mit einer Bibelarbeit beginnt, wie es vom Kirchentag angeregt wurde.[28] Die KirchentagsbesucherInnen werden die Menschen des Reviers als sehr kontaktfreudige und unterhaltsame Menschen kennenlernen, die nur zufällig in Westfalen oder im früher einmal westfälischen Essen wohnen. Ihre Gastgeber erinnern sie sicherlich daran, daß der Totozettel pünktlich abgegeben und der Dank für die schöne Zeit gegen Gott nicht vergessen wird. Darum hoffen alle, die bis dahin noch viel für ein Zentrum am Wege »malochen« müssen, daß es eine schöne und gemütliche Zeit im »Zentrum am Wege« wird, die Zeitansage und Bodenberührung in unvergeßlicher Weise miteinander verbindet.

Anmerkungen

I. »Zentren am Wege« in einer säkularen Stadt

1 Harvey Cox, Stadt ohne Gott, Stuttgart[3] 1967, 11
2 Cox 14.
3 Cox 76 f.
4 Cox 80.

5 »Religion ist eingebettet in Lebensformen und Institutionen, längst ehe sie bewußt kodifiziert wird, und jeder Wandel der sozialen und wirtschaftlichen Muster bringt einen religiösen Umbruch mit sich«, Cox, 18.
6 Dabei würde sich dann erweisen, wie sich die drei nach Harvey Cox benannten »Grunddienste« der christlichen Gemeinde heute darstellen lassen: Die kerygmatische, die heilende und die die menschliche Stadt sichtbar werden lassende Funktion, vgl. a. a. O. 140ff.

II. »Zentren am Wege« als »Gemeinde-Kirchentag«

7 An die Ratherrn aller Städte deutschen Landes, daß sie christliche Schulen aufrichten und halten sollen (1524). Martin Luther, Ausgewählte Schriften, Insel-Verlag, Frankfurt 1982, V, 46f.
8 Günter Böhm bei einem Treffen zwischen Kirchentagsleitung (KTL) und der westfälischen Kirchenleitung am 14.2.86
9 So berichtet Superintendent Klaus Philipps als einer der westfälischen Verhandlungspartner dem Landesausschuß Westfalen am 11./12.4.86
10 So Klaus Philipps in einem Sondierungsgespräch am 3.10.86 (Protokoll Seite 7)
11 So Reiner Degenhardt in dem in Anm. 10 genannten Gespräch.
12 s.o. Anm. 10
13 s.o. Anm. 10
14 Dieses nach dem Kirchentag in Frankfurt im Oktober 1987 von Alfred Buß, Carl Peddinghaus und Lore Seifert erstellte Papier sollte den Zweifeln an einem dezentralen Kirchentag seitens der Kirchentagsleitung begegnen.
15 Nach dem Frankfurter Kirchentag Carl Peddinghaus unter dem Stichwort »Tendenzen für den Kirchentag morgen« vor dem Landesausschuß Westfalen am 7.11.87 in Bochum: »Die Rolle der Gastgeber muß stärker bedacht werden. Die Organisation des DEKT und die inneren Gemeindeerwartungen der Gastgeberkirchen treten in ein gewisses Konkurrenzverhältnis.«

III. »Thematische Zentren« 1989 in Berlin

16 »Kirchentüren sind weit geöffnet. Thematische Zentren beim 23. DEKT in Berlin, Berlin 1989, 1.
17 »Kirchentüren« 51–57. S.o. Anm. 16
18 »Andererseits betonen die Verantwortlichen der meisten ›Thematischen Zentren‹, wie wichtig ihnen die Zeit in der guten Atmosphäre des Vorbereitungskreises gewesen ist. Sie half auch, Majorisierungsversuche und Differenzen zu überstehen«, Kirchentüren 52.
19 Vgl. »Kirchentüren« 52.

20 So waren die interessantesten Zentren in oder aus Kreuzberg, dem Wedding und Spandau. Andernorts waren es Themen, die durch Persönlichkeiten oder Ämter ins Spiel gebracht wurden.

21 vgl. Konrad von Bonin, Deutscher Evangelischer Kirchentag. Dokumente, Stuttgart 1989, 6.

IV. »Zentren am Wege« – Ausdruck einer zentrierten Dezentralität

22 Dazu vgl. Bodo Harenberg (Hrsg.), Chronik des Ruhrgebiets, Dortmund 1987, 343.586.

23 »Die Ruhrgebietssuperintendentenkonferenz« aller evangelischer Kirchenkreise innerhalb des vom KVR definierten Ruhrgebietes ist Ausdruck ihres Willens, gemeinsam für diese Region über Kirchengrenzen hinaus zu handeln.

24 Im Bereich der westfälischen Emscherzone wird immer wieder laut über IC-Verbindungen oder S-Bahn-Trassen nachgedacht, aber bislang ist trotz ausreichenden Verkehrsaufkommens noch nichts realisiert worden. Sowohl die »Köln–Mindener« als auch die Strecke Essen–Recklinghausen–Münster werden ständig von Rückstufungen bedroht. Im Güterverkehr liegt dieser Tatbestand offen zutage.

25 Vgl. Umfragen zum 23. DEKT in Berlin

26 Der bei der »Einladung zur Mitwirkung« versandten Einladungslandkarte von KVR und RAST liegen diese Untersuchungen zugrunde.

27 Zu der Gesamttendenz einer stärkeren Anbindung der Zeitansage eines Kirchentages an den Ort des Geschehens vgl. meine Ausführungen in EvKomm 10,89 unter dem Titel »Kirchentag geerdet« oder in »Kirchentüren« 58ff. unter dem ursprünglichen Titel »Zeitansage ohne Bodenberührung?«

V. »Zentren am Wege« bieten fünf Elemente an

28 S. o. Anm. 11. Für die Rolle der Kirche in der Stadt sei noch auf das anregende Sammelwerk »Die Wiederkehr des genius loci. Die Kirche im Stadtraum – die Stadt im Kirchenraum«, hrs. von Martin C. Neddens u. Waldemar Wucher, Wiesbaden 1987, verwiesen.

Die Losung: Gottes Geist befreit zum Leben

Erhard Eppler

Gottes Geist macht frei

I

Der Kirchentag muß aufpassen, daß er nicht aus dem Leim geht. Wo tausende von Aktivitäten gebündelt werden sollen, wo 25 000 aktive Mitarbeiter und Mitarbeiterinnen etwas Gemeinsames, Ganzes, Unverwechselbares zustande bringen sollen – und wollen –, da bleibt eine gewaltige Arbeit des Zusammenfügens, Zuordnens, des Prägens und Integrierens.

Der Kirchentag ist längst ein Kirchentag von unten. Da kann nicht mehr von oben her dekretiert oder manipuliert werden. Da kann nur durch eine geistige und geistliche Integrationslosung die Einheit in der Vielfalt sichtbar gemacht werden. Dies gilt für den Ruhr-Kirchentag noch mehr als für frühere Kirchentage. Soll der erste Kirchentag in einer ganzen Region für die Besucher nicht ganz unübersichtlich werden, dann bedarf es einer festen inneren Struktur. Was die eine Stadt nicht bieten kann, muß der Leitgedanke leisten.

Daher kam es für 1991 noch mehr als sonst auf die Losung an, vor allem auf den Bezug der Losung zu den Themenbereichen. Gab es hier keine innere Verbindung, dann mußte der Kirchentag in viele Einzelkirchentage auseinanderfallen.

Der Kirchentag war schon immer eine dramatische Begegnung, vielleicht auch ein Zusammenprall zwischen Wirklichkeit und Evangelium. Da wird die gesellschaftliche, politische, aber auch die ganz private Wirklichkeit der einzelnen konfrontiert mit der biblischen Botschaft, und das Evangelium muß seine Kraft darin erweisen, daß es in diese Wirklichkeit hinein etwas von Belang, etwas Treffendes, Klärendes und Ermutigendes zu sagen hat. Also muß eine Losung die Stelle markieren, wo dieser Zusammenprall stattfindet. Sie muß etwas von der Wirklichkeit, der Aktualität von Ort und Zeit aufgreifen und gleichzeitig den Aspekt der christlichen Botschaft sichtbar machen, der diese Wirklichkeit trifft. Das ist nicht einfach. Und nichts ist spannender bei den Sitzungen des Kirchentagspräsidiums als das Suchen der Losung.

II

Der Kirchentag an der Ruhr ist insofern kein gesamtdeutscher Kirchentag, als die Weichen für diesen Kirchentag vom Präsidium des Deutschen Evangelischen Kirchentags in der Bundesrepublik um die Jahreswende 1989/90 gestellt wurden. Aber das Präsidium des Deutschen Evangelischen Kirchentags war sich klar darüber, daß ein Kirchentag im Jahre 1991 sich dem stellen muß, was seit 1989 in Deutschland geschehen ist. Dies gilt umso mehr, als die gewaltfreie Revolution in der DDR auch ein Ereignis der Kirchengeschichte ist.

Bei Revolutionen hatten sich die Kirchen bisher, zumal die evangelische, allenfalls als Warner und Bremser, als Verteidiger des Alten hervorgetan. Die deutsche Revolution vom Herbst 1989 ist vorbereitet, ausgelöst und geprägt worden von den evangelischen Kirchen, genauer: von der christlichen Friedensbewegung in diesen Kirchen. Ein Theologe von dort sprach im November 1989 von der »getauften Revolution«. Wenn sie getauft war, so hat sie, wie die meisten Kinder und ihre Eltern, diese Taufe rasch vergessen. Aber es war doch wohl kein Zufall, daß gerade die Menschen ihr Land von diktatorischem Zwang befreit haben, die sich selbst vorher von Haß, Aggression und Rachsucht befreit hatten. Viele von ihnen werden an der Ruhr dabei sein. Vielleicht muß diese Revolution an ihre Taufe erinnert werden, nicht von uns Westdeutschen, aber von denen, die dazu legitimiert sind.

Beim Schlußgottesdienst in Hannover 1983 habe ich gesagt: »Wo steht eigentlich geschrieben, daß der Heilige Geist ausgerechnet Kirchentage meiden müsse? Er weht, wo er will.« Er wehte wohl auch da, wo überwiegend junge Menschen, wie wir sie von den Kirchentagen der DDR kannten, mit Festigkeit, Geduld und Humor, mit der Fähigkeit, sich in den Gegner einzufühlen, vor allem aber mit unbeugsamer Friedfertigkeit ihre Freiheit ertrotzten, auch die Freiheit derer, die sie nun schon wieder an den Rand gedrängt haben. Ich kenne kein anderes Beispiel in unserer Geschichte, wo so unmittelbar der Geist Christi wirksam geworden wäre.

Etwas davon klingt an in der Losung:
»Gottes Geist befreit zum Leben.«

III

Vom Heiligen Geist, vom dritten Glaubensartikel, ist selten die Rede. Manche Theologen haben ihre Schwierigkeiten mit dem Geist. Vielleicht war das schon so, als das Glaubensbekenntnis formuliert wurde und sofort nach der Erwähnung des Geistes die Kirche kam als der Raum, in dem der Geist wirksam sein soll. Vielleicht hatte es gute Gründe, daß die Kirche den Geist so streng domestiziert hat. Aber das muß nicht so bleiben. Jedenfalls war es Zeit, daß der Kirchentag sich auf den dritten Glaubensartikel einläßt.

In der Losung ist nicht davon die Rede, wovon der Geist befreit, sondern wozu. Wovon die Menschen in der DDR befreit wurden, ist rasch und mit einfachen Worten gesagt. Wozu sie befreit wurden, was sie aus ihrer Befreiung und mit ihrer Freiheit – mit uns zusammen – machen wollen, ist nicht so leicht zu sagen. Nicht identisch, aber verwandt damit, ist die Frage, was das Leben sei, zu dem Gottes Geist befreit. Sie ist an alle TeilnehmerInnen des Ruhr-Kirchentages gerichtet, auch und gerade an die Mehrheit aus jener Bundesrepublik, die sich anschickt, ihre Wertvorstellungen, ihre Regeln und Gesetze dorthin zu übertragen, wo etwas Eigenes hatte wachsen wollen. Wir im Westen haben längst gelernt, daß die Freiheit des Marktes und die Freiheit der Wahl, so nützlich sie sein mögen, etwas anderes sind als die Freiheit eines Christenmenschen. Aber wie verhält sich politische Freiheit zur Befreiung durch Gottes Geist? Haben sie vielleicht doch miteinander zu tun?

Für die Kirche bleibt noch etwas anderes aufzuarbeiten: Was bedeutet es für alle Kirchen in ganz Deutschland, daß sich die evangelischen Kirchen in der DDR zum erstenmal als »Kirchen für andere« bewährt haben? Sogar die Bekennende Kirche der NS-Zeit war doch wohl Kirche für Kirche. Dort wurde – mit großem Mut – die Kirche Jesu Christi gegen totalitären Gleichschaltungswillen verteidigt. Daß Juden oder Sozialisten im KZ verschwanden, interessierte kaum.

Jetzt in der DDR ging es nicht um Kirchenrechte, sondern – erstmals in der Kirchengeschichte – um Menschenrechte. War darin Gottes Geist spürbar – oder ließ sich die Kirche auf einen Irrweg verführen? Diese Frage geht nicht nur die Christen in der DDR an. Was wäre »Kirche für andere« bei uns im Westen? Was könnte da für uns die Mahnung von Günter Krusche bedeuten, Kirche sei für alle da, aber nicht für alles?

Die Losung trifft auch die private Wirklichkeit der vielen tausend überwiegend jungen Menschen, die auf dem Kirchentag Orientierung, Hilfe und Freude suchen. In den letzten Jahren begegnen sie vielen, die sich auf den Geist oder auf Geister berufen. An Be-geisterten ist kein Mangel im Zeichen des New Age. Aber wes Geistes Kinder sind diese Gurus? Wie lassen sich Geister unterscheiden? Vielleicht ist es das entscheidende Kriterium, ob die Geister befreien oder abhängig machen, versklaven. Wo Menschen in neue Knechtschaft fallen, ist sicher nicht Gottes Geist. Er ist da, wo jemand befreit wird zu einem Leben, dessen Sinn gerade in der Befreiung aufleuchtet. Gottes Geist ist ein Geist, der frei macht.

IV

Die Losung eines Kirchentages ist mehr als Dekoration. Sie soll zeigen, von welchem Aspekt der christlichen Botschaft her auf diesem einen, unverwechselbaren Kirchentag die Begegnung von Wirklichkeit und Evangelium gesucht werden soll.

Die Losung kann dies nur leisten, wenn die Themenbereiche darauf bezogen sind. Der Ruhr-Kirchentag wird nur noch vier davon haben, und sie unterscheiden sich deutlich von den (meist fünf) Themenbereichen der letzten Kirchentage. Es gibt keinen »theologischen« Bereich mehr, aber auch keinen »ökologischen« und keinen, der sich ausdrücklich mit Frieden oder mit der Dritten Welt beschäftigt. Theologische Reflexion ist in allen Bereichen unerläßlich und selbstverständlich. Die Frage nach Frieden, Gerechtigkeit und Bewahrung der Schöpfung wird sich durch alle Themenbereiche ziehen. Diesmal enthalten alle vier Bereiche schon in ihrer Formulierung weder Appell noch Behauptung, sondern Fragen. Die Themenbereiche bezeichnen eine Spannung, sie wollen und verlangen die Diskussion.

Und allen vier Themenbereichen ist ein Untertitel beigegeben, der sie mit der Losung verknüpft. Die Themenbereiche sollen die Losung entfalten, anwenden, durchdeklinieren, aber eben nicht in

Form von Agitation oder Überrumpelung, sondern in der Form des vernünftigen Dialogs zwischen gleichberechtigten Christenmenschen.

Beim ersten Bereich, »Verantwortliches Wirtschaften«, lautet der Untertitel: »Um des Lebens willen«. Sicher ist es wichtig, daß eine Wirtschaft funktioniert. Das werden die BesucherInnen aus dem Osten besser im Gedächtnis haben als die aus dem Westen. Aber Wirtschaft braucht auch einen einleuchtenden Zweck. Sie soll menschliches Leben ermöglichen, fördern, reicher, freier machen. Die Wirtschaft ist um des Menschen willen da, nicht der Mensch um der Wirtschaft willen. Und sie darf das Leben der natürlichen Kreisläufe nicht versehren oder gar irreparabel beschädigen. Wie kommen wir zu solch verantwortlichem Wirtschaften? Daß unser Wirtschaftssystem besser ist als das im Osten, hat sich zweifelsfrei erwiesen. Jetzt steht zur Diskussion wie gut es ist. Und gut kann etwas nur werden, wenn es dauernd verbessert wird. Und das ist viel schwieriger. Ein Kriterium dafür, ob es gut ist, könnte befreites Leben sein. Kann eine freie Wirtschaft auch Abhängigkeit, Unfreiheit schaffen? Was muß geschehen, damit sie befreit?

»Die Deutschen in Europa – befreit zum Miteinander« mag ein Thema sein, dem manche Opportunismus oder gar Nationalismus vorwerfen. Ich habe auf diesem Thema bestanden. Der Deutsche Evangelische Kirchentag, der zu seiner Geschichte die großen gesamtdeutschen Kirchentage der fünfziger Jahre zählt, kann nicht daran vorbeigehen, daß die Deutschen als Gesamtheit jetzt in Europa ihren Ort suchen. Und es kann dem Kirchentag nicht gleichgültig sein, wie sie es tun und ob sie diesen friedlichen Ort so finden, daß auch ihre Nachbarn dies für besser halten als die – doch wohl nicht freiwillige – Teilung.

Was tun wir Deutschen mit der grandiosen Chance, die wir unverhofft noch einmal bekommen haben? Zu welchem Miteinander sind wir befreit? Nur zum deutsch-deutschen? Und wie soll es aussehen? Zum europäischen? Zu welchem? Auch mit den Völkern der Sowjetunion? Zum Miteinander mit den zwei Dritteln der Menschheit im Süden? Wie könnte ein Miteinander sich anlassen, in dem wenigstens noch Spuren jener ersten Befreiung aus dem Geist christlicher Friedensbewegung sichtbar wären?

Es geht nicht mehr darum, ob die Deutschen wieder zusammenkommen. Es geht darum, was sie daraus machen. Das muß ein Thema des Deutschen Evangelischen Kirchentages sein. Die Deutschen sind es nicht nur sich selbst, sie sind es auch ihren Nachbarn schuldig, daß sie ihre Funktion in Europa miteinander und mit ihren Nachbarn neu bedenken. Die Angst vor dem Vorwurf nationalistischer Verengung darf uns nicht davon abhalten, unsere Verantwortung wahrzunehmen.

»Glaube und Kultur« war in der Kirchengeschichte immer ein schwieriges Kapitel, in der evangelischen noch spannungsreicher als in der katholischen. Im Grunde hat protestantische Frömmigkeit nur zur Musik ein entkrampftes Verhältnis gefunden. »Der Geist gewinnt Gestalt« lautet der Untertitel. Lebendiger, befreiender Geist will immer Gestalt gewinnen.

Kultur ist in den letzten Jahren immer mehr zum Thema des Kirchentages geworden. An der Ruhr wird es – in der Verantwortung der westfälischen Landeskirche – sogar ein großes Kulturprogramm geben, das auf den Kirchentag hinführt und ihn begleitet. An der Ruhr wird wohl die Frage gestellt werden, wie sich der befreiende Geist Gottes zum emanzipatorischen Geist moderner Kunst verhalte, aber eben auch zur Kultur in einem umfassenden Sinn: Der Kultur menschlichen Zusammenlebens auch und gerade in einer so geprägten Region wie dem Ruhrgebiet. Und sogar unser Verhältnis zur Natur wird Teil einer – gelingenden oder mißlingenden – Kultur der Befreiung.

Wie »Gelingendes Leben« möglich werde, ist wohl die elementarste Frage, mit der vor allem junge Menschen zum Kirchentag kommen. Die Beispiele mißlingenden Lebens sind allen täglich vor Augen. Und die Gefahr, daß das eigene Leben mißlingt, wohl auch.

Was hat »gelingendes Leben« zu tun mit dem befreienden Geist Gottes, von dem der Untertitel behauptet, er sei nicht nur heiliger, sondern auch »heilender Geist«? Daß es mehr Dinge zwischen Himmel und Erde gibt, als unsre Schulweisheit sich träumen läßt, wußte schon Shakespeares Hamlet. Es gibt wohl auch mehr Dinge zwischen Mensch und Natur, als die Schulmedizin sich träumen läßt. Aber wo ist die Scheidelinie zwischen dem tröstenden, ganzmachenden, heilenden Geist Gottes und den letztlich versklavenden Geistern, die doch wohl auch Wirklichkeit sind? Sicher, wo vom heiligen, heilenden Geist die Rede ist, drohen auch Gefahren. Aber ist das ein hinreichender Grund, ihn zu verschweigen?

Wen die Formulierung »Komm, heilender Geist« provoziert,

der sei beim Kirchentag willkommen. Der Kirchentag soll nicht Richtigkeit abspulen, er darf auch provozieren. Und er will und erträgt Widerspruch.

Und die Belange des Ruhr-Gebietes? Sie lassen sich in alle Themenbereiche einbringen. Die Losung ist klar genug, aber auch offen und weit genug, daß darin all das Platz hat, was an der Ruhr vorbereitet wird. Der Bezug auf die Losung wird sich nicht als hinderlich, sondern als förderlich erweisen. Was an der Ruhr zum Thema Gerechtigkeit vorgedacht wurde, paßt sehr wohl in die Themenbereiche »Verantwortliches Wirtschaften« und »Die Deutschen in Europa«. Es ist dort sogar unentbehrlich. Aber nicht alles hat auf jedem Kirchentag Platz. Die Losung soll jedem Kirchentag sein eigenes Gesicht geben. An der Ruhr stehen die Chancen gut, daß dieses eigene Gesicht erkennbar wird.

Jürgen Ebach

...damit die Losung nicht zur billigen Lösung wird

Alttestamentliche Beobachtungen zur Rede vom Geist Gottes

Eine Losung ist gut, wenn sie den Standort bestimmt und gleichzeitig etwas in Bewegung bringt.

»Gottes Geist befreit zum Leben« – diese Losung könnte beides tun. Standortbestimmung ist sie, weil und wenn sie das Subjekt von Befreiung und Leben nennt und damit allen anderen Instanzen, die solches für sich beanspruchen, eine Absage erteilt. In Bewegung bringt sie, weil und wenn sie aus Worten besteht, die jedes für sich und noch einmal im Zusammenhang Dynamik bezeichnen. Das Wort *ruach*, das an vielen Stellen in deutschen Übersetzungen des Alten Testaments mit »Geist« wiedergegeben wird, bedeutet in der hebräischen Bibel Dynamik schlechthin. Die *ruach* ist zunächst der Wind und der Atem, dann auch der Lebensgeist, d. h. der Atem, der das Lebendige beseelt. Wenn von der *ruach* Jhwhs, vom Geist Gottes, die Rede ist, dann ist damit der Geber und Erhalter allen Lebens benannt. Doch nicht nur und nicht einmal in erster Linie die Kontinuität des Lebens wird in den Zeugnissen der hebräischen Bibel auf Gottes Geist zurückgeführt, sondern auch und mehr noch die Unterbrechung des »normalen Lebens«.

Wer vom Geist Gottes ergriffen ist, erlebt das als bezwingende Macht. Die *ruach* gibt ihm Kraft zu tun, was er ohne diesen Geist nicht zu tun vermöchte; sie hebt ihn stärkend und irritierend – heraus aus dem Lauf des Alltags. Weniger »vergeistigt« wirken die vom Geist Gottes Ergriffenen in der Bibel als »begeistert« und zuweilen »entgeistert«. Der Geist heilt, aber er stört auch, und manchmal heilt er, indem er stört, und stört, indem er heilt.

Die biblische Rede vom Geist entzieht sich der Definition; man kann von ihm erzählen. Viele dieser Erzählungen brechen ein in die geordnete Welt der Definitionen und der theologischen Begriffe. Von einigen solcher Einbrüche und Irritationen möchte ich berichten. Sie könnten die Losung des Kirchentages beleuchten, befragen, verschärfen.

Wer handelt?

Am Anfang des Buches Ezechiel berichtet der Prophet von einer gewaltigen Gottesbegegnung. Jhwh, der Gott Israels, hat den Tempel in Jerusalem verlassen und begegnet Ezechiel im Exil in Babylonien. Der Prophet sieht ihn auf seinem Thronwagen, dessen Größe, Glanz und Macht er ausführlich beschreibt. Dann heißt es (Ez 1,28 b–2,2):

> »Das war der Anblick der Herrlichkeit Jhwhs. Und als ich es sah, da fiel ich auf mein Angesicht nieder. Und ich hörte die Stimme eines, der redet. Und er sprach zu mir: Menschensohn, stelle dich auf deine Füße, dann will ich mit dir reden. Da kam Geist (ruach) in mich (als er mit mir redete) und stellte mich auf meine Füße...«

Nur einen Aspekt dieses Abschnitts möchte ich genauer befragen. Wer handelt, wer stellt den Propheten auf die Füße?

Der Text scheint auf den ersten Blick unscharf, ja widersprüchlich zu sein. Die Aufforderung ergeht an Ezechiel selbst. Er soll sich auf die Füße stellen. Offenbar soll er aufrecht stehen, aus dem Gestus der Unterwerfung heraustreten und die Stellung einnehmen, die »den aufrechten Gang« ermöglicht. Aber stellt er sich auf die Füße? Kaum ist die Aufforderung ergangen, stellt etwas anderes, etwas, das von außen in ihn hineinkommt, ihn auf die Füße. Der Text bliebe widersprüchlich, wenn eine Alternative gemeint wäre. Nicht widersprüchlich und nicht einmal unscharf, sondern präzise ist der Text, wenn er die Aufforderung und ihre Einlösung nicht als Alternative versteht. Der Geist, der in den Propheten hineinkommt, befähigt ihn, selbst etwas zu tun. Der Geist Gottes ist nicht der Ersatz, sondern die Voraussetzung des menschlichen Handelns. Wer meint, das Vertrauen auf Gott ersetze das eigene Tun, hat das ebensowenig verstanden wie der, der meint, er könne das Entscheidende selbst tun. Die wichtigsten Dinge im Leben können wir nicht selbst produzieren. Wir können weder Liebe noch Trost herstellen, ja das eigene Leben selbst haben wir nicht gemacht. Und – auch das lese ich in diesen wenigen Worten aus dem Ezechielbuch – der Geist ist nicht etwas, das schon immer in uns ist. Das gilt unabhängig von der schwer entscheidbaren Frage, wie man das Wort *ruach* an dieser Stelle auffassen soll, als »Wind«, »Lebensgeist«, »Atemluft« oder als Kraftbezeichnung, etwa: »Dynamik«. Das Entscheidende ist, daß dieser »Geist« von außen kommt. Der Geist Gottes ist kein altertümliches Wort für die Selbstheilungskräfte der Seele. Das »du« in der Aufforderung »stelle dich auf deine Füße!« ist Anrede von außen, und der, der so angeredet wird, ist nicht mehr, der er zuvor war. Die *ruach* ist in ihn hineingekommen, eingedrungen, hat sich seiner bemächtigt, ihn befähigt, ein eigener Mensch zu sein und sich auf die Füße zu stellen.

So hat Ezechiel getan, was ihm gesagt wurde: er hat sich auf die Füße gestellt. Nur so konnte er es tun. Vielleicht konnte er erst nach diesem »du« und nach dieser »Begeisterung« wirklich »ich« sagen...

Gottes Geist entzieht das Leben

> »Der Geist Jhwhs war von Saul gewichen; jetzt quälte ihn ein böser Geist, der von Jhwh kam.«

So steht es in 1. Samuel 16,14. Der Grund, warum Gott Saul, den ersten König Israels, verworfen hatte, ist für heutige LeserInnen schwer begreiflich. Saul hatte im Amalekiterkrieg den »Bann«, die Forderung der Vernichtung der Beute an Menschen und Tieren, nicht vollzogen. Er wollte die erbeuteten Tiere lieber den Herden Israels zukommen lassen und mit dem feindlichen König lieber einen Vertrag schließen, als ihn zu töten. Erst auf den zweiten Blick wird deutlich, warum Saul nicht gelobt wird für das human und vernünftig erscheinende Handeln. Er hatte versucht, den Krieg zum Mittel der Politik zu machen, Vorteile aus dem Sieg zu ziehen, ja sich selbst zum Sieger zu erheben. Gegen das politische Kalkül tritt Samuel als Vertreter des Gotteskrieges auf. Es macht uns heute große Probleme, auch nur diesen Krieg nicht zu verachten. Es waren zu viele seitdem, die Kriege im Namen Gottes zu führen vorgaben. Doch der Jhwh-Krieg unterschied sich von den Kriegen im Namen Gottes. Er sollte nicht zum Kriegsgewinn menschlicher Potentaten herhalten. Doch wie soll man unterscheiden? Fragen bleiben offen. Lassen wir sie für diesmal auf sich beruhen. Denn der oben zitierte Satz aus 1. Sam 16,14 stellt uns selbst schon vor genug Probleme.

Der erste Teil des Satzes verstört uns nicht. Saul tat Böses, also verließ ihn der Geist Gottes. Saul ist verworfen, David schon berufen, der ihn ablösen wird. Doch auch von dem bösen Geist, der von Saul nunmehr Besitz nahm, heißt es ausdrücklich, er komme von Jhwh, von Gott selbst. Der Geist Gottes kann ein »böser Geist« sein, der nicht zum Leben befreit, sondern Leben entzieht. Zur Losung des Kirchentags gehört also, biblisch gelesen, ihr strikter Gegensatz. Wie geht das zusammen? Entzieht Gott Saul den Lebensgeist, um anderen zum Leben zu verhelfen?

Auch bei diesem Verständnis bleibt, daß die Bibel vom Geist Gottes als verstörender und zerstörender Kraft berichten kann. Für Saul zeigt sich dieser Geist Gottes in der Form der Depression, vielleicht zuletzt der »Umnachtung«. Gottes Geist ist nicht der Garant bestehender Zustände, nicht die Legitimation etablierter Macht. Das wirft ein Licht auf die Frage, wie ChristInnen in Deutschland die Losung des Kirchentags hören. Können wir, die wir im reichsten und mächtigsten Teil der Welt von den ungerechten Zuständen profitieren, die wir, gestützt auf die größte Militärmacht, die es je in der Geschichte der Menschheit gab, gestützt auf die Macht des Geldes, zu den Starken, den Mächtigen der Welt gehören, darauf vertrauen, daß uns der Geist Gottes zum Leben verhelfen wird? Wer sagt uns eigentlich, daß es nicht ein böser und gerade darum und darin von Gott geschickter Geist ist, dem wir vertrauen? Sind wir denn David? Sind wir nicht Saul und Goliath in einem? Oder David, der nachdem er Goliath und Saul besiegt hatte, begann, ihnen immer ähnlicher zu werden? Gottes Geist befreit zum Leben! Wird da *unser* Leben bestätigt?

Unterscheidung der Geister

> »Ich habe gehört, was die Propheten sagen, die in meinem Namen Lüge prophezeien: ›Ich hatte einen Traum! Ich hatte einen Traum!‹ Wie lange noch steckt es im Herzen der Propheten, die Lug prophezeien und die den Trug ihres eigenen Herzens prophezeien? Die danach trachten, mein Volk vergessen zu lassen meinen Namen durch ihre Träume, die einer dem nächsten erzählt, so wie ihre Väter meinen Namen vergaßen durch Ba'al. Der Prophet, der einen Traum hat, erzähle seinen Traum, und der mein Wort hat, rede mein Wort getreu! Was soll das Stroh beim Korn? – Spruch Jhwhs.« (Jeremia 23,25–28)

Diese scharfen Worte finden sich in einer Generalabrechnung Jeremias mit den Propheten, die im Zentrum des 23. Kapitel des Jeremiabuches steht. Das Wort »Geist« kommt in diesem Kapitel nicht vor, doch die Frage nach der Unterscheidung der Geister, nach Kriterien der Wahrheit des Redens von Gott steht im Zentrum der Kritik des Jeremia.

Wiederum möchte ich nur wenige Aspekte des Textes genauer betrachten. In Jeremias Auseinandersetzung gibt es eine politische und eine theologische Seite, und wie meist in der Bibel sind beide miteinander verknüpft. Es sind nicht irgendwelche Träume, mit denen in Jeremias Augen die Propheten das Volk betrügen; es sind bestimmte Träume, Träume von der politischen Macht.

Jerusalem war von den Babyloniern erobert worden, der Staat Juda hatte seine Selbständigkeit verloren und war zur babylonischen Provinz geworden. Das Bündnis von »Thron und Altar« in Jerusalem war zerbrochen. In dieser Zeit standen in Jerusalem Propheten gegen Propheten. Die Propheten, gegen die Jeremia sich wendet, boten alles auf, aus der Niederlage einen Sieg zu machen. Sie träumten von der alsbaldigen Wiederherstellung der alten Zustände. Bald werde Babylons Macht zerbrechen, bald werde alles wieder wie früher sein. Der Traum der neuen Großmacht, »bald werden wir wieder wer sein« – das alles kommt uns in Deutschland heute bekannt vor. Endlich den Schlußstrich ziehen unter die Niederlage des früheren Reichs, endlich wieder ein großes und mächtiges, ein mit sich selbst zufriedenes Land sein, endlich Schande und Scham überwinden.

Das Kapitel des Jeremiabuches, in dem jene Propheten entlarvt werden, trägt dieselbe Zahl wie der Paragraph des Grundgesetzes, mit dem der Anschluß, die Einverleibung der DDR in die Bundesrepublik vollzogen werden soll. (Ich schreibe diese Zeilen im Frühjahr 1990. Wie wird es sein, wenn das gedruckte Buch vorliegt? Wer kann heute sagen, wie sich in wenigen Monaten diese Sätze lesen?)

Jeremia 23 gegen § 23 GG? Wer im Prozeß der deutschen Einheit in mythologischer Verklärung den Atem der Geschichte erkennen will (als ob *die Geschichte* etwas tut) und erst recht, wer darin den Geist und den Willen Gottes sehen will, sollte sich durch Jeremias Kritik wenigstens befragen lassen. Jeremia entlarvt das Illusionäre der Träume von der neuen Großmacht. In der Geschichte Israels sollte Jeremia recht behalten. Ein neuer Krieg mit der Folge noch größerer Zerstörung war das Ergebnis der Träume seiner Gegner. Diese Träume zerstoben sehr schnell. Schlimmer noch wäre es wohl geworden, wenn die Großmachtträumer sich länger durchgesetzt hätten...

So konkret politisch kann und muß man Jeremias Traumkritik lesen, und zwar sowohl auf der Ebene der historischen wie auf der Ebene der gegenwärtigen Lektüre des Textes. Doch ebenso legitim ist eine andere Weise der Lektüre. Lesen wir nämlich die zitierten Verse Jer 23,25–28 für sich d. h., ohne die Rückbindung an die unmittelbaren politischen Konflikte, die hinter ihnen stehen, so sind sie geeignet, auf grundsätzliche Weise nach der Unterscheidung der Geister zu fragen.

Da gibt es die, die (damals und heute) von Gott reden, indem sie von ihren Träumen reden. Wer sich beim Lesen von Jer 23 auf Seiten Jeremias wähnt, dürfte unsicher werden, wenn er sich die von Jeremia kritisierten Propheten, z. B. in der Gestalt und mit der Stimme M. L. Kings vorstellt. »I had a dream« (»ich hatte einen Traum«) – so »sah« und sprach King in seiner berühmtesten Rede. War auch das ein Traum, der Jeremias Kritik anheimfiele? War auch das nichts als die eigene Projektion? Waren auch diese Träume nichts als Schäume? Wenn wir so fragen, bleibt es nicht leicht, Jeremia zuzustimmen.

Müßte nicht Jeremias Illusionslosigkeit all die Utopien und Träume zerstören, die es uns erlauben, der Faktizität nicht gänzlich zu erliegen? Was anderes als die Träume von einem anderen Leben, einer gerechteren Welt gibt uns denn die Kraft, uns dem entgegen zu stellen und entgegen zu stemmen, was angeblich nun einmal so ist, immer so war und daher nicht anders sein könne? Ist denn nicht der Geist Gottes gerade in den Entwürfen der Alternativen zum Bestehenden sichtbar? Ist er nicht präsent in der Sehnsucht nach dem ganz anderen, in der Hoffnung auf die Überwindbarkeit des Unrechts, der Gewalt? Was haben wir denn dem Gesetz des Marktes, der Macht des Geldes und der Gewalt der Raketen noch entgegen zu setzen, wenn wir nicht träumen sollen? Soll denn der Traum vom Sozialismus ein für alle Male perdu sein, weil seine vorgeblich real existierende Form Bankrott anmelden mußte? Soll denn jetzt das Wort »Utopie«, wie z. B. M. Reich-Ranicki allen Ernstes fordert, als obszöner Begriff gelten?

Wenn ich so frage, wird mir Jeremias Nüchternheit zum Problem. Ganz anders sieht es aus, wenn ich die Konjunktur der Träume in der bundesrepublikanischen Therapiekultur und ihren theologischen Ablegern wahrnehme. Träume, innere Bilder, Gefühle werden oft als »härtere Währung« gehandelt als Analysen, Fakten, Gedanken. Ist das noch die notwendige Gegenwehr gegen das lange herrschende Monopol des analytischen Denkens, gegen die Kälte der Begriffe und der Abstraktionen? Oder hat sich da inzwischen eine neue Macht etabliert, gegen die es wieder notwendig ist, auf dem Denken zu beharren? Mir kommt es oft so vor, als sei die Wärme, die gegen die Kälte der Verhältnisse und der Beziehungen erzeugt wurde, umgeschlagen in eine stickige Schwüle unklarer Gefühle und indifferenter Nähe. In den Hallen und Räumen des Kirchentags könnte ein wenig Kühle gut tun. Frische Luft ist kein Feind des Geistes – noch einmal: die Grundbedeutung des hebräischen Wortes *ruach* ist »Wind«, »Atem«.

Dem Wort »Geist« in der Kirchentagslosung haftet etwas Doppeldeutiges an. Es gibt mindestens zwei gegenläufige Bedeutungsfelder des Wortes Geist. Auf der einen Seite bezeichnet es Spiritualität. Versteht man »Geist« so, dann wären Worte wie »Rationalität«, »Abstraktion«, »Analyse«, »Gehirn« geradezu Gegenbegriffe. Auf der anderen Seite ist »Geist« die Kategorie des abstrakten Denkens schlechthin. Immerhin: die Kirchentagslosung redet nicht vom »Geist« an sich, sondern von »Gottes Geist«. Würde allein vom »Geist« gesagt, er befreie zum Leben, so könnte man darin die Behauptung finden, es käme für das Leben vor allem auf Hegels Philosophie oder den eigenen »IQ« an. Man könnte (als platte Alternative) im »Geist« aber auch eine esoterisch-okkulte Macht sehen. Daß weder eine Art von Schloßgespenst noch eine Art von Hirnakrobatik gemeint ist, wird durch die Bindung des Geistes an Gott wohl deutlich. Aber diese Klärung kann nur die gröbsten Mißverständnisse vermeiden. Denn ob »Gottes Geist« eine Qualität vor allem des Denkens oder des Fühlens, vor allem der Rationalität oder der Spiritualität ist, ist noch nicht hinlänglich geklärt. Und die vorschnelle Antwort »beides« schüttet das Problem eher zu, als daß sie zu seiner Lösung verhülfe.

Lesen wir unter dieser Fragestellung die Worte aus Jer 23 noch einmal: Jeremia kritisiert die Verwechslung der eigenen Träume mit dem Wort Gottes. Es geht bei genauerem Hinsehen nicht um eine Denunzierung der Träume, sondern um eine Ortsbestimmung. »Der Prophet, der einen Traum hat, erzähle seinen Traum!« Da wird nicht bestritten, daß es wichtig sein kann, zu träumen, und richtig, seine Träume zu erzählen. Die Kritik gilt der Offenbarungsqualität der Träume (seien es Träume, Tagträume, innere Bilder, Visionen, Utopien). Wer einen Traum hat, erzähle seinen Traum! Er soll aber nicht, so verstehe ich diesen

Satz, seine Träume für das Wort Gottes ausgeben, er soll auch nicht seine Träume für allgemein menschlich ausgeben. Liest man Jer 23,25 ff. so, dann kann man darin sogar eine Ehrenrettung der Träume in ihren verschiedenen Formen erkennen. Selbst die Frage Jeremias, was das Stroh beim Korn solle, denunziert ja nicht das Stroh. Zuweilen ist das Stroh sogar nützlicher als das Korn. Man kann sich und andere in der Not auf Stroh betten, man kann aus Stroh Sterne und sogar Hütten bauen, man kann damit zur Not ein Feuer machen (wenn es auch, hat man nur das Stroh, ein Strohfeuer bleibt). Stroh kann etwas Gutes sein – nur eins kann es nicht: das Korn ersetzen. So können auch die Träume etwas bedeuten, doch nur, solange sie als Träume kenntlich bleiben, als Träume dessen, der geträumt hat und von seinem Traum erzählt. Wenn die Träume einzelner zur »Offenbarung« für viele werden, wird es gefährlich. Hatten nicht auch Hitler und manche andere »Führer« ihre Träume? Waren sie nicht (ein Zauberwort der Therapiekultur) »authentisch«, waren sie nicht (noch ein Zauberwort) »echt«? Authenzität mag eine notwendige Bedingung der Wahrheit sein, eine hinreichende ist sie nicht.

Wer einen Traum hat, soll seinen Traum erzählen und ihn nicht als Wort Gottes ausgeben. Jeremia konnte sich gegen die nur »geträumten« auf unmittelbare Gottesworte beziehen. Doch wer kann heute so reden? Wer kann heute sagen: »So hat der Herr Jhwh gesprochen«? Wie sollen heute die Geister unterschieden werden? Dieser Vorbehalt verändert die Kritik an den Projektionen und Träumen, die als Gottes Wort ausgegeben werden. Nicht im Namen eines unmittelbaren Zugangs zu Gottes Wort und Gottes Geist können wir die von Jeremia attackierten »Spiritualisten« und »Spiritisten« kritisieren. Was bleibt, ist die Kritik der behaupteten Unmittelbarkeit. Was bleibt ist die »Bibelarbeit«, das schwierige und stets strittige Auslegen der biblischen Texte, die allein das Wort Gottes enthalten. Keineswegs liefert die Exegese einen direkteren Zugang zu Gottes Wort und Gottes Geist. Was sie von den »Träumen« unterscheidet, ist (angesichts des oft übersteigerten Selbstbewußtseins der Vertreter wissenschaftlicher Exegese sollte ich besser schreiben: sollte sein), daß sie sich der Distanz zwischen den biblischen Worten und des je neu zu versuchenden Verstehens dieser Worte bewußt ist.

Im Zustand des Wachseins sieht man vielleicht nicht mehr als im Traum. Der Vorzug des Wachseins könnte sein, daß man besser erkennen kann, daß man nicht mehr sieht. Das kann in Zeiten kollektiver Träume mitunter das einzige sein, was das wach und wachsam Bleiben lohnt.

Es gibt eine Geschichte des chassidischen Rabbi Nachman von Bratzlaw (1772–1810). Sie hat eine bedrückende Aktualität. Die Geschichte ist geeignet, zum Abschluß des Blicks auf Jer 23,25 ff. noch einmal die politische und die »erkenntnistheoretische« Seite der Kritik des Jeremia im Lichte gegenwärtiger deutscher Nationalträume zusammen zu binden. Ich gebe die Geschichte in der Fassung der Ausgabe von Michael Brocke, Die Erzählungen des Rabbi Nachman von Bratzlaw, Tb.ausgabe 1989, S. 243) wieder:

»Einmal sagte der König zu seinem geliebten Wesir: ›Da ich Sterndeuter bin, habe ich gesehen, daß alles Getreide, das in diesem Jahr reift, jeden, der davon ißt, wahnsinnig werden läßt. Welchen Rat hast du zu geben?‹ Der Wesir gab ihm zur Antwort, man möge so viel Nahrung beiseite schaffen, daß sie beide nicht von diesem Getreide essen müßten. Der König aber antwortete: ›Wenn allein wir inmitten aller Welt nicht wahnsinnig werden, dann werden wir die einzigen sein, die als wahnsinnig gelten. Auch wir müssen von diesem Getreide essen. Aber laß uns ein Zeichen auf die Stirn machen, auf daß wir zumindest wissen, daß wir wahnsinnig sind. Wenn ich auf deine Stirn schauen werde oder du auf meine Stirn schauen wirst, werden wir die Zeichen sehen und wissen, daß wir Wahnsinnige sind.‹«

Zuweilen ganz leise

»Dort ging er (Elia) in eine Höhle, um darin zu übernachten. Und da: das Wort Jhwhs erging an ihn, und er sprach: ›Was tust du hier, Elia?‹ Er sagte: ›Mit Leidenschaft habe ich geeifert für Jhwh, den Gott der Heere; es haben ja die Israeliten deinen Bund verlassen, deine Altäre zerstört und deine Propheten mit dem Schwert getötet, und allein ich bin zurückgeblieben, und nun sind sie auf mein Leben aus und wollen es mir nehmen.‹ Da sprach er: ›Komm heraus und tritt auf den Berg vor Jhwh!‹ Und da: Es zog Jhwh vorüber, und es kam ein großer Sturm (ruach), der Berge zerriß und Felsen zerbrach, vor Jhwh her, doch Jhwh war nicht in dem Sturm (ruach). Und nach dem Sturm ein Erdbeben, doch Jhwh war nicht in dem Erdbeben. Und nach dem Erdbeben ein Feuer, doch Jhwh war nicht im Feuer. Und nach dem Feuer eine dünne leise Stimme. Als Elia das hörte, hüllte er sein Gesicht in den Mantel und stellte sich an den Eingang der Höhle.« (1. Könige 19,9–13 a)

Vom Geist *(ruach)* ist auch in diesem Text die Rede. Doch Gott war nicht in dieser *»ruach«*. Auch wenn man, wofür die geschilderten Auswirkungen dieser *»ruach«* sprechen, das Wort an dieser Stelle als »Wind«, »Sturm« auffaßt, bleibt, daß es sich um dasselbe Wort handelt, das auch den »Geist« Gottes bezeichnet.

Die Gotteserscheinung vor Elia lehrt über den »Geist« zweierlei:

1. Es kann sich beim »Geist« um einen gewaltigen, zerstörenden Sturm handeln.
2. Es kann sein, daß Gott nicht in diesem Sturm ist.

Man kann in der Darstellung dieser Gotteserscheinung vielleicht sogar eine Kritik an einer *»ruach«*-Theologie im Alten Testament selbst erkennen. Daß gerade dem großen charismatischen und ekstatischen Propheten Elia Gott nicht in der *ruach* erscheint, erstaunt. Wäre nicht der gewaltige Sturm das geeignete Medium vor und für Elia, der selbst so donnernd von seinem leidenschaftlichen Eifer und seinem tödlichen Einsatz für Jhwh spricht? Oder das Feuer, mit dem Jhwh im vorausgehenden Kapitel den Holzstoß des Elia angezündet und damit über Ba'al und seine Propheten triumphiert hatte? Gott kann im Feuer, im Erdbeben und im mächtigen Geiststurm erscheinen. Er tat es vorher, und er wird es auch nach der Begegnung mit Elia tun. 1. Könige 19 liefert keine neue Definition Gottes. Hier wird nicht definiert, sondern erzählt. Dem Elia begegnete er damals so. Wir dürfen immerhin Vermutungen anstellen, warum er ihm an dieser Stelle so begegnete.

Der Elia, der sich vor die Höhle stellt und Gott vorüberziehen sieht (wie man Gott immer nur im Vorüberziehen erkennen, ihn nicht festmachen, seiner nicht habhaft werden kann), ist nicht der starke Held, als der er noch zu reden versucht. Man lese genau, wie Elia an diesen Ort gekommen ist. Der Anfang des Kapitels erzählt, wie er erdrückt ist von der Verfolgung durch Isebel und womöglich mehr noch von der übergroßen Last des Anspruchs, den er an sich selbst stellt und dem er nicht genügen kann. »Ich bin auch nicht besser als meine Väter!« Das ist Elias Selbstanklage. Er will, er muß besser sein als die Väter. Er darf nicht verzagen, nicht verraten, nicht versagen. Elia ist, auch das lesen wir im vorausgehenden Kapitel, mit der *»ruach* Jhwhs« im Bunde (V. 12). Und der Sturm *(ruach)*, der am Ende von Kap. 18 endlich den ersehnten Regen bringt, um den es in den blutigen Auseinandersetzungen am Karmel auch ging, ist ebenfalls ein von Jhwh kommender »Geistwind« für Elia. Doch Elia, der starke Prophet, der gewaltige Held, ist in Kap. 19 zaghaft, depressiv geworden. Die nichterfüllten selbstauferlegten Normen schlagen um in den Todeswunsch. Elia geht in dic Wüste, um zu sterben. Die Verben der Erzählung stellen einen einzigen Weg nach unten dar.

Doch ein Bote Gottes, ein Engel, kommt und hilft Elia, indem er ihm etwas zu essen und etwas zu trinken hinstellt. Keine Vorhaltungen, kein »Reiß dich doch zusammen!«, nichts als das Elementarste: »Iß und trink, sonst ist der Weg für dich zu weit!«

So konnte Elia weitergehen, weiter zurückgehen an den Gottesberg, von dem einst die Weisung ausging. Elia bekommt nach der Gottesbegegnung neue Weisung, neue politische Weisung. Er wird wieder kämpfen. In Kap. 21 z. B. um Nabots willen, den der König um seinen Weinberg bringt, indem er und mehr noch die Königin Isebel mit formalem Recht Unrecht tut.

Das also geht der Gottesbegegnung voraus und folgt ihr. Dazwischen die Begegnung, in der Gott nicht im Sturm (»Geist«), nicht im Erdbeben und nicht im Feuer war, sondern – diesmal – in einer dünnen, man kann geradezu übersetzen: einer mageren, schütteren Stimme, einem leisen Wehen. Schauen wir genau hin, so bemerken wir, daß der Erzähler nicht explizit sagt, daß Gott sich in dieser Stimme befunden habe. Er läßt es Elia erkennen, indem er seine Reaktion schildert. Bei den ersten drei Medien (Sturm, Erdbeben, Feuer) hatte der Erzähler konstatiert: Jhwh war nicht darin. Auf das »vierte Medium«, die leise Stimme, hin, sei, so berichtet der Erzähler, Elia vor die Höhle getreten. In dem Moment, in dem Gott erkannt wird, gibt es keinen konstatierenden Erzähler, der Gott ortet. Jetzt geht es nur noch um einen Vorgang zwischen Elia und Gott. Elia erkennt Gott – diesmal – in der dünnen, schütteren, leisen Stimme. Warum?

Die Worte, die Gottes Stimme an dieser Stelle beschreiben, könnten ebensogut den Zustand des Elia bezeichnen. Mager, ausgedünnt, zermahlen, leise geworden. Elia selbst will das nicht wahrhaben. Er will noch reden wie ein Held, doch zerbröselt ihm das Heldische im Verlauf seiner Worte. Mit dem leidenschaftlichen Eifer beginnt es, mit der Klage über die tödliche Bedrohung endet es. Und doch hört er Gott. Er nimmt ihn wahr in der einzigen Weise, in der er ihn – diesmal – wahrnehmen kann. Wäre wie bei Ezechiel *»ruach«* in diesen Elia hineingekommen, so hätte sie ihn vielleicht nicht auf die Füße gestellt, sondern ihm ganz den Boden entzogen. Man sieht: in der Bibel wird die Wahrheit über den Geist Gottes in Geschichten und Gegengeschichten, in Erfahrungen und Gegenerfahrungen erkennbar. Sie sind oft spannungs- und widerspruchsvoll; manchmal schließen sie einander fast aus – und doch sind sie nur zusammen wahr.

Doch eines ist wie bei Ezechiel. Auch Elia kommt zu sich, indem etwas anderes in ihn hineinkommt. Wiederum ist Gott nicht die Spiegelung seiner Seele, eher schon der Spiegel selbst – und der Geber des Lichtes und der Sehkraft dazu.

Es mußte ganz leise werden, ehe Elia hören konnte. In den Geschichten zuvor wurde sehr laut gestritten. Elia hatte sich auf seine Weise bewährt. Doch vielleicht hatte sein Hörvermögen Schaden genommen, weil es so lange so laut war im Streit um Gott. Die dünne, leise Stimme ist es – diesmal –, in der Gott erscheint. Wenn das zur neuen Definition Gottes geriete, würde es so falsch, wie die Verortung Gottes in Feuer, Erdbeben und Geiststurm falsch werden kann. Es kann andere Situationen geben. Es kann sogar Situationen geben, in denen wir folgende Antwort beherzigen sollten:

> Ein chassidischer Rabbi wurde einmal gefragt: Wenn das Haus in Flammen steht, und du könntest nur eine einzige Sache retten, was würdest du retten? Er antwortete: Das Feuer.

Feuerschein und Wolkensäule

Die Bibel enthält Geschichten und Gegengeschichten, Erfahrungen und Gegenerfahrungen. Gerade die Versuche, von »Gottes Geist« zu sprechen, sind darauf angewiesen, an Verfestigungen und Definitionen gehindert zu werden. Ein Lehrsatz über den (heiligen) Geist ähnelt dem Versuch, den Wind auf ein Standfoto zu bannen.

Aber es gibt auch die umgekehrte Gefahr. Aus dem Versuch, sich vor Verfestigungen zu hüten, könnte bloße Formlosigkeit werden, aus der Kritik an vorgeblicher Objektivität ein Plädoyer für Beliebigkeit. Der bekannte Satz »Gottes Geist weht, wo er will« zeigt diese Gefahr. Richtig und wichtig ist dieser Satz als Ausdruck der Bescheidenheit, der Einsicht, daß nicht wir es sind, die ihn wehen lassen oder den Ort oder den Zeitpunkt seines Wehens bestimmen. Aber schnell gerät die Bescheidenheit zur Indifferenz. Aus einem bescheidenen »Ich weiß es nicht« wird leicht ein unbeteiligtes »Was weiß denn ich?«

Gibt es, wenn schon keine Rezepte, so doch Kriterien, um zu erkennen, wo Gottes Geist wahrnehmbar ist und wo andere Mächte und Geister am Werk sind? Die biblischen Geschichten, von denen in den vorangehenden Abschnitten die Rede war, enthalten solche Kriterien. Sie finden sich nicht über oder hinter den Geschichten, sondern in ihnen. Daß Gott dem Ezechiel (Ez 1f.) anders begegnete als dem Elia (1. Kön 19), hat etwas mit der Situation zu tun, in der sich beide und beide vor Gott befanden. Das Ziel ist in beiden Fällen das gleiche. Beide Propheten sollen »auf die Beine gestellt« werden. Offenbar bedurfte es um dieses Zieles willen je verschiedener, geradezu gegensätzlicher Wege.

Jeremias Streit um die Unterscheidung der Geister enthält ebenfalls solche Kriterien. Auch sie taugen nicht als Rezept. Immerhin lernen wir, daß gerade dann Vorsicht geboten ist, wenn jemand im Namen und im Geist Gottes sagt, was er selbst gern hätte. Die »Projektionswand« ist eben ein wirkungsvolles, aber auch ein gefährliches Medium...

Wie verhält sich die Wahrnehmung Gottes zu anderen Wahrnehmungen? Wie kann man etwas von »Gottes Geist« sehen angesichts einer Welt, die heute vielleicht mehr als in der Antike und in den reichen Ländern Europas vielleicht mehr als in den armen Kulturen voll ist von Mächten und Geistern?

Wiederum keine theoretische Erörterung, sondern eine biblische Beobachtung:

Im 2. Buch Mose steht im Zusammenhang der beginnenden Wüstenwanderung folgende Notiz über die Weise, in der Jhwh, der Gott Israels, vor seinem Volk herzog:

»Jhwh aber zog vor ihnen her, am Tag in einer Wolkensäule, um ihnen den Weg zu zeigen, und des Nachts in einer Feuersäule, um ihnen zu leuchten, damit sie bei Tag und bei Nacht gehen könnten.« (2. Mose 13,21)

»... damit sie bei Tag und bei Nacht gehen könnten« – das ist das Ziel. Deshalb geht Gott voran. Sichtbar wird er daran, daß seine Merkzeichen sich vom je Gegebenen abheben. Wenn alles hell ist, zeigt Gott sich in einer Wolke. Wenn alles dunkel ist, zeigt Gott sich im hellen Feuerschein.

Diese Notiz könnte eine Art Hinweis enthalten, auf welche

Weise man in welcher Umgebung etwas von Gottes Geist wahrnehmen könnte und anderen zur Wahrnehmung verhelfen könnte:

Wenn alles hell scheint, kann die Wolke den Weg zeigen. In einer Welt der klaren Begriffe, der Daten, Fakten und Analysen, in einer Neonwelt, im Licht der Scheinwerfer sollten wir auf die Wolken achten, auf das Dunkle, das Verborgene, das Verhüllte. Gegen die Tyrannei der Fakten und Daten haben die noch so dunklen Gefühle und Empfindungen ihr Recht. Gegen die Herrschaft der Logik haben Mythen und Mystik ihr Recht.

Aber wiederum gilt auch das andere. Wenn alles dunkel, wolkig, verborgen ist, bedarf es des hellen Lichts, um sehen zu können. Es gibt ja – nicht zuletzt bei den Kirchentagen – auch eine Tyrannei der Gefühle, des Unklaren und unklar Gehaltenen. Wo der Mythos sich wieder anschickt zu herrschen, bedarf es der Aufklärung, um gehen zu können. Was ist wann »dran«?

Wir sehen – auch diese Kirchentagslosung stellt auf ihre Weise wie die des letzten Kirchentages die Frage nach der Zeit...

Klaus Wengst

Gottes Geist ist subversiv

Zum Wirken des Geistes im Neuen Testament

1. Geist und Bewegung

Daß Gottes Geist zum Leben befreit, ist eine Aussage, der wahrscheinlich kaum jemand widersprechen mag; sie ist ja so »positiv« und paßt in eine Zeit und Umgebung, in der die Parole vom »Leben in Freiheit« schon lange gängig ist und die sich damit nun eindrucksvoll bestätigt sieht. Wenn zudem die führenden Repräsentanten der evangelischen Kirchen in Ost und West gemeinsam »Gott für den Erfolg der gewaltfreien Demonstrationen und für die neu gewonnene Freiheit in der DDR (danken)«, kann offenbar der Kirchentag 1991 als erster »gesamtdeutscher« nach 30 Jahren unbeschwert gefeiert werden.

Daß die Losung dieses Kirchentages auf breite Zustimmung rechnen darf, wird aber auch daran liegen, daß sie selbst so wenig angreifend formuliert ist. Ist jedoch die Wirklichkeit so, daß das erlaubt wäre? Immerhin, die Losung proklamiert nicht das »Leben in Freiheit«, sondern spricht davon, daß Gottes Geist zum Leben »befreit«. Das aber setzt doch voraus, daß die Wirklichkeit, in der wir leben, eben noch nicht von Freiheit bestimmt, sondern von vielfältigen Erscheinungsformen des Todes, von Versklavung und Unrecht, überdeckt ist. Wenn Gottes Geist wirklich zum Leben befreit, müßte er also zugleich damit, ja zuerst das der Befreiung Entgegenstehende benennen, die Strukturen des Todes entlarven. So verstanden, könnte die Losung, weil sie dann widerspricht, auch selbst Widerspruch erfahren. Aber nur so könnte sie auch der Gefahr der Unverbindlichkeit entgehen, der sie ihre breite Zustimmungsfähigkeit aussetzt. Es soll nun versucht werden, von solchen Überlegungen geleitet, nach dem Reden vom Geist Gottes, vom heiligen Geist, im Neuen Testament zu fragen, um zu erkennen, welche Stoßrichtung die Kirchentagslosung haben könnte und müßte.

Ein erster Überblick zeigt, daß vom Geist im Zusammenhang mit Bildern, Vorstellungen und Begriffen geredet wird, die positive Assoziationen wecken. »Der Geist macht lebendig«, heißt es in Joh 6,63; und gleich danach werden »Geist und Leben« nebeneinandergestellt. »Das Trachten des Geistes ist Leben und Frieden« (Röm 8,6), »Die Jünger wurden von Freude und heiligem Geist erfüllt« (Apg 13,52); und Röm 14,17 stehen »Gerechtigkeit, Frieden und Freude im heiligen Geist« zusammen. Der den Christen gegebene Geist ist kein Geist der Versklavung, der in die Furcht führt, sondern er versetzt in die Gotteskindschaft (Röm 8,15) und gibt der ganzen Schöpfung Hoffnung auf »die herrliche Freiheit der Kinder Gottes« (Röm 8,21).

Der Geist wird als »Ströme lebendigen Wassers« beschrieben (Joh 7,37–39), ist also mitreißend und Leben gebend. Er wird »ausgegossen« (Apg 2,17f.33.45; Tit 3,5f; vgl. Röm 5,5) und gelangt so auch zu solchen, von denen er nicht erwartet wurde. Er »fällt herab« (Apg 10,44; 11,15; vgl. 8,15–17), eine »plötzlich vom Himmel« kommende Macht (Apg 2,2), die packt und mitreißt. Er wird im Vorgang des Anhauchens übermittelt (Joh 20,22) – lebendiger Atem, der neue Schöpfung hervorruft. Jesus wird mit dem heiligen Geist »gesalbt«, und es kommt zu Heilungen (Apg 10,38). Der Geist tut sich kund im »Tosen, wie ein gewaltiger Sturm daherfährt« (Apg 2,2; vgl. Joh 3,8), das »das ganze Haus erfüllte«; da bleibt keine Leere, keine Öde und Langeweile. Der nach Johannes dem Täufer kommende Stärkere »wird mit heiligem Geist und Feuer taufen« (Mt 3,11/Lk 3,16). Die Christen sollen im Geist »lodern«, sich von ihm »durchglühen« lassen (Röm 12,11; vgl. Apg 18,25) – ein ungeheurer Wärmestrom umgibt sie. Den Aposteln erscheinen »Zungen wie von Feuer« (Apg 2,3); das hat inspirierende Wirkung, sie reden (2,4). Der Funke springt über, und es kommt zu umfassender Kommunikation (2,5–12). Wo der Geist auftrifft, da wird vermeintlich Festes erschüttert, da »bebt« sogar die Erde (Apg 4,31), und Erstarrtes löst sich.

Bei diesen Bildern und Vorstellungen dominiert der Eindruck höchster Dynamik, mitreißender Bewegung. Heiliger Geist – das ist, so scheint es, das strikte Gegenteil zur Müdigkeit des Fleisches (vgl. Mk 14,38/Mt 26,41), zum trägen Verharren im alten Trott.

Aber nicht jede Bewegung ist vom heiligen Geist gewirkt. Paulus erinnert die korinthischen Christen daran, daß sie als Heiden »immer wieder hingerissen zu den stummen Götzen fortgezogen« wurden (1. Kor 12,2). Die Evangelien erzählen von »unreinen

Geistern«, die auch in Bewegung versetzen, aber in eine zerstörerische (vgl. Mk 5,1–5; 9,17–22), die die Besetzten sich selbst und ihren Mitmenschen entfremden, ihrer eigenen Stimme, ihrer eigenen Identität berauben (vgl. Mk 1,23–26; 5,7f.; Lk 11,14). Bewegung allein ist noch kein Ausweis des heiligen Geistes, selbst wenn Theologen ihn am Werk zu sehen behaupten. Das zeigt am deutlichsten die »Bewegung«, die an ihrem Ende 1945 ein verwüstetes Europa zurückließ; die nicht in die Freiheit führte, sondern ungezählten Menschen Versklavung brachte; die nicht den Jubel und die Freude der Befreiten kannte, sondern das Leiden der Unterdrückten, das zynische Gelächter der Folterer und Henker und die berauschte Begeisterung mitlaufender Massen; die Leben nur den »Herrenmenschen« gönnte und Menschen, die anders waren, als »Untermenschen« betrachtete und wie »Ungeziefer« vernichtete; der Frieden ein Fremdwort war; die Gerechtigkeit nur als Selbstgerechtigkeit gelten ließ; die Gemeinschaft beschwor, aber Uniformen und Zwangsjacken verpaßte.

Der heilige Geist hinderte die Jüngerinnen und Jünger Jesu daran, nach dessen Hinrichtung resigniert in das alte Leben vor ihrer Begegnung mit ihm zurückzukehren. Er ließ sie auch nicht in Jerusalem gemächlich das Ende der Zeit abwarten, sondern versetzte sie in Bewegung hinaus in alle Welt. Sie waren ganz offenbar be-geist-ert. Aber woran erweisen sich Bewegung und Begeisterung als vom heiligen Geist inspiriert? Was unterscheidet den heiligen Geist von anderem Geist und anderen Geistern? Gibt es Orientierungspunkte für die Erkenntnis des heiligen Geistes, die es ermöglichen, ihn von Irrgeistern zu unterscheiden?

2. Jesus als Orientierungspunkt des Geistes

Im bisher Ausgeführten gab es für solche Unterscheidung schon Hinweise. Daß »die Jünger von Freude und heiligem Geist erfüllt wurden«, stand in Apg 13,52 im Zusammenhang von Verfolgung und darin erfahrener Bewahrung. In 1. Thess 1,6 spricht Paulus von den Christen in Thessaloniki, daß sie »das Wort in großer Bedrängnis mit der Freude des heiligen Geistes angenommen« haben. Die Freude, die der heilige Geist gibt, ist nicht das Triumphgeschrei derer, die sich mit Macht durchgesetzt haben, sondern das befreite Aufatmen derer, die davongekommen sind. Und um ihren Mut und ihre Hoffnung geht es auch. Sie, die Bedrückung erfahren und weiter zu gewärtigen haben, lassen sich kraft des Geistes nicht den Mund verbieten, sondern fern von Ängstlichkeit und Duckmäusertum »redeten sie das Wort Gottes mit Freimut« (Apg 4,31). Und so ist auch »die Hoffnung durch die Kraft des heiligen Geistes« (Röm 15,13) nicht die Erwartung der Saturierten und Etablierten, daß es schon immer so weitergehen werde, sondern die auf grundlegende Änderung gehende Hoffnung derjenigen, die mit Christus leiden, die der Geist in die Solidarität mit der unerlösten Schöpfung stellt (Röm 8,17–25).

Daß Bedrohte und Bedrängte entrinnen und als Davongekommene sich freuen können, daß Niedergedrückte dennoch Mut zeigen, daß Menschen, deren niederschmetternde Erfahrungen sie eigentlich resignieren lassen müßten, doch »Hoffnung wider Hoffnung« haben, darin befreit Gottes Geist zum Leben. Und das hat in der Bibel Tradition. Gott ist mit seinem kleinen Volk, das er erwählt hat. Wird es von Feinden bedrängt, kommt sein Geist über einen, der dem Volk zum Retter wird (z. B. Ri 3,10). In völliger Niedergeschlagenheit, in auswegloser Situation eröffnet ihm der Geist eine Perspektive zum Leben (Ez 37,1–14). Der Geist, der die Propheten ergreift, macht sie zu Anwälten der Verarmten und Gedemütigten im Volke Gottes selbst (z. B. Jes 11,1–5). Im Neuen Testament verdichtet sich das in der Gestalt Jesu. Er wird hier zum Orientierungspunkt für die Erkenntnis des Geistes Gottes. Bei der Taufe durch Johannes »steigt auf ihn der Geist herab wie eine Taube« (Mk 1,10 / Mt 3,16 / Lk 3,22). Dieser Geist kommt aus der Überlegenheit des Himmels, und er bewegt Jesus dann dazu, seinen Weg zu gehen, der ihn in die tiefste Ohnmacht des Kreuzes führen wird. Und doch ist dieser Ohnmächtige der, dem »alle Macht im Himmel und auf Erden« gehört (Mt 28,18). Auf seinem Weg ruft er die »Mühseligen und Beladenen« zu sich und wird ihnen solidarisch (Mt 11,28–30), heilt und hilft denen, »die übel dran sind« (Mt 8,16). So befreit Gottes Geist zum Leben.

Daß für Christen Jesus den Orientierungspunkt dafür bildet, welche eigene Bewegung und Begeisterung legitim ist und worauf sie sich einlassen und wo sie mitmachen können, stellt Paulus in 1. Kor 12,1–3 heraus. In dieser Einleitung über die Geistesgaben erinnert er in dem vorher schon genannten V. 2 seine Leserinnen und Leser zunächst an ihre heidnische Vergangenheit. Sie ließen sich hinreißen und wurden von den Göttern angezogen, die doch nichts als stumme Götzen sind. Paulus dürfte dabei an außerordentliche Vorgänge denken wie ekstatisches Entrücktwerden, verzücktes Stammeln und prophetisches Reden. Das alles gibt es im Heidentum; und das gibt es offenbar auch in der Gemeinde. Aber wodurch erhält es seine Eindeutigkeit? Was läßt solche Phänomene im Raum der christlichen Gemeinde angemessen sein? Wie gehen Christen mit ihnen um? Damit wird sich Paulus drei Kapitel lang auseinandersetzen; darauf ist zurückzukommen. Zunächst aber stellt er im Hinblick auf die Verwechselbarkeit der Phänomene gleichsam überschriftartig das akklamatorische Bekenntnis »Herr ist Jesus« heraus, das seinerseits nicht anders als durch den heiligen Geist gesprochen werden kann (V. 3). Eindeutigkeit für Christen erhalten diese Phänomene durch ihren Bezug auf Jesus. Was dem Bekenntnis zu ihm als dem Herrn entspricht und Ausdruck zu geben vermag, kann auch als Ausdruck des heiligen Geistes gelten.

Von Martin Niemöller wird erzählt, daß er sich immer wieder die Frage gestellt habe: Was würde Jesus dazu sagen? Das mag naiv erscheinen. Aber entspringt die Charakterisierung dessen als naiv nicht schon einem Abwehrmechanismus, um sich eine kritische Kontrollfrage vom Leib zu halten? In wessen Gesellschaft hielt sich Jesus auf? Und in welche bringt er diejenigen, die ihn als Herrn bekennen? Ist es wirklich so verfehlt, zu fragen, ob Jesus als Teilnehmer vorstellbar wäre, wenn es zu entscheiden gilt, bei welcher »Bewegung« Kirchen und Christen mitmachen oder welche sie selbst in Gang setzen? Daß er sich an der Arbeitsloseninitiative Dortmund beteiligte, dürfte kaum jemand bestreiten wollen. Wäre er auch bei einem Bankett des Initiativkreises Ruhrgebiet dabei? Das ist gewiß nicht einfach auszuschließen; schließlich hat sich Jesus nach Lk 19,5 auch bei dem reichen Oberzöllner Zachäus eingeladen. Aber wie sähen dann die Entsprechungen zu der Umkehr aus, zu der sich Zachäus in der Gegenwart Jesu und in der Gemeinschaft mit ihm nach Lk 19,8 veranlaßt sieht? Umkehr – und damit Befreiung zum Leben durch den in Jesus wirksamen Geist Gottes – geschieht hier so, daß einer mutige Schritte auf dem Weg der Gerechtigkeit unternimmt.

Jesus als Orientierungspunkt, an dem erkannt werden kann, wes Geistes Kind jemand oder etwas ist – dieser Aspekt ist noch weiter zu präzisieren. An anderer Stelle wird Jesus, den das Bekenntnis in Röm 10,9 und 1. Kor 12,3 als Herrn bezeichnet, genauer beschrieben. Thomas spricht das Bekenntnis »Mein Herr und mein Gott« gegenüber dem, der sich mit den Wundmalen als der am Kreuz Hingerichtete identifiziert hat (Joh 20,27f.). Auch nach Joh 20,19f. weist der auferweckte Jesus, der bei verschlossenen Türen plötzlich da ist, doch seine Identität an den Wundmalen des Gekreuzigten aus (vgl. Lk 24,39). Er hat sie nicht abgestreift; sie gehören unaufgebbar zu ihm. Durch sie bleibt er mit den Leiden und Leidenden der Welt verbunden. Gerade der in dieser Weise gekennzeichnete Jesus haucht nach Joh 20,22 seine Jünger an und läßt sie so den heiligen Geist empfangen, womit lebendige Kirche als neue Schöpfung entsteht. Der heilige Geist ist der von ihm, dem auferweckten Gekreuzigten, vermittelte Geist. Dieser Geist erinnert an Jesus und bezeugt ihn: »Der Helfer, der heilige Geist, den der Vater in meinem Namen senden wird, der wird euch alles lehren und euch an alles erinnern, was ich euch gesagt habe« (Joh 14,26). »Wenn aber der Helfer kommt, den ich euch vom Vater her senden werde, den Geist der Wahrheit, der vom Vater ausgeht, der wird über mich Zeugnis ablegen« (Joh 15,26). Der heilige Geist kann hiernach beschrieben werden als die Kraft der Wiederholung, des Wieder-Holens im erinnernden Zeugnis. Er ist die Kraft, die Jesus in seinem Werk und Geschick, indem sie ihn bezeugt und erinnert, präsent sein läßt. Das Erinnern des Geistes ist so ganz und gar nicht ein künstliches Sich-Zurückversetzen in die Vergangenheit und der Versuch des Nach-Erlebens, sondern die Präsenz des einmal und ein für allemal Geschehenen. Wie aber sieht Kirche aus, wenn in ihr der gekreuzigte Jesus präsent ist? Was ist über sie damit gesagt, daß sie ihren Lebensatem vom auferweckten Gekreuzigten hat? Wird sie anders Kirche sein können als in der Gemeinschaft mit denjenigen, denen er in seinem Geschick gleich geworden ist, in der Solidarität mit seinen »geringsten Brüdern und Schwestern« (Mt 25,40)?

3. Der Geist Jesu Christi als Kriterium der Kirche

Gottes Geist befreit zum Leben; der von Jesus als dem auferweckten Gekreuzigten vermittelte Geist läßt Kirche entstehen: So müßte also vornehmlich die Kirche ein Ort sein, an dem Befreiung zum Leben erfahren wird. Dem soll in einigen Aspekten anhand neutestamentlicher Zuordnung von Geist und Gemeinde nachgegangen werden.

a) Nach Joh 3,5 sagt Jesus: »Wenn einer nicht aus Wasser und Geist geboren wird, kann er nicht in das Gottesreich hineinkommen.« Mit dieser These wird die vorher in V. 3 genannte variiert: »Wenn einer nicht von oben her neu geboren wird, kann er das Gottesreich nicht sehen.« Es geht hier um das Werden eines neuen Menschen. Der Mensch wird neu, wenn er eine neue Herkunft erhält; die kann er sich nicht selbst geben. Nikodemus, der Gesprächspartner Jesu an dieser Stelle, verweist die Möglichkeit eines solchen radikalen neuen Anfangs ins Illusionäre: »Wie kann ein Mensch geboren werden, wenn er ein Greis ist? Kann er etwa in den Schoß seiner Mutter ein zweites Mal hineingehen und geboren werden?« (V. 4) Ein Greis – Nikodemus gibt den Extremfall an – kann keinen neuen Anfang nehmen; er ist geprägt von seiner Lebensgeschichte und unabänderlich festgelegt. Nikodemus führt die Macht des Faktischen und der Gegebenheiten ins Feld, um die Möglichkeit radikalen Neubeginns als absurd herauszustellen. Jesus wiederholt daraufhin seine Aussage, indem er nun statt von der Geburt »von oben her neu« von der »aus Wasser und Geist« spricht. Auf letzterem, dem Geist, liegt das Gewicht, wie sich daran zeigt, daß im folgenden noch zweimal allein von der Geistgeburt geredet wird (V. 6.8). Mit dem Geist wird auf die Präsenz der Wirklichkeit Gottes verwiesen, wie sie in Jesus manifest geworden ist. Sie stellt in einen neuen Anfang gegen die scheinbare Dominanz des Faktischen. Indem zusammen mit dem Geist auch das Wasser genannt wird, das die Taufe als den Aufnahmeritus in die Gemeinde symbolisiert, kommt so als der konkrete irdische Ort der neuen Geburt und des aus ihr hervorgehenden Lebens die Gemeinde in den Blick. Der Frage des Nikodemus, die Unmöglichkeit konstatiert, stellt der Evangelist mit der Antwort Jesu das Wirken des Geistes entgegen, durch den Gemeinde entsteht als ein Raum, in dem der Mensch wirklich neu beginnen darf, weil er hier im Miteinander von Menschen lebt, die einander ihre Vergangenheit nicht aufrechnen, die nicht gegenseitig abrechnen, ihr Geben und Nehmen nicht verrechnen und darum in der Gegenwart wirklich *leben* können. Der Geist ist so die in der Gemeinde wirksame Kraft, die neues Leben geschwisterlichen Miteinanders ermöglicht und bewirkt. Auf eine Gesellschaft, die Menschen auf ihre Leistungen festlegt, auf ihre Taten und Untaten, auf ihr Vermögen, auf ihre Rollen und Funktionen, muß eine solche Ahnung vom Leben subversiv wirken.

b) Paulus schreibt in 1. Kor 12,13: »Wir alle sind durch *einen* Geist in *einen* Leib hineingetauft worden, seien wir Juden oder Griechen, seien wir Sklaven oder Freie, und alle sind wir mit *einem* Geist getränkt worden.« Hiernach ist der Geist die Kraft, die die Verschiedenen im Raum der Gemeinde zu Gleichen macht, zu Gleichwertigen und Gleichberechtigten. Ein Sklave wird nicht bei seinem Sklavesein behaftet. Als mit dem Geist Begabter tritt er den mit demselben Geist Begabten von gleich zu gleich gegenüber. Ließe er sich auch in der Gemeinde auf seinen Status als Sklave festlegen oder verhielte er sich hier von sich aus so, wollte er es nicht wahrhaben, daß er schon »Freigelassener des Herrn« ist (1. Kor 7,22). In Christus, in der Gemeinde als dem vom Geist Christi eröffneten und bestimmten Raum, ist er in der Tat »neue Schöpfung«, ist »das Alte vergangen« (2. Kor 5,17), hat er einen neuen Anfang. Während also der Sklave als »Freigelassener des Herrn« Erfahrungen von Befreiung macht, wird »der als Freier Berufene ein Sklave Christi« (1. Kor 7,22). Seine Möglichkeiten, die er als Freier hat, werden von Christus für die Gemeinde beschlagnahmt. Befreiung einerseits und Versklavung andererseits erfolgen nicht, um in der Gemeinde eine bloß spiegelbildliche Umkehrung der Verhältnisse zu bewirken. Vielmehr sind unter den Bedingungen einer andauernden ungleichen Gesellschaft nur auf diese Weise, daß die Erfahrungen der jeweils anderen gemacht werden, Gleichheit und Einheit erreichbar, kommt es zum wirklichen Miteinanderleben.

Natürlich ist die Doppelexistenz in der Welt und in der Gemeinde für die einzelnen eine zerrissene Existenz, die sie in eine schwer aushaltbare Spannung versetzt. Aber eine nicht zerrissene, eine spannungslose Existenz wäre unter den gegebenen Bedingungen ja nur möglich gewesen in der Anpassung der Gemeinde an die Welt. Die Strukturen der Welt müßten dann auch in der Gemeinde gelten, so daß auch hier die Sklaven nur zu dienen und zu gehorchen und ihre Herren das alleinige Sagen hätten. Insofern es in der Gemeinde nicht so ist und solange es in ihr anders bleibt, ist damit ein Zeichen der Einheit gesetzt gegen die Zerteiltheit und Zerrissenheit der Welt, wird die Zukunft offengehalten für das die Hierarchien der Welt bestreitende Reich Gottes. Für Paulus gibt es so einen Gegenentwurf gegen die in Gegensätze auseinanderfallende Wirklichkeit der Welt. Dieser Gegenentwurf befindet sich nicht nur in seinem Kopf und steht auch nicht bloß auf Papyrus, sondern gewinnt reale Gestalt im Leben der Gemeinden. Sie sind anders strukturierte Gegengesellschaft, Orte der Herausforderung, wo das Reich der Freiheit vorwegnehmend und zeichenhaft praktiziert werden kann gegen die scheinbare Dominanz des Faktischen. »Wo der Geist des Herrn ist, da ist Freiheit« (2. Kor 3,17).

c) Der Geist, der die Verschiedenen in der Gemeinde gleichwertig und gleichberechtigt macht, vereinerleit sie damit aber nicht; sie werden nicht uniform. Der eine und selbe Geist, der allen gegeben ist, differenziert sich in jedem und jeder zur individuellen Begabung (1. Kor 12,4–11; Röm 12,3–8). Keiner und keine ist unbegabt; jeder und jede hat etwas beizutragen. Niemand ist so begabt, daß er oder sie nicht von den anderen lernen könnte. »Jedem aber wird die Bekundung des Geistes (die sich in der je eigenen Gnadengabe manifestiert) gegeben zum Nutzen« (1. Kor 12,7), nämlich zum Nutzen aller. Darin erweist sich die Lebensförderlichkeit dieses Geistes. Er befreit so zum Leben, daß er ins Miteinander einweist. Denn alle in der Gemeinde sind einander zugeordnet wie die Glieder eines Leibes (1. Kor 12,14–26). Der Geist ist so die Kraft der Integration der Vielen, ja der Gegensätzlichen zur Einheit gleicher Geschwister, die einander mit ihren verschiedenen Gaben dienen.

d) Paulus geht noch einen Schritt weiter. Er vergleicht die Kirche nicht nur mit einem Leib und seinen Gliedern, sondern bezeichnet die so verglichene Kirche als »Leib Christi« (1. Kor 12,27), ja geradzu als Christus selbst (1. Kor 12,12). Durch den Geist, der die einzelnen Christen begabt und zur Einheit versammelt, verleiblicht sich Christus in seiner Kirche. Ihm – dem gekreuzigten Jesus, den sie als ihren Herrn bekennt – sucht sie zu entsprechen. Im Erinnern und Bezeugen zeichnet der Geist Werk und Geschick Jesu in sie ein. In der geistgewirkten Entsprechung zu Jesus ist sie wirklich Kirche.

e) Als solche durch den Geist gewirkte Entsprechung zu Jesus hat die Kirche, haben die Glieder des Leibes Christi die Verheißung, daß der Geist an ihnen die Entsprechung zu Jesus auch durchführen wird angesichts der Erfahrung des Todes: »Wenn aber der Geist dessen, der Jesus von den Toten auferweckt hat, in euch wohnt, wird der, der Christus von den Toten auferweckt hat, auch eure sterblichen Leiber lebendig machen durch seinen in euch wohnenden Geist« (Röm 8,11). Die durch den Geist jetzt schon Kinder Gottes sind, haben damit noch etwas zu erwarten. Als Kinder sind sie ja auch Erben: »Erben Gottes, Miterben Christi; wenn wir denn mit ihm mitleiden, auf daß wir auch mit ihm verherrlicht werden« (Röm 8,17). Solche Hoffnung läßt gegenwärtiges Leiden nicht überspringen, sondern scharf wahrnehmen, nicht nur das eigene. »Wir wissen«, sagt Paulus, »daß die ganze Schöpfung gemeinsam stöhnt und gemeinsam Schmerz empfindet bis jetzt« (Röm 8,22). Aber er entdeckt auch, daß dieselbe Hoffnung für die ganze Schöpfung gilt: »Das sehnsüchtige Harren der Schöpfung erwartet die Offenbarung der Söhne Gottes« (V. 19). »Auch sie, die Schöpfung, wird befreit werden von der Sklaverei der Vergänglichkeit zur herrlichen Freiheit der Kinder Gottes« (V. 21). Gemeinde und gesamte Schöpfung stehen in der Gemeinsamkeit von Leiden und Erwartung. Diese Verbundenheit einerseits und die Besonderheit der Gemeinde andererseits, daß sie aufgrund der Gabe des Geistes schon in der Freiheit der Kindschaft steht, verpflichtet sie zur Solidarität mit der unerlösten Schöpfung. »Aber auch selbst wir, die wir als Erstlingsfrucht den Geist haben, wir, auch wir, stöhnen in uns selbst in Erwartung der Sohnschaft, der Erlösung unseres Leibes. Denn auf Hoffnung hin sind wir gerettet worden« (V. 23.24 a) In diese Hoffnungsperspektive bringt Paulus anschließend sogar das glossolalische Stammeln: »Der Geist steht uns in unserer Schwachheit bei. Denn was wir beten sollen, so wie es sich ziemt, wissen wir nicht; aber er, der Geist, tritt bittend ein mit wortlosem Stöhnen« (V. 26). Was den korinthischen Schwärmern als unmittelbare Manifestation des Himmels auf der Erde galt, gilt Paulus nicht weniger als Reden des Geistes, aber für ihn ist es hier das zum Bittgebet gewordene Mitseufzen mit aller leidenden Kreatur.

Daß Kirche wirklich eine Entsprechung Jesu Christi ist und nicht zu einer ihn entstellenden Karikatur wird, hinge dann auch davon ab, ob der heilige Geist in der Weise den Ton in ihr angibt, daß in der Kraft dieses Geistes das Stöhnen der Kreatur und die Schreie der Gefolterten und die zum Verstummen gebrachten Stimmen der Getöteten zum Gebet der Kirche werden, oder ob in ihr nach der Pfeife der Mächtigen getanzt wird.

f) Daß es im Geist Jesu Christi Sache der Kirche ist, das Unrecht zu benennen und Strukturen des Todes aufzudecken, den Schein zu durchschauen und herauszustellen, worauf wirklich gesetzt werden kann, wird besonders deutlich in der Offenbarung des Johannes. Auch wenn er es nicht direkt sagt, gibt sich dieser Johannes doch deutlich als Prophet zu erkennen (22,9) und versteht er sein Buch als geistgewirkte Prophetie (22,6f). Nach 1,10 und 4,2 befand er sich »im Geist«, nach 17,3 wurde er »im Geist« in die Wüste geführt; und dann »sieht« er etwas, erhält Einblicke in die himmlische Welt und hat Visionen. Er ist außer sich, in eine Verfaßtheit versetzt, in der er Dinge hört und sieht, die normalerweise nicht wahrgenommen, die überhört und übersehen werden. Daß es dabei nicht um Einblicke in eine Hinterwelt, um Flucht aus der Wirklichkeit geht, sondern gerade um scharfsichtige Erkenntnis der Wirklichkeit aus anderer Perspektive, nämlich der Perspektive Gottes, verdeutlicht eine andere Stelle. In 5,6 wird der gekreuzigte Christus mit dem geschlachteten Lamm symbolisiert. Dieses Lamm hat nicht nur »sieben Hörner«, also vollkommene Macht, wie die Siebenzahl und das Horn anzeigen; dem ohnmächtigen Christus gehört alle Macht. Das Lamm hat auch »sieben Augen«, kann also vollkommen sehen, so daß seinem Blick nichts entgeht. In Sach 4,10 werden »die sieben Augen« von 3,9 als »Augen des HERRN« interpretiert, »die auf der ganzen Erde umherziehen«. In Offb 5,6 heißt es von den »sieben Augen« des Lammes, daß es »die sieben Geister Gottes sind, ausgesandt auf die ganze Erde«. Dieser Geist ist der Gemeinde und besonders ihren Propheten gegeben. Durch sie also »sieht« das Lamm, was auf der Erde vorgeht. Sie sind befähigt und inspiriert zu einer Wahrnehmung der Wirklichkeit aus der Perspektive des gekreuzigten Christus. Das ist jedenfalls die Perspektive, die Johannes sich zu eigen macht. In ihr schaut er hinter die Kulissen des imperialen römischen Welttheaters, blickt er nicht nur auf den vordergründigen schönen Schein, sondern durchschaut diese Inszenierung als teuflische Nachahmung und Anmaßung, die keine Dauer haben wird.

Diese Sicht, die den unter dem Glanz verborgenen Gewaltcharakter imperialer Herrschaft offenlegt, macht er in seinem Buch immer wieder deutlich. Es sei hier nur auf 13,1–8 hingewiesen, wo er Rom als ungeheuerliches, aufgrund gewaltiger Macht in seinen Bann ziehendes Raubtier darstellt, und kurz auf einige Aspekte von Kap. 18 eingegangen. In V. 3 begründet Johannes in drei kurzen Sätzen den Fall Roms, der als Fall der »Hure Babylon« prophetisch vorweggenommen wird. »Vom Wein ihrer leidenschaftlichen Hurerei haben alle Völker getrunken.« Alle Welt ist geradezu berauscht von der religiös verbrämten Macht der Metropole, hält sie in pseudorealistischer Einschätzung für die alles bestimmende Wirklichkeit. Alle machen mit als Parteigänger und Gefangene eines Systems, in dem alles käuflich ist, das Geld dominiert. »Und die Könige der Erde haben mit ihr gehurt.« Die Eliten der Unterworfenen, als Abhängige ins Herrschaftssystem integriert, haben sich mit der Metropole eingelassen, sich mit ihr arrangiert, halten so als Vasallen ihre Herrschaft aufrecht und saugen ihre Völker aus. »Und die Großhändler der Erde sind reich geworden von der Dynamik ihres Luxus.« Johannes beobachtet scharf: Das gesamte politisch-militärische Machtsystem funktioniert zur Sicherung des Welthandels. Der wird gesteuert von der Dynamik, die der Luxus der Metropole entfaltet; und davon werden die Großhändler reich. Johannes weiß, wovon er spricht. In V. 12f. zählt er auf, was alles aus den Provinzen wegverfrachtet wird – Fracht für den anspruchsvollen und gehobenen Bedarf der Metropole, aber auch für ihren Massenbedarf: »Brot und Spiele«. Gerade an diesem Transfer der Reichtümer der Provinzen in die Metropole, an diesem Welthandel, der die Großkaufleute zu Herrschenden macht und mit seinem Glanz die Völker verzaubert und täuscht, klebt Blut (18,23f.). Johannes nimmt hier nicht nur die Opfer der eigenen Gemeinschaft wahr, sondern sieht das Blut »aller Hingeschlachteten auf der Erde.«

Die christlichen Märtyrer hört Johannes nach 6,10 rufen: »Wie lange noch, heiliger und wahrhaftiger Herrscher, richtest du nicht und rächst nicht unser Blut an den Bewohnern der Erde?« Dieser Ruf erfolgt als Gebet. Die Gemeinde übernimmt dieses Gebet, wenn die Offenbarung in ihrer Versammlung vorgelesen wird. Johannes leitet sie hier dazu an, im Gebet das Unrecht protestierend vor Gott zu bringen (vgl. 5,8; 8,3–5). Im Gebet der Gemeinde kommt sozusagen im Himmel an, was auf der Erde geschieht. In einer von Ungerechtigkeit gezeichneten Welt befreit Gottes Geist nicht zuletzt so zum Leben, daß er in der Gemeinde als einem Ort der Gegenöffentlichkeit das Unrecht benennt und die Strukturen des Todes aufdeckt.

4. Bewegung nach unten

Menschlicher Geist hat eine Tendenz nach »oben«, zum Aristokratischen und Elitären, auch zum Ästhetizismus, zum »Schöngeistigen«. Am Anfang war deutlich geworden, daß die mit dem heiligen Geist verbundenen Bilder und Vorstellungen im Neuen

Testament den Eindruck einer mitreißenden Bewegung vermitteln. Nun kann genauer gesagt werden, daß der heilige Geist nicht Bewegung überhaupt ist, sondern daß er die bestimmte Bewegung Gottes wiederholt, die dieser in Jesus nach ganz unten, bis ans Kreuz genommen hat, nicht um das Untere zu glorifizieren, sondern um es nach oben zu kehren – ein subversiver Akt. In der Wiederholung dieser Bewegung weist der heilige Geist an die geringsten Brüder und Schwestern Jesu, in das Mitstöhnen und Mitschreien mit den Leidenden auf Hoffnung hin, auf daß es nicht immer so weitergehe, sondern zu befreiender Veränderung komme. Es ist daher wohl nicht von ungefähr, daß gerade den verfolgten und bedrängten Jüngerinnen und Jüngern Jesu, den Subversiven mit und wider Willen, Geistesgegenwart verheißen ist: »Und wenn man euch abführt und ausliefert, sorgt nicht im voraus, was ihr reden sollt, sondern was euch in jener Stunde gegeben wird, das redet! Denn nicht ihr seid es, die reden, sondern der heilige Geist« (Mk 13,11; vgl. Mt 10,19f.; Lk 12,11f.). Wenn über die Verlassenheit der Kirche vom Geist geklagt wird, könnte das auch daran liegen, daß sie lieber Kirche sein möchte, die an der Macht der Mächtigen partizipiert, als daß sie ganz auf die Macht des ohnmächtigen Jesus vertraut.

Ferdinand Kerstiens

Die befreiende Praxis der Kirchen: Impuls und Provokation

Überlegungen zur Befreiungstheologie für uns

1. Die gebrochene Freiheitsgeschichte in den Kirchen

Die mögliche Befreiung von Schuld und Sünde haben die Kirchen immer verkündigt, sei es als Vergebung durch die Verkündigung des reinen Wortes Gottes und durch den geschenkten Glauben, sei es durch die sakramentale Vergebung. Aber diese Befreiung von Schuld und Sünde wurde vorwiegend als ein inneres, seelisches Geschehen verstanden, das das Verhältnis des Einzelnen zu seinem Gott betrifft. So konnte dem von Gott befreiten Menschen weiterhin Gehorsam gegenüber ›geistlichen‹ oder menschlichen Autoritäten gepredigt werden, insbesondere Gehorsam gegenüber der staatlichen Gewalt nach Römer 13 oder Gehorsam den staatlichen Obrigkeiten gegenüber im Rahmen des 4. Gebotes. Die Kirchen waren in der Regel so mit den staatlichen Obrigkeiten liiert, daß Ungehorsam gegenüber dem Staat für sie immer in der Nähe des Ungehorsams gegen Gott geraten mußte.

Zu wirklichem Leben – wie die Losung des Deutschen Evangelischen Kirchentages es verheißt – vermochten zumindest die Kirchen nicht zu befreien. Und den Geist Gottes hinderten sie eher an solcher Befreiung, als daß sie ihm in dieser Hinsicht förderlich gewesen wären. Die Freiheit des Christenmenschen geriet wieder in Verdacht.

Als ein Beispiel von vielen sei dazu aus der Enzyklika »Mirari vos« von Papst Gregor XVI. von 1832 zitiert:

»Aus dieser ganz verdorbenen Quelle des Indifferentismus erfloß die absurde und irrige Meinung oder vielmehr Verrücktheit, jedem Menschen sei Gewissensfreiheit zuzuerkennen und zu garantieren. Zu diesem höchst verderblichen Irrtum führte die volle und unbeschränkte Meinungsfreiheit, die zum Schaden der Kirchen und des Staates sich überall hin ausbreitete, und von der einige recht unverschämt behaupteten, sie gereiche der Religion zum Vorteil... Hierhin gehört die höchst verderbliche Pressefreiheit, die man nie genug verwünschen und verwerfen kann... Wir können für die Religion und die Staatsgewalt nichts Erfreuliches prophezeien aus den Wünschen derer, welche die Kirche vom Staat trennen und das gegenseitige Einvernehmen zwischen Staatsgewalt und Priestertum zerstören möchten. Offenbar fürchten die Anhänger der schrankenlosesten Freiheit diese Eintracht, die sich stets für Kirche und Staat als glücklich und segensvoll erwiesen hat.«

Deswegen mußten sich die biblischen Verheißungsworte von Freiheit, Gleichheit und Brüderlichkeit als Losungsworte der Revolution gegen Staat und Kirche durchsetzen. Deswegen galt vor allem katholischerseits lange der Streik als Auflehnung der Arbeiter gegen die natürliche, gottgewollte Ordnung. Deswegen hatten es beide Kirchen schwer mit der Demokratie und forderten im Dritten Reich zum Gehorsam gegen den Führer auf bis hinein in das schreckliche Verbrechen des 2. Weltkrieges. Das Mißtrauen gegen die Freiheit, die Ideen von Führer und Reich, von Gehorsam und Einsatzbereitschaft, auch von christlich motiviertem Antisemitismus und Antibolschewismus hatten die Kirchen blind gemacht.

Sicher gab es in der Geschichte der Kirchen bis ins Dritte Reich hinein auch immer die anderen, die sich mit der Einsperrung der Freiheit in das innere seelische Geschehen zwischen Mensch und Gott nicht abfinden wollten. Aber diese Einzelnen oder kleineren Gruppen wurden häufig an den Rand der Kirchen gedrängt, als Ketzer verfolgt und herausgedrängt, oder einfach allein gelassen wie viele Märtyrer im Dritten Reich, deren man sich heute kirchlicherseits wieder rühmt. Die Kirchen schliefen im Bett der Mächtigen und wurden oft erst wach, wenn der Staat ihre eigenen Rechte und Privilegien antastete. Deswegen waren und bleiben sie korrumpierbar durch das Wohlwollen der jeweils Mächtigen.

2. Der Aufbruch der Befreiungstheologie

Beim Vatikanum II sammelte sich eine Bischofsgruppe unter maßgeblicher Beteiligung von Dom Helder Camara »Für eine arme Kirche«. Damit deutete sich ein Stellungswechsel der römisch-katholischen Kirche an, der nicht ohne Folgen blieb. Bischöfe zogen aus ihren Palästen aus und zogen unter das Volk. In der ersten

Phase verstanden sie sich als Anwälte des Volkes, als Anwälte der Armen, als Stimme für die Stummen. Viele Bischöfe ließen sich von den Armen bekehren, wie sie es selbst sagen. In Lateinamerika war die Zeit der Militärdiktaturen mit ihrer z. T. brutalen Unterdrückungspolitik. Wer sich auflehnte und die ungerechte Ordnung kritisierte, galt als Kommunist und wurde offen oder durch anonyme Todesschwadrone verfolgt. Die Kirche war in dieser Situation häufig der einzige Ort, der etwas Schutz bieten konnte. Markstein in dem Bemühen, das Vatikanum II in die lateinamerikanische Situation zu übersetzen, war die II. Generalversammlung des lateinamerikanischen Episkopats in Medellin 1968. Hier kamen zum ersten Mal die Erfahrungen des Konzils, die Bekehrung vieler Bischöfe, theologische und soziologische Forschung und Analyse sowie das Erleben von konkreter Not und Unterdrückung in ein fruchtbares Gespräch. »Es erhebt sich ein stummer Schrei von Millionen von Menschen, die von ihren Hirten Befreiung erbitten, die ihnen von keiner Seite gewährt wird.« (Medellin, Nr. 14,2) In diesem Satz wird die Übergangssituation deutlich: Es geht nicht mehr darum, die ewigen Wahrheiten weiterzugeben in eine abstrakte Situation hinein. Die Bischöfe hören auf die stummen Schreie von Millionen, aber fühlen sich noch als die angerufen, die die Befreiung geben können, von denen die Befreiung erwartet wird. Prophetisch nennen sie das Unrecht beim Namen und fordern von den Mächtigen Gerechtigkeit im Namen des Evangeliums. Nicht bloß das Evangelium und die Tradition der Kirche, sondern zugleich die Situation der Menschen und ihre Not werden zu Erkenntnisorten der Wahrheit und zu Orientierungen der Pastoral. Medellin ist ein deutliches Zeichen der »kontextuellen Theologie«, welche die traditionelle deduktiv und autoritativ vermittelte Theologie abzulösen beginnt. Zugleich beginnt die Volkspastoral, ein neues positives Verständnis der Volksfrömmigkeit und ihrer Kraft zu gewinnen.

Die wichtigste Weichenstellung in Medellin betrifft die Basisgemeinschaften oder Basisgemeinden: »Die christliche Basisgemeinschaft ist so der erste und fundamental kirchliche Kern, der sich in seinem eigenen Bereich für den Reichtum und die Ausbreitung des Glaubens, wie auch für die des Kults, der sein Ausdruck ist, verantwortlich machen muß. So ist sie die Kernzelle kirchlicher Strukturierung, Quelle der Evangelisierung und gegenwärtig der Hauptfaktor der menschlichen Förderung und

Entwicklung.« (15,10) Diese Basisgemeinschaften wurden dann nach Medellin die eigentlichen Trägerinnen der Erneuerung der lateinamerikanischen Kirche.

Das Stichwort von der »Theologie der Befreiung« war in Medellin noch nicht gefallen. Das Verdienst gebührt Gustavo Gutiérrez, der einen Vortrag für eine Konferenz 1968 in Peru und 1969 in der Schweiz unter das Thema stellte: »Notizen zu einer Theologie der Befreiung«. Das Thema der Tagungen lautete: Theologie und Entwicklung. Gutiérrez erzählte einmal selbst, daß er eigentlich nur durch einen Zufall zu seiner Themenformulierung kam. Dieser Vortrag führte dann zu dem Buch, das der ganzen Bewegung den Namen und das Programm gab: »Theologie der Befreiung« (Salamanca 1972, deutsch 1973, München).

Dieses Buch beginnt bezeichnenderweise mit folgender Erklärung: »Die vorliegende Arbeit versucht, eine Reflexion zu entwerfen, die zugleich vom Evangelium und von den Erfahrungen der Männer und Frauen ausgeht, die sich in diesem von Unterdrückung und Beraubung beherrschten lateinamerikanischen Kontinent dem Prozeß der Befreiung verpflichtet haben.«

Genau dieser Punkt ist es, der oft europäischen Theologen und Bischöfen, sowie der Kirchenleitung in Rom, das Verstehen so schwer macht. Sie sind es von der europäischen Tradition her gewöhnt, daß Theologie aus der Tradition der Kirche systematisch entwickelt wird. Diese Theologie braucht dann einen Katechismus und eine Religionspädagogik, um von den Gläubigen gelernt zu werden. Bei der Theologie der Befreiung ist dagegen der eigentliche Ort ihrer Konzeption nicht der Lehrstuhl oder der Bischofsstuhl, sondern neben dem Evangelium die gläubige Erfahrung der Frauen und Männer in den Basisgemeinden, ihr Lieben und Leiden, ihr Kampf um Menschenrecht und Menschenwürde, ihr gemeinsames Lesen in der Schrift, ihre Liturgie, ihre Verabredungen zum gemeinsamen Tun aufgrund der selbst gewonnenen Glaubenserkenntnis. Die Befreiungstheologen kommen dann erst an zweiter Stelle. Sie nehmen die Erfahrungen der Menschen auf und bringen sie mit der Tradition der Kirche in Verbindung. Sie entfalten in theologischer Reflexion die Glaubenserfahrung der Menschen in den Basisgemeinden und stärken so in einer Rückbindung an die Basisgemeinden deren Leben und Kämpfen. Diese neue Form des Theologietreibens verunsichert die Hüter der Tradition, weil sie die neuentdeckte Quelle, die Glaubenserfahrung der Menschen, nicht selbst verwalten können. Dennoch gibt es eine Brücke zwischen beiden Verständnissen von Theologie. Das Vatikanum II hat die Kirche vor allem verstanden unter dem Bild vom Volk Gottes. In der Kirchenkonstitution haben die Konzilsväter die zuerst geplante Reihenfolge der Kapitel umgestellt. So steht jetzt das Kapitel von der Kirche als Volk Gottes *vor* dem Kapitel über die hierarchische Verfassung der Kirche. Viele Mitglieder der Kirche, vor allem auch in den Kirchenleitungen, haben die Umstellung der beiden Kapitel noch nicht mit einer eigenen inneren Wende mitvollzogen und von daher sind viele Auseinandersetzungen um die Theologie der Befreiung zu erklären. Der Einleitungssatz der »Theologie der Befreiung« markiert auch einen zweiten Schritt in der Entwicklung der lateinamerikanischen Kirche. In der ersten Stufe trat sie ein als Stimme *für* die Stummen, als Anwältin *für* die Armen. Jetzt hört sie zu allererst selbst einmal auf die Armen, die sich neu ihrer Würde als Menschen, als Geschöpfe Gottes, als Erlöste bewußt werden. Die Kirche erfährt sich gerade in den Armen als Kirche Jesu Christi. Sie läßt sich von ihnen neu evangelisieren. Daraus erwächst dann die »vorrangige Option für die Armen«, von der die III. Vollversammlung des lateinamerikanischen Episkopats spricht, die 1979 in Puebla zusammenkam. In den Texten dieser Versammlung liegt gleichsam das offizielle Dokument der Theologie der Befreiung vor, ein Dokument, das ohne die Männer und Frauen in den Basisgemeinden und ohne die nachgehende Reflexion der Theologen undenkbar wäre. Es ist eine Theologie und eine Pastoral von unten her, von den Menschen her, die vom Geist Gottes ergriffen – ja auch befreit – sind. Puebla ist so die konsequente Umsetzung eines Satzes aus der Kirchenkonstitution des Konzils in die lateinamerikanische Wirklichkeit: »Derselbe Heilige Geist heiligt außerdem nicht nur das Gottesvolk durch die Sakramente und die Dienstleistungen, er führt es nicht nur und bereichert es mit Tugenden, sondern ›teilt den Einzelnen, wie er will‹ (1. Kor. 12,11), seine Gaben aus und verteilt unter den Gläubigen jeglichen Standes auch besondere Gnaden. Durch diese macht er sie geeignet und bereit, für die Erneuerung und den vollen Aufbau der Kirche verschiedene Werke und Dienste zu übernehmen gemäß dem Wort: ›Jedem wird der Erweis des Geistes zum Nutzen gegeben‹ (1. Kor. 12,7). Solche Gnadengaben, ob sie nun von besonderer Leuchtkraft oder aber schlichter und allgemeiner verbreitet sind, müssen mit Dank und Trost angenommen werden, da sie den Nöten der Kirche besonders angepaßt und nützlich sind.« (Lumen gentium, Nr. 12). Die Weise, wie Theologie und Kirche auf die Glaubenserfahrung der Männer und Frauen in den Basisgemeinden hinhören, ist also Teil ihres Gehorsams gegenüber dem Walten des Geistes Gottes, der sich nicht an die hierarchischen und sakramentalen Kanäle gebunden hat, sondern »weht, wo er will« (Joh 3,8).

Der oft geäußerte Vorwurf einer einseitigen Politisierung der christlichen Botschaft trifft nicht zu: »Wir haben es mit zwei einander ergänzenden und nicht voneinander zu trennenden Elementen zu tun: Die Befreiung von jeglicher Art von Knechtschaft der Sünde des Einzelnen und der Gesellschaft, die Befreiung von all dem, was den Menschen und die Gesellschaft zerreißt und seinen Ursprung im Egoismus, im Geheimnis des Bösen hat, und die Befreiung für das fortschreitende Wachstum im Hinblick auf die Gemeinschaft mit Gott und den Menschen, deren Höhepunkt die vollkommene Gemeinschaft des Himmels ist, wo Gott alles in allem ist und es keine Tränen mehr gibt.« (Puebla, Nr. 482) Die Befreiungstheologie bedeutet keine falsche Politisierung des Glaubens, sondern deckt die politische Dimension des Glaubens auf, wenn denn in der Botschaft Jesu von Befreiung und Erlösung, von Gerechtigkeit und Frieden gesprochen und entsprechend gehandelt werden soll. So wird die stillschweigende Politisierung des Glaubens aufgedeckt und entlarvt, deren sich die Kirche vielfach schuldig gemacht hatte. »Als wir auf der Seite der Reichen standen, waren wir äußerst politisch, weil wir die Ordnung der Reichen im wahrsten Sinne des Wortes ›sanktioniert‹, ›heilig gemacht‹ haben. Aber keiner hat es uns vorgeworfen. Jetzt, da wir uns im Sinne Jesu auf die Seite der Armen stellen, wirft man uns vor: Jetzt werdet ihr aber politisch, das ist nicht eure Aufgabe.« (Dom Helder Camara) Dies ist sicher ein zweiter Punkt, warum Kirchenleitungen und staatliche bzw. wirtschaftliche Nutznießer der bisherigen Allianz zwischen Kirche und Macht so heftig gegen die Theologie der Befreiung zu Felde ziehen und Theologie der Befreiung gar zum Hauptfeind der USA in Lateinamerika erklären, wie es in den Santa-Fé-Papieren geschieht (vgl: U. Duchrow u. a. [Hg.], Totaler Krieg gegen die Armen. Geheime Strategiepapiere der amerikanischen Militärs, München 1989).

Damit sind wir bei der unheiligen Allianz gegen die Theologie der Befreiung. Über sie soll hier nur kurz, aber voller Trauer und

Betroffenheit gesprochen werden. Viele der Männer und Frauen aus den Basisgemeinden, auf deren Glaubenserfahrung die Theologie der Befreiung hört, sind MärtyrerInnen geworden, weil sie mit ihrem Einsatz für die Armen den Reichen und Mächtigen im Wege standen. – Stellvertretend für viele, deren Namen wir nicht kennen, seien hier nur Oscar Romero und die Jesuiten von El Salvador genannt. Kirchlicherseits scheint vor allem Kardinal Ratzinger in der Theologie der Befreiung die eigentliche Gefahr für die Kirche zu sehen. – 1984 veröffentlichte er die »Instruktion der Kongregation für die Glaubenslehre über einige Aspekte der ›Theologie der Befreiung‹«. Diese Instruktion war eine reine Diffamierung der Befreiungstheologie und rückte sie in die Nähe des Kommunismus und verdächtigte sie einer Rechtfertigung jeder Gewaltanwendung. Damit gab er die Vertreter der Befreiungstheologie noch mehr den Unterdrückern und ihrer Ideologie der nationalen Sicherheit preis. Er mußte selbst 1986 eine zweite »Instruktion der Kongregation für die Glaubenslehre über die christliche Freiheit und die Befreiung« nachschieben, um wenigstens die schlimmsten Fehlurteile nachzubessern und zu ergänzen. Insgesamt hat Rom (im Verbund mit vielen anderen Kräften in und außerhalb der Kirche) die theologische Diskussion um die Theologie der Befreiung verloren. So versucht man jetzt durch administrative Maßnahmen, durch Schließung von theologischen Seminaren und Beendigung von pastoralen Projekten wie z. B. des Projektes der Orden »Wort und Leben« zur Vorbereitung der 500-Jahrfeier der Evangelisierung Lateinamerikas, insbesondere durch die Einsetzung von reaktionären Bischöfen die Lebenskraft der Theologie der Befreiung zu brechen. Wenn die Deutung richtig ist, daß die Theologie der Befreiung in der Glaubenserfahrung der Männer und Frauen in den Basisgemeinden das Wirken des Geistes Gottes entdeckt hat, dann ist der Kampf gegen diese Theologie Ungehorsam gegen den Geist Gottes in seiner Kirche. Ich kann dies nicht anders sehen.

3. *Was fasziniert uns an der Theologie der Befreiung?*

Unzweifelhaft übt die Theologie der Befreiung und die entsprechende Praxis der Kirche eine große Anziehungskraft auf viele Gruppen in der Kirche, auch auf einzelne Christinnen und Christen hierzulande aus. In anderen Kontinenten wie Afrika und

Asien zeigen sich parallele Entwicklungen. Kontakte zwischen der Befreiungstheologie, der Schwarzen Theologie und der Feministischen Theologie machen Zusammenhänge deutlich. Sicher – auch das muß gesagt werden – in den letzten Jahren scheint das Interesse wieder nachzulassen. Bücher zur Theologie der Befreiung verkaufen sich hier nicht mehr gut. So bleibt die Reihe »Bibliothek der Befreiung«, die über 50 Bände in Übersetzung vorlegen wollte, in niedrigen Verkaufsziffern hängen. Die Entwicklung in Europa mit den überraschenden gewaltlosen Revolutionen im Osten beschäftigt die Aufmerksamkeit so sehr, daß die »Dritte Welt« aus den Augen gerät. Dabei ist der Lernprozeß der europäischen Theologie und Kirche mit der Befreiungstheologie und einer entsprechenden Praxis längst nicht abgeschlossen. Dabei geht es m. E. um folgende Punkte:

a) Die europäischen Kirchen sind bestimmt von einer klaren Ordnung von oben nach unten. Die Hierarchie ist institutionell abgesichert, vor allem wo sie von zentral eingezogener Kirchensteuer lebt wie in der Bundesrepublik Deutschland. Viele Christinnen und Christen sehnen sich nach einer Kirche, die nahe am Menschen ist, die seine Not wahrnimmt und solidarisch ist. Eine solche menschenfreundliche Kirche erkennen viele in der neuen lateinamerikanischen Kirche, die auf den Schrei des Volkes hört. Hier scheint die Suche nach einer Kirche, die weniger auf ihren eigenen Machterhalt sinnt, sondern am evangelischen Dienst am Menschen interessiert ist, eine Antwort zu finden.

b) Viele Christinnen und Christen der katholischen Kirche sind die Bevormundung durch eine zölibatär regierte Männerkirche leid. Sie wollen ihr Leben aus dem Glauben, nicht nur in Fragen von Sexualität und Ehe, selbst verantworten und suchen den freien Austausch in Solidarität mit anderen Glaubenden. Sie wollen sich in Basisgemeinden zusammentun und ihr gemeindliches Leben und Handeln miteinander entscheiden und verantworten. Ökumenische Offenheit ist für solche Basisgemeinden selbstverständlich.

c) Die Kirchen als Großinstitutionen scheinen hierzulande so mit Geld, Macht und den Hierarchien in Politik, Gesellschaft und Wirtschaft verquickt, daß sie kaum ein freies, prophetisches Wort sagen können. Sie sind politisch im Sinne einer Absicherung des bestehenden Systems. So tun sie sich schwer mit klaren Worten zur Ideologie der Abschreckung, zur Atomwirtschaft und zu dem

System unserer sogenannten sozialen Marktwirtschaft, die sich international als strukturelle Sünde entlarvt, so daß »die Reichen immer reicher werden auf Kosten der Armen, die immer ärmer werden« (Papst Johannes Paul II in Puebla, aufgenommen in die Dokumente von Puebla, Nr. 30). Christliche Gruppen, die sich hier für Abrüstung, soziale und ökologische Gerechtigkeit und für den Schuldenabbau der »Dritten Welt« einsetzen, fühlen sich oft von den Großkirchen allein gelassen, aber von den Analysen und Impulsen der Befreiungstheologie bestätigt.

d) Die abstrakte Weitergabe des Glaubens, der Glaubenswahrheiten funktioniert nicht mehr. Die Erfahrungen der Menschen kommen darin zu wenig vor. In einer geschlossenen christlich bestimmten Gesellschaft konnte das vielleicht gelingen. Jetzt muß die Vermittlung des Glaubens mit den Erfahrungen der Menschen korrespondieren und sich als hilfreich erweisen. Sonst kann die junge Generation keinen Zugang mehr gewinnen. Theologie von unten, die aufs Volk hört, in der ich mich mit meinen Fragen und Hoffnungen wiederfinde, wird gesucht. Diese kann nur in einem neuen Miteinander der Christinnen und Christen gefunden werden, wie es modellhaft im Austausch zwischen den Basisgemeinden und den Befreiungstheologen zu geschehen scheint. »Theologie hört aufs Volk« heißt ein bezeichnender Buchtitel von Leonardo Boff.

e) Die neue Armut hierzulande wird verdrängt. Wir sind noch nicht so weit wie die Befreiungstheologie in der ersten Phase: »Armut hat keine Lobby« heißt ein Buch von CaritasmitarbeiterInnen der Diözese Münster, das es nicht leicht hatte zu erscheinen. Die Lösung der Armut verlangt nicht nur nach der traditionellen Caritas oder Diakonie, der Einzelfallhilfe, sondern nach neuen Strukturen des sozialen Miteinanders. Dies gilt angesichts der Arbeitslosigkeit und ihren Langzeitfolgen, für die Frage der Aus- und Übersiedler, für die Asylsuchenden, für die psychisch Kranken, für alle, die dem Leistungsanspruch unserer Gesellschaft nicht gewachsen sind. Was heißt hier »vorrangige Entscheidung für die Armen«, Kirche, die von den Armen lernt, arme Kirche? Brauchen wir nicht »Entwicklungshilfe« von Lateinamerika?

f) Gerade angesichts der Entwicklung in Mittel- und Osteuropa gewinnt die Theologie der Befreiung ein besonderes Gewicht. Viele Vorgänge haben Parallelen, ohne daß es den Beteiligten immer bewußt war: Die Gewaltlosigkeit der Revolution, ihre Vorbereitung in kleinen Gruppierungen, oft unter dem Dach der Kirchen, der Mut der Demonstrierenden angesichts der bewaffneten Staatsmacht, bis hin zu der These: »Wir sind das Volk.« Doch zum jetzigen Zeitpunkt (Mai 1990) scheint eine andere Gefahr heraufzuziehen, die die unlösbare Verbindung der Ost/West-Problematik mit der Nord/Süd-Problematik deutlich macht. Die Teilnehmerinnen und Teilnehmer eines Oscar-Romero-Kongresses im März 1990 haben das auf eine Kurzformel gebracht: »Überdies kann sich die sogenannte 2. Welt ökonomisch anscheinend nur erholen, wenn sie von der 1. Welt zu dem Bankett zugelassen wird, bei dem die 3. Welt verspeist wird.« Gerade jetzt gilt es, die Befreiungsbewegungen im Osten mit den Befreiungsbewegungen im Süden in Verbindung zu bringen. Freunde aus Lateinamerika sagen uns: »Was habt ihr in Europa mit dem Sozialismus gemacht? Für uns birgt dieses Wort immer noch einen Schuß konkreter Hoffnung auf ein anderes System als den Kapitalismus, wie wir ihn brutal erleben. Wenn die Alternative wegfällt, sind wir dem Kapital nur noch ungeschützter ausgeliefert.« Die Befreiungstheologie muß den Kirchen helfen, daß sie nicht schuldig werden an dieser verfestigten Herrschaft des Kapitals über die ganze Welt. Darin sind sich kritische Gruppen in Lateinamerika, in der DDR und der BRD einig.

g) In der Befreiungstheologie und der entsprechenden Praxis wird eine Einheit von Mystik und Politik konkret, die viele hier suchen. Hier ist oft die Frömmigkeit zu innerlich und privat, die Gottesdienste sind zu weltfremd, so daß sie ungestört einhergehen können mit einer rigiden politischen oder wirtschaftlichen Praxis. Die Politik ist oft so perspektivlos auf das bloße Gewinnen der nächsten Wahl ausgerichtet, daß sie eine geistlose und letztlich menschenfeindliche Situation nur fortschreibt. Eine Einheit von Mystik und Politik, wenigstens schon einmal in den Kirchen, könnte Zeichen der Hoffnung setzen.

4. Von den Schwierigkeiten der Übersetzung

Es war schon die Rede davon, daß die Befreiungstheologie eine kontextuelle Theologie ist, also ganz vom Kontext der Lebens- und Leiderfahrung der Menschen bestimmt. Deswegen kann diese Theologie nicht einfach nach Europa transferiert werden. Bei aller Faszination, die die Theologie der Befreiung ausstrahlt, bedarf es der sorgfältigen Analyse des Kontextes hier, um eine neue Theologie, die aufbaut und ermutigt, langsam zu entwickeln. Unabdingbare Voraussetzung dafür ist, daß es auch hier kleinere Gruppen gibt, die aufgrund ihrer eigenen Erfahrung, ihres Kampfes um Menschenrecht und Menschenwürde, ihres Lesens in der Schrift, ihrer liturgischen Feier der Befreiung und einer neuen Kommunikation Elemente einer solchen kontextuellen Theologie der Befreiung für Europa formulieren. Ich sehe da eine fruchtbare Möglichkeit im Gespräch mit der feministischen und der politischen Theologie und in der theologischen Aufarbeitung der Entwicklung in Mittel- und Osteuropa und deren Konsequenzen.

Wenn der Evangelische Kirchentag unter die Losung gestellt wird: »Gottes Geist befreit zum Leben«, dann sind *alle* Veranstaltungen des Kirchentages aufgerufen und eingeladen, solche Elemente der Befreiungstheologie und einer entsprechenden Praxis der Kirchen zu erarbeiten, zu formulieren und ihnen eine breitere Basis in Kirchenvolk und -leitung zu verschaffen. Es braucht dabei die Gruppen, die sich hier darum bemühen, nicht zu verunsichern, daß sie sich oft wie eine Minderheit vorkommen. Zum einen umfassen auch die Basisgemeinden in Lateinamerika nicht mehr als 3–4 % der Christinnen und Christen. Zum anderen ging die Umwälzung im Osten auch von kleineren Gruppen aus, die oft jahrelang durchgehalten haben, um dann im Kairos dazusein und das ganze Volk zu bewegen.

Die Schwierigkeit bei uns scheint mir vor allem darin zu liegen, daß viele von uns zwar nicht zu den Tätern der Ungerechtigkeit und der Unterdrückung gehören, wohl aber zu deren Nutznießern. Mit jeder billigen Banane zahlen wir die Hungerlöhne und stricken an dem weltweiten Netz der strukturellen Sünde unserer »freien« Weltwirtschaft, die eine freie nur ist für die, die Geld haben, aber eine Sklavenwirtschaft für die, die keins mit einbringen können. Hier sind prophetischer Geist, kritische Analyse der Abhängigkeiten und die Bereitschaft zum Teilen verlangt, Teilen nicht nur von Geld und Arbeit, sondern auch von Privilegien und Lebenschancen. Die Analyse der Schuldenlast, die den armen Völkern, den Armen in diesen Völkern, die Luft zum Leben abschnürt und sich zugleich als ein anschwellender Dollarstrom aus dem Süden in den Norden erweist, muß zu Lösungsmöglichkeiten fortgeführt werden. Das alles überfordert die Einzelnen oder die einzelne Gruppe. Hier sind die Großkirchen gefordert. Hier könnte ihre institutionelle Macht auch eine Hilfe sein für die Schwachen und eine Kraft der Innovation, – wenn denn die Kirchen selbst dem Geist vertrauen, Gottes Geist vertrauen, der zum Leben befreit.

Das Schlußwort dieser Überlegungen möchte ich Kardinal Lorscheider aus Brasilien überlassen. Auf unsere Frage, was wir denn von der Theologie der Befreiung lernen könnten, antwortete er mit einer Gegenfrage: »Habt ihr denn keine Unterdrückten?« Und dann sagte er auf dem Katholikentag in München 1984: »Unsere Kirche in Brasilien hat heute keine Angst. Sie setzt sich ein für das Volk. Volk bedeutet hier der arme Mensch, der Mensch, der ganz am Rande der Gesellschaft steht. Der Mensch, der behandelt wird wie ein Nicht-Mensch. Der Mensch, von dem man denkt, er sei unterentwickelt. Vielleicht sind *wir* die Unterentwickelten. Dieser Mensch ist eher ein Unterdrückter. Man hat ihm die Stimme geraubt. Man hat ihm die Sprache weggnommen. Man hat ihn zum Schweigen gebracht. Und nun, so meinen wir, ist die Zeit gekommen, daß diese Leute auch zur Sprache kommen können. Die Kirche bei uns distanziert sich immer mehr von den politisch Mächtigen und stellt sich auf die Seite derer, die unten stehen. Sie identifiziert sich immer mehr mit ihnen und geht denselben Kreuzweg. Die Option, eine Kirche der Armen zu sein, und die Aktion, das auch durchzusetzen, scheint mir das Schönste, Wichtigste und Lebendigste unserer heutigen Kirche zu sein. Ich glaube, mit denen, die scheinbar nichts sind, eine neue Welt aufzubauen, ist das größte Zeichen der Hoffnung und Liebe in unserer Zeit.

Ich sagte euch schon, diese Leute sind nicht unterentwickelt. Ich glaube, dieses Konzept der Unterentwicklung sollten wir besser aufgeben. Es gibt vielmehr unterdrückte Völker, unterdrückte Personen. Wir müssen lernen zu schweigen, auch wir als Kirche, die wir bis jetzt immer gesprochen haben. Wir müssen lernen zuzuhören. Denn diese Leute haben uns sehr viel zu sagen. Sie haben schon zu lange geschwiegen.«

Bis wir als Großkirchen in Deutschland und als einzelne Christinnen und Christen so zu sprechen und so zu leben vermögen, hat Gottes Geist, der zum Leben befreit, noch viel zu tun.

Texte zu Bibelarbeiten und Gottesdiensten

Christof Hardmeier

Gnadenjahr und Tag der Rache

Bibelarbeit zu Jesaja 61

Mit Bibeltexten kann man eigentümliche Erfahrungen machen. Sie packen uns, sprechen uns aus der Seele und rücken uns zugleich auch eigentümlich fern. Befremden, Distanz und Ärger können sich einstellen, aber diese Texte lassen uns dann nicht mehr los – ein Abenteuer mit offenem Ende beginnt. Die Textübersetzung lautet wie folgt:

(1) Der Geist Gottes, des Herrn, ist auf mir, weil der Herr mich gesalbt hat. Frohe Botschaft zu bringen den Gebeugten, hat er mich gesandt, zu verbinden, die zerbrochenen Herzens sind, auszurufen den Erbeuteten Freilassung und den Gebundenen Öffnung (der Fesseln), *(2)* auszurufen ein anmutsvolles Gnadenjahr des Herrn und einen Tag der Rache unseres Gottes, zu trösten alle Trauernden, *(3)* aufzusetzen den Trauernden Zions einen Turban statt Staub, Freudenöl statt Trauer, ein Festkleid zum Lobpreis statt eines verzagten Geistes. Und nennen wird man sie »Baumriesen der Gerechtigkeit«, »Pflanzung des Herrn« zu seiner Selbstverherrlichung.
(4) Und wiederaufbauen werden sie die Trümmer der Vergangenheit, die Ruinen der Vorfahren wiederaufrichten; und sie werden erneuern die zertrümmerten Städte, die Ruinenfelder früherer Generationen. *(5)* Und es werden Fremde zur Verfügung stehen und euer Kleinvieh hüten, und Ausländer werden eure Landarbeiter und eure Winzer sein. *(6)* Ihr aber, »Priester des Herrn« werdet ihr genannt werden, »Diener unseres Gottes« wird man zu euch sagen. Den Reichtum der Völker werdet ihr (selbst) verzehren und mit ihrem Ruhmesglanz euch (selbst) beehren. *(7)* Dafür, daß eure Schande eine doppelte war und daß man unentwegt Schmach als ihr Los hochgejubelt hat, deshalb werden sie in ihrem Land das Doppelte erben, ewige Freude wird ihnen zuteil.
(8) Denn ich, der Herr, liebe das Recht, hasse im Frevel begangenen Raub, und ich werde ihren Arbeitslohn redlich geben, und einen ewigen Bund werde ich schließen mit ihnen. *(9)* Und bekannt unter den Völkern wird ihr Same sein und ihre Austriebe mitten unter den Völkern. Alle, die sie sehen, werden sie erkennen, nämlich daß sie der Same sind, den der Herr gesegnet hat.

(10) Freuen, freuen will ich mich im Herrn, meine Seele frohlocke in meinem Gott, denn er hat mich umkleidet mit Kleidern des Heils, mit dem Mantel der Gerechtigkeit umhüllt er mich, wie der Bräutigam den Turban aufsetzt und wie die Braut sich schmückt mit ihren Schmucksachen. *(11)* Denn wie die Erde ihre Wurzelsprossen hervortreiben läßt und ein Garten seine Saaten sprießen läßt, so läßt Gott, der Herr, Gerechtigkeit sprießen und Lobpreis vor allen Völkern.

Der Prophet von Jes 61,1 ist vom Geiste Gottes voll gepackt (vgl. Jes 42,1). Wie der Paukenschlag im Weihnachtsoratorium klingt seine Frohbotschaft für die Armen und Zerschlagenen (61,2), für die Mühseligen und Beladenen. Sein Evangelium hallt fort in den Seligpreisungen (Mt 5,3ff.), und wird im Zitat in Lk 4,18f. zur Zusammenfassung von Jesu Botschaft: Die Verkündigung der Erlösung, die Ankündigung einer Freilassung aller Blinden und Geschlagenen – ein Jahr der Gnade, ja der Anbruch des Gottesreiches selbst (vgl. Mt 5,3). Wuchtig ist diese Befreiungsbotschaft, tief und frei läßt sie die Gedrückten und Benachteiligten aufatmen.

Wer kennt sich nicht auch als Opfer? Wieviel Last und Mühe tragen wir durch den Alltag hindurch? Enttäuschungen, Niedergeschlagenheit und Ohnmachtsgefühle sind uns nicht fremd: Herabsetzungen am Arbeitsplatz, Konkurrenzdruck und Terminnot, drückende Schuldenlasten oder das Los der Arbeitslosigkeit, physische und psychische Gewalt, die Zerrissenheit von Beziehungen, isolierende Krankheit, Todesangst... Auch wir selbst stehen uns oft im Wege, sehen uns eingeschlossen wie in einem Gefängnis, heimgesucht von Melancholie und Selbstzweifeln.

Wie befreiend klingt da das Evangelium von Jes 61 an unser Ohr. Der Auftrag des Propheten, »zu trösten alle Trauernden« (61,2), sprengt die Mauern der Melancholie. Mit seiner Frohbotschaft vom Gnadenjahr, seinem Zuruf, daß die Gebundenen befreit sind und den Gefangenen geöffnet wird, öffnet sich auch die zugeschnürte Kehle der Verzweifelten, lösen sich die falschen Bindungen der Gebundenen. Es fallen die Fesseln der Selbstlähmung der Erstarrten und Verkrampften. Doch ist diese Brücke zu unseren Zerrissenheiten und Nöten, zu den heutigen Spielarten unseres Opferdaseins in einer Welt des katastrophenträchtigen Überflusses nicht doch sehr dünn und brüchig? Können wir einfach *unsere* Nöte, *unsere* Opfererfahrungen so ohne weiteres in diesen Text hineinprojizieren und auf diese Weise das Evangelium für die

Armen und Gebeugten mehr ungeistlich als geistlich beerben? Wer wird hier eigentlich angesprochen?

Da ist die Rede von wirklich armen Menschen (hebr. ^{ca}*nawim*, V. 1), denen die Frohbotschaft verkündet werden soll. Auch bei den Gebundenen, denen »Öffnung« (wohl der Fesseln) versprochen ist, hat man an Menschen zu denken, die in Schuldhaft geraten sind, die ihre Steuern oder Tilgungsraten nicht mehr bezahlen konnten und deshalb in Haft genommen wurden. Die angekündigte Freilassung (*d*^{e}*rur*) für die Gefangenen bezieht sich konkret auf Schuldsklaven, die nach 3. Mose 25,9f. (vgl. Jer 34,8ff.) aus ihrem Sklavendienst entlassen werden sollen. Auch sie haben ihre wirtschaftliche Unabhängigkeit als freie Bauern verloren, weil sie zahlungsunfähig geworden sind. Ihr letztes Pfand blieb ihre Arbeitskraft als Sklaven.

Ja, der ganze Text Jes 61 – auch in seinen Verheißungsteilen – läßt den Hintergrund einer drückenden wirtschaftlichen Notlage erkennen, wie ein Blick auf die vier Teile 1–3, 4–7, 8–9 und 10–11 im einzelnen zeigt. Der *erste Teil, Jes 61,1–3*, entfaltet die Frohbotschaft der Befreiung für die Gebeugten und Trauernden. Dabei tritt zum wirtschaftlich-sozialen Aspekt in V. 1f. die mehr psychologische Seite der Stimmung im Volke in V. 3 hinzu. Statt dem Staub der Trauer soll der schmucke Turban auf den Häuptern thronen. Statt der Vernachlässigung des Körpers in schwermütiger Traurigkeit soll Freudenöl die Gesichter strahlen lassen. Festkleidung, wie man sie zum Lobgottesdienst trägt, soll den Geist der Niedergeschlagenheit und die Enge resignativer Antriebslosigkeit vertreiben.

Zwei Dinge sind an diesem ersten Abschnitt bemerkenswert. Das erste ist, daß die Frohbotschaft auch in der Freude am Körper und an der Kleidung ihren Ausdruck finden soll. Das Evangelium von Jes 61,3 hat eine Selbstachtung der Befreiten im Auge, die ihren sichtbaren Ausdruck auch in der Schönheit und Gepflegtheit ihres Leibes findet im Kontrast zu einer langen kirchlichen Tradition der Leibfeindlichkeit und der Abwertung der äußeren Erscheinung.

Allerdings, das ist das zweite, dieser Gegensatz von Trauer und Freude hat in Jes 61 auch einen ganz konkreten geschichtlichen Hintergrund. Mit den Trauernden, insbesondere den Trauernden Zions in V. 3, wird das ganze Gottesvolk nach seiner Rückkehr aus dem Exil angesprochen. In regelmäßigen Klagefeiern und Fastengottesdiensten (vgl. Sach 8,19 und 7,1–5) hielten die Heimgekehrten nach 520 v. Chr. die Erinnerung an die erste Wegführung nach Babylon im Jahre 597 v. Chr. wach und bewahrten das Gedenken an die Zerstörung Jerusalems und die zweite Deportation vieler Judäer zehn Jahre später. Auch das hebräische Wort für die »Erbeuteten« in V. 1 (*sch^{e}bujim*) meint Menschen, die als Kriegsbeute verschleppt worden sind, und ruft die leidvolle Vergangenheit der aus dem Exil Zurückgekehrten in Erinnerung. Das gleiche gilt für die, »die zerbrochenen Herzens sind« (V. 1). So reicht die versprochene Heilung über den Kreis derer hinaus, die von der wirtschaftlichen und sozialen Not am härtesten betroffen waren. Der Text hat eine gedrückte Stimmungslage im Auge, von der das ganze Volk erfaßt war. Es war die große Enttäuschung, daß der Wiederaufbau in Juda und Jerusalem nur schleppend vorankam. Das macht vor allem die Verheißung in V. 4 deutlich. Aber auch andere Texte aus den ersten Jahren nach der Rückwanderung (vgl. besonders Hag 1,6 und Sach 8,9ff.) weisen auf eine handfeste wirtschaftliche Notlage im damaligen Juda hin. Deshalb nimmt V. 3 bewußt die programmatische Trostbotschaft von Jes 40,1 auf (»Trösten, trösten will ich mein Volk«), die einst die Exulanten zur Rückwanderung ermutig hatte. Jetzt soll das Volk, sollen die »Trauernden« im Lande wirklich getröstet werden!

Auf die eigentümliche Differenzierung der Empfänger der großen Frohbotschaft in Jes 61,1–3 ist besonders zu achten. Zwar wird durchaus dem ganzen Volk der Heimgekehrten Tröstung versprochen. Doch faßt dabei die Befreiungsbotschaft zuerst und vor allem die Letzten ins Auge. Die Armen und Gebeugten, die Versklavten und im Schuldenturm Gefangenen waren zuerst und am härtesten unter die Räder der wirtschaftlichen Notlage geraten. Auch ist der psychologische Aspekt einer gedrückten Volksstimmung nur die eine Seite. Im Zentrum steht die wirtschaftliche und soziale Not, die gewendet werden soll. Das heißt, die prophetische Frohbotschaft denkt konsequent von den Letzten her, den bittersten Opfern der Notlage. Indem ihre Lage gewendet wird, indem sie befreit werden, bricht das Gnadenjahr für alle an, wird die Trauer in Freude verwandelt, wird Niedergeschlagenheit zur Unternehmungslust.

Ein Seitenblick auf unsere Gegenwart macht den Kontrast deutlich. Bei uns gilt: Den Reichen muß es durch Steuervergünstigungen und andere Privilegien so gut gehen, daß – so die illusionäre Hoffnung – genügend Brosamen für die Armen von ihren Tischen fallen. Tatsächlich öffnet sich dabei die Schere zwischen Arm und Reich immer weiter, so wie sie weltweit schon seit langem zwischen dem reichen Norden und der Zweidrittelwelt des Südens auseinanderklafft. Die Reichen werden immer reicher, die Armen haben immer weniger zum Leben.

Auch der *zweite Teil, Jes 61,4–7*, hat es mit der materiellen und wirtschaftlichen Gesamtlage im frühnachexilischen Juda zu tun. Das Evangelium und die Politik, die Frohbotschaft Gottes und die Ökonomie sind in Jes 61 direkt und unlösbar miteinander verbunden. V. 4 verheißt den materiellen Wiederaufbau, die Aufrichtung der Trümmer aus dem Vernichtungskrieg von 587, die Instandsetzung sowie den Neuaufbau der Landstädte, die seit Generationen in Trümmern lagen.

Welch gewaltige Anstrengungen vor den Zurückgekehrten lagen, läßt sich mit den Aufgaben vergleichen, die sich heute in den osteuropäischen Ländern nach dem Zusammenbruch der stalinistisch-bürokratischen Kommandowirtschaften stellen. In einer schwer geschädigten oder zerstörten Umwelt mit veralteten und unproduktiven Industrieanlagen, mit einer maroden Bausubstanz und einem schwerfälligen Verkehrs- und Kommunikationsnetz soll die Markt- und Konkurrenzwirtschaft sozusagen von heute auf morgen die tiefen Wunden heilen. Daß solche Anstrengungen nicht ohne eine große Hoffnung in Angriff genommen werden, ist unserer heutigen Situation und der Lage der aus dem Exil Zurückgekehrten gemeinsam. Doch wird für ChristInnen das heute erhoffte und den Osteuropäern verheißene Wirtschaftswunder besonders an der biblischen Verheißung von Jes 61 zu messen sein, zumal es gerade sich christlich nennende Parteien und Politiker waren, die diese Hoffnungen auf das Heil der D-Markt-Wirtschaft im Winter 89/90 besonders laut und mit nationalistischen Untertönen in der DDR geweckt hatten.

Zwei Dinge an diesem Verheißungsabschnitt von Jes 61,4–7 sind auffällig. Zum einen geht die Rede in V. 5 plötzlich in die Anrede in der 2. Person über (bis V. 7). Ferner steht im Zentrum dieses Teiles, in V. 6 (erste Hälfte), die Aussage: »Ihr aber, Priester des Herrn werdet ihr genannt werden, Diener unseres Gottes wird man zu euch sagen.« Die, die zum Wiederaufbau des Landes ermutigt werden, sollen *alle* PriesterInnen des Herrn heißen. Hier hat das Priestertum aller Gläubigen eine ihrer Wurzeln, und der

Dienst an Gott wird hier ganz unvermittelt in die Alltagswelt des Neubeginns gestellt (vgl. auch Röm 12,1f.). Was für ein Gottes-Dienst damit gemeint ist, darauf wird im Zusammenhang mit V. 3 und V. 9 in der abschließenden Betrachtung des dritten Teiles zurückzukommen sein.

Ein weiterer Seitenblick auf unsere Gegenwart sei angedeutet. Im Kontrast zur Priesterschaft aller Gläubigen verspricht das heute verheißene Wirtschaftswunder kaufkräftige Konsumbürger heranzubilden, die bald an den Segnungen unserer Überflußgesellschaft teilhaben sollen.

Die zweite Auffälligkeit des Verheißungsabschnittes liegt in den Versen 5. 6 (zweite Hälfte) und 7. Als würde sich hier die blanke Ausländerfeindlichkeit Bahn brechen, spricht V. 5 davon, daß dann, in der verheißenen Gnadenzeit, die Fremden die Ziegen und Schafe hüten und die Ausländer auf den Äckern und in den Weinbergen die Knochenarbeit verrichten werden. Sind hier die »Türken« und andere »Gastarbeiter« in den Blick genommen, die zu Billigtarifen einem neu erstehenden Herrenvolk zu Diensten sein sollen? Die Textfortsetzung weist in eine andere Richtung.

In den Versen 6 und 7 wird das Thema der fremden Völker erneut aufgenommen. Den Zurückgekehrten, die das Land wieder aufbauen sollen, wird eine Umkehrung der Verhältnisse verheißen. Den Reichtum der Völker werden sie selbst verzehren und sich mit deren Ruhm selbst ›beehren‹. Ja, statt der doppelt empfangenen Schande (V. 7) und der Schmach, die ihnen zuteil wurde, sollen sie das Doppelte in Besitz nehmen und sorglos in dauerhafter Freude leben. Offenbar erfuhren sich die Zurückgekehrten selbst als Fremde und Ausländer in ihrer einstigen Heimat, wie schon die Judäer, die in der Exilszeit im Lande geblieben waren: »Unser Ackeranteil ist Fremden zugefallen, unsere Häuser Ausländern«, klagt V. 2 in der Notschilderung von Klgl 5,2–10. V. 4 weist auf Wasser- und Holzsteuern und V. 8f. auf gefahrvolle Schwerarbeit, um wenigstens notdürftig zu überleben. Das heißt, die Judäer waren wohl auch noch nach 520 weitgehend von der freien Verfügungsgewalt über Hausbesitz und Ackerland, dem erstrangigen Produktionsmittel in einer Agrargesellschaft, ausgeschlossen. Auch lagen der Handel mit Agrarprodukten, die Einbehaltung von Steuern und der Arbeitsmarkt wahrscheinlich noch fest in den Händen von Fremden, die in der babylonischen und seit 539 persischen Provinz Samaria die ökonomische Macht ausübten (vgl. Hag 1,6 und Sach 8,9ff.). Dementsprechend waren den Landarbeitern und Sklaven, die im eigenen Lande für Hungerlöhne die »Dreckarbeit« für fremde Herren verrichten mußten, die Verheißungen von Jes 61,5–7 eine echte Botschaft der Befreiung. Was sie selbst erlitten und erlebten, wird als verkehrte Welt durchgespielt. Die fremden Land- und Weinbergbesitzer werden einst die Landarbeiter der Armen und die Viehhüter der heutigen Sklaven sein.

So behält auch dieser zweite Abschnitt den Blickwinkel der Opfer und der Unterdrückten bei. Dabei wird für die Zukunft auch verheißen, daß die von Fremden Ausgebeuteten »den Reichtum der Völker« *(gojim)*, das heißt eben das Gut dieser Fremden im Lande, »selbst verzehren werden«. Dies hat mit dem redlichen Lohn zu tun, für den Gott selbst nach V. 8 einstehen will. Es geht darum, daß der im Lande erwirtschaftete Reichtum auch dort bleiben und von den Produzenten selbst verzehrt werden soll.

Diese Verheißung rührt an einen bis heute offenen ökonomischen Grundkonflikt. Mindestens seit den Zeiten der altorientalischen Großreiche bis in unsere nachkoloniale Zeit mit ihren bitteren ökonomischen Abhängigkeitsverhältnissen zwischen den Ländern der Zweidrittelwelt und dem reichen Norden wird mit unterschiedlichen Methoden das immer gleiche Spiel gespielt: Aufgrund von wirtschaftlicher und/oder militärischer Übermacht werden den Schwächeren, den Abhängigen und Machtlosen Lebensverhältnisse aufgezwungen, die sie zwar auf der einen Seite – wenn auch oft mehr schlecht als recht – am Leben lassen. Zugleich aber richten die Stärkeren und Mächtigeren diese aufgezwungenen Verhältnisse stets so ein, daß sie trotz teilweiser Reinvestitionen die gemeinsam erwirtschafteten Mehrwerte für sich und ihresgleichen abzuschöpfen wissen, ohne daß dieser Reichtum in gerechter Weise an die eigentlichen Produzenten umverteilt wird. Heute geschieht dies z. B. durch Lohndrückerei oder eine Steuerpolitik zugunsten der Reichen, international durch Kapitalflucht, durch ungerechte Handelsstrukturen oder durch eine Zins- und Schuldenpolitik, die nur die Reichen reicher macht. Stets wurde und wird dabei der erwirtschaftete Reichtum ungerecht verteilt und der volle Lohn den eigentlichen Produzenten vorenthalten. Dem hält unser Text die Verheißung entgegen, daß die armen Judäer den von den Fremden abgeschöpften Reichtum selbst verzehren werden und in ihrem Land selbst die Eigner der Produktionsmittel werden sollen.

Das ist eine revolutionäre Verheißung, die ins Schwarze des ungelösten ökonomischen Grundkonfliktes trifft. Es geht um die gerechte Teilhabe an den Lebensgütern, um die Freiheit, über die

Produktionsmittel selbst bestimmen zu können, und um den gerechten, vollen Lohn für geleistete Arbeit, der auch an den erwirtschafteten Überschüssen teilhat und nicht von Fremden, ja überhaupt von niemand anderem abgeschöpft werden darf. Diese revolutionäre Verheißung wird im *dritten Teil, Jes 61,8–9* im strengen Sinne theologisch begründet: »Denn ich, der Herr, liebe das Recht, hasse im Frevel begangenen Raub, und ich werde ihren Arbeitslohn redlich geben.« Gott ergreift eindeutig Partei und nennt die Sache beim Namen. Es geht um ein Recht, das seine Substanz im ehrlichen und wahrhaft unverkürzt bezahlten Lohn hat. Das mit Redlichkeit übersetzte hebräische Wort *'ᵆmœt* meint verbindliche Wahrhaftigkeit und unverkürzte Aufrichtigkeit, die Bestand haben. Gott geht es um diese Redlichkeit in der Entlohnung und in der Verteilung der Lebensgüter. Alles andere ist Raub an den Menschen, die man durch wie immer geartete Formen der sanften oder brutalen, der direkten oder indirekten Ausbeutung um einen Teil ihres vollen Lohnes und um ihren Anteil an den Lebensgütern bringt.

Der Gott des Propheten von Jes 61 ergreift in seinem Einsatz für einen ehrlichen Lohn im umfassendsten Sinne Partei. Er steht auf der Seite der Ausgebeuteten. Ja, er schließt sogar einen »ewigen Bund« mit seinem gebeugten Volk (V. 8 Ende), das unter der politisch-ökonomischen Fremdherrschaft leidet und seinen Mut verloren hat. Doch mündet diese Parteilichkeit nicht einfach ein in das Schüren von Neid- oder Haßgefühlen gegen die fremden Ausbeuter. Die Armen und Gebeugten sollen nicht einfach auch bald reich und mächtig werden, um alsbald nur andere unterdrücken und ausbeuten zu können. Das Bundesvolk Gottes soll nicht durch siegreich geführte Wirtschaftskriege oder durch die erfolgreiche Verteidigung von Reichtum und Überfluß gegen die Massen von Armen berühmt werden. Vielmehr soll es nach V. 9 unter den Völkern und Nationen bekannt werden als »Same«, als nachkommenreiches Geschlecht, das »der Herr gesegnet hat«. Was hat Gott mit seinen Bündnispartnern vor?

Wie ein alles durchdringender Orgelton weisen die *Verse 3. 6. 9* und der abschließende *V. 11* auf das Ziel hin, das Gott mit seinem Volk unter den Völkern im Auge hat. Sie umschreiben näher die Saat, die nach Gottes Wille weltweit aufgehen soll. Die ersten Empfänger der Frohbotschaft, die Gebeugten und Ausgebeuteten, sollen nach V. 3 »Baumriesen der Gerechtigkeit«, »Pflanzung des Herrn« genannt werden. Dabei umschreibt das Wort »Gerechtigkeit« nur mangelhaft, was mit dem hebräischen Ausdruck *sædæq* gemeint ist. Es geht um ein gemeinschaftstreues Verhalten, das in Gleichachtung der anderen den Ausgleich sucht, ohne sich gemeinschaftswidrigen Machtansprüchen zu beugen. »Gerechtes« Verhalten behält im Widerstreit von handfesten Bedürfnissen und gegensätzlichen Interessen das Ganze im Auge. »Gerecht« werden Menschen genannt, die sich solidaritätsstiftend einbringen, die das Gesamtwohl vor Eigennutz und Partikularinteressen stellen und die ihr Rückgrat nicht dem Opportunismus opfern. Diese Menschensaat, diese Baumpflanzungen des Herrn, sollen nach V. 6 »Priester des Herrn«, »Diener unseres Gottes« heißen. Auf ihnen und ihrer Nachkommenschaft liegt nach V. 9 der Segen, der von allen Völkern erkannt werden soll. Sie sind die BündnispartnerInnen – so V. 11 abschließend – mit denen Gott »Gerechtigkeit sprießen lassen« und sich Anerkennung und Ruhm verschaffen will vor allen Völkern.

Gott will mit seinem Bundesvolk das ewige Drama von Lohnverkürzung und Lohnbetrug nicht weiter spielen, das den Kern aller Ausbeutung, aller Unfreiheit und Unterdrückung ausmacht. Als vorrangige BündnispartnerInnen für sein Projekt sucht sich Gott, der den Raub haßt, die Beraubten, die Trauernden und Niedergeschlagenen. Ihnen gilt das Evangelium von Jes 61 in erster Linie. Sind die Reichen, die Satten, die Zufriedenen davon grundsätzlich ausgeschlossen? Gewiß sind sie nicht Gottes erste Wahl, als müßte man sich zuerst und vor allem an die Mächtigen und Einflußreichen wenden, damit das Drama der Ausbeutung aufhört. Aber auch die Leidtragenden und Opfer der Ausbeutung werden nicht einfach als solche heilig gesprochen, nur weil sie arm sind. Zu Gottes bevorzugten BündnispartnerInnen werden sie, weil sie aus dem Blickwinkel der Opfer mit Raub und Ausbeutung hautnahe Erfahrung haben. Deshalb kommt ihnen die Zuwendung Gottes zwar besonders zu. Doch als unmittelbar Leidtragende sind sie für sein Projekt vom unverkürzten Lohn und vom Ende aller Ausbeutung auch besonders aufgeschlossen, sind im wörtlichen Sinne die nächsten SympathisantInnen für sein Vorhaben.

Was ist dabei mit den Reichen, mit den Satten und Zufriedenen, zu denen sich – im Weltmaßstab gesehen – auch die große Mehrheit der KirchentagsteilnehmerInnen wird zählen lassen müssen bei allen großen Unterschieden im einzelnen? Sind wir von der Bundesverheißung in Jes 61,8 ausgeschlossen? Und was ist mit unseren Opfererfahrungen, mit unseren Enttäuschungen, mit unseren Ohnmachtsgefühlen und unserer Niedergeschlagenheit? Sind sie nur die Eiterbeulen unserer Überflußgesellschaft? Gewiß stimmt der neutestamentliche Erfahrungssatz, daß eher ein Kamel durch ein Nadelöhr schlüpft, als daß ein Reicher ins Himmelreich kommt (Mk 10,25). Der Gott Mammon übt eine ungeheure Bindekraft aus auf alle, die beim großen Schätzesammeln mitmachen (vgl. Mt 6,24–34) und an der kollektiven oder individuellen Vorteilssuche beteiligt sind, die sich auf Kosten der Armen Mehrwerte aneignet. So gesehen sind wir alle in unserer reichen Gesellschaft als MitwisserInnen mitgehangen und als MittäterInnen mitgefangen. Doch ist es ja nicht so, daß wir nicht auch innerhalb dieser Gesellschaft, innerhalb unserer Familien, innerhalb der Kirchen, der Betriebe, der Verwaltungen oder der Parteien etc. oft sehr leidvolle Erfahrungen der Übervorteilung und der (Selbst-)Ausbeutung machen. Und verborgene Trauer über Verluste oder Enttäuschungen über betrogene Hoffnungen sind uns nicht fremd. Wer kennt nicht das Los vom nicht voll ausgezahlten Lohn für viel Mühe, Einsatz und Anstrengung?

Genau an diesen Erfahrungsknoten rührt auch Gottes Geist, den er über den Propheten von Jes 61 ausgegossen hat. Der Trost seines Evangeliums gilt gewiß auch diesen unseren Leiderfahrungen. Aber es ist nicht ein billiger Trost, der alles zudeckt, der uns betäuben und einlullen will, wie die vielen Trostspender, die uns als Drogen nicht nur in Form von Psychopharmaka oder Alkohol so überreichlich angeboten werden. Nein, die Tröstung von Jes 61 öffnet uns kräftig die Augen dafür, in unseren Opfererfahrungen jenes Leid und jene Opfer zu erkennen, die durch unser Tun und Lassen entstehen und entstanden sind. Niemand ist nur Opfer, niemand nur Täter. Aus der Opferrolle heraus schärft das Evangelium von Jes 61 ganz besonders den sensiblen Blick auch für unsere Mittäterschaft in der Benachteiligung und Ausbeutung anderer. Wer verkürzten Lohn empfangen hat, wer gedemütigt und gepreßt worden ist und von den Verheißungen von Jes 61 her sehen, fühlen und denken lernt, dem gehen die Augen auf für die Vielfalt von Unterdrückungs- und Ausbeutungsmechanismen, mit denen sich Menschen bei uns und im weltweiten Krieg aller gegen alle erbarmungslos quälen und sich selbst und ihre Mitgeschöpfe zu vernichten drohen. Über die geisterfüllte Befähigung zum Mitleid werden auch wir zu BündnispartnerInnen Gottes, werden zu »Baumriesen der Gerechtigkeit«, zu Gliedern in der Pflanzschule, aus der Gott seine Gerechtigkeit hervorsprießen lassen will und mit der er sein Projekt in Angriff nimmt, allem Raub ein Ende und dem ehrlichen Lohn eine durchschlagende Zukunft zu setzen.

Im *letzten Teil, Jes 61,10–11*, nimmt die Ich-Stimme der Gottesstadt Jerusalem diese Zukunft im freuderfüllten Lobpreis vorweg. Dankbar weiß sie sich schon mit den Kleidern des Heils (vgl. V. 3) geschmückt und mit dem Mantel der Gerechtigkeit umhüllt. Dementsprechend ist das in V. 2 verheißene *Gnadenjahr* eine Zeit des Wohlgefallens, die in diesem abschließenden Lobpreis intoniert wird, als wäre sie schon angebrochen. Vom ganzen Kapitel her betrachtet, ist das Jahr des Wohlgefallens genau die Zukunft, in der aller Raub ein Ende und der ehrliche Lohn allein noch Zuwachsraten haben wird. Es ist die Zeit, in der Gottes Saat der Gerechtigkeit voll aufgeht.

Daß damit in V. 2 zugleich ein *Tag der Rache* verbunden ist, befremdet auf den ersten Blick. Doch wird die Zeit des ehrlichen und gerechten Lohnes für jene eine bittere Zeit sein, die sich hartgesotten den vielfältigen Spielarten der Vorteilssuche durch Ausbeutung verschrieben und sich dem Gott Mammon unumkehrbar ausgeliefert haben. Ihr Reichtum wird verteilt und sie werden leer ausgehen, so wie die fremden Bedrücker in Jes 61, die im frühnachexilischen Juda ausbeuterisch die ökonomische Macht innehatten. Im Gnadenjahr werden sie höchstens noch als Landarbeiter oder Viehhüter eine Arbeit finden, weil sie dann vom Mehrwert, den andere geschaffen haben, nicht mehr leben können.

Von daher wird verständlich, warum sich Gott seine MitarbeiterInnen und Verbündeten für sein Weltprojekt der Lohngerechtigkeit bevorzugt unter den Opfern der Ausbeutung sucht. Aus leidgeprüfter Erfahrung verstehen sie besser und direkter, was Gott mit seiner Bundesverheißung und mit dem von ihm gesegneten Geschlecht von PriesterInnen vor hat. So sind auch unsere Opfererfahrungen ein Tor, die vielfältigen Mechanismen der Ausbeutung und der Unterdrückung zu erkennen. Sie schärfen uns das Gewissen und den Blick für die schweren Opfer, die unsere sozialdarwinistische Überflußgesellschaft auch bei uns vor der Haustür verursacht. In solcher Erkenntnis steht uns ein Wiederaufbau von Trümmerfeldern ganz anderer Art bevor, als sie Jes 61 ins Auge faßt und als uns eine markt- und profitorientierte Wirtschaft im Blick auf die osteuropäischen Länder weis machen möchte.

Die steigende Zahl von Wohnungslosen, von Menschen an und unterhalb der Armutsgrenze macht beispielhaft die Ausbreitung von sozialen Trümmerwüsten auch bei uns deutlich, die weltweit mit der fortschreitenden gesellschaftlichen Entsolidarisierung einhergeht. Zugleich aber erkennen wir auf der anderen Seite, daß auch die wehrlos stumme Tierwelt und die Lebensquellen der Natur in katastrophenträchtiger Weise zu Ausbeutungs- und Zerstörungsobjekten unseres Wirtschaftens geworden sind. Näher als das Gnadenjahr von Jes 61 scheint deshalb der Tag der Rache zu liegen, an dem der letzte Weltkrieg der Armen gegen die Reichen losbrechen oder die hausgemachte Klimazerstörung massiv auf uns zurückschlagen könnten, an dem wir an verseuchtem Wasser, an vergifteten Böden, an verstrahlten Lebensmitteln oder gentechnischen Mißgeburten zugrunde zu gehen drohen. Die Überlebenszukunft unseres Weltdorfes Erde wird entscheidend davon abhängen, wieviele Verbündete, wieviele MitarbeiterInnen Gott heute für sein altes Projekt finden wird, dem Raub ein Ende und den ehrlichen Lohn allein zum Maßstab praktizierter Gerechtigkeit zu machen. So könnte doch auch das verheißene Gnadenjahr für die geschundene Erde näherrücken, je mehr es nämlich den Priesterinnen und Dienern unseres Gottes in der ganzen Ökumene gelingt, aus der Kraft der göttlichen Bundesverheißung heraus die ökologisch-soziale Gerechtigkeit weltweit auf Wachstumskurs zu bringen. Der Kirchentag 1991 möge im Geiste der Frohbotschaft von Jes 61 eine Pflanzstätte des Herrn werden, aus der ein starkes Geschlecht von SegensträgerInnen in Gottes Plantage der Gerechtigkeit hervorsprießt – ihm allein zum Ruhme.

Literaturhinweise

Rainer Albertz, Die »Antrittspredigt« Jesu im Lukasevangelium auf ihrem alttestamentlichen Hintergrund, Zeitschrift für die neutestamentliche Wissenschaft 74 (1983) S. 182–206.

Willy Schottroff, Das Jahr der Gnade Jahwes (Jes 61,1–11), in: Luise und Willy Schottroff (Herausgeber), Wer ist unser Gott? Beiträge zu einer Befreiungstheologie im Kontext der »ersten« Welt (1986) S. 122–136.

Odil Hannes Steck, Der Rachetag in Jesaja LXI 2. Ein Kapitel redaktionsgeschichtlicher Kleinarbeit, Vetus Testamentum 36 (1986) S. 323–338.

Antje Heider-Rottwilm

Eine Geschichte der Ermutigung: Die Heilung des besessenen Knaben

Gedanken zu Markus 9,14–27

(14) Und sie kamen zu den Jüngern und sahen eine große Menge um sich herum und Schriftgelehrte, die mit ihnen stritten. *(15)* Und sobald die Menge ihn sah, entsetzten sich alle, liefen herbei und grüßten ihn. *(16)* Und er fragte sie: Was streitet ihr mit ihnen? *(17)* Einer aber aus der Menge antwortete: Meister, ich habe meinen Sohn hergebracht zu dir, der hat einen sprachlosen Geist. *(18)* Und wo er ihn erwischt, reißt er ihn; und er hat Schaum vor dem Mund und knirscht mit den Zähnen und wird starr. Und ich habe mit deinen Jüngern geredet, daß sie ihn austreiben sollen, und sie konnten's nicht. *(19)* Er aber antwortete ihnen und sprach: O du ungläubiges Geschlecht, wie lange soll ich bei euch sein? Wie lange soll ich euch ertragen? Bringt ihn her zu mir! *(20)* Und sie brachten ihn zu ihm. Und sogleich, als ihn der Geist sah, riß er ihn. Und er fiel auf die Erde, wälzte sich und hatte Schaum vor dem Mund. *(21)* Und Jesus fragte seinen Vater: Wie lange ist's, daß ihm das widerfährt? Er sprach: Von Kind auf. *(22)* Und oft hat er ihn ins Feuer und ins Wasser geworfen, daß er ihn umbrächte. Wenn du aber etwas kannst, so erbarme dich unser und hilf uns! *(23)* Jesus aber sprach zu ihm: Du sagst: Wenn du kannst – alle Dinge sind möglich dem, der da glaubt. *(24)* Sogleich schrie der Vater des Kindes: Ich glaube; hilf meinem Unglauben! *(25)* Als nun Jesus sah, daß das Volk herbeilief, bedrohte er den unreinen Geist und sprach zu ihm: Du sprachloser und tauber Geist, ich gebiete dir: Fahre von ihm aus und fahre nicht mehr in ihn hinein! *(26)* Da schrie er und riß ihn sehr und fuhr aus. Und der Knabe lag da wie tot, so daß die Menge sagte: Er ist tot. *(27)* Jesus aber ergriff ihn bei der Hand und richtete ihn auf, und er stand auf.

I. Die Spannung erleben

Eine im wahrsten Sinne des Wortes spannende Geschichte – voller Spannung, Kontraste, Widersprüche! Petrus, Jakobus und Johannes, jene drei, die mit Jesus eine intensive Erfahrung voller Klarheit und hörbarer Nähe Gottes auf dem Berg erlebten, sie kommen nun mit Jesus zuammen aus einer Grenzerfahrung in die nächste. Sie treten mitten hinein in eine ebenfalls ›aufgeladene‹

Atmosphäre. Aber die ist besetzt von einem anderen Geist als dem der Verklärung, der klaren Vision.
Die Volksmassen sind zusammengeströmt. Ihnen gegenüber stehen die Schriftgelehrten, Vertreter der institutionellen Frömmigkeit. Lautstark tragen sie ihre Widersprüche miteinander aus. Der Konflikt um einen Jungen zwischen Kindheit und Erwachsenenalter ist Zündstoff für eine öffentliche Auseinandersetzung. Das Schicksal dieses Einzelnen scheint etwas anzurühren, was das ganze Volk in Bewegung geraten läßt und grundsätzlich Spannung deutlich macht.

1. Die Widersprüche

Ich kann diese Spannung nachvollziehen, indem ich mir die Kontraste in dieser Geschichte bewußt mache.

Jesus und die Drei waren dem offenen Himmel nahe – und nun wälzt sich ein Mensch im Krampf auf der Erde
Sie hörten die Stimme sagen: ihn sollt ihr hören (V. 7) – und nun ist er konfrontiert mit dem tauben, reißenden Geist
Da steht die aufgewühlte Volksmenge – Männer, Frauen, Kinder – und ihr gegenüber die Schriftgelehrten, einzelne, mächtige Männer
Da stehen sie alle: Volk, Schriftgelehrte, Jesus, die Jünger – um einen Vater und seinen Sohn herum
Lauter Streit, Fragen und Antworten erfüllen den Platz – und mittendrin der sprachlose Geist, der schäumt und knirscht, wortlos
Der dramatische Ausbruch des Jungen – Jesus fragt weiter, spricht, verwikkelt in Dialoge
Die ohnmächtige Verzweiflung des Vaters – und die fordernde Vollmacht Jesu
Der Sohn, ausgeliefert dem Kontrast zwischen Wasser und Feuer
Der Vater, ausgeliefert dem Kontrast zwischen Glaube und Unglaube
Taub und sprachlos ist der Geist – Jesus redet und droht – und er hört tatsächlich, schreit, bricht heraus
Wie tot liegt der Junge – und steht auf
Die Rätsel der Auferstehung (V. 10) – und ein Jugendlicher läßt die Jünger erleben, was es meint

Welche Assoziationen und eigenen Erfahrungen lösen diese Kontraste in mir aus?

2. Lautmalereien

Mit anderen zusammen kann ich die Laute dieser Geschichte nachvollziehen, durch Murmeln, Raunen und laute Stimmen, die Spannung hörbar machen – bis hin zum Schreien:

Das Streiten des Volkes mit den Schriftgelehrten – das Grüßen – Fragen – Antworten
Das stumme Schäumen und Knirschen des Geistes – der Schrei des Vaters
Das Drohen Jesu und der Schrei des Geistes

Wie erlebe ich diese Laute als die/derjenige in der hörenden Perspektive – oder als Streitende/r, Knirschende/r, Schreiende/r? Was bedeutet es für mich, daß da jemand ist, die oder der auch mein Schäumen und Schreien hört?

3. Zerreißproben

Ich kann die Spannungen nachvollziehen, indem ich innerlich – oder noch besser mit anderen zusammen ganz leibhaftig die Worte dieses Textes ›durchbewege‹:

kommen – sehen – streiten
sehen – sich entsetzen – herzulaufen – grüßen
fragen – antworten – herbringen
erwischen – reißen – schäumen – knirschen – starr werden
reden – austreiben – nicht können
antworten – dabeisein – ertragen
herbringen – reißen – auf die Erde fallen – sich wälzen – schäumen
widerfahren – in Wasser werfen – in Feuer werfen – umbringen
können – erbarmen – helfen
sprechen – sprechen können – möglich sein – glauben
schreien – glauben – helfen
sehen – herzulaufen – nicht mehr hineinfahren
schreien – reißen – ausfahren
wie tot sein
ergreifen – aufrichten – aufstehen

An welchen Bewegungsabläufen konzentriert sich für mich die Spannung dieser Geschichte, wo entsteht in mir selbst Spannung, wodurch löst sie sich?

II. Die Spannungen verstehen

Als ich ihr diese Geschichte erzähle, sagt meine siebenjährige Tochter sofort: »Warum hat Jesus den Jungen denn nicht gleich geheilt?« Völlig unverständlich ist ihr die umständliche Episode zwischen Jesus und dem Vater.

Eine Freundin fragt: »Wie erzähl ich das den Kindern meiner dritten Klasse, in der ich vier bei uns so genannte behinderte mit nichtbehinderten Kindern zusammen unterrichte. Sollen die glauben, daß der Junge wirklich geheilt wurde. Und die vier bleiben krank?«

Und nachdem ich einiges gelesen habe über den Ablauf eines epileptischen Anfalls frage ich mich: »Wer sagt denn, daß der Junge nicht trotzdem in absehbarer Zeit den nächsten Anfall bekommt? Was muß sich denn geändert haben, damit er leben kann, aufgerichtet zwischen Himmel und Erde, ohne in seinem Krampf alle Spannungen um sich herum und in sich hineinzukrümmen. Welche Spannungen spricht diese Geschichte an, die Leben verhindern, Verkrampfungen erzwingen und Lösung, Erlösung abblocken?«

Ich werde im folgenden verschiedene Aspekte ansprechen, jeder für sich ein Teil aus der ganzen Fülle von möglichen Aspekten, die sich zuspitzen können im Leben von Menschen zu unerträglichem Leidensdruck.

1. Die Heilige Krankheit

Die AuslegerInnen dieser Perikope stimmen weitgehend darin überein, daß die Menschen hier konfrontiert werden mit dem epileptischen Anfall eines heranwachsenden Jungen. ›Morbus sacer‹ war der Name – ›heilige Krankheit‹, unheimlich und grenzüberschreitend erfuhren die Miterlebenden die ekstatischen Zustände, in die die Betroffenen gerieten. Leonore und Ulfried Kleinert[1] haben Informationen zu diesem Krankheitsbild zusammengestellt. Einerseits wird deutlich, wie wenig über die so weitverbreitete Symptomatik bekannt ist – andererseits, wie sehr gerade EpileptikerInnen die Voraussetzungen zu einem Leben unter ›normalen‹ Bedingungen haben, sofern sie nicht von ihrer Umwelt außen vorgehalten werden. Gerade die hilflose Reaktion der Mitmenschen auf die Anfälle isoliert und verstärkt die gespannte Angst, anders zu sein.

- Wenn jeder zwanzigste Mensch unter uns mindestens einmal in seinem Leben einen epileptischen Anfall bekommt,
- wenn die medizinsche Versorgung derart unzureichend ist, daß mindestens die Hälfte aller Anfallkranken medizinisch unzureichend oder überhaupt nicht versorgt werden,
- und wenn vor allem eindeutig ist, daß nur die wenigsten EpileptikerInnen aus medizinischen Gründen, sondern vielmehr aus ›sozialen‹ Gründen hospitalisiert werden müssen[2],

dann wird mir deutlich, wie sehr die Epilepsie zugleich uns alle betrifft und von uns allen verdrängt wird. Und damit zugleich diejenigen, die SymptomträgerInnen sind, in mehrfacher Weise stellvertretend den Druck aushalten müssen.

2. Die Pubertät

Ich sehe in dieser Geschichte einen halbwüchsigen Jungen vor mir. Der Junge scheint nicht an der – relativ seltenen – genetisch bedingten Epilepsie zu leiden, sondern an einer, die ›von Kind auf‹ schubweise auftrat. Gerade in der Pubertät gibt es häufig solch einen Schub. Die von Eltern oft als problematisch erlebte Los-Lösung ihrer Kinder, die Konfrontation mit der sich entwickelnden Sexualität, die Abgrenzung bzw. Aggressivität gegenüber autoritativen Verhaltensweisen – all dies sind Spannungen, die sich in der Symptomatik epileptischer Anfälle bündeln und zu entladen scheinen. Und die dazu führen, daß die Pubertät die Haupteinweisungszeit für EpileptikerInnen ist, neben der Zeit zwischen 35 und 45 Jahren, wenn die bisher versorgenden Eltern alt werden oder sterben.[3] Dieser Junge wird von unerträglichen Spannungen schier zerrissen. Mal wie Feuerbrünste, mal wie Wassermassen erlebt er die Zustände, die er aushalten muß. Mal verbrennt er von der Hitze unverstehbarer Emotionen, mal ertrinkt er in den Fluten überwältigender Einflüsse. Ich denke an all das, was die Kinder und Jugendlichen, die ich erlebe, aufnehmen und aushalten müssen; all die offenen Übergriffe, denen sie sich kaum entziehen können wie die Gewalt der und in den Medien, der Konsumangebote, des Leistungsdrucks, die offene oder verdeckte Gewalttätigkeit durch Mißhandlungen oder sexuelle Attacken, die ungreifbare Angst vor Krieg, vor so unfaßbaren Bedrohungen wie den schleichenden Folgen der ökologischen Katastrophen...

Ist die unbefangene Gelöstheit des Kindes vorbei, ist das Kind ihr entwachsen oder ist sie zerstört worden, so ist die / der Heranwachsende in der Gefahr, den Boden unter den Füßen zu verlieren, hin- und hergerissen zu werden zwischen all den Widersprüchen unseres Lebens und sich völlig in sich hineinzukrümmen, um sich zu schützen – oder zu zerfleischen in haltloser Suche nach einem Halt außerhalb ihrer / seiner selbst.

Und in einer Umwelt, in der das Aussprechen, Hinhören, Ausreden, Ausheulen, auch mal sich Ausleben nicht möglich und nicht gelernt werden und in der die Ängste und Hoffnungen längst verstummt sind, bleiben nur Starrheit, Schäumen, mit den Zähnen knirschen, sich auch stumm und sprachlos stellen – und es irgendwann werden.

3. Das Vater-Sohn-Drama

Ich sehe in dieser Geschichte einen Vater und einen Sohn vor mir, heftig verwickelt ineinander in ihrem gemeinsamen Lebensdrama. Eugen Drewermann macht in einer ausführlichen Analyse deutlich, wie wichtig in den neutestamentlichen (Wunder-)Geschichten die jeweilige Familienkonstellation ist und welche Problematik sich ausdrückt in den kurzen Angaben über Vater und Sohn.[4]

So wird der Junge für den Vater unheimlich gewesen sein, Spielball böser Geister, die er zu beschwören suchte – und die nach jedem Abklingen eines Anfalls erfolgreich beschwört zu sein schienen. Um so katastrophaler war der nächste Ausbruch! Der Junge, Träger dieser tiefen Enttäuschungen und Hoffnungen, geriet durch diese Wechselbäder völlig ins Schleudern, verlor alles Vertrauen in sich selbst und genauso in seine Umgebung. Er spürte, wie die Eltern darauf angewiesen waren, daß ›es‹ nicht aus ihm herausbrach. Dieser Druck und diese Zuschreibung von untragbarer Verantwortung für die gesamte Familiensituation verstärkte nur die Verkrampfung, die sich im nächsten Anfall Bahn brach – und in einem Moment der Ekstase, der alles aufzulösen schien.

Im Rückgriff auf Siegmund Freud interpretiert Drewermann das Krankheitsbild des Jungen als direkte Spiegelung der Problematik des Vaters, der psychischen Widersprüchlichkeiten zwischen ›Wasser‹ und ›Feuer‹, zwischen Zuwendung und Distanz,

Liebe und Haß, heißen Gefühlen und kalter Fühllosigkeit, zwischen Glauben, Glaubenswerken und jeglichem Mangel an Gottvertrauen. Diese Spannungen verschweigt er – jahrelang.

Der Sohn aber muß dankbar sein für die Taten des Vaters, seine Liebestaten, seine Glaubenstaten, muß seine Ängste und Aggressionen ebenfalls stumm in sich aufstauen, – um sie schließlich gegen sich selbst zu richten.

So entlädt sich in dem Anfall

- die Widersprüchlichkeit der väterlichen Gefühle
- die ›Verschiebung‹ der aufgestauten Gefühle gegen den Vater auf die eigene Person
- die ›Dennochdurchsetzung‹ des Wunsches, sich an dem Vater zu rächen.[5]

Die Symptome der Epilepsie – das Stumme, Starre, Verkrampfte – können so Ausdruck einer Familiensituation und Erziehung sein, die alles verhindert, was Menschen hilft, sich mitzuteilen, aus Starrheiten zu lösen, Grundsätze zu hinterfragen, Veränderungen zu bewirken. Und dies alles stur – aber verbindlich, scheinbar aggressionslos – aber mit knirschenden Zähnen. Bedenkenswert ist mir da folgende Notiz bei Drewermann: »Insbesondere die homo-sacer-Berufe: Pfarrer, Mönch, Fürsorger, Krankenschwestern etc. gehören nach L. Szondi: Ich Analyse, 362, zu dem Gestaltkreis des morbus sacer, der Epilepsie.«[6]

4. Die Verzweiflung des Vaters

Ich sehe in dieser Geschichte auch einen Vater in seiner Verzweiflung. Einen Mann aus dem Volk, der sich hilflos der Krankheit seines Sohnes, wie immer sie auch entstanden sein mag, ausgeliefert fühlt. Vielleicht hat er keine Möglichkeit, eine angemessene medizinische Versorgung zu finanzieren. Vielleicht ist er arbeitslos, perspektivlos. Ich sehe die vielen Mütter und Väter vor mir, deren Kinder die Opfer der Auswirkungen gesellschaftlicher, ökologischer oder sozialer Un-Geister/Dämonen sind. Die mit ansehen müssen, wie furchtbar ihre Kinder leiden, die selbst daran leiden, stumm vor Schmerz. Ich sehe Eltern, die von ihrer eigenen Geschichte her nicht in der Lage sind, ihren Kindern eine angstfreie, gelöste Atmosphäre zum Erwachsenwerden zu ermöglichen. Eltern, die die Sorge um das eine Kind so erstarren läßt, daß die übrigen Geschwister dabei ebenfalls auf der Strecke bleiben.

Ich sehe Eltern vor mir, die eingespannt sind in ein System von religiösen Anforderungen, das keinen Raum gibt eigenen Bedürfnissen und Hoffnungen, keinen Raum, um eigene Lebenswege im Vertrauen auf Gottes erlösende Nähe zu suchen.

Ich sehe in dem Vater auch einen Mann aus dem Volke, der konfrontiert ist mit der Macht der Schriftgelehrten. Denn immer da, wo die Dämonen benannt werden bei Markus, da sind auch die Schriftgelehrten. Sie verkörpern und begründen mit ihrer ›Theologie‹ des Zwangs, mit ihrer Ideologie des Unlebens, mit ihrer Angst vor der Wirklichkeit der Menschen geradezu diese Scheinwelt der Aber-Geister, gegen die Jesus konsequent und prinzipiell auf Leben und Tod ankämpfen muß,[7] so Drewermann. Sie stülpen dem Volk, den Menschen, den Vätern, den Kindern das starre Denken, stumme Fühlen und sture Wollen über, ein in seinen Auswirkungen tödliches Korsett.

5. Die stumme Mutter

Ich lese diese Geschichte als Frau – eine Geschichte, in der es ausdrücklich nur um Männer geht. Lediglich im Volk sind Frauen und Kinder inbegriffen, vielleicht auch die Mutter des Jungen, die in diesem Klima von Strenggläubigkeit und damit immer auch theologischer Ablehnung des Weiblichen lebt. Ob sie schweigend mit ansieht, was sich abspielt? Ob sie selbst ebenso besetzt ist von der Angst vor den dämonischen Mächten, die den Mann gefangen halten, die die Beziehung zwischen Vater und Sohn zum Teufelskreis werden lassen?

Wie heißen die Dämonen für sie? Was haben sie mit ihrem Selbstvertrauen, ihrem Wissen um die eigene heilende Kraft gemacht? Lebt sie isoliert in einer hochexplosiven Familienatmosphäre? Welche Rolle hat der Junge innerhalb ihrer Beziehung zu ihrem Mann übernommen?

Spiegelt er vielleicht nicht nur dessen Spannungen, sondern auch das Hin- und Hergezerre zwischen ihnen beiden, das sich ab und an entlädt in gewalttätigen Ausbrüchen?

Hat sie ihre Sehnsucht endgültig verpackt, die Sehnsucht nach gelösten, heilen, heilenden Beziehungen?

Und was ist ihr Anteil? Schweigend ihre ›Pflicht‹ zu tun, die

Erwartungen zu erfüllen, die ›man‹ an sie stellt, selbst zwanghaft stumm und taub angesichts all der zwanghaften, stummen und tauben Not des Leidens um sie herum?

Ich lese diese Geschichte als Frau – und denke an die Frauen, die resigniert erzählen von ihren erfolglosen Versuchen, mit ihren Ehepartnern ein Klima der gegenseitigen Offenheit wachsen zu lassen – ein Klima, in dem Menschen sich ihre Schwächen zeigen, ihre Ängste sagen und ihre Widersprüchlichkeiten eingestehen. Ich denke an Frauen, die darunter leiden, daß ihre Männer nicht über das reden, was sie im Innersten bewegt – und die doch vor lauter Reden ihre Frauen zum Verstummen bringen. Ich weiß um Frauen, die hilflos mit ansehen, was sich an Konfliktpotential zwischen den Vätern und den heranwachsenden Kindern anhäuft – und von Söhnen, die trotz aller Revolte doch genau die sich abschottende starre Haltung des Vaters als männliches Vorbild übernehmen.

III. Erlösung

1. Der Schrei

Auf dem Berg erfahren die Jünger von Jesus ›des Menschen Sohn wird auferstehen von den Toten‹ (V 9). Der Weg führt hinab und zu eines Vaters Sohn, der wird, als wäre er tot und aufersteht. Und der Weg führt bis hin zum Tod dessen, der seine Auferstehung voraussagte. Immer geht ein Schrei der Auferstehung voraus – der Schrei des Vaters, der Schrei des Dämon, der Schrei Jesu am Kreuz (Mk 15,33–37).

Angesichts dessen, was Menschen bedrängt, angesichts aller entsetzlichen Spannungen und dämonischen Strukturen zu schreien, das heißt, der Not endlich eine Stimme gönnen. Da wird das Schreien zum Ausdruck der Qual, aber auch zum Protest gegen die Qual. Da lassen Menschen die Spannung heraus und los. Jesus schreit – und stirbt. Der Vater des Jungen schreit – und seine bis ins tiefste widersprüchliche Existenz stirbt ab. Nur so läßt er den Jungen los, ›fährt er aus‹ aus dem Teufelskreis, löst sich die dämonische Macht von dem Jungen. Der bricht zusammen – schreiend, wie tot – das Korsett seines bisherigen Lebens ist zerbrochen, er ist frei zur Auferstehung.

Haben Frauen weltweit die Rolle der stummen leidenden Opfer zu oft akzeptiert, so treten sie doch zunehmend heraus aus der starren Zuschreibung. Angesichts dessen, was sie an sich und ihren Kindern erleben an Auswirkungen patriarchaler Strukturen in ihren eigenen Gesellschaften und weltweit, angesichts der Dämonen, die ihr Leben besetzen und den Teufelskreis fest um sie schließen – wie Sexismus, Rassismus, Militarismus, um nur abstrakt anzudeuten, welche Strukturen gemeint sind – angesichts dessen haben sie begonnen: unüberhörbar schreien sie, streiten sie, brechen aus, brechen zusammen – und stehen auf.

2. Das Hören

Vielleicht ist das einer der entscheidenden Sätze der Geschichte: Jesus fragte sie... Jesus fragt das Volk, den Vater – und hört hin. Da ist einer, der hört das Schreien. Der hört das Schreien des Volkes, der Kinder, der Väter und Mütter.

Jesus schreit seine Qual heraus. In dem Schrei formt sich die Gewißheit, daß da ein Gott ist, der hört. In dessen Nähe kann ich mich aus der Erstarrung lösen, in dessen Nähe kann ich mich fallen lassen. Erlösender Schrei!

Selbst der dämonische Geist, sprachlos und taub wie er ist, hört er doch den, der ihm gegenübersteht, läßt sich hören und löst sich aus der Verkrampfung in den Leib und die Seele des Jungen.

Könnte es sein, daß darin die Vollmacht der Glaubenden entsteht, daß sie vertrauen auf die Nähe dessen, der hört? Daß sie benennen, was sie zerreißt, herausschreien, was sie zu ersticken droht. Sie bescheiden sich nicht mit maßgeschneidertem Mitleid, sondern reißen sich heraus aus der stummen Verzweiflung, mit ihrer ganzen Existenz lassen sie sich fallen, riskieren sie sich, um neu aufzustehen und neu zu beginnen.

3. Die Beziehung

Könnte es sein, daß darin die Vollmacht der Glaubenden besteht, daß sie sich ergreifen lassen, aufrichten lassen und aufstehen?

Einander bei den Händen fassen – und doch die/den Andere/n die eigene Aufrichtekraft entdecken lassen, – in diesem kaum analysierbaren, aber um so tiefer erfahrbaren Ineinander von eigener und anderer Kraft, die aus der Begegnung erwächst, ist die Kraft

Gottes erfahrbar als Kraft in der Beziehung, als Gegenseitigkeit des Nehmens und Gebens.[8]

4. Die heilende Gemeinschaft

Was muß sich geändert haben für den Jungen, damit er aufrecht hören, reden, schreien, weinen, gehen – leben kann?

Aus den Diskussionspapieren der Christlichen Gesundheitskommission des Weltrates der Kirchen[9] wird deutlich, wie stark unser westliches Verständnis von Krankheit Menschen isoliert, zu Objekten einer technisch kalkulierenden Medizin macht (bis hin zu dem Extrem, durch genetische Manipulation bestimmte Krankheiten ganz verschwinden lassen zu wollen). Dazu gehört, daß medizinische Behandlung zu einem Privileg weniger und teuer umsorgter Individuen wird, die von ihr abhängig werden. Demgegenüber steht die alte Erkenntnis, daß der/die Kranke Teil einer kränkenden Umgebung ist. Wir sind geübt in der Analyse. Wir hoffen auf grundlegende Veränderungen der Strukturen. Aber was bedeutet das für uns als Gemeinschaften, als Gemeinde, als Gesellschaft?

Was bedeutet das für therapeutische Konzepte, wenn ich die/den Kranke/n erlebe als Ausdruck unser aller Krankheit? Was bedeutet es für diese Gesellschaft, wenn ich die Störungen der Kinder erlebe als ihre Reaktion auf unser aller ›Dämonen‹? Was bedeutet das für den Umgang mit psychisch kranken Menschen, wenn mir in ihnen meine eigene psychische Erstarrung oder Haltlosigkeit begegnet?

Aus Gesprächen weiß ich, wie Menschen körperlich leiden, sich asthmatisch zusammenziehen in einer Atmosphäre starrer Frömmigkeit und rigoroser Normen. Welche Erlösung es sein kann, über die eigenen Widersprüchlichkeiten zu sprechen, das Schwanken zwischen Glaube und Unglaube, Todessehnsucht und Lebenslust, welche körperlich heilende Kraft in der befreienden Auslegung der biblischen Botschaft liegt.

Diese heilende Kraft wird gesellschaftlich spürbar dort, wo Gemeinschaften diese Botschaft lesen als Ermutigung zum Aufschrei, zum Loslassen alter Strukturen, zum Aufstehen, zum Widerstand. Sie nehmen sie in ihre konkreten gesellschaftlichen Auseinandersetzungen hinein und lösen sich aus Herrschaftsverhältnissen.

Sie teilen Brot und Wasser, Wohnung und medizinische Versorgung, Ausbildung und Fürsorge für die Erde. Ihre Erfahrung der Kraft Gottes bezeichnen sie als Solidarität.

Gemeinde als heilende Gemeinschaft im Vertrauen auf die heilende Kraft der biblischen Botschaft, – da geschehen dann tatsächlich Zeichen und Wunder! Umwälzende Veränderungen, weil erstarrte Strukturen sich auflösen und neues Leben entsteht.

5. *Zeichen und Wunder*

Zeichen und Wunder passieren leibhaftig. In einer Religiosität, die dem Leib keinen Raum gibt, haben Zeichen und Wunder kaum eine Chance. Die Schriftgelehrten streiten und diskutieren – angesichts des verkrampft sich windenden Jungen. Sie reden über ihn, sie theologisieren womöglich über das wahre Heil, – aber sie ändern nichts, greifen nicht ein, fassen nicht an, machen sich die Hände nicht schmutzig.

Anders Jesus: er sieht und fragt, argumentiert und urteilt, konfrontiert und klärt – und handelt. Wort und Geste, Herausforderung und Berührung gehören für ihn zusammen. Sie lassen spüren, daß der Geist des Lösens, der Er-Lösung mitten unter ihnen ist, die heilende Kraft ihres Gottes.

Gibt es in unseren Gemeinden und über die Gemeinden hinaus nicht zunehmend ein Bedürfnis nach zeichenhaften Handlungen und Berührungen über die uns vertrauten agendarischen hinaus? Menschen brauchen heilende Begleitung und Berührung gerade in Zeiten, in denen sie zerrissen werden von Spannungen, überwältigt werden von Konflikten, seien es solche, die eher als individuelle oder als gesellschaftliche erlebt werden.

Ich mache die Erfahrung, daß Ausdrucksformen dafür eher unter Frauen versucht werden. Anknüpfend an das weltweite Wissen um die heilende Kraft der Gemeinschaft, des Aufeinander-Hörens, des Sich-Öffnens für die heilende Kraft des göttlichen Gesetzes, entwickeln sie miteinander neue Formen.[10]

Wird auch ihr Weg als Nachfolge Jesu, der berührte und heilte, akzeptiert?

Ich lese die Geschichte von der Heilung des besessenen Knaben als Ermutigung, hineinzuwachsen in die Vollmacht von Menschen, von Kindern, Frauen und Männern, Gemeinden und gesellschaftlichen Gruppen, die erlösendes Schreien, gegenseitiges

Sich-Aufrichten, Aufstehen und Widerstehen miteinander leben. Wo gebundene, stumme, taube, zerrissene Menschen diese heilende Kraft Gottes leibhaftig erleben, entwickeln sie Kräfte und Perspektiven, die auch die gebundene, zerrissene Erde immer mehr aus dem Zugriff dämonischer Kräfte lösen werden.

Anmerkungen

1. Hg. Peter Krusche u. a., Predigtstudien V. 1 für das Kirchenjahr 1976/77, S. 134f., Stuttgart 1976
2 a. a. O., S. 135
3 a. a. O., S. 135
4 Eugen Drewermann, Das Markusevangelium. Zweiter Teil, S. 24ff., Olten 1988
5 a. a. O., S. 32 »Mit einem Wort: Die Beziehung zwischen Vater und Sohn verlangt die Krankheit der Epilepsie, um sich selber stabilisieren zu können, während die Krankheit selbst zugleich das Mittel ist, um die Beziehung in ihrer Unerträglichkeit manifest zu machen. Der ›böse Geist‹ der ›Besessenheit‹ ist, tiefenpsychologisch betrachtet, also niemand anders als die Gestalt des Vaters selbst, mit all ihrer Angst, ihrer Auflehnung und dem Gefühl der Ohnmacht, das dieser Mann von sich auf seinen Sohn abládt.«
6 a. a. O., S. 33, A 22
7 a. a. O., S. 16
8 siehe dazu in Elisabeth Moltmann-Wendel, Das Land, wo Milch und Honig fließt. Perspektiven einer feministischen Theologie, Gütersloh 1985, S. 141 ff.
9 James McGilvray, Die verlorene Gesundheit – Das verheißende Heil, Stuttgart 1982
10 s. o., z. B. in Rosemary Radford Ruether, Unsere Wunden heilen/Unsere Befreiung feiern. Rituale in der Frauenkirche, Stuttgart 1988
HgInnen Christine Hojenski u. a., Meine Seele sieht das Land der Freiheit. Feministische Liturgien – Modelle für die Praxis, Münster 1990

Dieter Vetter

Brauchen Menschen, was sie wollen?

Die Erzählung in 4. Mose 11

(1) Das Volk war wie Totenklager, übel in SEINEN Ohren. ER hörte es, sein *Zorn entflammte*. ein Feuer von IHM zündete auf sie ein, es fraß am Rande des Lagers. *(2)* Das Volk schrie zu Mosche, Mosche setzte sich ein bei IHM, das Feuer sank. *(3)* Er rief den Namen des Ortes Tabera, *Zündstatt*, denn auf sie *eingezündet* hatte ein Feuer von IHM. *(4)* Aber der Mischmasch, der drunter war, die *lüstete* ein *Gelüst*, es *weinten* auch die Söhne Jisraels wieder und sprachen: Wer *gibt* uns *Fleisch* zu essen! *(5)* wir gedenken der Fischmenge, die wir in Ägypten umsonst zu essen bekamen, der Gurken, der Melonen, des Porrees, der Zwiebeln, des Knoblauchs! *(6)* jetzt ist uns die Seele vertrocknet, von alldem keins mehr! einzig auf das Man unsre Augen! *(7)* Und das Man, wie Koriandersamen wars doch, sein Anblick wie der Anblick des Edelharzes, *(8)* das Volk schlenderte, sie lasen, sie zerriebens auf der Handmühle oder stampftens im Stampf, sie kochtens im Napf, sie machtens zu Kuchen, sein Geschmack war wie der Geschmack von Ölleckerei, *(9)* wann der Tau nachts aufs Lager niederfiel, fiel das Man auf ihn nieder. *(10)* Mosche hörte das Volk *weinen*, nach seinen Sippen, jeder im Einlaß seines Zelts, SEIN *Zorn entflammte* sehr, und in Mosches Augen wars übel. *(11)* Mosche sprach zu IHM: Warum tust du übel deinem Knecht, warum *habe ich Gunst in deinen Augen* nicht *gefunden*, daß du die *Tracht* (Last) all dieses Volks auf mich legst! *(12)* Bin mit all diesem Volk ich selber schwanger gewesen, oder habe ich selber es gezeugt, daß du zu mir sprichst: *Trags* an deinem Busen, wie der Wärter den Säugling *trägt*, hin auf den Boden, den du seinen Vätern zuschwurst! *(13)* Woher sollte ich *Fleisch* haben, es all diesem Volke zu *geben*! Denn sie *weinen* mich an, sprechend: Gib uns *Fleisch*, daß wir essen! *(14)* Nicht vermag ich selber für mich all dieses Volk zu *tragen*, denn zu schwer ist es mir! *(15)* Willst du mir solches tun, erwürge, erwürge mich doch, *habe ich Gunst in deinen Augen gefunden!* daß ich nimmer sehn muß mein Übel! *(16)* ER sprach zu Mosche: Hole mir zusammen siebzig Männer von den Ältesten Jisraels, die du kennst, daß sie die Ältesten des Volks und seine Rollenführer sind, nimm sie ans Zelt der Begegnung, dort sollen sie zu dir treten. *(17)* Ich will *niederziehen*, will dort zu dir reden, will aussparen vom *Geistbraus*, der über dir ist, will legen (das Ausgesparte) über sie, sie sollen mit dir an der *Tracht* (Last) des Volkes *tragen*, nicht sollst *tragen* sie du, du für dich. *(18)* Und zum Volk sollst du sprechen: Heiligt euch auf morgen, ihr sollt *Fleisch* essen. Denn ihr habt in SEINE Ohren *geweint*, sprechend: Wer verschafft uns *Fleisch* zu essen,

denn gut hatten wirs in Ägypten! *Geben* wird ER euch *Fleisch* und ihr sollts essen. *(19)* Nicht einen Tag nur sollt ihrs essen, nicht ein Tagpaar, nicht fünf Tage, nicht zehn Tage, nicht zwanzig Tage: *(20)* bis zu einer Mondneuung an Tagen, bis es zur Nase euch ausfährt und euch zum Ekel wird! Weil ihr IHN, der *drinnen* unter euch ist, mißachtet habt und *weintet* vor ihm, sprechend: Warum sind wir dann aus Ägypten gefahren! *(21) Mosche sprach: Sechshunderttausend zu Fuß sind das Volk, bei dem drinnen* ich bin, und du, du sprichst: *Fleisch gebe* ich ihnen, eine Mondneuung Tage sollen sies essen! *(22)* soll man Schafe und Rinder für sie metzen, daß es für sie reiche, oder soll man alle Fische des Meeres für sie beiholen, daß es für sie reiche? *(23)* Er sprach zu Mosche: Ist MEINE Hand zu kurz? jetzt wirst du sehn, ob meine Rede dir eintrifft oder nicht. *(24)* Mosche ging hinaus und redete zum Volk SEINE Rede, er holte zusammen siebzig Männer von den Ältesten des Volkes, er stellte sie rings um das Zelt. *(25)* ER *zog nieder* im Gewölk, er redete zu ihm, er sparte aus vom *Geistbraus*, der über ihm war, er gabs über die siebzig Männer, die Ältesten. Es geschah: wie über ihnen der *Geistbraus* ruhte, *kündeten* sie einher, – nicht taten sies hinfort. *(26)* Zwei Männer waren im Lager geblieben, der Name des einen Eldad, der Name des zweiten Medad, es ruhte der *Geistbraus* über ihnen, sie waren nämlich unter den Aufgeschriebenen, aber sie waren nicht hinausgegangen ans Zelt, die *kündeten* einher im Lager. *(27)* Ein Knabe lief und meldete es Mosche, er sprach: Eldad und Medad *künden* einher im Lager. *(28)* Jehoschua Sohn Nuns, Mosches Amtshelfer von seiner Jünglingszeit an, fiel ein, er sprach: Mein Herr Mosche, wehre ihnen! *(29)* Mosche aber sprach zu ihm: Willst für mich du eifern? wer *gäbs*, all SEIN Volk wären *Künder*, daß ER seinen *Geistbraus* über sie *gäbe*! *(30)* Mosche wurde in das Lager eingeholt, er und die Ältesten Jisraels. *(31)* Ein *Windbraus* aber brach auf von IHM her, der trieb vom Meer Wachteln heran, er stieß sie übers Lager, eine Tagreise dahin und eine Tagreise dahin rings um das Lager, bei zwei Ellen hoch über der Fläche der Erde. *(32)* Das Volk machte sich auf all jenen Tag und all die Nacht und all den morgenden Tag, sie holten das Wachtelheer ein, wer wenig nahm holte zehn Malter, sie breiteten sie sich in die Breite rings um das Lager. *(33)* Noch war das *Fleisch* zwischen ihren Zähnen, bevor es verzehrt war, SEIN *Zorn flammte* auf das Volk ein, ER *schlug* auf das Volk ein, einen sehr großen *Schlag*. *(34)* Man rief den Namen jenes Orts: *Gräber des Gelüsts*, denn dort hatte man das Volk der *Lüsternen begraben*. *(35)* Von *Gräber-des-Gelüsts* zog das Volk nach Chazerot, sie blieben in Chazerot.
(in Anlehnung an die Verdeutschung Martin Bubers und Franz Rosenzweigs)

I. Die erzählerische Einheit

In 4. Mose 11 sind verschiedene Überlieferungen miteinander verknüpft. Die Klage des Volkes und die Klage des Mose verklammern die einzelnen Stücke zu einem Ganzen. Die Beschwerden des Volkes auf seiner Wüstenwanderung verschärfen sich zu dem Schrei: *»Wer gibt uns Fleisch zu essen!«* (V.4). Das sich beharrlich unzufrieden über seine Situation beklagende Volk erschöpft Mose und raubt ihm Rat und Kraft: *»Woher sollte ich Fleisch haben, es all diesem Volke zu geben! Denn sie weinen mich an, sprechend: Gib uns Fleisch, daß wir essen! Nicht vermag ich selber für mich all dieses Volk zu tragen, denn zu schwer ist es mir!«* (V.13f.). Der Gott Israels reagiert mit »Geistbraus« und mit »Windbraus« auf das Seufzen seines Gesendeten (vgl. 2. Mose 3,10–15; 4. Mose 16,28f.) über die Bürde seines Auftrags und auf das Murren seines Volkes. Achtmal begegnet in 4. Mose 11 das Wort »Fleisch« (V.4.13[2mal].18[3mal].21.33) und sechsmal der hebräische Begriff ruach, fünfmal in der Bedeutung »Geistbraus« (V.17.25[2mal].26.29) und einmal in der Bedeutung »Windbraus« (V.31). Die Wortwiederkehr ist Absicht: sie macht aufmerksam auf den Gegensatz von »Fleisch«, nach dem die Menschen verlangen, und dem von Gott kommenden »Braus«, der als Wind in der Natur und als Geist in den Ältesten wirkt. Das Gegensatzmotiv gestaltet die getrennten Ereignisreihen zur erzählerischen Einheit.

II. Zum Verstehen

Der Eingangsabschnitt V.1–3 bereitet *Verstehen* vor. Der erzählte Ablauf aufeinander bezogener Vorgänge gibt zu erkennen: Das um und an Menschen Geschehende ist ein Handeln *zwischen* Gott *und* den Menschen. Sie sind weder Opfer willkürlicher Gerichte Gottes noch bloße Werkzeuge seiner Geschichte noch »machen« sie gar Geschichte. Nach Israels Erfahrungen hat Gott die Menschen zu selbständiger Wahl und zu selbstverantwortlichem Tun eingesetzt. Sie können sowohl auf Gott zu als von ihm weg, für oder auch gegen Gott handeln. Wozu sie sich aber entschließen und was immer sie unternehmen, es zieht Gott in Mitleidenschaft. Gott ist davon betroffen. Denn sein Verhältnis zu den Menschen beruht nicht auf Einseitigkeit, sondern auf *Gegenseitigkeit*. In einer Wechselbeziehung aber bleibt kein Partner von der Einstellung, vom Verhalten und von den Maßnahmen des anderen verschont. Hier lesen wir: *»ER hörte es, sein Zorn entflammte ... Das Volk schrie zu Mosche«* (V.1f.). Diese Sprache schreibt nicht »menschliche« Eigenschaften, Tätigkeiten und Gefühle Gott zu; sie drückt nicht die *Vorstellung* der Israeliten von einem »hörenden« und »zürnenden Gott« aus, sondern die Umkehrung: Menschen können nur deshalb hören (sehen, reden, lieben) und zürnen, weil Gott hört (sieht, redet, liebt) und zürnt. *»ER hörte es, sein Zorn entflammte«* – als Aussagen gegenständlicher Art würden wir diese Sätze völlig mißverstehen. Es wird nicht das Bemühen laut, *über* Gott etwas aussagen zu wollen, um anderes zu erklären. Keineswegs. Es sind Aussagen über Begegnungen *zwischen* Gott *und* Mensch, die Israel erfahren hat. Ihnen entspricht die Wiedergabe des Eigennamens Gottes in der hebräischen Bibel durch das persönliche Fürwort in der Verdeutschung von Martin Buber und Franz Rosenzweig, die ich vornehmlich zitiere.

Das Fürwort bezeichnet in seinen Personen das dem-Menschen-Gegenwärtigsein Gottes. »ER«, »IHM«, »SEIN« sollen die Wechselbeziehung ausdrücken, die im Gebrauch des biblischen Namens Gottes liegt: *»übel in SEINEN Ohren«* (V.1), *»ER hörte es«* (V.1), *»ein Feuer von IHM zündete auf sie ein«* (V.1), *»Mosche setzte sich ein bei IHM«* (V.3), *»SEIN Zorn entflammte sehr«* (V.10), *»Mosche sprach zu IHM«* (V.11), *»ER sprach zu Mosche«* (V. 16), *»Denn ihr habt in SEINE Ohren geweint«* (V.18), *»Geben wird* ER *euch Fleisch«* (V.18), »Weil ihr IHN... *mißachtet habt«* (V.20), *»ER sprach zu Mosche«* (V.23), *»Ist MEINE Hand zu kurz?«* (V.23), *»Mosche ging hinaus und redete zum Volk SEINE Rede«* (V.24), *»ER zog nieder im Gewölk«* (V.25), *»Wer gäbs, all SEIN Volk wären Künder, daß ER seinen Geistbraus über sie gäbe!«* (V.24), *»Ein Windbraus aber brach auf von IHM her«* (V.31), *»SEIN Zorn flammte auf das Volk ein, ER schlug auf das Volk ein«* (V.33).

Die Geschichte zwischen Gott und seinem Volk ist nicht grundlos weitergegeben worden, vielmehr, damit nachfolgende Geschlechter daraus lernen und die nötigen Konsequenzen für ihr Leben ziehen.

III. Die Bewegung in der Erzählung

Das kleine Überlieferungsstück am Anfang (V.1–3) bietet knapp einen Ausschnitt aus der Geschichte der Begegnungen. Von den Beteiligten in gleicher Situation ist im Hauptteil ausführlich die Rede. Die Israeliten beklagen sich (V.4–6):

»*Wer gibt* uns...! Wir *gedenken..., die* wir...! *jetzt ist* uns...! ...unsere *Augen!*«

Das Jammern ruft Gottes Zorn hervor und erregt das Mißfallen des Mose (V.10). Seine anschließende Klage (V.11–15) erstreckt sich auf Gott:

»*Warum tust* du *übel..., daß* du *die Tracht (Last)..., daß* du *zu mir sprichst... Willst* du *mir solches tun, erwürge, erwürge mich doch*«,

auf den klagenden Mose selbst:

»*Warum habe* ich *Gunst in deinen Augen nicht gefunden... auf* mich *legst! Bin mit all diesem Volk* ich *selber schwanger gewesen, oder habe* ich *selber es gezeugt... Woher sollte* ich *Fleisch haben... Denn sie weinen* mich *an... Nicht vermag* ich *selber für* mich... *denn zu schwer ist es* mir*! Willst du* mir *solches tun... erwürge* mich *doch, habe* ich *Gunst in deinen Augen gefunden! daß* ich *nimmer sehen muß* mein *Übel!*«

und auf das Volk, das die Klage des Mose verursacht:

»*Denn* sie *weinen mich an, sprechend: Gib uns Fleisch, daß wir essen! ...denn zu schwer ist* es *mir!*«

Gott erkennt die Klage des Mose als begründet an und schafft Abhilfe. Seine Antwort (V.16–20) umschließt drei Aspekte – den Auftrag (V.16), der sich an Mose richtet und durch ihn die ausgewählten Ältesten erreichen soll: »*Hole mir zusammen siebzig Männer..., nimm sie ans Zelt der Begegnung, dort sollen sie zu dir treten*«,

die Ankündigung (V.17) des Eingreifen Gottes: »*Ich will niederziehen, will dort zu dir reden, will aussparen vom Geistbraus..., will (das Ausgesparte) über sie legen*« und seiner Folgen: »*sie sollen mit dir an der Tracht (Last) des Volkes tragen, nicht sollst tragen du sie, du für dich*« und die Botschaft an das Volk (V.18–20), die Mose überbringen soll. Sie besteht in der Aufforderung an die Israeliten, sich auf eine gottesdienstliche Zusammenkunft vorzubereiten: »*Heiligt euch auf morgen*« und in der Ansage, daß der Anlaß ihrer Unzufriedenheit aufgehoben werde: »*ihr sollt Fleisch essen*«.

Der folgende Rückverweis auf das Verhalten des Volkes und Zitat seiner Klage deuten an, daß nicht nur ein Begehren gestillt werde: *»Denn ihr habt in SEINE Ohren geweint, sprechend: Wer verschafft uns Fleisch zu essen, denn gut hatten wirs in Ägypten!«* Der Wille des Volkes wird erfüllt: *»geben wird ER euch Fleisch und ihr sollts essen«* – aber als Gericht: *»Nicht einen Tag sollt ihrs essen ..., bis zur Nase euch ausfährt und euch zum Ekel wird!«* Die Begründung entlarvt das Stöhnen und Klagen des Volkes auf der Wanderung als seine wirkliche Sünde: *»Weil ihr IHN, der drinnen unter euch ist, mißachtet habt und weintet vor ihm, sprechend: Warum sind wir dann aus Ägypten gefahren!«*

Mose, der Überbringer der Botschaft, bezweifelt die Möglichkeit ihrer Verwirklichung (V.21f.). Seine Einwände klingen vernünftig; denn sie sind – im Sinne der Welterfahrung – realitätsorientiert: *»Sechshunderttausend zu Fuß sind das Volk ... und du, du sprichst: Fleisch gebe ich ihnen, eine Mondneuung Tage sollen sies essen! soll man ... für sie metzen, daß es für sie reiche, oder soll man ... für sie beiholen, daß es für sie reiche?«* Die argumentationsreichen Fragen fängt eine gezielte Gegenfrage ab, mit der Gott die Denk- und Beurteilungsweise des Mose umkehrt: *»Ist MEINE Hand zu kurz?«* (V.23); sie eröffnet eine neue Blickrichtung: *»jetzt wirst du sehn, ob meine Rede dir eintrifft oder nicht«* (V.23).

Mose vollzieht (V.24), was ihm geboten war (V.16). Und Gott löst sein Versprechen ein:

V.17	V.25
»Ich will niederziehen,	*»ER zog nieder im Gewölk,*
will dort zu dir reden,	er redete zu ihm,
will aussparen vom Geistbraus,	er sparte aus vom Geistbraus,
der über dir ist,	der über ihm war,
will legen (das Ausgesparte)	er gabs
über sie.«	über die siebzig Männer,
	die Ältesten.«

Die angekündigte Übernahme von Verantwortung soll das Ergebnis der Ausstattung mit »Geistbraus« sein. Die Ältesten müssen durch das übermächtige Wirken des »Geistbrauses« hindurchgehen; dann erst können sie Mose das Volk »tragen« helfen:

»sie sollen mit dir an der Tracht (Last) des Volkes tragen, nicht

sollst tragen sie du, du für dich« (V.17); *»Es geschah: wie über ihnen der Geistbraus ruhte, kündeten sie einher, – nicht taten sies hinfort«* (V.25).

Eine Episode (V.26–30) erzählt von zwei Männern, die zwar zu *»den Aufgeschriebenen«* gehörten, jedoch *»im Lager geblieben«* und *»nicht hinausgegangen (waren) ans Zelt«: »es ruhte der Geistbraus über ihnen«* und sie *»kündeten einher im Lager«*. In dem Verhalten der beiden erblickt Josua eine unzulässige Ausschreitung: sie hätten zusammen mit den anderen bei Mose und am Begegnungszelt ihrer Begeisterung Luft machen sollen. Er verlangt von Mose, daß er sie hindere: *»Mein Herr Mosche, wehre ihnen!«* (V.28). Mose aber erkennt auch in dem Benehmen der Außenseiter das Wirken des Gottesgeistes, das sie ebenfalls zu Mitverwaltern bestimmt hat; er tadelt Josua, weil er für Moses Ansehen »eifern« will (V.29). Er dagegen lehnt solche Beschränkung ab, die nicht zugibt, daß Menschen auch ohne ihn vom »Geistbraus« bewegt sein können. Er wünscht sich vielmehr, *alle* würden ihn empfangen und dadurch zu unmittelbarem gehorsamen Umgang mit Gott befähigt sein: *»Wer gäbs, all SEIN Volk wären Künder, daß ER seinen Geistbraus über sie gäbe!«* (V.29)

Der sich anschließende Abschnitt (V.31–34) erzählt, wie Gott das Wort, das er Mose ausrichten ließ (V.18–20), am Volk verwirklicht: *»Ein Windbraus aber brach auf von IHM her, der trieb vom Meer Wachteln heran«* (V.31). Der Begierde der Menschen (V.4.13.18) kommt die überfließende Gabe aus der Macht Gottes entgegen: der »Windbraus« *»stieß sie übers Lager, eine Tagreise dahin und eine Tagreise dahin rings um das Lager, bis zwei Ellen hoch über der Fläche der Erde«* (V.31). Das gierige Schlingen »der Lüsternen« (V.34) führt den Tod vieler herbei; ihre Gefräßigkeit wird vom Gottesgericht eingeholt: *»Noch war das Fleisch zwischen ihren Zähnen, bevor es verzehrt war, SEIN Zorn flammte auf das Volk ein, ER schlug ... einen sehr großen Schlag«* (V.33).

IV. Die Gewichte in der Erzählung

In der knappen Erzählung vom Murren des Volkes (V.1–3) taucht die Möglichkeit eines umfassenden Gerichts auf: *»ein Feuer von IHM zündete auf sie ein«* (V.1); sie enthält einen Hinweis auf die prophetische Gerichtsbotschaft. Vom zwanzigmaligen Vorkommen des hebräischen Gottesnamens in 4. Mose 11 entfällt ein fünfmaliger Gebrauch allein auf V.1–3: er betont die Ungereimtheit einer Totenklage, in der sich eine Gemeinschaft äußert, die in der Nähe Gottes lebt und überlebt. Die wirkliche Notlage für das Volk entsteht erst durch das Einschreiten Gottes. Die Gefahr wird in ihrer Daseinsbedrohung verstanden: *»Das Volk schrie zu Mosche«* (V.2); er soll in seinem »Fürbitt-Amt« (4. Mose 21,4ff.; 5. Mose 9,7ff.20.26; vgl. 2. Mose 8,26; 9,28f.) tätig werden und dadurch die Not beendigen helfen, die Gottes Strafhandeln bewirkt hat. Gott »hört« nicht nur, wenn das Murren *»übel in SEINEN Ohren«* (V.1) klingt, sondern auch, wenn Mose sich für die Aufbegehrenden ins Mittel legt: *»Mosche setzte sich ein bei IHM, das Feuer sank«* (V.2). Was gern nur als die Erklärung eines Ortsnamens in einer Geschichte bezeichnet wird, verdeutlicht vielmehr, daß ohne weitergegebene Erinnerung geschichtliche Erfahrung rasch zur Vergangenheit verblaßt und in Vergessenheit gerät: *»Er rief den Namen des Ortes Tabera, Zündstatt, denn auf sie eingezündet hatte ein Feuer von IHM«* (V.3).

Wieder gefährdet eine Krisensituation Israels Weg in das ihm versprochene Land. Auf der bisherigen Wanderung von Wüste zu Wüste hatten sich allerlei Leute dem Zug angeschlossen. Den zusammengelaufenen *»Mischmasch ... lüstete ein Gelüst«* (V.4); die Israeliten lassen sich davon anstecken: *»es weinten auch die Söhne Jisraels wieder«* (V.4). Der Erzähler begnügt sich nicht, dies einmal mitzuteilen; er wiederholt es als das Geschehen, das Moses Klage auslöst: *»Mosche hörte das Volk weinen«* (V.10). Mose nennt es das Verhalten, das ihn schmerzt und ihm zur unerträglichen Last wird: *»Denn sie weinten mich an«* (V.13). Das »Weinen« veranlaßt Gottes Eingreifen (V.10.18.20). Der wiederkehrende Zug prägt die Hartnäckigkeit des Murrens ein und markiert es als *die* Sünde des Volkes: es hat die Herausführung *»aus dem Haus der Dienstbarkeit«* (2. Mose 20,2) als das befreiende Handeln seines Gottes vergessen: *»Warum sind wir dann aus Ägypten gefahren!«* (V.20). Stattdessen bewahrt es die Herausforderung aus dem fruchtbaren Land mit reichen Nahrungsmitteln im Gedächtnis, *»die wir in Ägypten umsonst zu essen bekamen«* (V.5). Anders als die allgemeine Aussage in der Kurzerzählung: *»Das Volk war wie Totenklager«* (V.1) entfaltet das Sich-Beklagen in V.4–6 in breiter Aufzählung alle wohlschmeckenden Speisen in dem zurückliegenden Land, die den Unterschied zum gegenwärtigen Dasein bilden: *»jetzt ist uns die Seele vertrocknet, von alldem keins mehr!«* (V.6). Verächtlich erscheint daneben die kärgliche Wüstennahrung, die Gott spendet: *»einzig auf das Man unsere Augen!«* (V.6). Der Vergleich mit der viel besseren Versorgungslage – *»denn gut hatten wirs in Ägypten«* (V.18) – erscheint dem Volk als Rechtfertigung ausreichend, auch für diese Situation »Fleisch« zu fordern (V.4.13.18).

Die Erwähnung des Manna (V.6) und die folgende Unterrichtung über seine Verwendung (V.7–9) setzen die Erzählung in 2. Mose 16 voraus; besonders V.4: *»Er sprach zu Mosche: Ich lasse nun euch Brot vom Himmel regnen…«* und V.31: *»Das Haus Jisrael rief es aber mit Namen: Man. Es war wie Koriandersamen weißlich und ein Geschmack wie Scheibenkuchen mit Honig.«*
Einige Wissenschaftler erkennen in ihm die süße Flüssigkeit wieder, die eine bestimmte Insektenart ausscheidet. Sie trocknet rasch und fällt auf den Boden. Beduinen sammeln und benutzen sie als Ersatz für Honig und Zukker. Andere setzen es mit den weißen runden Früchten einer Wüstenpflanze gleich. Jede der bisher erwogenen Möglickeiten vermochte nicht zu erklären, wie die kleinen Leckerbissen für Beduinen ein durch die Wüste ziehendes hungriges Volk ernähren können. Die wunderbare Erfahrung der Israeliten hat sich an den Namen geheftet, den sie dem »Brot vom Himmel« gaben: man (»was?«) oder: man-ha (»was ist das?«).

Mose (V.11–15) wendet sich verzweifelt an den, der ihm den Auftrag erteilt hat, das Volk in das verheißene Land zu bringen: *»hin auf den Boden, den du seinen Vätern zuschworst«* (V.12). Das Elend des Mose (V.11) ist, sich der Aufgabe nicht gewachsen zu fühlen und sie dennoch nicht abwerfen zu können, weil Gott sie gegeben hat (V.12). In äußerster Niedergeschlagenheit greift Mose auf Gottes Zusage an ihn am Sinai zurück: *»denn Gunst in meinen Augen hast du gefunden«* (2. Mose 33,17), verbindet sie mit der Gegenwart, die er erleidet und wirft Gott vor: *»Warum habe ich Gunst in deinen Augen nicht gefunden, daß du die Tracht (Last) all dieses Volks auf mich legst!«* (V.11). Die siebenmalige Verwendung des Wortstamms »Tracht (Last)« (V.11.17) und »tragen« (V.12[2mal].14.17[2mal]) vermittelt nachträglich die Bürde, unter der Mose seufzt (V.11f.14), und die Erhörung seiner Klage (V.17). Wenn Gott es ihm allein überläßt, dieses »schwere« Volk zu »tragen« (vgl. das Bildwort V.12), möge er ihn eher »erwürgen«: *»wenn ich Gunst in deinen Augen gefunden habe!«* (V.15). Als Antwort läßt Gott seinen »Knecht« (V.11) wissen, daß er *bei* *ihm* »da ist« (2. Mose 3,12.14), und dem Volk vorhalten, *»IHN, der drinnen unter euch ist, mißachtet«* (V.20) zu haben. Gott entbindet Mose nicht von seinem Sendungsauftrag. Er muß Gott an dem Volk dienen, »bei dem drinnen« er ist (V.21). Aber Gott hilft ihm, daß er in seinem Mittleramt nicht zusammenbricht: er verteilt Moses Last auf viele Schultern (V.17). Dazu läßt er siebzig Älteste, die Israel vertreten, an das außerhalb des Zeltrunds des Lagers aufgeschlagene (vgl. V.26) »Zelt der Begegnung« holen und dort zu Mose treten (V.16). Der Gott Israels, der an keinen Ort gebunden ist, nimmt sich die Freiheit zu Begegnungen mit Menschen: *»ER zog nieder im Gewölk«* (V.25, vgl. V.17). Sein Gegenwärtigwerden an dem Zelt gilt einem zweifachen Ziel: mit Mose zu reden und einen Teil *»vom Geistbraus, der über ihm war«* (V.25, vgl. V.17) auf die siebzig Ältesten zu verteilen. Mose ist zwar Träger des Gottesgeistes, und zwar in einem solchen Umfang, daß schon etwas davon ausreicht, alle Vertreter Israels umzudrehen; aber weder vererbt noch überträgt er den Geist, so daß seine wunderbaren Kräfte in anderen Menschen weitergehen könnten. Die Initiative aber geht allein von Gott aus: *»er sparte aus vom Geistbraus, der über ihm war, er gabs über die siebzig Männer«* (V.25, vgl. V.17). *Der Geist Gottes* ist ein Geschehen von Gott her, *ist Gottestat*. Sie erfaßt die Ausgesuchten (V.16) und erneuert ihre Kräfte in dem gottgewirkten Erregungs-*Durchgang*: *»Es geschah: wie über ihnen der Geistbraus ruhte, kündeten sie einher, – nicht taten sies hinfort«* (V.25). Den *vorübergehenden* Vorgang, in dem die Ältesten mit den besonderen Kräften für ihren, Mose entlastenden, Dienst begabt werden (V.17), verkehren Kommentatoren und Bibelübersetzer in einen Dauerzustand der Ekstase (*»und hörten nicht mehr auf«* nach einer anderen Lesart). Auch die beiden Außenseiter im Lagerrund (V.26 ff.) stehen unter der zeitlich begrenzten Einwirkung der vorwortlichen zurüstenden Macht Gottes. Moses Wunsch: *»all SEIN Volk wären Künder«* durch Ergießung des Gottesgeistes (V.29) meint dagegen mehr als den Begabungsakt; statt des Verbs (V.25 f.) wird hier das Substantiv gebraucht (V.29): Gottes Geistwerk möge das ganze Volk zu einer *gottunmittelbaren Gemeinschaft* umwandeln, die es nicht mehr nötig hat, daß ein von Gott Gesendeter es *»wie der Wärter den Säugling trägt«* (V.12), der darüber hinaus noch der Unterstützung der Ältesten bedarf, die mit ihm *»an der Tracht (Last) des Volkes tragen«* (V.17), vielmehr: in der jeder einzelne –

hörend, redend, dienend – in den gehorsamen Umgang mit Gott berufen ist. Die Erfüllung von Moses Wunsch wird in Jesaja 44,3; Joel 3,1 ff. verheißen.

Die Geistbegabung der Ältesten und das Aufbrechen des Windes, der die Wachteln vom Meer her herantreibt (V.31), sind das Werk des *einen Gottes*. Der *ungeteilten* Wirklichkeit entspricht die *Einheit* des hebräischen Wortes ruach; sie suchen Buber/ Rosenzweig durch die Wiedergabe mit »Geistbraus« und »Windbraus« zu bewahren: das Brückenglied »Braus« zwischen den verschiedenen deutschen Ausdrücken hält fest, daß der biblische Begriff beide Bedeutungsaspekte unzerspalten enthält – jeweils ein Geschehen, das als »geisthafte« Gottestat Menschen ergreift und die Ergriffenen bevollmächtigt (V.17.25) und als »naturhafte« Gottestat machtvoll-wunderbar-erschreckend in die Welt der Menschen einfällt (V.31 ff.). Wie das hebräische Wort beides in einem bedeutet, so sind in 4. Mose 11 beide Vorgänge zu *einer* Erzählung verschweißt. Daraus ist zu lernen, daß die Geistausgießung als Gottestat nicht voll erkannt wird, wenn sie den Zusammenhang mit der leiblich-sinnlichen Seite des Handelns Gottes einbüßt.

Den Kontext von »Fleisch« und »Geist« betont der biblische Wiederholungsstil durch siebenmaligen Gebrauch des Verbums »geben«, signifikant in der Forderung des Volkes: *»Gib uns Fleisch, daß wir essen!«* (V.13) und in dem Wunsch Moses: *»Wer gäbs, all SEIN Volk wären Künder, daß ER seinen Geistbraus über sie gäbe!«* (V.29). Beides kann Gott gewähren – den »Geistbraus«: *»er gabs über die siebzig Männer«* (V.25) und das, wonach das Volk verlangt: *»Geben wird ER euch Fleisch und ihr sollts essen«* (V.18; vgl. V.21). Aus der Geistbegabung gehen für die Gemeinschaft tragfähige (V.17) Menschen hervor. Die Fleischgabe aber gereicht nicht einmal den Essenden selbst zum Guten: *»bis es zur Nase euch ausfährt und euch zum Ekel wird!«* (V.20). Die Überlieferung tritt dem Vergessen entgegen: *»Man rief den Namen jenes Orts: Gräber des Gelüsts, denn dort hatte man das Volk der Lüsternen begraben«* (V.34).

V. Die Aufnahme des Erzählten

Hilfe besteht nicht in der Beseitigung der »Last« (V.11f.14); sie wird dann erfahren, wenn andere an der »Last« »mittragen« (V.17). Die dazu bereit und fähig werden, erweisen sich als die von Gottes Geist Umgerührten (V.25), als die wahren Vertreter (V.16.25) seiner Menschenschar. Sie verwirklichen unter den Wandernden in der Wüste die Nähe und den Willen Gottes. An dem Dienst derer, die »drinnen bei« den Menschen sind (V.21), sollen sie erkennen, daß Gott selbst »drinnen unter« ihnen ist (V.20). Menschen meinen: *»jetzt ist uns die Seele vertrocknet«* (V.6), *»weil sie des Überflusses gedenken«* (V.5), obwohl die Wüstennahrung sie erhält (V.6); aber sie klammern sich an Illusionen: *»denn gut hatten wirs in Ägypten!«* (V.18) und belügen sich selbst: *»die wir in Ägypten umsonst zu essen bekamen«* (V.5) – als hätte es damals »Bedrückung«, »Schrei vor (den) Treibern« und »Leiden« (2. Mose 3,7) nicht gegeben. Der Ruf: *»Wer verschafft uns Fleisch zu essen«* (V.18) verwandelt Hilflosigkeit nicht in Hilfe, auch wenn er erfüllt wird (vgl. V.18–20.31–34). Die Ohnmacht und Schwäche der Menschen wurzelt darin, daß sie zu wissen glauben, was ihnen nottut, und darüber das Entscheidende für ihren Weg vergessen: *»Warum sind wir dann aus Ägypten gefahren!«* (V.20). Damit verscherzen sie sich die Erfahrung, daß Gott für sie *»da ist«*. Denn wer *ihn* nicht in den Situationen seines Lebens sucht, wird nicht gewahr, daß *er »drinnen unter euch ist«* (V.20). Da kann allein Gottes Geisttat eine neue, kraftvolle Lebensunmittelbarkeit begründen (V.29).

Horst Balz

Eine Frau entdeckt den Messias

Bibelarbeit zu Johannes 4,1–30

(1) Als nun Jesus erfuhr, daß den Pharisäern zu Ohren gekommen war, daß er mehr zu Jüngern machte und taufte als Johannes *(2)* – obwohl Jesus nicht selber taufte, sondern seine Jünger –, *(3)* verließ er Judäa und ging wieder nach Galiläa. *(4)* Er mußte aber durch Samarien reisen. *(5)* Da kam er in eine Stadt Samariens, die heißt Sychar, nahe bei dem Feld, das Jakob seinem Sohn Josef gab. *(6)* Es war aber dort Jakobs Brunnen. Weil nun Jesus müde war von der Reise, setzte er sich am Brunnen nieder; es war um die sechste Stunde. *(7)* Da kommt eine Frau aus Samarien, um Wasser zu schöpfen. Jesus spricht zu ihr: Gib mir zu trinken! *(8)* Denn seine Jünger waren in die Stadt gegangen, um Essen zu kaufen. *(9)* Da spricht die samaritische Frau zu ihm: Wie, du bittest mich um etwas zu trinken, der du ein Jude bist und ich eine samaritische Frau? Denn die Juden haben keine Gemeinschaft mit den Samaritern. – *(10)* Jesus antwortete und sprach zu ihr: Wenn du erkenntest die Gabe Gottes und wer der ist, der zu dir sagt: Gib mir zu trinken!, du bätest ihn, und er gäbe dir lebendiges Wasser. *(11)* Spricht zu ihm die Frau: Herr, hast du doch nichts, womit du schöpfen könntest, und der Brunnen ist tief; woher hast du dann lebendiges Wasser? *(12)* Bist du mehr als unser Vater Jakob, der uns diesen Brunnen gegeben hat? Und er hat daraus getrunken und seine Kinder und sein Vieh. *(13)* Jesus antwortete und sprach zu ihr: Wer von diesem Wasser trinkt, den wird wieder dürsten; *(14)* wer aber von dem Wasser trinken wird, das ich ihm gebe, den wird in Ewigkeit nicht dürsten, sondern das Wasser, das ich ihm geben werde, das wird in ihm eine Quelle des Lebens werden, das in das ewige Leben quillt. *(15)* Spricht die Frau zu ihm: Herr, gib mir solches Wasser, damit mich nicht dürstet und ich nicht herkommen muß, um zu schöpfen! *(16)* Jesus spricht zu ihr: Geh hin, ruf deinen Mann und komm wieder her! *(17)* Die Frau antwortete und sprach zu ihm: Ich habe keinen Mann. Jesus spricht zu ihr: Du hast recht geantwortet: Ich habe keinen Mann. *(18)* Fünf Männer hast du gehabt, und der, den du jetzt hast, ist nicht dein Mann; das hast du recht gesagt. *(19)* Die Frau spricht zu ihm: Herr, ich sehe, daß du ein Prophet bist. *(20)* Unsere Väter haben auf diesem Berge angebetet, und ihr sagt, in Jerusalem sei die Stätte, wo man anbeten soll. *(21)* Jesus spricht zu ihr: Glaube mir, Frau, es kommt die Zeit, daß ihr weder auf diesem Berge noch in Jerusalem den Vater anbeten werdet. *(22)* Ihr wißt nicht, was ihr anbetet; wir wissen aber, was wir anbeten; denn das Heil kommt von den Juden. *(23)* Aber es kommt die Zeit und ist schon jetzt, in der die wahren Anbeter den Vater anbeten

werden im Geist und in der Wahrheit; denn auch der Vater will solche Anbeter haben. *(24)* Gott ist Geist, und die ihn anbeten, die müssen ihn im Geist und in der Wahrheit anbeten. *(25)* Spricht die Frau zu ihm: Ich weiß, daß der Messias kommt, der da Christus heißt. Wenn dieser kommt, wird er uns alles verkündigen. *(26)* Jesus spricht zu ihr: Ich bin's, der mit dir redet. *(27)* Unterdessen kamen seine Jünger, und sie wunderten sich, daß er mit einer Frau redete; doch sagte niemand: Was fragst du? oder: Was redest du mit ihr? *(28)* Da ließ die Frau ihren Krug stehen und ging in die Stadt und spricht zu den Leuten: *(29)* Kommt, seht einen Menschen, der mir alles gesagt hat, was ich getan habe, ob er nicht der Christus sei! *(30)* Da gingen sie aus der Stadt heraus und kamen zu ihm.

Im Johannesevangelium offenbart sich Jesus den Menschen vor allem durch sein Wort. Wohl bekommen sie auch seine Taten zu sehen als Zeichen der heilvollen Werke Gottes, aber dies ist für die meisten nicht eindeutig genug. Nur die Betroffenen, die Geheilten verstehen wirklich, wer an ihnen gehandelt hat. Andere staunen – und bleiben letztlich skeptisch (vgl. auch Joh 2,23–25). Jesu Wort ist jedoch klar; alle bekommen es zu hören, könnten es eigentlich verstehen. Dennoch wird auch dieses Wort nur von wenigen angenommen. Der Logos findet selbst bei den Seinen keine Heimat (vgl. Joh 1,8).

Von daher gesehen geschieht in Joh 4 Außergewöhnliches. Nicht, daß Jesus öffentlich mit einer Frau spricht! Er redet ja auch mit den Schwestern Marta und Maria von Betanien (Joh 11, 20–35), läßt sich von Maria die Füße salben und mit den Haaren trocknen (Joh 12,3) und verwehrt es der Maria von Magdala erst als Auferstandener am Ostermorgen, ihn zu berühren (Joh 20,17). In Joh 4 geht es aber um eine samaritische Frau, eine »Fremde« also (vgl. Lk 17,18). Die Samariter hielten sich zwar auch an die Moseschriften, feierten das Passa und warteten auf den Messias, den sie Taeb nannten; viele Juden und auch manche Jesusanhänger hielten sich dennoch von ihnen fern (vgl. Mt 10,5–6; Lk 9,52–55), ja es gab geradezu Verachtung (vgl. Joh 8,48). Deshalb wundern sich auch in Joh 4 die Jünger Jesu darüber, daß er mit einer Samariterin spricht (V.27), ja diese selbst staunt darüber, daß ein fremder Jude sie um Wasser bittet (V.9). In Jesus und der Samariterin am Brunnen stehen sich Israel und ein »fremdes« Volk gegenüber. Gerade aus diesem werden aber viele Menschen auf Jesu Wort hin zu ihm kommen und glauben (Joh 4,39–42).

Solcher »Erfolg« Jesu ist im Johannesevangelium außergewöhnlich.

Auch der Ort und die Art der in Joh 4 erzählten Begegnung fallen auf. Eben war nach Joh 3 in Jerusalem im Dunkel der Nacht der fromme Pharisäer Nikodemus, ein »Lehrer Israels«, zu Jesus gekommen, hatte ihn nicht recht verstehen können und dennoch nicht von ihm lassen können (3,1–12; vgl. Joh 19,39–42). Nun zieht sich in Joh 4 Jesus aus Jerusalem und Judäa nach Galiläa zurück, und zwar auf dem direkten Weg, der ihn durch das sonst meist gemiedene Gebiet der Samariter führt. Die Samariterin trifft ihn dort eher »zufällig« an, aber eben auch an alter und dankbar erinnerter Stätte, nämlich am Brunnen des »Vaters« Jakob (V.6). Am hellen Mittag wird nun das Gespräch geführt, und eine ungelehrte, fremde Frau ist es, die eben das versteht, was Nikodemus nicht hatte fassen können (vgl. Joh 4,23–26 mit 3,4–10). Während er wie ein Mensch erscheint, der festhalten möchte, was ihm bisher wichtig war, läßt die Frau nach dem Gespräch mit Jesus sogar ihren Wasserkrug am Brunnen stehen (Joh 4,28) – sie hat Wichtigeres entdeckt! Ja, sie wird in ihrem Ort die erste Missionarin des Christus, ohne selbst getauft zu sein, ohne eigens gesandt zu sein, – nur weil der jüdische »Prophet« (Joh 4,19) ihr gesagt hatte, wer sie ist und daß er der Christus sei (Joh 4,16–18.25–26.28–29.39).

Bezeichnend sind auch die Joh 4 begegnenden Namen. Von den Personen der Szene erfahren wir nur den Namen Jesu. Wohl aber hören wir von der »Stadt Sychar« (V.5), von Jakob, »unserem Vater« (V.12), von Josef, seinem Sohn (V.5), von Jerusalem und von »diesem Berge«, dem Garizim, und schließlich von den Juden und den Samaritern überhaupt (V.9.22). Alte Heilsgeschichte und alte Heilshoffnungen sind hier im Spiel. Jesus zeigt, wie sich diese Geschichte und diese Hoffnungen erfüllen sollen. Weder allein in Jerusalem noch allein auf dem Garizim wird Gott seine »wahren Anbeter« (V.23) suchen und finden. Dem Messias können Menschen jetzt schon begegnen (V.26). »Dieser ist wahrlich der Retter der Welt« werden schließlich die Leute aus Sychar am Ende der Erzählung in Joh 4,42 bekennen.

Nun aber zu den einzelnen Szenen der Begegnung am Jakobsbrunnen, die unser Textabschnitt umfaßt. Wir blicken auf das Geschehen wie auf eine Bühne und können dennoch nicht unbeteiligt bleiben. Achten wir besonders auf die Anstöße, die von der Samariterin ausgehen! Sie ist beileibe keine Statistin, sondern sie führt durch ihre Fragen und Einwände das Gespräch zu seinem Höhepunkt in Joh 4,20-26.

Joh 4,5–6: Mittagspause am Jakobsbrunnen

Auf seinem Weg nach Galiläa berührt Jesus notwendig den Ort Sychar (V.5), wohl das heutige Dorf Askar, östlich von den Ruinen des alten Sichem (beim heutigen Nablus) gelegen. Eine Viertelstunde vor dem Ort macht er in der Mittagsstunde am Jakobsbrunnen nahe der Straße halt. Die Jünger gehen nach Sychar voraus, um Essen zu kaufen (V.8). Sie »bedienen« Jesus also. Er sitzt allein an dem über 30 m tiefen Grundwasserbrunnen, der immer schon für Nomaden und Reisende da gewesen ist; Sychar hatte eigene Brunnen und Zisternen.

Daß Joh 4 an einem besonderen Ort spielt, haben wir schon gesehen. Die biblischen Überlieferungen helfen uns, diese Besonderheit zu verstehen.

Bei Sichem hatte Abraham seinem Gott einen Altar gebaut (1. Mose 12,6). Jakob hatte hier Land gekauft und ebenfalls einen Altar für den »Gott Israels« errichtet (1. Mose 33,18–20). Den Landrücken Sichem hatte er erobert und seinem Sohn Josef vermacht (1. Mose 48,22; Joh 4,5). Hier lagen die Gebeine Josefs bestattet (Jos 24,32), nach der Überlieferung nur wenige hundert Meter vom Brunnen entfernt. Von diesem blickt man auf den Garizim, auf dem seit dem 4. Jahrhundert v. Chr. der Tempel der Samariter gestanden hatte, bis ihn im Jahr 128 v. Chr. der hasmonäische Fürst und Hohepriester Hyrkan I. von Jerusalem aus zerstören ließ. Seit der assyrischen Eroberung des Nordreichs Israel in der zweiten Hälfte des 9. Jahrhunderts v. Chr. hatten die Samariter zunehmend als unreines Mischvolk gegolten. Nach dem babylonischen Exil durften sie sich am Wiederaufbau des Jerusalemer Tempels nicht beteiligen (vgl. Neh 2,19–20; Esr 4,1–3). Schon vor dem Beginn der hellenistischen Zeit hatten sie sich dann zu einer selbständigen Kultgemeinschaft entwickelt. Noch heute leben in Nablus und in Holon bei Tel-Aviv kleine samaritische Gemeinden mit einem Hohenpriester (!), die sich als die wahren Juden verstehen; auf dem Garizim feiern sie immer noch ihr Passafest. Vom Jakobsbrunnen selbst spricht die Bibel nur in unserer

Erzählung (Joh 4,6.12), aber in der Lokaltradition der Samariter hat er wohl eine besondere Rolle gespielt. Über Jahrhunderte hinweg haben Reisende diesen Brunnen an der Kreuzung wichtiger Verkehrswege und an dem Ort der Väter Israels für sich und ihre Tiere genutzt. Den Christen ist er dann vor allem wegen Joh 4 zu einer Pilgerstätte geworden, an welcher sie im 4. Jahrhundert n. Chr. ein Baptisterium und eine Kirche errichteten.

Im Hintergrund von Joh 4 steht also alte und gerade damals heftig diskutierte biblische Geschichte. Es geht um die Wege Gottes mit Israel, auf die sich die Juden wie die Samariter beriefen, beide aber in der Regel je für sich und oft gegeneinander. Jesus wird in diesem Streit eine eigene Stellung beziehen; sein Gespräch mit der Samariterin wird zeigen, daß Gott seine Wege mit Israel auf eine unerwartet neue Weise fortführen kann.

Joh 4,7–15: Brunnenwasser und Wasser zum ewigen Leben

Warum die samaritische Frau ihr Wasser aus dem alten Brunnen außerhalb des Ortes holt, warum mittags und nicht morgens oder abends, wird nicht erklärt. Dem Erzähler ist nur wichtig, daß sie auf diese Weise den fremden Juden (V.9) allein am Brunnen antrifft. In der Hitze des Mittags bittet Jesus die Frau um Wasser (V.7), hat sie doch den Schöpfkrug, und nach einem ersten Gespräch wird es dann die Frau selbst sein, die den Fremden »Herr« (Kyrios) nennt und ihn um »lebendiges Wasser« bittet (V.10.11), das den »Durst« für alle Zeit stillt, ja in den »Trinkenden« selbst zu einer Quelle wird, aus welcher »Wasser« zum immer bleibenden Leben fließt (V.14–15).

Jesu Bitte bleibt letztlich unerfüllt. Die Bitte der Frau aber scheint in Erfüllung zu gehen, so daß sie sogar vergißt, warum sie zum Brunnen gekommen ist (V.28). Jesus hat die Distanz zwischen Juden und Samaritern durchbrochen (V.9). Die Frau wundert sich darüber und will mehr über ihn wissen. Auf diese Weise angesprochen ist der durstige Jude vor ihr sofort bereit, auch der Fremden das »Geschenk Gottes« weiterzugeben (V.10). Er hat zwar kein Brunnenwasser, aber er hat das, was Menschen zum wahren und immer bleibenden Leben brauchen. Frisches Brunnenwasser ist köstlich im Durst, – die Gabe des wahren Lebens in sich hineintrinken zu können, das wäre noch viel köstlicher (vgl. Joh 6,33). Nur wie und woher? Die Frau versteht Jesus zwar noch nicht ganz, denkt immer noch an den Durst (V.15), aber das angebotene Geschenk möchte sie sofort annehmen. Ein Leben, in dem Hunger und Durst, Essen und Trinken, Haben und Zu-Sich-Nehmen nicht mehr alles bestimmen, das wäre in der Tat mehr als dieses Brunnenwasser, selbst wenn es aus dem Brunnen Jakobs kommt: »Herr, gib mir solches Wasser!« (V.15; vgl. Joh 6,34).

Joh 4,16–19: Ein indiskreter Prophet?

Der folgende Dialog ist schwierig. Der Mann der Samariterin wird ins Spiel gebracht, um ihr das Geständnis von V.17 zu entlocken, und das wiederum hat Jesus alles schon vorher gewußt (V.18). Eine Demonstration der Allwissenheit Jesu? Will er als Prophet die Frau bloßstellen?

Der Erzählung kommt es eher darauf an, daß Jesus der Frau »alles gesagt hat, was sie getan hat«. Dies wird nämlich noch zweimal später aufgegriffen und es macht die Frau zur erfolgreichen Missionarin Jesu in ihrem Ort (V.29.39). Darin werden wir dann auch den Schlüssel für das Verständnis von V.16–19 zu suchen haben: Jesus erfüllt die Bitte der Frau um die versprochene Gabe Gottes, um wahres und immer bleibendes Leben, indem er sie zur Einsicht über sich und ihr bisheriges Leben führt und sie offen aussprechen läßt, wie sie selbst ihr Leben beurteilt. Dachte die Frau eben noch daran, daß Jesus ihr den mühsamen Gang zum Brunnen künftig ersparen könnte (V.15), so steht sie nun angesichts des fremden jüdischen Propheten auf einmal vor sich selbst. Ahnte sie bisher, wer sie ist, so weiß sie es jetzt, weil es ihr gesagt worden ist.

Ob die Frau damit als lebensgierig oder gar verrufen hingestellt werden soll, ist sehr fraglich. Eher als eine, die bisher Unglück gehabt hat, von Männern aus der Ehe verstoßen worden ist, es immer wieder neu versucht hat und schließlich nur noch eine lokkere Verbindung eingehen konnte. Auch in Sychar mußte das als ein schweres Leben gelten. Alle hatten es ja wohl gewußt! Weil aber gerade diese Frau den fremden Juden getroffen hatte, der sie bereits »kannte«, mit ihr sprach und ihr »ewiges Leben« anbot, kam der kleine Ort in Bewegung. Auch andere wollten für sich erfahren, was sie in der Mittagsstunde am Brunnen erlebt hatte, vielleicht ihr eigenes Leben neu er-leben. Da war einer, der die Menschen kannte und bei dem sie das Erlebnis ihres Lebens machen konnten. Sicher war er ein Prophet, ein Gottesbote, der in die Herzen der Menschen sehen konnte wie Gott selbst (vgl. Lk 7,39). Vielleicht war er aber mehr als das, vielleicht sogar der Messias (V.29)?

Joh 4,20–26: Die messianische Zukunft beginnt jetzt

Wieder zurück zum Brunnen! Jetzt, wo nicht mehr am Leben vorbeigeredet wird, geht es auch um Gott und die »wahren Anbeter« des Vaters (V.24). Jesus hat als »Prophet« dieses Jetzt eröffnet. Nun geht die Frau auf's Ganze: Wer um durchlebtes und um »ewiges« Leben weiß, der weiß auch, wo und wie Gott selbst verehrt werden will. Bisher hatte sich im Johannesevangelium kein Gelehrter und kein Jünger so weit vorgewagt.

Also: Wenn du ein Prophet bist, der die Menschen kennt, dann kannst du mir auch erklären, warum unsere Väter Gott auf dem Garizim angebetet haben und warum ihr Juden dies in Jerusalem tut. Ist Gott geteilt, nur euer Gott und nicht auch unser Gott? Haben wir den falschen Gottesdienst?

Zum ersten Mal im Johannesevangelium fordert Jesus dann in V.21 einen Menschen auf, ihm zu glauben: »Glaube mir, Frau!«. Was er ihr jetzt zu sagen hat, sagt er in der Vollmacht des Offenbarers seines Vaters. Die Zeit kommt und ist jetzt schon da, nämlich dort, wo Jesus Glauben weckt, in welcher nicht mehr diejenigen Gott für sich in Beschlag nehmen können, die den rechten Ort des Gottesdienstes, den wahren Ritus und die gültige Tradition zu haben meinen. Die Samariter müssen nicht erst als Juden anerkannt werden, wenn sie auch anerkennen sollen, daß die Juden wahrlich um Gott wissen, ja daß die Rettung der Menschen und der Welt von den Juden ausgeht (V.22). Ein jüdischer Prophet und Gottesoffenbarer ist es ja, der eben jetzt der Samariterin und den Leuten aus Sychar zur Rettung verhelfen wird. Aber er tut dies nicht, um damit das alte Gefälle zwischen Juden und »Fremden« zu verfestigen, um Jerusalem gegen andere Orte auszuspielen.

Der Vater, sowohl der Juden wie der Samariter, will die wahren Anbeter und Anbeterinnen so haben, daß sie ihn »im Geist und in der Wahrheit anbeten« (V.23), denn er selbst ist Geist (V.24). Er ist das, was er den Menschen gibt. Was den Samaritern noch fehlt,

fehlt nach dem Johannesevangelium auch der Mehrheit der Juden, nämlich aus ihrem Wissen um Mose und die heiligen Schriften (vgl. Joh 5,39–47) und um Gott selbst die richtigen Konsequenzen zu ziehen. Jesus ist es, der den Menschen Gott als *den* Geist erschließen kann, der sie in aller Wahrheit zu führen vermag (vgl. Joh 16,13). Solche Menschen lassen sich durch den von Gott geschenkten Geist erneuern (vgl. Joh 3,6–8) und können dann in Wahrheit den Vater anrufen. Dabei kommt es nicht darauf an, daß Menschen Gott suchen, sondern Gott selbst sucht sich seine Menschen, so wie er durch Jesus eben die samaritische Frau und die Leute aus Sychar sucht und findet. An Jesus merken Menschen, daß Gottes Geist sie wie eine lebendige und neumachende Kraft erfaßt, sie die Wahrheit über sich erfahren läßt. Damit werden sie zu wahren Anbetern Gottes. Sie finden den Ort, die Zeit und die rechte Art der Anbetung. Sie werden Gott recht und werden damit aus einem unwahren, von großen und kleinen Lebenslügen dieser Welt geprägten Leben befreit und gerettet (vgl. Joh 8,31–36). Solche Menschen können Jesus als den Zeugen der Wahrheit Gottes hören (vgl. Joh 18,37). Für sie ist die erhoffte Zukunft, in der die wahre Wirklichkeit Gottes alles umfassen wird, schon jetzt da, denn sie sind durch den Geist Gottes und Jesu in diese Wirklichkeit Gottes hineingezogen worden.

Sofort versteht die Frau, daß hier kein Gelehrter spricht; keiner, der die jüdische Heilsgeschichte oder gar das Wesen Gottes definieren möchte. So kann vielmehr nur einer reden, der die erhoffte Zukunft selbst unter die Menschen bringt, – der Messias. Damit weiß sie, wer der – ihr nun nicht mehr fremde – jüdische Prophet am Brunnen sein muß, wenn das wirklich und wahr ist, was er ihr gesagt und gegeben hat. Hatte sie schon gewußt, daß der Messias/Christus kommen wird, so ist es nur ein kleiner Schritt hin zu dem Glauben, daß er da ist. Jesus ermöglicht ihr diesen Schritt: »Ich bin's, der mit dir redet« (V.26).

Joh 4,27–30: Seht, ob dieser der Christus sei!

Mehr zu fragen, ist nicht mehr nötig. Die aus der Stadt zurückkehrenden Jünger unterbrechen denn auch das Gespräch. Sie stören beinahe, waren sie doch nur mit den Lebensmitteln und nicht mit dem wahren Leben beschäftigt gewesen. Hierin ist die Samariterin ihnen nun weit voraus. Sie geht ohne ihren Krug und ohne Wasser nach Sychar zurück. Die Begegnung mit dem Menschen, der ihr Leben kannte und ihr wahres Leben angeboten hatte, will sie niemandem vorenthalten. »Da gingen sie aus der Stadt heraus und kamen zu ihm« (V.30), um am Brunnen Jakobs, ihres Vorvaters und des Vorvaters Jesu, den Messias zu finden.

Der ausgewählte Textabschnitt läßt hier die Szene am Jakobsbrunnen vor uns enden. Wir werden aus dem damaligen Geschehen »ausgeblendet«, was vielleicht seine eigene Bedeutung hat. Die Begegnung am Brunnen endete damit, daß die Jünger in eine Ernte ausgesandt wurden, an der sie gar nicht gearbeitet hatten (Joh 4,31–38); die Samariterin gewann viele ihrer Mitmenschen für den jüdischen Propheten, der kein anderer als der Christus sein konnte (V.39). Jesus blieb noch zwei Tage bei ihnen als ihr Gast – Galiläa war ja sein Ziel; die Fremdenfeindschaft war überwunden. »Noch viel mehr glaubten« dann »um seines Wortes willen« (V.41). Als »Retter der Welt« und nicht mehr nur der Juden oder der Samariter hatten sie ihn erkannt. Angesichts dessen, der Gott offen und in Wahrheit seinen Vater nennen konnte, hatten sie es mit Gottes Geist und Wahrheit zu tun bekommen.

So ging die Begegnung in Samarien damals aus. Der Ausgang unserer Begegnung mit beiden – der samaritischen Frau und Jesus – ist nicht vorgegeben. Wir sind auch weder Samariter noch Juden, so daß wir uns direkt in dem Text wiederfinden könnten. Jesus hatte aber die Zeit der »wahren Anbeter« des Vaters angekündigt. Mit diesen können auch wir uns angesprochen sehen, angesprochen auf die Wahrheit unseres Lebens und unserer Anbetung Gottes. Wir dürfen den Christus unseres Glaubens ebenso fordern, wie die Samariterin Jesus gefordert hat. Hätte sie Jesus damals nur still das erbetene Wasser gereicht, wer weiß, ob die Leute aus Sychar die Gegenwart des Messias je erlebt hätten. Wenn Gott seine wahren Anbeter sucht, dann kommt es für uns darauf an, sich dem suchenden Gott nicht zu entziehen. Dem

Christus Jesus läßt sich die Wahrheit Gottes abfordern, so daß daraus das Erlebnis wahren Lebens werden kann. Wenn Menschen sich auf den Christusgeist einlassen, sind sie da, wo Gott sie sucht. Damit käme aber ein heutiger Ausgang der alten Begegnung am Jakobsbrunnen in Gang, den nur wir selbst erzählen können.

Magdalene L. Frettlöh

Feierabendmahl im Hause des Zachäus?

Die Erzählung in Lukas 19,1–10

(1) Und er ging hinein und zog durch Jericho. *(2)* Und siehe, ein Mann, Zachäus mit Namen genannt, und er war Oberzöllner und er war reich. *(3)* Und er trachtete danach, Jesus zu sehen, wer er sei, und konnte nicht vor der Menge, weil er klein von Wuchs war. *(4)* Und er lief voraus, (allen) voran, und stieg auf einen Maulbeerfeigenbaum, um ihn zu sehen, weil er dort durchziehen sollte. *(5)* Und als er an den Ort kam, sah Jesus auf und sprach zu ihm: Zachäus, steig schleunigst herab; heute muß ich in deinem Haus bleiben. *(6)* Und schleunigst stieg er herab und nahm ihn mit Freude auf. *(7)* Und alle sahen es und murrten und sagten: Bei einem sündigen Mann ist er eingekehrt, um Gast zu sein. *(8)* Zachäus aber trat hin und sprach zum Herrn: Siehe, die Hälfte meines Vermögens, Herr, gebe ich den Armen, und wenn ich etwas von jemandem erpreßt habe, gebe ich es vierfach zurück. *(9)* Jesus aber sprach, auf ihn gemünzt: Heute ist diesem Haus Heil widerfahren, weil auch er Sohn Abrahams ist. *(10)* Denn der Menschensohn ist gekommen, daß er das Verlorene suche und rette.
(Übersetzung nach E. Schweizer, NTD 3, 42)

I.

Die lukanische Erzählung von der Begegnung Jesu mit dem reichen Oberzöllner Zachäus gehört zu den bekannten biblischen Texten, deren Rezeptionsgeschichte ein Paradebeispiel abgibt für eine radikale Entschärfung und Verharmlosung der jüdisch-christlichen Tradition. Der kleine Mann Zachäus, der auf einen Maulbeerfeigenbaum klettert, weil ihm die Menschenmenge die Sicht auf den durch Jericho ziehenden Jesus versperrt, erfreut sich bei Kindern besonderer Beliebtheit, während Erwachsene zunächst wohl nur ein spöttisches Lächeln für den reichen Zollpächter in seinem Baumversteck übrighaben. Nicht selten entsteht beim Nach- und Weitererzählen dieser Geschichte mit ihrem anschaulichen Lokalkolorit eine Art Kinderevangelium: Jesus übersieht die Kleinen, denen die Großen meist im Wege stehen, nicht, er bleibt vielmehr bei ihnen stehen, spürt sie in ihrem Versteck auf und lädt sich bei ihnen ein. Während die eigentlich provozierenden Kindertexte der Bibel (wie z. B. Ps 8,3; Mk 10,13–16par.) oft nur ein Schattendasein im kirchlichen und theologischen Gebrauch führen, wird hier die Gestalt des kleinwüchsigen Zollunternehmers Z. umgebogen zu einer Identifikationsfigur für Kinder.

In vielen neueren Aktualisierungen des Textes für Erwachsene treten an die Stelle der Kinder die unterschiedlichsten Gruppen von (zumeist unschuldig) ins Abseits geratenen Außenseitern, die durch die Begegnung mit Jesus, welche Entfeindung bewirkt und Entfremdung aufhebt, in die Gesellschaft reintegriert werden. Daß Jesus bei Zachäus einkehrt, läßt diesen Anerkennung und Annahme erfahren und ermöglicht ihm Umkehr, Reue, einen Neuanfang und die Zugehörigkeit zu denen, die bisher nichts mit ihm zu tun haben wollten.

So richtig es ist, daß der Außenseiter Z. durch die heilvolle Zuwendung Jesu aus seiner Isolierung und der Rolle des Sündenbocks (V.7) befreit wird, so wenig liegt eine solche Verallgemeinerung, die die Erfahrung des reichen Zollunternehmers auf die Situation gesellschaftlicher Außenseiter aller Art hin auslegt, in der ursprünglichen Intention dieser Erzählung. Zwar mündet sie selbst in ein Menschensohnwort ein (V.10), das das Wirken Jesu in Anlehnung an Ez 34,11–16 als das Suchen und Retten der Verlorenen deutet. Doch stellt dieser Vers nicht den hermeneutischen Schlüssel zu einer alle konkreten Lebensdaten des Z. aufhebenden Lektüre dar, sondern faßt gegen Ende des Weges Jesu nach Jerusalem sein errettendes Handeln an den Abrahamskindern programmatisch zusammen. Was beim Suchen und Finden des verlorenen Schafes, Groschens und Sohnes (Lk 15) gleichnishaft zur Sprache kommt, widerfährt hier Z. in seiner konkreten Lebenssituation als Zollpächter. Der Text des lk. Sondergutes will beim Wort genommen werden als eine Erzählung, der es um die Frage geht, wie reiche ChristInnen gerettet werden können und wie sie sich in einer Gemeinde verhalten sollen, in der sie gemeinsam mit armen und besitzlosen ChristInnen leben.

Genau das, was in den meisten Predigt(meditation)en über die Z.–Perikope verschwiegen oder entleert bzw. allegorisch oder symbolisch (um)gedeutet wird, nämlich der Reichtum des Z. und sein Umgang damit, an dem sich seine Zugehörigkeit zum Reich Gottes entscheidet, bildet das Zentrum der Erzählung im Kontext des Lukasevangeliums. Weil Z. als Zollunternehmer nicht ein angesehener, sondern verachteter Reicher ist – gilt er doch als Kollaborateur der römischen Besatzungsmacht und sein Reichtum als ein überwiegend unrechtmäßig durch Betrug und Bedrückung erworbener –, scheint der Text selbst zur Schwerpunktverlagerung und zur Eliminierung der Provokation einzuladen. Daß Z. durch seinen Beruf als Außenseiter und Sünder abgestempelt ist, entlastet nicht nur die ZuschauerInnen in der Erzählung, sondern auch die meisten AuslegerInnen, die den Reichtum des Z. für ein zu vernachlässigendes Problem halten und sich des armen, kleinen, ausgestoßenen Oberzöllners als Paradigma aller outcasts annehmen.

Kaum eine andere biblische Tradition wird im Kontext der »Ersten Welt« so sehr entschärft und neutralisiert, wie die Kritik am Reichtum. Daß Reichtum, durch Betrug und Ausbeutung angehäufter allzumal (gibt es welchen, der davon völlig frei ist?), von der Teilhabe am Reich Gottes ausschließen könnte, daß er Sünde ist, weil er die, auf deren Kosten er erworben wurde, um ihre Lebensmöglichkeiten bringt und an einer befreienden, heilvollen Erfahrung des neuen Lebens in der christlichen Gemeinschaft hindert, müssen wir erst wieder von den Armen und ihrer befreiungstheologischen Lektüre der Bibel, die die Aussagen über Armut und Reichtum weder spiritualisierend verschleiert noch allegorisierend ihrer Konkretheit beraubt, lernen.

II.

Daß die reichen ChristInnen verloren gehen können, ist eine Sorge, die – rein formal gesehen – Lukas mit den gegenwärtigen Kirchen(leitungen) in unserem Land gemeinsam zu haben scheint. Doch während die Reichentheologie des Lukasevangeliums (als komplementäre und not-wendige Kehrseite seiner Armentheologie) kritisch um die Gefährdung des Heils der Reichen durch ihr Vermögen weiß (vgl. 6,24–26; 8,14; 12,13–21; 16,19–31; 18,18–30; Apg 5,1–11 u. ö.) und sie zur Umkehr in eine Solidargemeinschaft mit den Armen als dem menschenunmöglichen Gang durchs Nadelöhr (18,14–27) bewegen will, ist die Sorge um die Reichen heute, die sich an der Furcht vor der Abwanderung potenter Kirchensteuerzahler entzündet, vielfach Ausdruck kirchlicher Besitzstandswahrung und Anpassung an die sozioökonomischen Verhältnisse der sog. freien Marktwirtschaft. Diese Rücksichtnahme auf die Reichen ist nicht – z. B. in der Form prophetischer Sozialkritik – an deren Teilnahme am Reich Gottes interessiert, sondern an ihrem Beitrag zum kirchlichen Finanzaufkommen und beschneidet oft gerade das prophetische Amt der Kirche ganz empfindlich. Die Sorge des Lukas dagegen erwächst aus den Spannungen zwischen armen und reichen Gemeindegliedern, sein Interesse an den Reichen zielt ab auf deren Abkehr von einem verfehlten Umgang mit ihrem Besitz und auf einen Besitzausgleich, eine gerechte Verteilung der Güter in der Gemeinde (vgl. 3,10ff.; Apg 2,43ff.).

Lukas nimmt damit der älteren Jesustradition die Härte eines Ausschlusses der Reichen aus der Gemeinschaft des Reiches Gottes mit der völligen Umkehrung der sozialen Geschicke und stellt neben den freiwilligen Besitzverzicht im unwiederholbaren Kontext der Nachfolge Jesu auf dem Weg nach Jerusalem die mit den Armen solidarische Indienstnahme des Besitzes für das Reich Gottes, die für die Reichen zugleich eine Befreiung aus der Gefangenschaft der Habgier und der Sorge um den Besitz sowie von der Gefahr seiner unrechtmäßigen Anhäufung bedeuten kann. Ohne die Radikalität des Evangeliums der Armen zu verdrängen, sucht er als Evangelist der Reichen nach praktikablen Wegen, zu einem materiellen und sozialen Ausgleich in seiner Gemeinde zu kommen (vgl. L. Schottroff/W. Stegemann, 89–153; bes. 136–153).

III.

Vor dem Hintergrund dieser sozialen Botschaft des Lukasevangeliums wird die Eliminierung des Reichtums in der Auslegung von Lk 19,1–10 um so augenfälliger und dokumentiert damit um so unübersehbarer die ursprüngliche Provokation dieser Perikope. Es ist die exegetische Neutralisierung von V.8, die dem vorbildlichen Verhalten des Z. als einer konkreten Handlungsanweisung an reichen ChristInnen ihre Schärfe nimmt. Als besonders wirkungsmächtig hat sich hier die Auslegung R. Bultmanns erwiesen, für den Lk 19,1–10 »eine ideale Szene, eine weitergesponnene Variante von Mk 2,14, zu der vielleicht die Verbindung von Mk 2,14 mit 15–17 den Anstoß gegeben hat« (Bultmann, 34) darstellt, mit der die Gemeinde das Wort Jesu (V.10) bildlich als Tröstung des trostbedürftigen Sünders veranschaulicht und damit unterschiedslos alle zur Identifikation mit Z. einlädt. So wird die Z.-Erzählung von der Berufung und dem Gastmahl des Zöllners Levi geschluckt, und das Problem des reichen Oberzöllners fällt weg, zumal sich neben der Anfügung von V.10 und der Lokalisierung der Begegnung in Jericho (V.1) gerade V.8 als lk. Redaktion und damit als sekundär literarkritisch ausscheiden läßt – mit dem Argument, daß V.9 unmittelbar an V.7 anschließe, als eine Antwort Jesu auf das Murren der Menge. Gilt V.8 als Hirngespinst (»weitergesponnen«) der lk. Moral, erübrigt sich damit auch jede Berücksichtigung des Verses für eine Auslegung, die sich nur noch um ein Verständnis des als ursprünglich rekonstruierten Textes bemüht.

Wie harmlos, aber theologisch höchst folgenschwer die Auslassung von V.8 daherkommt, mag schon der Text eines Zachäus-Spielliedes für Kinder verdeutlichen:

> »1. Zachäus, böser reicher Mann, was hast du denn getan?
> Wo kommt das viele Geld denn her in deinem Beutel groß und schwer?
> Zachäus, Zachäus, du böser reicher Mann!
>
> 2. Zachäus, armer reicher Mann, dich schaut ja keiner an!
> Die Leute haben dich nicht lieb, geh weg von uns, du böser Dieb!
> Zachäus, Zachäus, du armer reicher Mann!
>
> 3. Zachäus, kluger kleiner Mann, jetzt fängst du's richtig an!
> ›Laßt ihr mich nicht hier bei euch stehn, vom Baum aus kann ich Jesus sehn!‹
> Zachäus, Zachäus, jetzt fängst du's richtig an!
>
> 4. Zachäus, froher kleiner Mann, dein Heiland sieht dich an!
> ›Läßt du mich in dein Haus hinein, dein Gast will ich noch heute sein!‹
> Zachäus, Zachäus, du froher kleiner Mann!«
> (Text: Marianne Stoodt, in: 111 Kinderlieder zu Bibel, [5]1972, 67)

Dafür, daß aus dem bösen und armen reichen Mann Z. ein froher kleiner Mann wird, sorgt allein Jesus, indem er bei dem verachteten Reichen, den keiner lieb hat, als Gast einkehrt. Nur der kluge Einfall des Z., auf die Sykomore zu steigen, kommt dem Wirken des »Heilandes« unterstützend entgegen. Keine Spur mehr vom halben Besitzverzicht und von der vierfachen Rückerstattung des betrügerischen Gewinns!

Wer auf ein Verstehen des Textes in seiner kanonischen Endgestalt nicht von vornherein verzichtet, deutet gewöhnlich V.8 als ein auf die Zukunft gerichtetes Versprechen und Gelöbnis des Z., an dem sich die Echtheit seiner Umkehr erweisen wird. Die Einwohnung Jesu in seinem Haus befreit Z. zu diesem neuen Umgang mit seinem Vermögen und zur Korrektur seines betrügerischen Verhaltens durch vierfache Wiedergutmachung. Die dogmatische Domestizierung der Exegese macht es nötig im wesentlichen zu betonen, daß das Versprechen des Z. nicht die Heilszusage Jesu veranlaßt (V.9), daß diese vielmehr in der Begegnung mit Jesus gründet, in der Z. die Abrahamskindschaft zugesprochen wird. Unbemerkt treten das Verhalten des Z. und seine Zugehörigkeit zum Volk Gottes, die nicht selten auch noch – im Sinne des Paulus (Gal 3,6ff.) – geistig verstanden wird, in einen Gegensatz.

Entgegen dieser Deutung von Lk 19,1–10 als Umkehrgeschichte möchte ich die präsentische Formulierung von V.8 ernstnehmen und ihn als ein auf das Murren der Menge reagierendes Bekenntnis des Z. verstehen, mit dem er auf seine bisherige Praxis verweist (vgl. Fitzmeyer, 1218ff.; Steiger, 316f.; Neidhart, 270). Z. leugnet seine Verfehlungen und die seinem Beruf inhärente Möglichkeit zur Ausbeutung nicht: das Verb, mit dem er sein betrügerisches Tun charakterisiert (sykophantein), meint in der LXX die gewaltsame Bedrückung von sozial Schwachen (vgl. z. B. 3. Mose 19,13; 5.Mose 24,14; Jer 7,6; Sach 7,10 u. ö.); aber er ist bemüht um vierfache Wiedergutmachung – ein möglicher Hinweis darauf, daß er seinen aus der Zollpacht erwirtschafteten Gewinn (zumindest teilweise) als Diebstahl versteht (vgl. 2.Mose 22,1; 2. Sam 12,6 – allerdings nur für Viehdiebstahl). Und Z. hat ein Verhältnis zu den Armen, indem er die Hälfte seines Reichtums mit ihnen teilt. Im Duktus dieses Verständnisses hat der Heilszuspruch, den Z. von Jesus erfährt, die murrende Menge zu MithörerInnen: Er ist die öffentliche Rechtfertigung des Sünders Z., der seine Verfehlungen nicht unter den Teppich kehrt, sich aber durch sein Tun an den Armen, durch die Erfüllung der Tora als Abrahamssohn erweist. Die Begegnung mit Jesus verändert nicht erst das Verhalten des Oberzöllners, aber sie stellt es für die, die ihn bisher als Sünder ausgegrenzt haben, ins Licht der Verheißung und schließt sie so mit ihm in die eine Gemeinschaft der Abrahamskinder zusammen. Wenn die Abrahamssohnschaft des Z. und sein Verhalten nach V.8 zusammengesehen werden in der Begründung der Heilsansage, wittert mancher Ausleger hier Pharisäismus, jüdische Gesetzlichkeit und Verdienstethik, Synergismus oder Frühkatholizismus und fürchtet um seine protestantische Freiheit und das reformatorische sola-gratia-Prinzip. Anders Lukas, für den

V.8 und 9 eine unauflösliche Einheit bilden: an der Person des reichen Z. exemplifiziert er eben nicht nur, wie Jesus die Verlorenen, die als Sünder Verachteten (be-)sucht und rettet, sondern auch wie ein Reicher heil-voll mit seinem Besitz umgehen kann und dadurch gerettet wird.

IV.

Das Beispiel des Zollunternehmers Z. bleibt zurück hinter der radikalen Besitzlosigkeit der JüngerInnen Jesu (z.B. Lk 18,28–30). Z. wird nicht in die Nachfolge gerufen, er gibt – anders als der Zöllner Levi – seinen Beruf nicht auf, der ihn doch immer wieder in ungerechte und betrügerische Geschäfte, in strukturelle Sünde verstricken kann. Auf den ersten Blick mag man enttäuscht sein vom sozialen Programm des halben Besitzverzichts um eines innergemeindlichen Ausgleichs willen, der für Lukas neben das Almosengeben und die anderen Taten der innergemeindlichen Liebe tritt (vgl. L. Schottroff/W. Stegemann, 136ff.). Die Weherufe über die Reichen sind entschärft, die Unmöglichkeit für einen Reichen, ins Reich Gottes zu kommen, ist durchbrochen. Die Praxis des Z., dessen Name »der Gerechte«, »der Reine« wohl mehr und anderes als ein ironischer Kommentar zu seinem Beruf als Zollpächter ist, wird zum Paradigma für das Maß der Neuorientierung, das Lukas von den Reichen erwartet. Wie radikal, provokativ und u-topisch aber auch diese Anweisung zur konkreten Solidarität der Reichen mit den Armen und zur Beendigung ihrer illegitimen Machenschaften ist, zeigt ihre exegetische und homiletische Unterdrückung. Wenn der halbe Besitzverzicht des Z. nicht nur ein auf zukünftige Erfüllung hin geleistetes Versprechen ist, von dem wir nicht wissen, ob er es gehalten hat, sondern ein Bekenntnis zu seiner Praxis, dann können wir uns heute nicht mehr mit dem Verweis auf die Unmöglichkeit einer radikalen Nachfolgeexistenz aus der Affäre ziehen, sondern müssen uns gerade dem Realismus in der Sozialutopie des Lukas stellen. Daß Lukas eine veränderte Lebenspraxis der Reichen und damit ihre Errettung für möglich hält, stellt gerade die größere Provokation dar, weil sie in Pflicht nimmt.

Wieviel näher wären wir schon der von Lukas angestrebten Solidargemeinschaft, wenn wir wie Z. die Hälftes unseres Besitzes mit den Armen teilten und den vor (persönlicher und) struktureller Sünde stinkenden Gewinn vierfach zurückzahlten! Wir tun das ja alle nicht, deshalb verbannen wir V.8 – zur Beruhigung unseres Gewissens – so schnell aus der biblischen Geschichte und kommen doch immer wieder beim Geld an, wenn wir nach dem suchen, was die eine weltweite Gemeinschaft der Töchter und Söhne Gottes unmöglich macht. Wie könnte es denn gehen, so zu handeln, wie Z. es tat, auch wenn das noch nicht das letzte Wort auf der Suche nach Gerechtigkeit sein muß? Wo sind in unseren Gemeinden die Zachäus-Häuser der (kleinen und großen) Reichen, in denen das Feierabendmahl gefeiert werden kann, wo die Halbierung des Besitzes und die vierfache Rückerstattung des unrechtmäßig Erworbenen stattfindet? Feierabendmahl in den multinationalen Filialen der Jerichoer Zollstationen im Ruhrgebiet – ein u-topischer Gedanke? Und mehr noch: Wer ist da, der/die uns das Heil zuspricht und unser Tun als ein den Geboten der Abrahamskindschaft gemäßes, solidarisches und gerechtes öffentlich legitimiert?! Können das nicht auch nur diejenigen sein, die uns heute immer noch ihr »Wehe euch, die ihr jetzt satt seid, denn ihr werdet hungern!« (Lk 6,25) zurufen müssen, das seine Schrekken ja nicht verliert, solange wir nicht wenigstens wie Z. auf die Hälfte des Besitzes verzichten und der strukturellen Sünde der wirtschaftlichen Ausblutung ihrer Länder ein Ende machen?! Freude im Haus des Z. – so scheint mir – kann nur dann aufkommen, wenn die sich bei uns einladen, denen die Verheißung gilt: »Selig, ihr Armen, denn euch gehört das Reich Gottes!« (Lk 6,20)

Eine kleine Nachbemerkung:
Die Erzählung vom Oberzöllner Z. ist eine Männergeschichte, Frauen und Kinder kommen in ihr nicht vor; was das Heil für das Haus des Z. (V.9) bedeutet, wird nicht entfaltet, ebensowenig wie die Partizipation seiner Familie an der Ausgrenzung als Sünder, an dem Gewinn durch das Zollunternehmen, an dem Teilen mit den Armen und der Rückerstattung des unrechtmäßigen Besitzes. Weil sie *ein* Paradigma für das innergemeindliche Verhalten der Reichen, aber nicht das einzige Wort des Lukasevangeliums über den Umgang mit Besitz ist, könnte es beim Feierabendmahl zu einer (fiktiven) Begegnung zwischen ZeugInnen der lk. Botschaft an die Reichen beim Feierabendmahl kommen: Z. im Gespräch mit Maria Magdalena (8,1–3), mit dem reichen Kornbauern (12,13–21), mit dem armen Lazarus (16,19–31), mit der Maria des Magnificat (1,46–55)..., in deren Gespräch die Sozialutopie des Lukas neue und scharfe Konturen für unsere Zeit be-

kommt. Für die Einladung zum Festmahl hält das Lukasevangeliums eine Regel bereit: 14,12–14, die auch dem Kirchentagsfeierabendmahl gut anstehen würde, damit – wenigstens gleichnishaft – wahr wird: »Selig, wer im Reich Gottes am Mahl teilnehmen darf« (14,15).

Literaturhinweise

R. Bultmann, Die Geschichte der synoptischen Tradition, Göttingen ⁹1979
J. A. Fitzmeyer, The Gospel According to Luke X–XXIV (The Anchor Bible 28 A), New York 1985
W. Neidhart, Predigtmeditation zu Lk 19,1–10, in: GPM 43 (1988/89), 267ff.
L. Schottroff/W. Stegemann, Jesus von Nazareth – Hoffnung der Armen, Stuttgart u. a. 1978
E. Schweizer, Das Evangelium nach Lukas (NTD 3), Göttingen 1982
L. Steiger, Predigtmeditation zu Lk 19,1–10, in: GPM 37 (1982/83), 309ff.

Katharina von Bremen

Große Worte für kleine Gruppen

Gedanken zum Text des Schlußgottesdienstes Römer 8,14–17

(14) Alle nämlich, die vom Geist Gottes geführt werden, sind Söhne Gottes. *(15)* Denn ihr habt nicht einen Geist der Sklaverei empfangen, (der euch) wiederum zur Furcht (brächte), sondern ihr habt einen Geist der Kindschaft empfangen, durch den wir rufen: Abba, Vater! *(16)* Der Geist selbst bezeugt zusammen mit unserem Geist, daß wir Gottes Kinder sind. *(17)* Wenn aber Kinder, dann auch Erben; und zwar Gottes Erben als Miterben Christi, wenn wir denn mitleiden, damit wir auch mitverherrlicht werden.

Kinder Gottes – Gemeinschaft von Schwestern und Brüdern

Phoebe kam im Jahr 56 nach Rom. Sie war Diakonin und Vorsteherin der Kirche von Kenchreä, einer Hafenstadt Korinths. In ihrem Gepäck trug sie einen Brief des Paulus, der an alle »Geliebten Gottes und berufenen Heiligen« in Rom gerichtet war. Vielleicht war sie mit dem Schiff gekommen, auf dem Tiber entlang und dann im Hafenviertel Roms, in Trastevere, gelandet. Vielleicht hatte sie sich – wie so viele Reisende aus dem Osten vor ihr, mit ihr und nach ihr – von der Hafenstadt Puteoli aus über die Via Appia auf den Weg gemacht und so als erstes Stadtviertel die feuchte, ungesunde Appia-Niederung zwischen den Hügeln Caelius und Aventin erreicht. Trastevere und die Appia-Niederung waren auf Handel und Transport ausgerichtete Warenumschlagplätze mit Lagerhallen, Fabriken, Werkstätten und Handelseinrichtungen. In dicht aneinandergebauten, mehrstöckigen Mietshäusern lebten die Menschen, die hier Arbeit und oft nur dürftiges Einkommen hatten. In beiden Vierteln wohnte der größte Teil der jüdischen Bevölkerung Roms; hier standen Synagogen und Bethäuser. Die frühen christlichen Gruppen Roms hatten sich – wie sonst auch, doch unabhängig von der Mission des Paulus – in den Synagogengemeinden gefunden, aus ihnen entwickelt. Ihre Zusammenkünfte fanden in Hausgemeinden statt, die wohl auch dort lagen, wo sie entstanden waren. In welchem Stadtviertel auch immer Phoebe ankam, sie konnte sicher sein, in einer der Hausgemeinden die Menschen zu finden, die sie aufnahmen und ihr Gastfreundschaft gewährten – Schwestern und Brüder also, die sie als Kind Gottes empfingen.

Die Verbundenheit früher christlicher Gemeinden untereinander verdankte sich nicht allein dem Wissen um »geistige Gemeinschaft«. Sie war zu einem großen Teil über persönliche Bekanntschaft vermittelt. Auch Phoebe wird die eine oder den anderen auf der Grußliste von Röm 16 gekannt haben – Prisca und ihren Mann Aquila zum Beispiel, die einige Zeit in Korinth gelebt hatten. Die Grußliste erhellt, was auch andernorts über die frühen christlichen Gemeinden zu erfahren ist. Nach ihrer ethnischen, religiösen, sozialen und geschlechtsspezifischen Zusammensetzung stellten sie eine höchst uneinheitliche Gruppe dar. Viele ihrer Konflikte entsprangen gerade diesen gesellschaftlichen und kulturellen Unterschieden. In der Liste finden sich Menschen jüdischer, griechischer und nichtgriechischer Herkunft. Frauen – als namentlich Genannte in der Minderheit – sind die aktiveren Gemeindeglieder. Viele sind Sklavinnen und Sklaven, einige sind Freigelassene, wenige sind freie Bürger und Bürgerinnen oder gar mit dem römischen Bürgerrecht versehen. Einige lebten schon immer in Rom, andere waren erst vor kurzer Zeit aus dem Osten zugezogen.

Außerhalb der Gemeinde, in der Gesellschaft, waren und blieben diese Unterschiede trennend. Deshalb ist anzunehmen, daß die Gemeinschaftserfahrung, die diese Menschen im Bewußtsein der Unterschiede zu einer Gemeinde zusammenbrachte, nicht auf idealen Vorstellungen, Wünschen oder zukünftigen Verheißungen beruhte. Die Fülle familiärer Bezeichnungen in der Gemeindesprache, wie sie auch in Röm 8,14–17 anklingen, läßt auf Erlebnisse schließen, die in den frühen christlichen Gruppen tatsächlich gemacht werden konnten. Oft genug war allein die Gemeinde der Ort, wo Vertrautheit, Aufgehobensein, Anerkennung, Unterstützung und Zuflucht gefunden wurden.

Sich selbst als Kind Gottes erfahren zu dürfen, eröffnete die Möglichkeit, unabhängig vom gegebenen gesellschaftlichen Stand und festgelegten Rollenzuweisungen die je eigenen Begabungen und Fähigkeiten in einer anderen Umgebung und deshalb neu zu entwickeln und zu erproben. Die eher anarchischen, also herrschaftslosen Verhältnisse, die den frühen Gemeinden eigen sind, hängen wohl unmittelbar mit der Eröffnung solcher Möglichkeiten zusammen. Die Zuwendung Gottes in der Zusage der Gotteskindschaft mußte in jedem einzelnen Menschen ankommen und wachsen, und doch blieb die Erfüllung dieser Erfahrung der Zusammenkunft der Gemeinde vorbehalten. Die Antwort auf die Zuwendung Gottes im Gottesdienst »Abba, Vater!« wurde nicht von Einzelkindern gerufen. Erst das gemeinsame Zeugnis, der Zusammenklang von Gottes Geist und »unserem Geist« machte die einzelne Erfahrung zur erfüllten Gewißheit: Wir sind Kinder Gottes! Als Kinder Gottes sind wir untereinander Söhne und Töchter, Schwestern und Brüder.

Die frühen christlichen Gemeinden, die Hausgemeinden in Rom, waren kleine Minderheiten. Hilfe und Zuwendung, Sensibilität für andere, der Hang zu den Niedrigen (Röm 12,9ff.) blieben in der Regel auf den innerkirchlichen Bereich beschränkt, allerdings in ökumenisch orientierter Solidarität. Dennoch gab es eine große Offenheit, die im missionarischen Streben selbst angelegt war: In jedem Menschen war ja zunächst einmal die potentielle Schwester oder der potentielle Bruder zu sehen. Wie anders, wie ungleich mühevoller und bescheidener erleben wir heute unsere Fähigkeiten! Fremde Gäste sind uns selbst diejenigen, die aus gleicher christlicher Tradition kommen und dieselbe Sprache mit uns sprechen – Christinnen und Christen zum Beispiel, die aus der Sowjetunion oder Rumänien zu uns übersiedeln. Es fällt schwer, uns fremd erscheinende Glaubensvorstellungen als Bereicherung und nicht nur als ›Fossile der Vergangenheit‹ wahrzunehmen. Die Bereitschaft, sie als Schwestern und Brüder anzunehmen, ist wohl abhängig davon, ob ich selbst in meiner Gemeinde diese Annahme erfahre.

Als Miterben Christi Erben Gottes

»...zugunsten meiner Brüder, meiner Verwandten nach dem Fleisch, die ja Israeliten sind, denen die Sohnschaft und die Herrlichkeit und die Bundesschlüsse und die Gesetzgebung und der Gottesdienst und die Verheißungen gehören, denen die Väter gehören und aus denen Christus dem Fleisch nach stammt.« In dieser Aufzählung in Röm 9,4f. stellt uns Paulus die Erben selbst und die Erbschaft vor Augen. Viele biblische Texte haben die Vorstellung von Israel als dem Sohn Gottes zum Ausdruck gebracht; eindringlich geschieht dies in 2. Mose 4,22. In der Auseinandersetzung um die Durchsetzung des Willens Gottes, die Mose für Gott mit dem Pharao zu führen hat, ist dem Pharao allererst das Recht Gottes auf Israel zu sagen: »Mein erstgeborener Sohn ist Israel... Entlaß meinen Sohn, damit er mir diene.« Gott hat sich ein besonderes Verhältnis zu Israel geschaffen, zu dem Volk, das Gott sich wählte, »als der Höchste die Völker verteilte«, das Gott »in der Wüste fand... und hütete wie seinen Augapfel« (5. Mose 32,8.10).

Dieses besondere Gottesverhältnis ist in Römer 9,4 mit dem Begriff »Sohnschaft« bezeichnet. Das griechische Wort hat in der hebräischen Sprache und wohl auch in der jüdischen Vorstellungswelt dieser Zeit kein Äquivalent. Es scheint, daß »Sohnschaft« in unserem Text (Röm 8,15) – in den Übersetzungen häufig als »Kindschaft« benannt – eher den Akzent auf die eigentliche griechische Bedeutung legt. »Sohnschaft« ist ein juristischer Begriff, der im hellenistischen Bereich den Vorgang der Adoption bezeichnet. Ausgedrückt wird, daß die angenommenen Kinder den natürlichen Kindern gleichgestellt werden. Die rechtliche Perspektive, die hier bei Paulus mitschwingt, erklärt zudem, warum nur von den »Söhnen Gottes«, nicht aber von »Söhnen und Töchtern« die Rede ist, was keineswegs ganz ungewöhnlich wäre. Jedoch: in der normalen und idealen Vorstellung patriarchalisch strukturierter Gesellschaften ist das Erbe an die männlichen Nachkommen gebunden.

Die Kinder Gottes sind Erben Gottes als Miterben Christi – so formuliert Paulus in Röm 8,17. Die angenommenen Kinder werden einbezogen in eine Erbschaft, die ihnen Christus, Gottes »eigener Sohn« (Röm 8,32), vermittelt hat. Sie sind keine Alleinerben, etwa um Israel zu enterben, sondern auf Christus bezogene Erben. Für Paulus ist Christus selbst zuerst und ausschließlich zum »Diener« Israels geworden, um die »Wahrheit Gottes« zu erweisen, die in der Treue zur Erwählung seines Volkes besteht (Röm 15,8). Aus freiem Erbarmen heraus hat es Gott gefallen, auch die Völker zu berufen, damit sie »seinem Namen lobsingen« (Röm 15,9; vgl. 9,16.23f.). Es ist wohl diese Grundüberzeugung des Paulus, daß Gottes Name in aller Welt und unter allen Völkern anzurufen sei, die ihn in seiner Mission immer wieder vorantreibt. Über Rom hinaus ist ja Spanien sein Ziel.

Das Christentum als Miterbe hätte Träger einer verheißungsvollen Erbschaft Gottes sein können, doch als vermeintlicher

Alleinerbe wurde es zum Träger schrecklicher Erblasten. Gerade Zeiten gesellschaftlicher Umbrüche und die sie begleitenden sozialen und psychischen Verunsicherungen bringen immer wieder neu den alten Antisemitismus hervor – unabhängig davon, ob überhaupt und wieviele jüdische Menschen in einem Land leben. Die gegenwärtigen Umwandlungen in Europa und in Deutschland haben diese historische Erfahrung erneut bestätigt. Daß es »Antisemitismus ohne Juden« gibt, ist eine unabweisbare, bedrückende Erkenntnis. Von 1290 bis 1656 durften in England keine Juden leben, und doch geschah dem Fortbestehen und Wachstum judenfeindlicher christlicher Pamphlete kein Abbruch. Angesichts dieses – in seiner Tiefe ganz irrationalen – Phänomens ist die Verantwortung der Kirchen in der Gegenwart besonders groß. Die Auslegung ihrer ureigenen Schriften des Neuen Testaments kann ohne den Horizont des Judentums nicht auskommen; deshalb ist es unmöglich, sich der Frage zu entziehen, wie diese Auslegung im Bewußtsein der – auch gesellschaftlichen – Verantwortung für die Integrität des Lebens jüdischer Menschen geschehen kann. Die Berufung auf tote Buchstaben auf der Grundlage einer historischen Exegese kann auch zur Flucht vor den je gegenwärtigen Aufgaben der Kirche werden, die allemal im Heiligen Geist, im Sinne des »Geistes des Lebens« (Rm 8,2), zu bestimmen sind.

Geführt von Gottes Geist

»Wilde Gesellen, vom Sturmwind des Heiligen Geistes bewegt, die alle Brücken nach rückwärts abgebrochen hatten, heimatlos nach vielen Seiten... Das ist, und Paulus meint, das soll für alle Zeiten sein und bleiben: das Christentum – ein Haufen solcher wilder, vom Sturmwind des Geistes bewegter Heimatloser...« – so predigte Friedrich-Wilhelm Marquardt, Anfang der 60er Jahre Studentenpfarrer in Berlin, im Jahre 1968 über den Galaterbrief 4,22–5,1, nicht sehr lange nach dem Apo-»Go-in« im Weihnachtsgottesdienst der Kaiser-Wilhelm-Gedächtniskirche. Mit einer gewissen Wehmut erinnere ich mich an diese Zeiten, in denen nicht ohne Kummer über das, was in der Welt geschah, doch oft unbekümmert und fröhlich der »Geist der Freiheit« als »Geist der Unordnung« ausgelegt wurde – gegen die Ordnungen in Welt und Kirche und gegen den herrschenden Anpassungsgeist.

Wie anders lese ich heute das 8. Kapitel des Römerbriefs. Der Geist Gottes »wohnt« in uns, formuliert Paulus in den Versen 8 und 9 dieses Kapitels. Das klingt nach einer fast seßhaft zu nennenden Anwesenheit, und auch die sonst in diesem Kapitel genannten Tätigkeiten des Geistes kommen solcher Vorstellung nahe: Der Geist bezeugt zusammen mit unserem Geist (Röm 8,17); der Geist kommt unserer Schwachheit zu Hilfe, legt Fürsprache für uns ein mit unaussprechlichen Seufzern (Röm 8,26) und tritt bittend für die Heiligen ein (Röm 8,27). An dieser »Seßhaftigkeit« liegt es wohl, daß uns dieser Geist eher »führt« oder »leitet«, denn als Rückenwind, gar als »Sturmwind« treibt. Der Geist im Römerbrief scheint die Mängel, die unserem Bewußtsein und Handeln anhaften, in unerschöpflicher Güte fortwährend auszugleichen. Doch eigentümlich bleibt, daß gerade in diesem Römerbrief nicht recht auszumachen ist, wo und wann wir dieses Geistes so teilhaftig werden, daß der Eindruck der Seßhaftigkeit entstehen kann.

Der Geist sei mit der Taufe gegeben, lautet die übliche Auskunft. Aber wenn Paulus in diesem Brief von der Taufe spricht, redet er nicht ausdrücklich vom Geist; und wenn er vom Geist handelt, kommt die Taufe nicht vor (vgl. Röm 6,1 ff. mit Röm 5,1 ff. und Röm 8). Der »Besitz« des Geistes wird so zur kaum faßbaren Größe. Der Geist Gottes, der sich als Gotteskindschaft bezeugt, ist wohl nur je aktuell zu erleben. Nach allem, was gerade in den paulinischen Briefen über die Erfahrungen der frühen christlichen Gemeinden mit dem Geist zu lesen ist, können die Gemeindeversammlungen – mit unseren Augen gesehen und unserem Temperament erlebt – nur recht chaotische, allenfalls faszinierend-exotische Veranstaltungen gewesen sein. Und Paulus bremst diese Wirkungen des Geistes nicht, wenn er darauf beharrt, sie müßten auch für Außenstehende verständlich, am besten ansteckend sein. Die unterschiedlichen Begabungen und Fähigkeiten sollten und konnten sich entfalten. Der Geist der Gotteskindschaft schuf die Grundlage: Nicht die Herkunft zählte, nicht der Status und erst recht nicht die Beurteilungskriterien, die gesellschaftlich galten – insofern tatsächlich ein »Haufen« vom Geist »bewegter Heimatloser«.

In diesem Horizont verstehe ich zunächst die eigenartige Formulierung »Ihr habt nicht einen Geist der Sklaverei empfangen, (der euch) wiederum zur Furcht (brächte)«. Wie kann unter der

Perspektive des Geistes Gottes Sklaverei Geist haben? Aber wenn Sklavinnen und Sklaven, Freie und Unfreie, Frauen und Männer in der Gemeinde als Leiterinnen und Diakone, Lehrerinnen und in vielen anderen Aufgaben tätig werden konnten, dann ist die mahnende Erinnerung schon angebracht, in der Gemeinschaft nicht in die Sklaverei zurückzufallen, sich selbst nicht untereinander die Herren zu schaffen, vor denen sich zu fürchten, wie gehabt, unvermeidlich ist.

Die Kirchen haben eine andere Entwicklung durchgemacht: Wohlgeordnete Ortsbestimmungen, zählebige Rollenzuweisungen und gut gesicherte Herrschaftsbereiche gehören zum kirchlichen Alltag. Die Rede von der Kirche als »Dienstgemeinschaft« vernebelt den kritischen Blick auf Strukturen, die Frauen bis heute in den »dienenden« Bereichen festnageln und ihnen die Furcht einflößen, sie selbst wären zu Entscheidungsaufgaben gar nicht befähigt. Ein wenig »Sturmwind des Geistes«, der festgefahrene Positionen durcheinanderwirbelte und tiefsitzende Ängste einfach wegwehte, müßte uns in der Kirche schon beflügeln, um sie in einen »herrenlosen« Bereich zu verwandeln.

Gottes Geist hält uns aber nicht in der Kirche fest, sondern führt uns über die Kirche hinaus. Die zukünftige Herrlichkeit steht ja noch aus (Röm 8,18), und die Hoffnung auf das kommende Reich Gottes öffnet den Blick auf die größeren und großen Zusammenhänge. Geschenkt ist die »Anfangsgabe« des Geistes, und Kinder Gottes sind die, die es noch werden sollen (Röm 8,23). Gottes Geist führt in die Welt hinein und macht dort das eigene Eingebunden-Sein in die Leiden der gesamten Kreatur erfahrbar. Das im Geist zu gewinnende »Wissen« (Röm 8,22) stellt – unabhängig von je spezifischer Betroffenheit – ins Mit-Leiden und damit in die Verantwortung für diese Welt.

Zweifellos, Paulus findet große, sehr große Worte in diesem 8. Kapitel des Römerbriefes. Gerade deshalb ist es notwendig, im Gedächtnis zu behalten, wem diese Worte zugeeignet waren. Den kleinen frühchristlichen Gruppen war eine Entschränkung von sich selbst zugemutet, die eine weltfremde Konventikelgesinnung unmöglich machte. Als Miterben waren sie in den Zusammenhang der Verheißungen Gottes an Israel gestellt, und die Hoffnung auf die künftige Mitverherrlichung erweiterte ihr Denken und Handeln über die Kirche hinaus. Allerdings, die Rede des Paulus ist auf Universalität angelegt, doch ist diese nirgends an dem orientiert, was damals wirklich universal war: am Imperium Romanum, das als durch Augustus begründete Pax Romana kaum zum Friedensreich verklärt werden kann.

Der Brief, den Phoebe im Jahre 56 nach Rom trug, wie kommt er heute bei uns an? Zu unserer Erbschaft in Deutschland und Europa gehört nun einmal der christliche und postchristliche Universalismus, der sich in der Welt, nicht selten gewalttätig, Geltung verschafft hat und unsere Wahrnehmungsfähigkeit und Toleranz gegenüber anderen Vorstellungen und Lebensweisen als unseren eigenen häufig erschwert. Die großen Worte des Paulus waren kleinen Leuten gesagt. Der Geist der Gotteskindschaft wurde in bescheidenen Verhältnissen, in umtriebigen, von Arbeit bestimmten Vierteln, im Großstadtgewühl erfahren und gelebt. Gottes Geist wohnt im Alltag der Welt. Mit diesem Wissen läßt sich gut nach Hause gehen.

Ausgewählte Literaturhinweise:

Jürgen Becker u. a., Die Anfänge des Christentums. Alte Welt und neue Hoffnung, Stuttgart 1987

Rainer Kampling, Fremde und Fremdsein in Aussagen des Neuen Testaments, in: Die Fremden, hg. v. Ottmar Fuchs (Theologie zur Zeit, 4), Düsseldorf 1988

Peter Lampe, Die stadtrömischen Christen in den ersten beiden Jahrhunderten (WUNT, Reihe 2, 18), Tübingen ^{2}1989

Friedrich-Wilhelm Marquardt, Aber Zion nenne ich Mutter... Evangelische Israel-Predigten mit jüdischen Antworten, hg. v. Joachim Hoppe, München 1989 (Das Zitat findet sich auf Seite 41.)

Themenbereich 1: Verantwortliches Wirtschaften: Um des Lebens willen

Wolfgang Belitz

Verantwortliches Wirtschaften führt zum Leben

»Gottes Geist befreit zum Leben« lautet die Losung des Kirchentags, »Verantwortliches Wirtschaften: Um des Lebens willen« die Überschrift des Themenbereichs 1. Es war eine sehr gute Idee, in allen Überschriften der vier Themenbereiche eine Verbindung mit der Losung herzustellen, damit deutlich wird, daß sozusagen alles Geist von einem Geist ist oder sein soll, der da lebendig macht, wie der Apostel Paulus sagt.

Es kann noch enger parallelisiert werden: Gottes Geist befreit zum Leben – Verantwortliches Wirtschaften führt zum Leben. Die Frage ist nur, wie das Geist von einem Geiste werden kann oder genauer, wie der eine (der Geist) dem anderen (dem Wirtschaften) aufhelfen kann.

Vielen macht es heute Spaß, die Welt des Wirtschaftens zu betreiben und ihre Zukunft zu beschreiben. Optimismus, ja Begeisterung, herrschen heute in der Wirtschaft des freien Marktes gerade auch im Blick auf die Zukunft. Beobachter der Szene im letzten Jahrzehnt vor der Jahrtausendwende sprechen bereits von »kapitalistischem Schwärmertum« (Lutz Niethammer).

Da ist schon etwas dran, wenn man beispielsweise den Wirtschaftsminister sagen hört, Deutschland und seine Wirtschaft seien flexibel wie Japan, sozial wie Schweden (das frühere Modell!) und stabil wie die Schweiz. Wer sänke nicht in die Knie, würde ihm die D-Mark als Währung verheißen.

Vieles ist jetzt ökonomisch zusammengekommen und löst mindestens Zufriedenheit aus bei denen, die in der Wirtschaft Verantwortung tragen.

Es ist nun einmal so, daß in Zeiten der Massenarbeitslosigkeit, und die herrschen bei uns seit 1975, die Machtverhältnisse sich verschieben zugunsten der Wirtschaft, weil der Arbeitsmarkt ein Käufermarkt wird, und der Spielraum für Arbeitnehmerinteressen sehr verengt wird. Weil nun die Wirtschaft am längeren Hebel sitzt, kann das Rad der Sozialgeschichte angehalten, ja u. U. auch zurückgedreht werden. Zu anderen Zeiten, etwa zu Zeiten des Arbeitskräftemangels auf einem leeren Arbeitsmarkt, gab es andere Machtverhältnisse.

Die gegenwärtige, sozialgeschichtliche Phase ist überdies verknüpft mit dem wirtschaftspolitischen Sieg des Monetarismus bzw. der angebotsorientierten Wirtschaftsauffassung, die sich bald über die ganze Welt verbreitet hat. Die herrschende Ökonomie und Ökonomik weisen den Staat zurück und die Arbeitnehmerforderungen in ihre Grenzen. Es müssen Rahmenbedingungen geschaffen werden, in denen das Kapital »sich wohlfühlt«. D. h., es muß sich ungehindert, unbelastet, unbegrenzt entfalten können. Dieser Befreiungsvorgang heißt »Deregulierung« aller Verhältnisse, in denen das nicht so ist; er macht auch vor dem Normalarbeitsverhältnis und dem gemeinsamen arbeitsfreien Wochenende nicht Halt. Nichts ist uns mehr heilig. Dahinter steht die anspruchsvolle Philosophie, daß die völlige, ungehinderte Kapitalverwertung die Dinge letztlich für alle zum besten führt.

Der amerikanische Ökonom John Galbraith nennt dies die sogenannte Pferd-Spatz-Theorie und meint damit, daß es wohl ein wenig umständlich sei, die Spatzen zu ernähren, indem man die Pferde üppig versorgt. Die sozialpolitische Auszeit für Arbeitnehmer und die wirtschaftspolitische Hoch-Zeit der angebotsorientierten Wirtschaftsphilosophie fallen in die Zeit eines langanhaltenden konjunkturellen Aufschwungs, der 1984 begann und in den letzten beiden Jahren einem neuen Höhepunkt zustrebt. In den 80er Jahren ist das Einkommen aus Unternehmertätigkeit und Vermögen von 242 Mrd DM unaufhaltsam auf 451 Mrd DM gestiegen. Seit 1983 ist das Bruttosozialprodukt unaufhaltsam gewachsen. Die Handelsbilanz schnellte von 8 Mrd DM (1980) auf 127 Mrd DM (1988) in die Höhe; die Leistungsbilanz von minus 25 Mrd DM (1980) auf 85 Mrd DM (1988). Die Bundesrepublik wurde die Exportnation Nr. 1 in der Welt und ist in ihrer internationalen Wettbewerbsfähigkeit nicht zu schlagen. Die Zahl der Beschäftigten ist dabei drastisch gestiegen. Das zurückliegende Jahrzehnt war ein Jahrzehnt der Wirtschaftsblüte und der glänzenden Bilanzen.

Natürlich werden auch die Schatten gesehen. Die Lohnquote am Volkseinkommen sinkt seit Jahren. Die Löhne sind von 1980 bis 1985 real unaufhörlich gesunken. Die Massenarbeitslosigkeit ist kaum berührt. Die Zahl der Langzeitarbeitslosen steigt, dementsprechend steigt dramatisch die Zahl der Sozialhilfeempfänger. Sie ist im vergangenen Jahrzehnt um mehr als 50 % gestiegen. Es wird heute gesprochen von neuer Armut, einer großen Umverteilung von unten nach oben, der Entstehung der Zweidrittelgesellschaft. An der ökonomischen Hauptrolle der Frauen hat sich nichts geändert. Nach wie vor basiert die Wirtschaft auf ihrer kostenlosen Reproduktions- und Beziehungsarbeit, ohne daß sie es bemerkt oder gar darüber nachdenkt, sie zu bezahlen.

Die an solchen Fakten und Entwicklungen anknüpfende Sozial- und Wirtschaftskritik, in der dann auch die Rede sein kann von den 80er Jahren als der Übergangszeit in die »postsoziale Gesellschaft«, greift solange zu kurz, wie sie nicht gewahr wird, daß sich in der jüngsten Vergangenheit auch eine »anthropologische Wende« vollzogen hat. Denn hinter der angebotsorientierten Wirtschaftsauffassung erscheint ein altes Menschenbild im neuen Gewande: Das Bild vom starken, selbstbewußten, kreativen Wirtschaftsbürger, der den Sozialstaat nicht braucht, dessen Leistung sich wieder lohnen muß (dazu braucht er eher den Steuerstaat), der eben für seine Lebensrisiken selbst einstehen kann und will. Dieses Bild ist ja auch gar nicht so undemokratisch, wenn es dazu führen würde, mehr Verteilungsgerechtigkeit der Ressourcen zur Bewältigung der Lebensrisiken einzuführen. Ohne dies aber gibt es, wenn die Gesellschaft auf dieses Menschenbild setzt, tiefe Spaltungen: Erfolgreiche und Erfolglose, Arme und Reiche, Gewinner und Verlierer. Solche Spaltungen müssen dann gerechtfertigt werden durch eine mehr oder weniger lautlose Renaissance des alten Gedankens von der Ungleichheit unter den Menschen, wobei das Besondere darin besteht, die soziale Ungleichheit auf geraden oder verschlungenen Wegen als Ausdruck der natürlichen Ungleichheit zu erklären. Die Kernfrage aller politisch-sozialen und ökonomischen Ethik ist eben die Frage: wie hältst du es mit der Gleichheit aller Menschen? Nun beginnt also der alte Gedanke von der natürlichen sozialen Ungleichheit in und hinter dem herrschenden Wirtschaftsdenken sich am Ende des Jahrtausends wieder durchzusetzen. Auch diese Lehre ist ein Stück der befreienden Deregulierung. Sie entbindet stärker vom sozialen

Handlungsbedarf und erlaubt es, sich stärker oder ausschließlich am Markt zu orientieren.

Nachdem also die Deregulierung auf den unterschiedlichsten Ebenen eingeleitet oder durchgeführt worden ist, erscheint die Zukunft in einem guten Licht. Nach der erneuten Welle der »Durchkapitalisierung der Gesellschaft« (Arno Klönne) steht in den nächsten Jahren die Durchkapitalisierung Europas an nach West und Ost. Das Konzept des EG-Binnenmarktes erscheint z.B. in dem Cechini-Bericht wie ein kapitalistischer Sturmlauf, die dynamische Vollentfesselung des Marktes ohne Staat. Natürlich steht der Abbau von Handelshemmnissen am Anfang. Dadurch kommt es zu folgender Dynamik: der Abbau der Handelshemmnisse führt zu Kostenentlastungen der Unternehmungen in Höhe von mehreren hundert Mrd DM (400). Daraus resultiert ein wachsender Wettbewerb mit Preissenkungen. Preissenkungen führen zur Erhöhung der Nachfrage der Konsumenten und daraus ergibt sich ein ökonomischer Wachstumsschub von 5 % pro Jahr, der schließlich zur Erhöhung der Zahl der Arbeitsplätze führt in Höhe von einigen Millionen. Ist es falsch, dies als kapitalistisches Schwärmertum zu bezeichnen? 5 % Wirtschaftswachstum im Jahr auf einige Zeit wird der EG-Raum ökologisch nicht verkraften. Einige Millionen mehr Arbeitsplätze bei 16 Mio Arbeitslosen in der EG, noch dazu in ungleichen Regionen, bedeuten keinen sozialen Fortschritt. Das EG-Binnenmarktmodell ist weder sozial noch ökologisch orientiert, sondern ein äußerst anspruchsvolles, rein quantitatives, ökonomisches Wachstumskonzept. Aber mit ökologischen und sozialen Fragen läßt sich »kapitalistisches Schwärmertum« nicht aufhalten. Die Deregulierung geht weiter und führt in ungeahnte Dimensionen, denn plötzlich und unerwartet ist der real-vegetierende Sozialismus gänzlich kollabiert. Welche Märkte, welche Perspektiven und welche Bereitschaft, dem freien Kapital das Feld zu überlassen und vorher noch aufzubereiten.

Verantwortliches Wirtschaften: Um des Lebens willen! Hier besteht auf seiten der Ökonomie momentan kein sozialethischer Handlungsbedarf und nur geringfügiger Diskussionsbedarf. Alles läuft gut und ist Anlaß zu Optimismus und Begeisterung. Und Defizite lassen sich nur beseitigen, wenn die Deregulierungen noch rascher vollzogen werden.

Die glanzvollen Jahre sind auch gekennzeichnet durch Strukturwandel in gewaltigen Dimensionen, ob nun unauffällig oder spektakulär. Alte Giganten der Montanindustrie werden umgebaut und modernisiert. Energieversorgungsunternehmen diversifizieren zu modernen Mischkonzernen. Ökonomische Imperien wachsen zusammen für die Zukunft des Weltmarktes. Im Bereich der Entwicklung der Informations- und Kommunikationstechnologien werden jetzt die Tore zur Zukunft aufgestoßen. Die Zukunft ist besetzt mit High-tec und Gen-tec. Nie war ökonomische Macht in diesem Lande klarer, anschaubarer als heute, nie war ökonomische Macht in diesem Lande selbstbewußter und unangefochtener.

Da gibt es den Treibhauseffekt, gegenwärtig der Gipfel der ökologischen Katastrophenlandschaft, über die seit 1972, dem Jahr der Erkenntnis der Grenzen des Wachstums, enorme Erkenntnisse gesammelt und verbreitet worden sind, die alle darauf hinauslaufen, uns zu belehren, daß es in einem endlichen System wie unserer Biosphäre keinen unendlichen ökonomischen Wachstumsprozeß geben kann.

Da gibt es die Schuldenkrise. Sackgasse einer Entwicklungspolitik und Entwicklungshilfe im Dienste der herrschenden Ökonomie, der es nicht gelungen ist, weltweite Verteilungsungerechtigkeit zu verringern, Unterernährung und massenhaften Hungertod wirksam auch nur ein wenig zu bekämpfen.

Da ist das Tschernobyl-Desaster mit seinen unaufhaltsamen, tödlichen Folgewirkungen, ein apokalyptisches Zeichen dafür, daß es entgegen vieler Beteuerungen auch nicht ansatzweise gelungen ist, einen Zusammenhang herzustellen zwischen Technikentwicklung und der Übernahme der Verantwortung für ihre Folgewirkungen. Was in diesem Zusammenhang das verantwortliche Wirtschaften angeht und die in seinem Dienst stehende Wissenschaft- und Technikentwicklung, so kann man sich des Eindrucks nicht erwehren, als gäbe es in allen gleißenden und tödlichen Wirklichkeiten, also in der wirren Wirklichkeit, eine dumpfe Sehnsucht der Ökonomie nach Befreiung von sich selber, ihrer eigenen Logik, die das Leben will und den Tod mit sich bringt. Man kann es auch anders formulieren: die wichtigsten Errungenschaften der Zivilisation sind die politischen und sozialen Menschenrechte, und neuerdings dämmert uns auch die Einsicht in die Notwendigkeit der Rechte des außermenschlichen Lebens und der Natur als Schöpfung. An diesen Prozessen hat die Ökonomie nur geringe oder ökozentrische Anteile gehabt. Darum braucht sie die Befreiung durch die Politik der Menschenrechte und die noch schwachen Kräfte der Politik der ganzheitlichen Lebensrechte. Noch ist die Möglichkeit als realer Weg verschüttet, weil die Ökonomie ihre Erlösungsbedürftigkeit spürt, sich aber immer noch für die Allerlöserin hält, zumal bei uns gerade jetzt das »kapitalistische Schwärmertum« durch den Untergang des real existierenden Sozialismus mächtigen Auftrieb erhalten hat. Den Mächten und Gewalten der Ökonomie steht heute keine Gegenmacht gegenüber, eher stehen überall Vollzugsgehilfen für angebotsorientierte Wirtschaftspolitik und die Exekution der Lehre von der natürlichen sozialen Ungleichheit, nach der eben auch »Armsein« und »Hungerhaben« ihren erklärbaren Platz haben im Weltgefüge.

Es gibt heute zwei Fragen an das »Verantwortliche Wirtschaften«, eine »horizontale Anfrage« und eine »vertikale Anfrage«. Beide sollen hier nur kurz skizziert werden.

Die »horizontale Anfrage« meint die hinlänglich bekannte Frage nach Alternativen im Sinne sozio-ökonomischer und ökologischer Reformen der Industriegesellschaft für soziale Gerechtigkeit in der Gesellschaft und weltweit, sowie für die Bewahrung der Schöpfung. Das Wertsystem der »horizontalen Anfragen« als sozialreformerische Alternative basiert auf den sozialen Menschenrechten auf Arbeit, Nahrung, Kleidung, Wohnung, Bildung, Gesundheit, dem Menschenrecht auf Gleichberechtigung von Mann und Frau, der Anthropologie der Gleichheit und einer erneuerten Auffassung von der Rolle des Menschen in der Schöpfung. Die nachfolgenden »horizontalen Anfragen« sind immanente sozio-ökonomische Alternativen und orientieren sich an der Einsicht, daß die Ökonomie für den Menschen da ist und nicht umgekehrt. Die Anfrage geht von folgenden sechs Geboten aus:

1. Es ist ein wirtschaftsethisches Gebot, einen Umbau der Wirtschafts- und Industriegesellschaft zu vollziehen, um unsere Wirtschaftsweise an die ökologischen Bedingungen der Biosphäre anzupassen, darum brauchen wir eine andere Energie- und Verkehrskonzeption, eine andere Landwirtschafts- und Chemiepolitik.
2. Es ist ein wirtschaftsethisches Gebot, das soziale Grundrecht eines jeden Menschen auf die zum Leben notwendigen Güter, Leistungen und Ressourcen (primary needs) anzuerkennen. Darum ist eine strukturelle Veränderung der internationalen

Verteilung der produzierten Güter und beanspruchten Ressourcen dringlich. Die ökonomische Allokation ist vornehmlich auf die Befriedigung der Grundbedürfnisse zu orientieren, insbesondere die militärische Produktion ist auf dieses Ziel hin zu konvertieren.

3. Es ist ein wirtschaftsethisches Gebot, die abhängig Beschäftigten an den Entscheidungsprozessen am Arbeitsplatz im Betrieb und im Unternehmen zu beteiligen zur Entfaltung der Persönlichkeit und zur Demokratisierung wirtschaftlicher Macht. Darum ist das faktische Entscheidungsmonopol von Eignern und Leitern aufzuheben. Die Wirtschaftsdemokratie ist die zivilisatorische Weiterentwicklung der politischen Demokratie.
4. Es ist ein wirtschaftsethisches Gebot, wirtschaftliche Gewinne dem Kapital der Allgemeinheit und der Arbeit zukommen zu lassen. Darum ist die Praxis der Gewinnverwendung von grundauf zu verändern, um zu verwirklichen, daß verantwortliches Wirtschaften eine gesamtgesellschaftliche Bewegung ist.
5. Es ist ein wirtschaftsethisches Gebot, die Erträge von sozialen Möglichkeiten der neuen Rationalisierungstechnologien gesellschaftlich nützlich für alle einzusetzen. Es besteht die Notwendigkeit und wir haben die Möglichkeit, ein neues Sozialmodell zu schaffen, in dem eine gerechtere Verteilung der Arbeit an alle und eine Sicherung der Einkommen für alle auf neuen, der technischen Entwicklung entsprechenden Wegen realisiert werden.
6. Es ist ein wirtschaftsethisches Gebot, die geschlechtsspezifische Arbeitsteilung unserer Wirtschafts- und Sozialordnung aufzuheben, nach der die Männer erwerbsmäßig produzieren und Frauen die gesellschaftlich notwenige Reproduktion als private, unbezahlte Haus- und Erziehungsarbeit leisten. Nötig ist eine Lage und Dauer der Arbeitszeit, die den Beschäftigungswünschen, den partnerschaftlichen Interessen und familiären Aufgaben von Frauen und Männern entspricht. Dabei ist an den 6-Std-Tag in der 30-Std-Woche an fünf Tagen zu denken.

Es braucht nicht betont zu werden, daß heute nicht Zeiten der Reformen sind. Der Sieg der angebotsorientierten Wirtschaftstheorie unterdrückt reformerisches Denken und Handeln. Defizite und Mängel werden mangelnder Marktradikalität zugeschrieben. Soziale Ungerechtigkeit wird mit der Philosophie von der natürlichen Ungleichheit unter den Menschen erklärt. Gegenüber der »horizontalen Anfrage« erweist sich die herrschende Ökonomie heute als geschlossenes System omnipotent und allpräsent.

Die »vertikale Anfrage« an verantwortliches Wirtschaften ist eine Frage, die versucht, mehr in die Tiefe zu gehen. Wegen der Folgen wird an den Wurzeln des neuzeitlichen Wirtschaftsdenkens angesetzt. Es wird also im Wortsinne radikaler gefragt.

In der Umweltdiskussion haben wir jetzt den Punkt erreicht, wo wir erkennen, daß schon der Begriff Umweltschutz den zu kurzen Denkansatz entlarvt. Zwar gibt es heute mancherorts sehr ernsthafte Bemühungen um Umweltschutz, aber der Begriff bleibt doch an der Oberfläche und hält fest an der alten Vorstellung: der Mensch ist beherrschendes Zentrum von ihm getrennt, ihm nachgeordnet die Natur. Sie muß er nun schützen um seinetwillen nicht aber um ihretwillen. So ist der Mensch weiterhin Herr und Besitzer der Natur, nun noch obendrein als ihr Beschützer. So verhält sich auch der Sklavenhalter.

Das oberflächliche Umweltdenken sorgt sich um eine wirksame Kontrolle und ein besseres Management der natürlichen Umwelt zum Nutzen der Menschen. Bewahrung der Schöfung ist nicht Umweltschutz, sondern die Rettung der »heiligen Gabe des Lebens« vor industrieller, militärischer, ökonomischer und zivilisatorischer Zerstörung. Wir müssen erkennen, daß das ökologische Gleichgewicht tiefgreifende Wandlungen unserer Auffassung von der Rolle des Menschen im planetaren Ökosystem erforderlich macht. Wir fragen nach einem neuen Verständnis des menschlichen Lebens im Zusammenhang des Lebens der Schöpfung, wir fragen nach Gedanken und Erfahrungen, die jenseits von Natur und Umweltschutz das Leben neu entdecken helfen.

Solche Überlegungen müssen jetzt auch in die ökonomische Diskussion eingeführt werden. Da ist es schon wundersam, daß die Losung des kommenden Kirchentages und die Überschrift des Themenbereichs 1 eben diese Fragestellung implizit enthalten, wenn nach der Zuordnung von Ökonomie, Verantwortung, Leben und dem Geist gefragt wird, der lebendig macht.

Der Physiokrat Julius Schlettwein hat 1776 das Credo des neuzeitlichen Wirtschaftens formuliert mit dem Satz: »Die Menge der genießbaren Sachen muß unaufhörlich vermehrt werden, desto glücklicher wird die ganze Gesellschaft.« Um die hedonistischen Zielsetzungen dieses Credos ist es heute stiller geworden. Die negativen Folgen des ewigen Wachstumstraumes sind gefährlicher geworden. Aber der Kern bleibt: Die Menge der Sachen muß unaufhörlich wachsen. Man kann diese Bewegung und Bewertung Materialismus oder Ökonomismus nennen, sozialistischen Industrialismus oder Kapitalismus. Es gibt kein modernes Wirtschaften ohne den Vorrang der Sachen vor dem Lebendigen und den Anspruch, daß damit die einen dem andern dienen. Wir müssen uns mit Nachdruck vor Augen führen, daß unsere Wirtschaftsordnung auf einer problematischen Wertentscheidung, ja letztlich einem lebensfeindlichen Prinzip beruht, das sich allerdings in unserer Sozialgeschichte durchgesetzt hat und in der Rechtsordnung verankert ist.

Das tote Kapital hat Vorrang vor der lebendigen Arbeit.

Diese ethische und rechtliche Festlegung besagt, die Unternehmermacht ist stärker als die Macht der abhängig Beschäftigten. Die Vermehrung des Kapitals ist wichtiger als die Verwirklichung der Menschenwürde in der Arbeit. Betriebswirtschaftliche Gewinne haben Vorrang vor dem Erhalt der Arbeitsplätze. Das Geld muß arbeiten, darum müssen die Menschen arbeitslos werden. Die Produkte sind wertvoller als die Produzierenden. Die Gegenstände werden veredelt, die Menschen beschädigt. Das ökonomische Wachstum steht über dem sozialen Wachstum und humaner Entwicklung.

Auf die Spitze getrieben gründet unsere Wirtschaftsordnung auf einer »Ethik« nach der gilt:

Die Sachen herrschen über die Personen; das Tote herrscht über das Lebendige; der Tod herrscht über das Leben.

Auf Dauer führt solche »Ethik des Materialismus« zur Umkehrung der Verhältnisse. Die Wirtschaft ist nicht für die Befriedigung menschlicher Grundbedürfnisse da, sondern die Menschen zur Vermehrung der Sachen. Die Subjekte machen nicht länger die Gegenstände, sondern die Gegenstände machen die Subjekte. (Marx) Die lange Herrschaft der Gegenstände über die Personen in so umfassenden und alles durchdringenden Wirtschaftsprozessen verändern das Gattungswesen. Die toten Gegenstände deformieren das lebendige Leben. Die Beziehung des Menschen zum Leben wird gestört. Die innige Verbundenheit des Menschen mit sich selber als lebendiger Mitmensch, die nach Erich Fromm den Menschen erst zum Menschen macht (der Seins-Modus des Lebens), zerbricht. Die Liebe zum Leben schwindet, die »heilige

Gabe des Lebens« wird entwertet. Die Menschheit gefährdet damit sich selber. Ein Prozeß der Lebenszerstörung entsteht, der als Prozeß der Lebenserhaltung inszeniert wurde.

Die lange Herrschaft der Sachen über die Personen hat unser Denken verwüstet, die Herzen versteinert, die Seelen beschädigt, unsere Augen blind gemacht für die Fülle des Lebens und unsere Verpflichtung, in einem elementaren Sinne Leben zu erhalten.

Es geht also in der ökonomischen Diskussion im tieferen Sinne um die Wiederherstellung unserer Beziehung zum Leben, die Wiederherstellung des Vorrangs des Lebens vor den Gegenständen, der Arbeit vor dem Kapital.

Vielleicht ist das jetzt von amerikanischen Christen dem industriellen Materialismus entgegengestellte Paradigma von der Ökonomie als Haushalterschaft, wie es in der Bibel nicht zuletzt im Handeln Gottes begegnet, geeignet, uns zur Besinnung auf das Leben zu bringen. Aber vielleicht muß noch anderes geschehen gemäß den Verheißungen des Propheten Hesekiel: »Und ich will euch ein neues Herz und einen neuen Geist in euch geben und will das steinerne Herz aus eurem Fleisch wegnehmen und euch ein fleischernes Herz geben. Ich will meinen Geist in euch geben.« (Ez 36,26. 27 a)

Darin besteht die tiefe Beziehung der Themenbereichsüberschrift zur Losung des Kirchentages:

Die Wirtschaft hat wegen ihrer totalen Vergegenständlichung die Beziehung zum Leben verloren, in dessen Dienst sie stehen sollte. Die Revitalisierung ist nicht möglich durch Änderung der Machtverhältnisse, und bei allen rationalen Interventionen wird der lebenswichtige gesunde Menschenverstand doch immer noch sehr häufig dem sog. Sachverstand untergeordnet.

Verheißungsvoll ist die Wiederentdeckung des Lebens selber, die Auffindung des Humanen im Wirtschaftsprozeß, der Versuch, die vielfältigen Verflechtungen des Lebens neu zu entdecken, wiederzuentdecken und zu respektieren.

Die Welt ist eben nicht zuerst und zuletzt ein Markt, sondern lebendige Schöpfung. In der Schöpfung ist der Markt eine lebensstiftende Bewegung. Gegen die Schöpfung ist der Markt das Chaos. Und Schöpfung heißt dann eben auch Leben in Gerechtigkeit, denn die Gerechtigkeit gehört zum Leben wie das Wasser (Amos 5,24) und die Sonne (Mal 3,20).

Ehrfurcht vor dem Leben ist das wahrhaft ökonomische Prinzip. Zu seiner Entdeckung und Verwirklichung bedarf es eines neuen Geistes, des Geistes, von dem wir glauben, daß er lebendig macht und darum ist heute zu beten: Veni creator spiritus – Komm Schöpfer Geist.

Von der Losung des Kirchentags her ist dieses Gebet und seine Entfaltung in ökonomischen Zusammenhängen der Beitrag des Kirchentags zum Thema »Verantwortliches Wirtschaften: Um des Lebens willen!«

Heinrich Vokkert

Von der sozialen zur ökologisch-sozialen Marktwirtschaft

Wir leben in der (Noch-)Bundesrepublik in einer merkwürdig zwiespältigen Situation: mit gleicher Regelmäßigkeit kehren wirtschaftliche Erfolgsmeldungen wie ökologische Katastrophenmeldungen wieder, ohne daß der tiefere Zusammenhang beider nachhaltig ins allgemeine Bewußtsein gerückt wäre. Dieses ist umso schwerer geworden, als im 7. Jahr eines ungebrochen wirtschaftlichen Booms und im 1. Jahr des Zusammenbruchs des kommunistischen Gegenmodells in Form eines zentralistischen Staatskapitalismus – übrigens durch die deutsch-kaiserliche Kriegswirtschaft und Poststruktur inspiriert – kritische Selbstbesinnung wenig gefragt ist. Und dazu noch, wenn die offensichtlich-augenscheinlichen ökologischen Schäden im Lande unserer viel genannten und oft beschworenen ›Brüder und Schwestern‹ jenseits der Elbe so viel größer als im Lande der sozialen Marktwirtschaft sind. So wird in der bundesrepublikanischen Presse süffisant berichtet, wie der ehemalige DDR-Umweltminister in Dresden eine Kläranlage mit dem berühmt-obligatorischen ›Druck auf den Knopf‹ in Betrieb gesetzt hat, die aber nicht arbeitete; es wird aber nicht gleichzeitig daran erinnert, daß einem ehemaligen Ministerpräsidenten gleiches in Helmstedt mit einer Rauchgasreinigungsanlage widerfuhr. Daran zeigt sich die systemübergreifende Kongruenz ökologischer Defizite abendländischer Industriegesellschaften. Der christlich-inspirierte Begriff ›Abendland‹ sei deshalb hier genannt, weil das Christentum in den ökologischen Defiziten mit seinen ›gnadenlosen Folgen‹ konfrontiert ist.[1] Obwohl die Begriffe ›Ökonomie‹ und ›Ökologie‹ phonetisch wie herkunftsgeschichtlich dicht beieinander liegen, sind sie in der gesellschaftlichen Entwicklung weit auseinandergedriftet. Verantwortliches Wirtschaften muß heute daran gemessen werden, inwieweit beide Begriffe in der Alltagsrealität der Industriegesellschaften wieder zusammengeführt werden können.

Ein Indikator wirtschaftlich induzierten Wohlergehens ist das Bruttosozialprodukt (BSP), die Summe aller Leistungen einer

Volkswirtschaft. Dessen jährlich wiederkehrende, statistisch errechnete Steigerungsrate wird in der politischen Alltagssprache undifferenziert mit allgemeinem Wohlergehen gleichgesetzt. So differenziert wie präzisiert in den letzten Jahren auch die Fragwürdigkeit dieser statistischen Größe BSP wie dessen jährliche Steigerung herausgearbeitet worden ist [2], so wenig ist davon in das allgemeine politische Denken übergekommen. Es ist geradezu grotesk, daß die negativen Folgen unseres Wirtschaftens und Lebensstiles, z. B. die Krankenkosten für die Unfallopfer des Straßenverkehrs ebenso wie die Reparaturkosten der ramponierten Autos positiv in die imaginäre Wohlstandsgröße BSP eingehen. Die Sanierungskosten für die Reinigung eines verseuchten Flusses, für die sogenannte ›Sanierung‹ vergifteten Bodens gehen ebenfalls positiv in das BSP ein. Wollten wir wirklich mit dem BSP einen Parameter für den ›Wohlstand‹ einer Gesellschaft gefunden haben, müßten die ›Reparaturkosten‹ des Systems negativ in dieses eingehen – andernfalls – um einen Buchtitel zu zitieren – profitiert das System von seinen Mißständen.

Kürzlich wurde festgestellt, daß die Kinder in den Kernzonen unserer Städte unverhältnismäßig hoch mit Benzol belastet sind. Wie giftig dieser Benzin-Zusatzstoff ist, dessen Anteil im ›sozialistischen‹ Benzin seit Jahren sehr viel niedriger ist, ist längst bekannt. Der Mineralölindustrie ist es immer wieder gelungen, mit Kostenargumenten (etwa 2 Pf. pro Liter) eine Senkung des Benzolgehaltes abzuwehren. Wenn die derart benzolbelasteten Kinder als Erwachsene krank werden, medizinisch behandelt werden müssen, gehen diese Kosten positiv in das BSP ein. Es muß daher mit allem Nachdruck gefordert werden, daß die ›Reparaturleistungen‹ als Folgen unseres Wirtschaftens negativ in das BSP eingehen, um eine ehrlichere Meßgröße für unseren Wohlstand zu bekommen. Das ›Wirtschaftswachstum‹ derart gemessen und gewertet, könnte sich schnell als ein nur scheinbares entpuppen.

Ein viel gebrauchter und – wie zu zeigen sein wird – leicht mißbrauchter Begriff in unserer Wirtschaftsordnung ist der der Rentabilität. Im ersten Nach-Jahr des irreal existent gewesenen Sozialismus wird dessen Unterlegenheit an der produktionstechnischen Effizienz und der buchhalterisch ausgewiesenen Rentabilität festgemacht, orientiert sich aber ausschließlich an der betrieblichen Wirtschaftlichkeit. Betriebswirtschaftlich betrachtet geht es z. B. den Automobilherstellern ausgezeichnet, den Straßenbaufirmen immer noch recht gut. Alle schreiben die viel gerühmten ›schwarzen‹ Zahlen. Die nicht durch Steuern und Abgaben gedeckten Folgekosten des Straßenverkehrs aber werden auf jährlich 65–85 Mrd DM geschätzt. Ich kann nicht sagen, ob die jährlichen Betriebsgewinne in ihrer Summe überhaupt auf diesen Betrag kommen. Volkswirtschaftlich gesehen ist also das Gesamtunternehmen ›Straßenverkehr‹ höchst ›unwirtschaftlich‹. Aber wo wird in der Öffentlichkeit eine solche Diskussion geführt?

Es wird auf diesem Gebiet eine andere Diskussion, eine mit verschobener Perspektive geführt: die Defizite des öffentlichen Personennahverkehrs (ÖPNV). Auf dem Verkehrsforum einer Großstadt wurde seitens der Kommunalvertreter beredt Klage geführt über das hohe Defizit ihres Verkehrsbetriebes: 20 Mio DM pro Jahr. Ein sehr cleverer ›Amateur-Verkehrspolitiker‹ führt dann aus, daß diese Stadt in ihrem Haushalt jährlich etwa 60 Mio DM (netto) für den Straßenverkehr ausgibt – ausgeben muß. Darüber hat noch nie ein Kommunalvertreter je geklagt. Umgekehrt aber beklagen Vertreter des Handels just in diesem Zusammenhang, daß nicht genügend Menschen mit dem Auto bis vor die Ladentür fahren könnten. Was wäre hier ökologisch verantwortbares Wirtschaften?

Wie groß der Abstand zwischen Ökologie und Ökonomie ist, läßt sich an der *Altlastenproblematik* demonstrieren. Jahrzehntelang wurden ökonomische Vorteile zu Lasten späterer ökologischer Nachteile erzielt. Es sind ja nicht nur die spektakulären Großaltlasten wie in Hamburg-Georgswerder und Münchenhagen, sondern auch die vielen kleineren und größeren Altlasten überall dort, wo es Industrie gegeben hat und noch gibt. Tragisch zu nennen sind darüber hinaus solche Altlasten, die inzwischen überbaut und bewohnt sind. Gesetzgeber, Rechtsprechung und Gebietskörperschaften zeigen sich überfordert, auf traditionellen Rechts- und Verwaltungswegen 150 Jahre Industrie- und Abfallgeschichte so aufzuarbeiten, daß die Bewohner von Altlasten ohne materielle Einbußen auf gesundem Boden wohnen können. Nur in Bielefeld-Brake hat es eine schnelle und möglicherweise gute Lösung gegeben. Sie sollte Maßstab für die anderen Lösungen sein. Aber vor den finanziellen Konsequenzen schrecken alle zurück.

Eine Hilfe könnte eine »Technische Anleitung« *Altlasten* sein, deren finanzielles Fundament ein Finanzfonds bildet, der von der Industrie und über Steuern finanziert wird. Die Hauptlast sollten diejenigen Industriezweige tragen, die als sogenannte Allgemeinverschmutzer infrage kommen: Chemie, Kohle- und Stahlverarbeitung.

Die gute Ertragslage der Industrie (mit Ausnahme der Kohle) und die hohen Steuereingänge des Staates bieten gute Voraussetzungen zur Schaffung der finanziellen Grundlage für die Aufarbeitung der Altlasten.

Aus dieser abfallgeschichtlichen Retrospektive fällt das Licht der Aufmerksamkeit auf die Abfallproblematik insgesamt. Ist das, was mit der Verbrennung und Deponierung von Abfällen als »Entsorgung« bezeichnet wird wirklich eine Ent- oder auch Umsorgung, die Verlagerung von Schadstoffen vom Boden in die Medien Wasser und Luft? Wie kann verhindert werden, daß aus den Neulasten von heute Altlasten von morgen werden?[3] Es muß mit allem Nachdruck ins Bewußtsein gerufen werden, daß das Abfallproblem nicht in erster Linie ein solches der Beseitigung, sondern der Produktion ist. Die öffentliche Diskussion muß auf diesen Punkt gelenkt werden.

Die letzten Beispiele lassen die Frage aufkommen, wer in unserer Industriegesellschaft die aus dem Konflikt zwischen Ökonomie und Ökologie resultierenden Risiken[4] zu tragen hat. Erinnert sei an unendlich schwierige Verfahren zur Anerkennung einer Berufskrankheit[5] und an die unsäglich geringe Entschädigungssumme für die Chemieopfer von Bophal. Hingewiesen sei auf die große Hilflosigkeit in Katastrophenfällen wie z. B. Tschernobyl, selbst Jahre danach noch. Wir sollten uns nicht damit beruhigen, daß diese »systembedingt« sei. Sie haftet weniger dem politischen als vielmehr dem technisch-wirtschaftlichen System an.

Ein Schritt auf dem Wege zum verantwortlichen Wirtschaften ist eine ausgewogene Verteilung der Risikolasten. Folgende Forderungen sind dazu in Gesetze und Verordnungen umzusetzen:

1. Die Umkehrung der Beweispflicht vom Geschädigten auf den mutmaßlichen Verursacher;
2. Abkehr vom linearen Kausalitätsprinzip[6] zum Nachweis einer Schädigungskette vom Verursacher zum Geschädigten, dafür Einführung einer statistisch fundierten Plausibilität;
3. Verschuldensunabhängige Gefährdungshaftung;
4. Uneingeschränkte materielle wie immaterielle Schadenskompensation;

5. Weitergehende Demokratisierung des Genehmigungsverfahrens mit Einräumung eines Verbandsklagerechts;
6. Fortschreibung des »Standes der Technik« für Risikoanlagen auch auf in Betrieb befindliche;
7. Risikoanlagen werden nur in solchen Gesellschaftsformen zugelassen, die uneingeschränkte (Durchgriffs-)Haftung zulassen (keine GmbH).

Die Einführung eines solchen »Schutzkatalogs« von Gesetzen und Verordnungen zugunsten der Bevölkerung würde nicht nur die Akzeptanzbereitschaft gegenüber kritischen Industrieanlagen erhöhen, er würde auch das Gewicht ökologischer Argumente auf der betriebswirtschaftlichen Waage der Rentabilität erhöhen.

Derartige kritische Überlegungen aus dem kirchlichen Raum dürfen sich nicht nur nach außen, also an andere richten. Die Kirche ist wirtschaftlich gesehen ein Großunternehmen und profitiert natürlich auch von den kurzfristigen ökonomischen Vorteilen zu Lasten langfristiger ökologischer Nachteile.

Ein wichtiger Schritt zum ökologisch verantwortlichen Wirtschaften in der Kirche ist das Projekt einer »ökologischen Buchhaltung«[7]. Mit ihr werden die Umwelteinwirkungen kirchlicher Einrichtungen und Betriebe erfaßt, um daraus Strategien für umwelt- und ressourcenschonendere Verfahren und Produkte abzuleiten. Es ist nicht nur wünschenswert, sondern wegen der eigenen Glaubwürdigkeit notwendig, ökologisch orientiertes und optimiertes Handeln in jeder Kirchengemeinde zu entwickeln. Inzwischen sind verschiedene Modelle ökologischer Bestandsaufnahmen in und für Kirchengemeinden entwickelt worden.[8] Es ist sinnvoll und notwendig, Erfahrungen damit zu sammeln und zu veröffentlichen. Schwierig ist solch ein Geschäft allemal.

Am ehesten lassen sich Widerstände beheben, wenn durch eine an ökologischen Zielen ausgerichtete Umstellung, z. B. im Energiebereich, unmittelbare wirtschaftliche Vorteile entstehen. Solange Umweltmaßnahmen nichts kosten oder sogar etwas einbringen, können sie schnell realisiert werden. Kritisch wird es, wenn zugunsten der Ökologie Opfer gebracht werden müssen, seien es solche der individuellen Bequemlichkeit (KFZ-Benutzung) oder der gemeinschaftlichen Finanzmittel (höhere Wärmedämmung; teurere, aber sparsamere Heizungsanlage). Hier kann es in den Entscheidungsgremien zu heftigen Konflikten kommen.

Die Probleme verschärfen sich noch, wenn für Investitionen

öffentliche Zuschüsse in Anspruch genommen werden. Oder wenn der Betrieb von Einrichtungen auf Pflegekostenverordnungen abgestimmt werden muß. Es ist in der Regel immer noch so, daß ökologisch sinnvolle Maßnahmen und Investitionen nicht als bezuschussungsfähige Kosten anerkannt werden. Diese müßte dann der Träger der Einrichtung aus eigenen Mitteln bestreiten. Entstehen aber umgekehrt aus solchen (wohlgemerkt: nicht geförderten) Maßnahmen oder Investitionen Kostenvorteile, kommen diese anteilsmäßig oder ganz dem öffentlichen Zuschußgeber zugute. Dieses hochkomplizierte und z. T. ja auch labile System der »Mischfinanzierung« wirkt ökologisch gesehen und gewertet höchst kontraproduktiv, hindert und verhindert ökologische Fortschritte wirtschaftlichen Handelns. In diesem System gegenseitiger Beeinflussung und Abhängigkeiten müssen ökologische Faktoren eingebaut werden. Andererseits muß offen gesagt und beklagt werden, daß längst nicht alle Möglichkeiten ökologischen Handelns und Wirtschaftens, gemessen an ihrer finanziellen Leistungsfähigkeit, durch die Kirche und die Gemeinden genutzt werden. Deshalb ist es erforderlich, daß in allen finanz- und investitionsrelevanten Gremien ein »Umweltbeauftragter« mit Sitz und Stimme verankert ist.

Ebenso wie in der Gesellschaft, so ist auch in der Kirche (deren Teil und Spiegelbild sie ja ist) langfristiges Nutzen-Kostendenken unter Einschluß ökologischer Folge- und Langzeitwirkungen zu verstärken. Sie darf nicht nur von anderen fordern, sondern muß sich selber daran messen lassen, inwieweit ihr Handeln und Wirtschaften umweltverträglich, generationsverträglich, sozialverträglich und völkerverträglich ist.

Anmerkungen

1 Amery, C.: Das Ende der Vorsehung. Die gnadenlosen Folgen des Christentums, Reinbek b. Hamburg 1972

2 s. hierzu Simonis, U.E. (Hg), Ökonomie und Ökologie, 3. Aufl., Karlsruhe 1985; darin auch die Literaturübersicht.

3 s. hierzu die Veröffentlichung des Umweltausschusses der Ev. Kirche von Westfalen: Verantwortung für Gottes Schöpfung angesichts der Abfallproblematik, Bielefeld/Recklinghausen 1990.

4 Beck, U.: Risikogesellschaft – Auf dem Weg in eine andere Moderne, es 1365, Frankfurt 1988; Gegengifte – Die organisierte Unverantwortlichkeit, es 1468, Frankfurt 1988.

5 s. hierzu: Sozialgericht Hamburg, Urteil vom 4.4.1989 zur Anerkennung einer Dioxin-Erkrankung als Berufskrankheit.
6 Müller, A.M.K., Das unbekannte Land, Stuttgart 1988, S. 139: »Kausalität ist somit ein defizitärer Modus der Wahrnehmung.«
7 s. hierzu Simonis, U.E., a.a.O., S. 159ff.: Modell der Ev. Akademie Bad Boll.
8. Auskünfte erteilen die Umweltbeauftragten der einzelnen Landeskirchen.

Konrad Raiser

Verantwortliches Wirtschaften in weltweiter Perspektive

Einleitung

Der erste Themenbereich des Ruhrgebiets-Kirchentages »Verantwortliches Wirtschaften: Um des Lebens willen« formuliert eine Frage, die in dieser Form für den Kirchentag neu ist. Zwar hatte es bei den vergangenen Kirchentagen Arbeitsgruppen zu den Problemen von Gerechtigkeit und Frieden, den Fragen der Umweltverantwortung, sowie zur Ausgestaltung unserer Verfassungsordnung gegeben. Nun laufen die verschiedenen Fäden zusammen in der Frage nach einer verantwortlichen Gestaltung der Wirtschaftsordnung um des Leben der Menschen und der natürlichen Mitwelt willen. Das Thema gewinnt sein besonderes Profil im Schnittpunkt zwischen zwei geschichtlichen Entwicklungen, d. h. einerseits der überraschenden Auflösung der sozialistischen Planwirtschaft in Osteuropa und andererseits den ungelösten und sich weiter zuspitzenden Überlebensproblemen für die große Mehrheit der Menschen in den Ländern der sogenannten Dritten Welt, als Folge der Schuldenlast, der Strukturen des Welthandels, des Bevölkerungsdrucks, sowie der fortschreitenden Zerstörung der natürlichen Lebensgrundlagen.

Die Frage nach einer verantwortlichen Gestaltung des Wirtschaftslebens hat sich jedoch auch in einer Reihe von westlichen hochentwickelten Industrieländern neu gestellt. Besonders in den Vereinigten Staaten haben in den Kirchen die wachsende Armut und strukturelle Arbeitslosigkeit zu intensiven Diskussionen über eine gerechte Wirtschaftsordnung geführt. Vor allem der große Hirtenbrief der Katholischen Bischofskonferenz der USA »Wirtschaftliche Gerechtigkeit für alle« (1986) und die Denkschrift und nachfolgende Erklärung der United Church of Christ »Christlicher Glaube: Wirtschaftsleben und Gerechtigkeit« (1989) haben auch über die Grenzen der Vereinigten Staaten hinaus weite Verbreitung gefunden und der Diskussion in den Kirchen über verantwortliches Wirtschaften starke Impulse vermittelt. Schließlich hat die breite ökumenische Diskussion im Rahmen des konziliaren Prozesses für Gerechtigkeit, Frieden und Bewahrung der

Schöpfung in den Erklärungen von Stuttgart, Dresden, Basel und zuletzt Seoul eine Fülle von Anstößen vermittelt, die darauf warten, verarbeitet und in praktische Schritte umgesetzt zu werden. Der Ruhrgebiets-Kirchentag schaltet sich daher mit diesem Themenbereich in eine breite ökumenische Diskussion ein.

I

Die Frage nach einer verantwortlichen Gestaltung des Wirtschaftslebens wird bei uns normalerweise mit dem Hinweis auf das erfolgreiche Modell der sozialen Marktwirtschaft beantwortet. Seit sich im Zuge des Umbruchs in Osteuropa immer mehr Gesellschaften von der sozialistischen Planwirtschaft abwenden und versuchen, eine soziale Marktwirtschaft einzuführen, scheint jedenfalls in Europa die Überlegenheit dieses Modells erwiesen zu sein. Nun wird auch der Druck auf die Länder der sogenannten Dritten Welt weiter zunehmen, sich der marktwirtschaftlichen Ordnung zu öffnen. Inwiefern kann die Marktwirtschaft beanspruchen, eine überzeugende Antwort auf die Frage nach einer verantwortlichen Ordnung des Wirtschaftslebens zu sein, und was heißt in diesem Zusammenhang »soziale Marktwirtschaft«?

Die Verteidiger der Marktwirtschaft betonen vor allem zwei Aspekte, die sie in besonderem Maße zu einer verantwortlichen Gestalt des Wirtschaftens machen. Erstens ist der Markt aufgrund der Wirkung des Wettbewerbs und des freien Spiels von Angebot und Nachfrage der beste Weg zu einer sparsamen und das heißt verantwortlichen Nutzung begrenzter Ressourcen. Zweitens schützt der Markt die Freiheit der Wirtschaftssubjekte vor staatlichen und das heißt vor allem vor bürokratischen Eingriffen. Der Markt garantiert die Freiheit der Wahl für die Käufer, die Freiheit der Investition für die Eigentümer und die Freiheit der Preisbildung für die Produzenten. Diese demokratische Grundtendenz des Marktes erweist ihn als eine in hohem Maße verantwortliche Gestalt des Wirtschaftslebens. So jedenfalls hört man es von den Verfechtern dieses Modells. Darüber hinaus weisen sie darauf hin, daß der Markt die wirksamste Methode zur Mobilisierung der Produktivkräfte sei, und daß er über das so erzeugte Wachstum zur Hebung des Wohlstandes für alle führe. In diesem Sinne müsse der Markt auch als sozial verantwortliches Instrument angesehen werden.

Diese immer wieder vorgetragene Erfolgsbilanz der Marktwirtschaft scheint durch die Entwicklung, vor allem in den westlichen

Industrieländern, seit dem Zweiten Weltkrieg nachdrücklich bestätigt zu werden. Freilich ist dies nur die eine Seite des Bildes, wie auch einsichtige Vertreter der Marktwirtschaft zugeben. Wird ein Markt seiner eigenen Dynamik überlassen, so führt er zu wachsenden Ungleichheiten. Eine gewisse Ungleichheit wird sogar für das Funktionieren des Marktes als notwendig angesehen. Ein unkontrollierter Markt jedoch führt auf dem Weg über den Wettbewerb zu immer stärkerer Konzentration von Macht und Kapital in den Händen von wenigen und zerstört daher langfristig seine eigene Grundlage. Darüber hinaus setzt ein funktionierender Markt voraus, daß gewisse Rahmenbedingungen erfüllt sind, deren Kosten zum geringsten Teil in die Preisbildung eingehen und zum größten Teil auf die Allgemeinheit abgewälzt werden. Dies gilt für die sozialen und ökologischen Kosten ebenso wie für den Bereich der Infrastruktur und der allgemeinen Dienstleistungen. Die beanspruchte Effizienz der marktwirtschaftlichen Ordnung kann objektiv nur beurteilt werden, wenn diese externen Kosten in die Rechnung einbezogen werden. Dies wird deutlich, wenn man betrachtet, welche Kosten die strukturell bedingte Arbeitslosigkeit für die allgemeinen Haushalte verursachen.

Aus diesen Gründen ist heute unbestritten, daß ein funktionierender Markt eines staatlich gesetzten Regelsystems von allgemein verbindlichen Rechtsgrundsätzen bedarf. Solche Regeln sind notwendig, um die Chancengleichheit im Wettbewerb zu erhalten, um die durch den Markt verursachte Ungleichheit durch sozial orientierte steuerliche Umverteilung zu korrigieren und um die Rechte der schwächeren Marktteilnehmer, insbesondere die Rechte der Arbeitnehmer gegenüber den Kapitaleignern, zu schützen. Eine soziale Marktwirtschaft setzt daher einen starken und funktionsfähigen sozialen Rechtsstaat voraus. Es ist das Ziel der sozialen Marktwirtschaft, wirtschaftliche Effizienz, demokratische Freiheit und soziale Gerechtigkeit miteinander zu verbinden. Daß dieses Ziel erreicht wird, ergibt sich freilich keineswegs aus der inneren Logik des Marktes. Soziale Marktwirtschaft ist vielmehr ein Programm politischer Gestaltung, und sie bedeutet eine bewußte »Zähmung« der potentiell selbstzerstörerischen Dynamik des Marktes. In unserem Land ist die soziale Marktwirtschaft das Ergebnis des erfolgreichen politischen Kampfes der Arbeiter- und Gewerkschaftsbewegung in den letzten hundert Jahren. Nur durch die bewußte Bildung von »Gegenmacht« ist es gelungen, die dem Markt innewohnende Tendenz zur Machtkonzentration unter Kontrolle zu bringen.

Diese kurzen Andeutungen zeigen, daß die soziale Marktwirtschaft ein wirtschaftspolitisch sehr anspruchsvolles Ordnungsmodell darstellt, das sich keineswegs von selbst stabilisiert. Jedes Nachlassen der politischen Verantwortung in der Steuerung und Kontrolle des Marktes macht die Grenzen des Marktmodells im Blick auf eine verantwortliche Gestaltung des Wirtschaftslebens deutlich. So kann das Marktsystem nicht garantieren, daß allen Bürgern die notwendigen Mittel zur Befriedigung ihrer Grundbedürfnisse zur Verfügung stehen. Auch das Wirtschaftswachstum reicht nicht aus, um dies Problem zu lösen, denn Bedürfnisse ohne Kaufkraft werden vom Markt nicht erfaßt. Das gleiche gilt für Güter, die keinen Preis besitzen, d. h. die Qualität der Luft, des Wassers und des Bodens ebenso wie alle informellen Leistungen, die notwendig sind, um die Lebensfähigkeit und Arbeitskraft der Menschen zu erhalten. Das Marktsystem hat sich bislang als unfähig erwiesen, strukturelle Arbeitslosigkeit zu überwinden, obwohl es volkswirtschaftlich widersinnig ist, bis zu 10 % oder mehr der potentiellen Arbeitskraft ungenutzt zu lassen. Ebenso wenig ist es bislang gelungen, die Zerstörung der natürlichen Mitwelt mit Hilfe des an Kostensenkung interessierten Marktes zu lösen. Schließlich ist das Spiel von Angebot und Nachfrage keine ausreichende Garantie dafür, daß alle Wirtschaftssubjekte mitentscheiden können darüber, was für wen produziert wird. Das Marktsystem reagiert auf Militärausgaben ebenso wie auf die Nachfrage nach Drogen. Die Entscheidung darüber, was produziert werden sollte und was nicht, kann nicht am Markt allein getroffen werden.

Das offenkundige Versagen der sozialistischen Planwirtschaft stellt daher noch keine einfache Rechtfertigung der Marktwirtschaft dar, auch nicht in der Form der sozialen Marktwirtschaft. Planwirtschaftliche Ordnungen haben sich darin als wirksam erwiesen, unter der Bedingung allgemeinen Mangels eine relativ gerechte Verteilung der Güter zu erreichen. Sie sind jedoch offenkundig nicht in der Lage, den Schritt von einer Mangelwirtschaft zu einer Wachstumswirtschaft zu leisten, die steigenden Bedürfnissen gerecht wird. Nun da der Systemgegensatz zwischen Markt- und Planwirtschaft sich aufzulösen beginnt, wird der Freiraum wachsen, um sich kritisch mit den Grenzen der Marktwirtschaft auseinanderzusetzen und an ihrer Verbesserung zu arbeiten – um des Lebens willen. Dies wird eine wichtige Aufgabe des ersten Themenbereichs beim Ruhrgebiets-Kirchentag sein.

II

Die bisherigen Überlegungen zur Marktwirtschaft waren notwendig, um die Frage nach einer verantwortlichen Gestalt des Wirtschaftens in weltweiter Perspektive richtig in den Blick zu bekommen. Die Rede vom »Weltwirtschaftssystem«, vom »Weltmarkt« oder die Forderung nach einer *»neuen* Weltwirtschaftsordnung« suggeriert, daß es so etwas wie ein international wirksames Regelsystem gibt, vergleichbar den staatlich festgelegten Rahmenbedingungen der westlichen Marktwirtschaft. Dies trifft jedoch nur in sehr eingeschränktem Maße zu. Die Weltwirtschaft folgt weitgehend den »Gesetzen« des ungeregelten Marktes; die zerstörerischen Konsequenzen sind offenkundig.

Die Grundelemente des gegenwärtigen »Systems« der Weltwirtschaft gehen zurück auf die Konferenz von Bretton Woods 1944. Dort wurden die bis heute entscheidenden Institutionen der Weltbank, des Internationalen Währungsfonds und des allgemeinen Zoll- und Handelsabkommens begründet. Ziel der Vereinbarungen war die Stabilisierung und Liberalisierung der Weltwirtschaft nach der großen Wirtschaftskrise und dem Weltkrieg durch eine Verschränkung des Wirtschafts- und Finanzsystems. Die Rahmenbedingungen von Bretton Woods waren für die Bedürfnisse der entwickelten Industrieländer im nordatlantischen Bereich formuliert, und sie haben bis in die späten 60er Jahre hinein als Grundlage für einen beispiellosen wirtschaftlichen Aufschwung gedient. Seit dem Beginn der ersten Entwicklungsdekade 1961 wurden die gleichen Grundprinzipien für die Aufgabe der wirtschaftlichen Entwicklung, d. h. der Modernisierung und Industrialisierung der armen ehemaligen Kolonialländer angewandt. Sie sollten durch die Integration in die nach wie vor westlich dominierte Weltwirtschaft langfristig in den Prozeß von wachsendem Wohlstand einbezogen werden. Das Ergebnis nach dreißig Jahren marktwirtschaftlich orientierter Entwicklungspolitik ist niederschmetternd. Nach anfänglich eindrucksvollen Wachstumsraten ist die wirtschaftliche Situation der allermeisten sogenannten Entwicklungsländer heute schlechter als zu Beginn der ersten Entwicklungsdekade. Zwar haben sich in vielen dieser

Länder Enklaven von Reichtum und Wohlstand gebildet, aber die große Masse der Bevölkerung lebt in größerer Armut und Abhängigkeit als zuvor. Die Ursachen sind komplex, aber ihre Beseitigung scheitert letztlich an den ungerechten Strukturen des vorhandenen Weltwirtschaftssystems.

Die Unzulänglichkeit dieser Ordnung wurde deutlich, als die Vereinigten Staaten sich 1971 genötigt sahen, den Dollar abzuwerten und den in Bretton Woods gelegten Goldstandard aufzuheben, um den Staatshaushalt zu sanieren, der durch den Vietnam-Krieg belastet war. Kurz darauf folgte die sogenannte Ölkrise (1973), die einerseits zu einer starken wirtschaftlichen Rezession in den Industrieländern und andererseits zu einer Überliquidität der Geldmärkte infolge der drastisch erhöhten Einnahmen der Erdöl exportierenden Länder führte. Zwei Kennzeichen der gegenwärtigen Situation der Weltwirtschaft sind eine unmittelbare Folge dieser genannten Krisen, nämlich einerseits die Herausbildung transnationaler Unternehmen zu den beherrschenden Instrumenten der Weltwirtschaft und andererseits die hohe Verschuldung der Entwicklungsländer. Die 70er Jahre waren gekennzeichnet von zahlreichen Versuchen, im Rahmen der Vereinten Nationen zu einer Neuordnung der Weltwirtschaft zu kommen, mit dem Ziel einer Stabilisierung der Weltmarktpreise, der Öffnung der Märkte in den Industrieländern für Produkte aus den Entwicklungsländern und der Erweiterung von Möglichkeiten zur Mitbestimmung für die Entwicklungsländer in den Entscheidungsgremien der Weltwirtschaft. Alle diese Versuche sind letztlich an dem Einspruch der Industrieländer gescheitert. Der Appell an das langfristige Eigeninteresse, auch der Industrieländer, an einer funktionsfähigen Weltwirtschaft, wie ihn z. B. die Nord-Süd-Kommission unter dem Vorsitz von Willy Brandt formulierte, blieb ohne Echo. Die kritischen Ungleichgewichte in der Weltwirtschaft traten offen zutage, als Mexiko 1982 erklären mußte, daß es seine Auslandsschulden nicht mehr bedienen könne. Seither ist die Weltwirtschaft bestimmt vom Krisenmanagement, d. h. dem Versuch, die gefährlichen Rückwirkungen der Schuldenkrise für die Wirtschaften der Industrieländer einzudämmen. Die Folgen sind bekannt: Inzwischen fließt mehr Kapital aus den Entwicklungsländern in die Industrieländer als umgekehrt; die Weltmarktpreise für Produkte der Entwicklungsländer sinken ständig, als Folge aufgenötigter Exportpolitik, und die

Auflagen des Internationalen Währungsfonds haben zu einem dramatischen Anwachsen der Armut in diesen Ländern geführt.

Die Kritik des gegenwärtigen Weltwirtschaftssystems konzentriert sich auf zwei Punkte, nämlich erstens die völlige Abwesenheit von rechtlichen Strukturen zur Machtkontrolle, vor allem der großen transnationalen Unternehmen, zur Sicherung der Chancengleichheit auf dem Weltmarkt, sowie zum Schutz der elementaren Überlebensinteressen der Entwicklungsländer und der Mehrheit ihrer Bevölkerung und zweitens auf die faktische Umverteilung zugunsten der entwickelten Industrieländer als Folge der Schuldenkrise. Gemessen an den selbstproklamierten Zielen, d. h. einer Ausdehnung von Wachstum und Wohlstand auf die Entwicklungsländer durch ihre Integration in den Weltmarkt, ist das gegenwärtige Weltwirtschaftssystem ineffizient. Vielmehr bietet es ein Lehrbeispiel für die negativen und zerstörerischen Folgen, die eintreten, wenn ein Markt seiner eigenen Dynamik überlassen wird.

Angesichts der ungeheuren sozialen und ökologischen Kosten, die dieser »Weltmarkt« verursacht, ist es verständlich, wenn aus der Perspektive der großen Masse der Armen und Abhängigen im Süden der Welt die marktwirtschaftliche Ordnung selbst als ein System ohne Verantwortung erscheint, das nur der ungerechten Anhäufung von Reichtum und Macht in den Händen weniger dient und daher – um des Lebens willen – vollständig überwunden werden muß. Aus dieser Perspektive, die zuletzt bei der ökumenischen Weltversammlung für Gerechtigkeit, Frieden und Bewahrung der Schöpfung, in Seoul, mit großer Eindringlichkeit artikuliert wurde, erscheint auch eine Reform dieses Systems im Sinne des Entwurfs einer neuen Weltwirtschaftsordnung als sinnlos. Sie würde lediglich die Funktionsfähigkeit des Systems erhalten und letztlich dazu dienen, offenkundige Machtinteressen hinter angeblichen Systemzwängen zu verbergen. Ein Markt, ob auf örtlicher, nationaler oder internationaler Ebene, ist geschaffen für Käufer und Anbieter. Die Überlebensinteressen der großen Masse der Armen, sowie die Lebensrechte der natürlichen Mitwelt sind strukturell nicht in der Lage, sich auf dem Markt durchzusetzen.

III

Kann es daher verantwortliches Wirtschaften in weltweiter Perspektive geben, ohne daß eine Instanz vorhanden ist, die verbindliche, rechtliche Rahmenbedingungen festlegen kann? Aber lassen sich die Erfahrungen, die zur Ausbildung der sozialen Marktwirtschaft geführt haben, überhaupt auf die Weltebene übertragen? Wäre eine solche Instanz mit der Befugnis zur Kontrolle, Steuerung und ggf. Sanktion nicht eine übermächtige Bedrohung der Freiheit? Sollte uns nicht das demokratische Legitimationsdefizit der Institutionen der Europäischen Gemeinschaft davor warnen, dieses Modell etwa auf Weltebene auszuweiten? Liegt die Lösung wirklich in der Ausweitung globaler Strukturen, oder nicht vielmehr in einer entschlossenen Dezentralisierung? Aber läßt sich die Entwicklung in Richtung auf die zunehmende Interdependenz der jeweiligen nationalen Wirtschafts- und Finanzsysteme noch rückgängig machen? Sind die Möglichkeiten politischer Entscheidung nicht bereits jetzt in einem solchen Maße von wirtschaftlichen Interessen abhängig, daß eine Neuorientierung der Weltwirtschaft aus Gründen politischer, sozialer und ökologischer Verantwortung kaum noch durchgesetzt werden kann?

Diese und ähnliche Fragen sind seit längerer Zeit Gegenstand intensiver ökumenischer Diskussion. Sie hat ihren Niederschlag gefunden in den Erklärungen ökumenischer Versammlungen im Rahmen des konziliaren Prozesses für Gerechtigkeit, Frieden und Bewahrung der Schöpfung. So heißt es in der Stuttgarter Erklärung vom Herbst 1988: »Entwicklung ist als die internationale soziale Frage zu verstehen und zu behandeln. Sie ist eine besondere Aufgabe im Rahmen der internationalen Solidarität und beinhaltet auch, daß die Industrieländer Macht und Reichtum teilen müssen... Grundkriterium kirchlichen Entwicklungsverständnisses ist die Solidarität mit den Armen... Deshalb ist eine Änderung des Weltwirtschaftssystems unbedingt notwendig. Ziel muß sein, die Vorteile des freien Austausches zu verbinden mit internationalen Vereinbarungen zum Schutz der schwächeren Partner und zur gemeinsamen Entwicklung ihrer wirtschaftlichen Möglichkeiten... Auslandsverschuldung und Armut sind Ausdruck struktureller Ungerechtigkeit, die auf nationaler wie auf internationaler Ebene besteht.« Die Schlußerklärung der ökumenischen Versammlung in Dresden, vom April 1989, sagt: »Zur Herstellung internationaler ökonomischer Gerechtigkeit bedarf es einer gerechten und rechtlich bindenden Weltwirtschaftsordnung, für die sich die Kirchen einsetzen müssen. Auf dem Weg dahin vertreten wir als Grundorientierung für die von uns zu treffenden oder mit zu vollziehenden Entscheidungen eine vorrangige Option für die Armen. Das bedeutet: Die Entscheidungen in ökonomisch-politischen Fragen und in Fragen des persönlichen Lebensstils müssen auch in ihrer Verflochtenheit mit dem Problem der ⅔ Welt verstanden werden und vor den Armen verantwortbar sein.« Die Europäische ökumenische Versammlung in Basel, Mai 1989, erklärte: »Als Delegierte aus europäischen Kirchen und im Gehorsam gegenüber dem Evangelium:

- *betrachten wir es als Skandal und Verbrechen*, daß jährlich Millionen von Menschen in einer Welt verhungern, die genügend Güter hat und genug Nahrungsmittel für alle haben könnte;
- *verpflichten wir uns*, unsere Ressourcen miteinander zu teilen;
- *verpflichten wir uns, bevorzugt für die Armen, Unterdrückten und Machtlosen einzutreten.*

  Wir werden uns für eine neue Weltwirtschaftsordnung einsetzen.«

Auch die ökumenische Weltversammlung, in Seoul, erklärt in ihrer Affirmation II, »daß Gott auf seiten der Armen steht«. Sie unterstreicht, daß die Grundbedürfnisse der Armen nur befriedigt werden können, »wenn die Strukturen der Weltwirtschaft grundlegend verändert werden... Die Lösung für die Schuldenkrise kann nur durch eine gerechte Weltwirtschaftsordnung gefunden werden, und nicht durch lindernde Maßnahmen wie Umschuldungen«. Sie fügt dann allerdings hinzu. »Wir werden allen Kräften, politischen Maßnahmen und Institutionen *widerstehen*, die Armut verursachen und fortbestehen lassen oder sie als unvermeidlich und unausrottbar hinnehmen. Wir *verpflichten uns*, die Verbündeten jener Organisationen zu sein und jede Bemühungen zu unterstützen, die sich die Abschaffung von Ausbeutung und Unterdrückung zum Ziel gesetzt haben.« Diese Selbstverpflichtung wurde zugespitzt in einem Bundesschluß »für eine gerechte Wirtschaftsordnung auf Orts-, Landes-, kontinentaler und internationaler Ebene, für alle Menschen und für die Befreiung von der Last der Auslandsschulden, die das Leben von hunderten Millionen von Menschen beeinträchtigen«. Seinen besonderen Akzent erhält dieser Bundesschluß in der Selbstverpflichtung, sich einzusetzen »für Wirtschaftssysteme und eine Wirtschaftspolitik, in deren Mittelpunkt der Mensch steht«. Damit geht dieser Bundesschluß, wie die Konkretionen deutlich machen, über die Frage derWirtschaftsordnung hinaus und weist auf die Notwendigkeit einer grundlegend neuen Wertorientierung hin, die sich an Gerechtigkeit, Frieden und Bewahrung der Schöpfung orientiert.

Verantwortliches Wirtschaften muß sich daher an einer Wertorientierung messen lassen, in deren Mittelpunkt der Mensch, und das heißt vornehmlich die Armen stehen, und die das Eigenrecht der natürlichen Mitwelt achtet. Damit ist die Auseinandersetzung mit dem herrschenden Wirtschaftssystem des unkontrollierten Marktes auf eine neue Ebene gehoben. Zur Debatte steht nicht länger die unfruchtbare Gegenüberstellung von einander ausschließenden Wirtschaftssystemen, sondern vielmehr die Grundfrage nach dem Ziel alles menschlichen Wirtschaftens. So unterstreichen die weiteren Konkretionen dieses Bundesschlusses, daß verantwortliches Wirtschaften in weltweiter Perspektive darauf ausgerichtet sein muß, die wirtschaftliche Eigenständigkeit und die Möglichkeiten der Mitbestimmung aller Partner zu stärken und nicht auf die Anhäufung von Reichtum und Besitz; daß der Respekt vor dem Menschen, allen anderen Geschöpfen und der Umwelt an die Stelle des Materialismus treten muß; daß die Befriedigung der Grundbedürfnisse aller Vorrang haben muß vor der Steigerung der Gewinne für wenige. Verantwortliches Wirtschaften in weltweiter Perspektive kann sich daher nicht an den rein ökonomischen Werten und Interessen transnationaler Konzerne und internationaler Währungsinstitutionen, wie dem Weltwährungsfonds und der Weltbank, ausrichten, sondern muß bestimmt sein von den Grundbedürfnissen der Menschen, wie sie in den allgemeinen Erklärungen der Menschenrechte, insbesondere der wirtschaftlichen, sozialen und kulturellen Rechte formuliert sind. Das heißt schließlich, daß alle, die wirtschaftliche Macht ausüben, Regierungen, internationale Organisationen, transnationale Unternehmen, aber auch Kirchen und kirchliche Einrichtungen, für die Ausübung ihrer Macht denen gegenüber verantwortlich und rechenschaftspflichtig sind, die die Lasten wirtschaftspolitischer Maßnahmen zu tragen haben. Dies sind in allen Gesellschaften vornehmlich die Armen und Machtlosen und unter ihnen besonders die Frauen und Kinder als die Hauptopfer der Armut. Wenn der Ruhrgebiets-Kirchentag sich dem Thema »Verantwortliches Wirtschaften: Um des Lebens willen« in weltweiter Perspektive stellen will, dann wird er sich mit der hier formulierten Grundorientierung für wirtschaftliches Handeln auseinandersetzen müssen.

Bingham Tembe

Die Dritte Welt im Ruhrgebiet: Eine Herausforderung für die Kirche

Die sozio-politische Wirklichkeit am Standort des Kirchentages 1991 ist an vielen Stellen von Menschen gekennzeichnet, die aus Entwicklungsländern ausgewandert sind und Schutz vor Verfolgung suchen. Viele flohen aus Situationen, in denen ihre Freiheit, ihre körperliche Unversehrtheit und ihr Leben bedroht waren, sowie wegen politischer Verfolgung, Menschenrechtsverletzungen, Krieg oder Bürgerkrieg. Andere wurden aufgrund »äußerer Aggression von Besetzung, Fremdherrschaft oder von Ereignissen, die die öffentliche Ordnung in schwerwiegender Weise stören«, gezwungen, mit ihren Füßen abzustimmen. Wieder andere sind Opfer von Naturkatastrophen wie Dürre, Ausdehnung der Wüste oder Bodenerosion. Das Gemeinsame dieser Menschen ist der Wille, dem Tod zu entfliehen und das Recht auf Leben in Anspruch zu nehmen. Für sie ist nicht entscheidend, ob nun der Tod von Hunger oder Krieg oder politischer Verfolgung ausgeht.

Die weltweiten gesellschaftlichen Entwicklungen der letzten 25 Jahre deuten darauf hin, daß das Phänomen von Menschen, die gezwungen sind, ihr Heimatland zu verlassen und Schutz und neues Leben in der Fremde zu suchen, eines der bedeutendsten Probleme des 21. Jahrhunderts darstellen wird.

Nach Informationen des UNO-Hochkommisars der Flüchtlinge (UNHCR) nahm die Zahl der Flüchtlinge in der Welt von 2,5 Millionen im Jahre 1970 auf 7,5 Mio im Jahr 1980 zu. Heute wird die Zahl auf 18 Mio geschätzt. Wenn diese Entwicklung anhält, rechnet man mit mindestens 25 Millionen Flüchtlingen im Jahre 2000.

Kennzeichnend für die Weltflüchtlingsproblematik ist die Tatsache, daß die Hauptentstehungsorte der Flüchtlingsbewegungen der letzten 40 Jahre die Entwicklungsländer sind. Die überwiegende Mehrheit der Flüchtlingsströme bewegt sich in die benachbarten Entwicklungsländer, die trotz Armut große Aufnahmebereitschaft gegenüber Menschen in Not zeigen. Folglich sind die meisten Flüchtlinge der Welt in den Entwicklungsländern beherbergt. Von den weltweit 18 Millionen Flüchtlingen ist nur etwa 3

Millionen in den Industrieländern Asyl oder eine Duldung gewährt worden.

Eine Statistik des UNHCR bestätigt diese Feststellung. Danach beträgt die Anzahl der Flüchtlinge auf jeweils 1000 Einwohner in einigen ausgewählten Fluchtländern wie folgt:

Sudan	41,7	Schweden	5,15	Österreich	2,78
Pakistan	36,0	Schweiz	4,98	Großbritannien	2,49
Somalia	14,15	Belgien	3,56	Norwegen	2,42
		Bundesrepublik Deutschland	3,52	Niederlande	1,01
				Dänemark	0,70
		Frankreich	2,95		

Im Ruhrgebiet leben ungefähr 100000 Flüchtlinge aus Entwicklungsländern, davon 26000 Asylberechtigte, 44000 de facto-Flüchtlinge, die, obwohl sie nicht asylberechtigt sind, aus humanitären oder politischen Gründen zur Zeit nicht abgeschoben werden, und 30000 AsylbewerberInnen.

Diese Flüchtlingsbewegungen stoßen auf unterschiedliche Reaktionen bei der Bevölkerung und in der Politik der Industrieländer.

Die herrschende Haltung betrachtet die Flüchtlinge aus der Dritten Welt als eine Bedrohung und Belastung für die europäischen Völker. Für die Bundesrepublik Deutschland kam diese Meinung in dem 1981 von 15 Professoren verfaßten Heidelberger Manifest am deutlichsten zum Ausdruck. Bezugnehmend auf die Ausländer allgemein heißt es dort: »Mit großer Sorge betrachten wir die Unterwanderung des deutschen Volkes durch Zuzug von vielen Millionen von Ausländern und ihren Familien, die Überfremdung unserer Sprache, unserer Kultur und unseres Volkstums. (...)

Die Integration großer Massen nichtdeutscher Ausländer ist daher bei gleichzeitiger Erhaltung unseres Volkes nicht möglich und führt zu den bekannten ethnischen Katastrophen multikultureller Gesellschaften.«

Diese Haltung spiegelte sich in der Sprache wider, die danach gewählt wurde, um die Fluchtbewegung in die Bundesrepublik zu bezeichnen. Zunächst ersetzte das Wort »Asylant« im Falle von Asylsuchenden aus der 3. Welt die herkömmliche Bezeichnung »Flüchtling«, die nun ausschließlich für Asylsuchende aus Osteuropa verwendet wurde. Das Gesetz räumte dem Flüchtling im Gegensatz zum Asylanten mehr Rechte zur Eingliederung in die deutsche Gesellschaft ein.

Es war dann in den Medien von »Asylantenströmen«, »Asylantenlawine«, »Asylantenschwemme«, »Asylantenplage«, usw. die Rede, alles Begriffe, die Assoziationen mit Naturkatastrophen und Umweltzerstörung hervorrufen. Ferner wurde das Wort »Wirtschaftsflüchtlinge« häufig in Verbindung mit dem »Mißbrauch des Asylrechts« benutzt, eine Charakterisierung, die dem Kern der Probleme in der Dritten Welt näher kommt.

Ende 1981 führte das Godesberger Institut für angewandte Sozialwissenschaft (Infas) eine Repräsentativumfrage durch, um die Ansichten und Einstellungen der Bundesbürger zu Ausländern zu erforschen. Man stellte fest, daß 49 Prozent der Befragten offen ausländerfeindlich waren. »Überwiegend distanziert und ambivalent gegenüber Ausländern« gaben sich 22 Prozent. Nur 29 Prozent der Befragten verdienten die Bezeichnung »ausländerfreundlich«.

Die feindselige Einstellung stützte sich eher auf Vorurteile als auf persönliche Erfahrung. Die meisten dieser »ausländerfeindlich« eingestellten Menschen unterhielten am wenigsten Kontakte mit den Ausländern und wünschten auch gar keine Kontakte. Trotzdem hielten sich 86 Prozent für ausreichend informiert über Ausländerprobleme. Unter den ausländerfreundlichen Bürgern hielten sich nur 21 Prozent für gut informiert, obwohl 77 Prozent Kontakte mit Ausländern pflegten. 89 Prozent berichteten von guten Erfahrungen im Umgang mit Ausländern. Diese Zahlen deuten darauf hin, daß die ablehnende Haltung gegenüber Menschen aus fremden Völkern in irrationalen Ängsten gründet.

Als Konsequenz solcher ethnozentrischen Denkweise entwikkelte sich eine starke Abwehrhaltung gegen alles Fremde und Ungewohnte. Das Heidelberger Manifest hatte die Rückführung der Ausländer in ihre Heimatländer als einen Weg empfohlen, um für die Bundesrepublik Deutschland »nicht nur gesellschaftliche, sondern auch ökologische Entlastung« zu bringen. Entsprechend dem Gedanken der Naturkatastrophen wurden staatlicherseits Maßnahmen zur »Eindämmung« des »Asylantenstroms« ergriffen. Als dann im Rahmen der Gesetzgebung von »Abschrekkungsmaßnahmen« die Rede war, schien die Bedrohung Dimensionen eines durch Waffenarsenale vernichtenden Potentials angenommen zu haben.

Zum Repertoire der abschreckenden Maßnahmen gehören nach 1982 Arbeitsverbot, Lageraufenthalt, Streichung der Sprachkurse, Kürzung der Hilfe zum Lebensunterhalt nach dem Bundessozialhilfegesetz, Entlassung der Kinder aus der Schulpflicht, Erschweren der Studienmöglichkeiten und der Berufsausbildung, Schaffung von immer neuen Asylausschlußgründen wie z. B. anderweitiger Schutz vor Verfolgung (wonach Asylsuchende trotz bewiesenen Verfolgungstatbestandes kein Asylrecht, sondern nur noch eine Duldung erhalten, weil sie sich vor der Anreise in die Bundesrepublik Deutschland in einem Drittland aufgehalten haben), Visumszwang – seit Mai 1990 auch für Minderjährige – für viele Menschen aus Ländern der sogenannten Dritten Welt, und die Ausdehnung der Abschiebungsgründe mit der Möglichkeit, selbst in Kriegs- und Krisengebiete abzuschieben.

In den letzten zwei Jahren gewann die Diskussion um Asylsuchende aus der Dritten Welt immer mehr an Brisanz.

Tausende von Deutschstämmigen in verschiedenen sozialistischen Ländern Osteuropas kehrten dem Stalinismus den Rücken und suchten Freiheit und Demokratie in der Bundesrepublik Deutschland. Das Heidelberger Manifest hatte konstatiert: »Das Grundgesetz der Bundesrepublik Deutschland geht nicht aus vom Begriff ›Nation‹ als der Summe aller Völker innerhalb eines Staates. Es geht vielmehr aus vom Begriff ›Volk‹ und zwar vom deutschen Volk.«

Demnach verpflichtet das Grundgesetz den Bundespräsidenten und die Mitglieder der Bundesregierung zur Erhaltung des deutschen Volkes im ethnischen Sinne. Interessanterweise zeigte dann auch die Politik gegenüber Aussiedlern und Übersiedlern beispielloses Pflichtbewußtsein und Solidarität.

Nach dem Zusammenbruch des »real existierenden Sozialismus« steht nun auch die Frage der Wiedervereinigung auf der Tagesordnung. Die Verfasser des Heidelberger Manifestes sahen die Integration vieler nichtdeutschen Ausländer als Gefahr für das Ziel der Wiedervereinigung an, weil sich die »Teilgebiete ethnisch fremd werden«. Eine multirassische Gesellschaft würde die Bewahrung und Verteidigung der Lebensrechte des deutschen Volkes, zu dem das Grundgesetz verpflichtet, unterlaufen.

Bezeichnenderweise hat die Novellierung des Asylverfahrensgesetzes vom 10. Mai 1990 wieder neue Asylausschlußgründe eingebaut. Der Visumszwang wurde auf Minderjährige ausgedehnt. Aus den Krisengebieten Afghanistan, Eritrea, Iran und Sri Lanka kamen in der letzten Zeit immer mehr Minderjährige. Viele Eltern wollten auf dem schnellsten Weg ihre Kinder in Sicherheit bringen. In allen vier Ländern besteht die Gefahr, daß Minderjährige zum Kriegsdienst eingezogen werden.

Seitdem die Einreise in die Bundesrepublik durch Verhängung des Visumszwangs, starke Kontrollen und Zurückweisung an den Grenzen (bei einem Aufenthalt in einem Drittland) erschwert wurde, stieg die Zahl der unbegleiteten Minderjährigen. Der Grund dafür liegt darin, daß Minderjährige bisher keinen Visumsbestimmungen unterlagen und bei der Einreise unter dem Schutz des Staates nach dem Haager Minderjährigenabkommen standen. Bei der steigenden Nichtanerkennung gewannen die Minderjährigen an Bedeutung für die Verwandten als Möglichkeit der Einreise auf dem Wege der Familienzusammenführung. Solange Krieg, Zerstörung und Hunger in diesen Ländern herrschten, suchten immer mehr Minderjährige für sich und ihre Verwandten den sicheren Schutz in Europa.

Angesichts der Abwehrhaltung stellt sich nun die Frage nach den Beweggründen bei den Verfolgten in der sogenannten Dritten Welt, sich für die Bundesrepublik als Asylland zu entscheiden. Die Auseinandersetzung mit den Biographien der einzelnen Asylsuchenden zeigt, daß die Wahl in den meisten Fällen nicht willkürlich war. Die meisten hatten schon vor der Einreise Kontakte, Beziehungen zur Bundesrepublik Deutschland. Aufgrund der Auslandsdeutschen in der Dritten Welt und der Kulturpolitik der Bundesrepublik besuchten einige deutsche Schulen oder Goethe-Institute. Die Bundesrepublik ist ein Hauptexportland und deutsche Firmen tätigen Investitionen in zahlreichen Ländern der Dritten Welt. Es gibt viele Asylsuchende, die vorher in deutschen Firmen arbeiteten und dadurch Freundschaften mit Deutschen schlossen. Andere hatten sich in der Vergangenheit mehrere Jahre lang in der Bundesrepublik zum Zweck des Studiums oder der Berufsausbildung aufgehalten. Viele waren wiederum Nutznießer der deutschen Entwicklungshilfe in ihren Ländern gewesen und hatten dadurch eine positive Einstellung zu diesem Staat und seinem Volk gewonnen.

Von noch größerer Bedeutung ist die Tatsache, daß viele Asylsuchende Produkte der jahrelangen Missionsbemühungen in ihren Ländern sind. Viele besuchten Missionsschulen und bekamen medizinische Versorgung in Missionskrankenhäusern. Viele von diesen Missionsbewegungen gingen von Deutschland aus und waren mit dem deutschen Kolonialismus eng verknüpft. Es gibt auch eine beträchtliche Zahl von Asylsuchenden aus den Bereichen der Partnerkirchen in der sogenannten Dritten Welt, die nach ihrer Auffassung in dauerhafter Freundschaft oder in besonderer Verwandtschaft mit den Christen in Deutschland stehen.

Die »Dritte Welt im Ruhrgebiet« ist in ihrer Essenz eine Protestbewegung. Diese »Botschafter des Leidens« sind Ausdruck der Ungerechtigkeiten der Weltmarktbeziehungen, die seit dem Kolonialismus eine Kluft zwischen Reich und Arm, Nord und Süd geschaffen und ständig vertieft haben. Diese Entwicklung bedroht nun den Frieden und die Schöpfung in den armen Ländern und treibt die Menschen in die Flucht. Die Asylsuchenden sagen: »Der Kolonialismus und die daraus folgende eurozentrische Entwicklungshilfe und Weltwirtschaftsordnung haben durch Machtmißbrauch und Profitstreben den Kapitalismus in der sogenannten Dritten Welt bis heute daran gehindert, sich zur gerechten und freiheitlichen Gesellschaftsform auszubilden. So wurde versäumt, eine Lebensart aufzubauen, die der Menschheit die Weiterexistenz ermöglichen kann.« Asylsuchende gehen von der christlichen Idee der Menschheit als einer großen Gemeinschaft aller Völker und Rassen aus und suchen wie die Flüchtlinge des real existierenden Sozialismus Freiheit und Demokratie in der sogenannten freiheitlichen demokratischen Grundordnung. Für sie sind Demokratie und Menschenrechte unteilbar.

In vielen Ländern der sogenannten Dritten Welt herrscht allgemein die Vorstellung von der Ganzheit des Menschen, von der Einheit von Geist und Materie, Religion und Politik. Die kontextuellen Theologien der verschiedenen Religionen der Dritten Welt betonen die Parteinahme Gottes für die Armen und Unterdrückten. Aus diesen Gründen betrachten die Asylsuchenden die Kirche zu Hause und in der Bundesrepublik Deutschland nicht nur als Glaubensgemeinschaft, sondern auch als gesellschaftliche Institution. Dem entsprechend erwartet man, daß die Kirchen ihre Ressourcen, ihren Einfluß und ihre MitarbeiterInnen voll einsetzen, um Freiheit, Gerechtigkeit und materiellen Wohlstand – besonders für die Marginalisierten der Gesellschaft – zu schaffen.

In diesem Gesamtzusammenhang wird von zentraler Bedeutung sein festzustellen, was das Motto des Kirchentages »Gottes Geist befreit zum Leben« konkret für die Praxis der Kirche in der Bundesrepublik Deutschland bedeutet. Im Hinblick auf die Asylsuchenden aus der Dritten Welt nehmen wir zunächst bezug auf die Erklärung der Deutschen Bischofskonferenz »Unsere Verantwortung für die Flüchtlinge« vom September 1986. Dort heißt es:

»Christen sind verpflichtet, sich verfolgter Menschen anzunehmen. Sie sollten in Erfahrung bringen, wo in ihrer Umgebung Flüchtlinge und Asylanten leben und wie sie leben. Möglichkeiten zur Hilfe ergeben sich etwa bei der Beschaffung von Unterkunft und Hausrat, beim Sprachunterricht, bei der Kinderbetreuung und beim Umgang mit den Behörden. Es widerspricht dem christlichen Glauben, Menschen wegen ihrer Hautfarbe, Sprache oder Kultur zu verachten oder abfällig über sie zu reden.

Wir rufen die Pfarrgemeinden auf, die gegenwärtige Lage nicht nur als Last, sondern auch als eine Herausforderung und Chance zu sehen, sich auf das christliche Grundgebot zu besinnen und den Flüchtlingen und Heimatlosen zu helfen. Beim Weltgericht wird Christus sagen: ›Ich war fremd und obdachlos, und ihr habt mich aufgenommen.‹ (Mt 25,35). Wir bitten, leerstehende und freiwerdende kirchliche Räume den Asylsuchenden und Flüchtlingen zur Verfügung zu stellen.«

Ein Teil der kirchlichen Basis, d.h. einzelne Christen, haben schon längst die Schreie der Asylsuchenden gehört. Folglich weigerten sie sich, sich der wachsenden Abwehrhaltung anzuschließen. Sie haben sich in der Tat der Verfolgten angenommen und setzen sich in verschiedenen Bereichen für sie ein. In den Asylsuchenden sehen sie die Menschen, die Hilfe und Geborgenheit brauchen. Dieser ehrenamtliche Einsatz ermöglicht an einer Stelle und bei einer beschränkten Zahl von Personen eine intensive und umfassende Betreuung. Durch die menschliche Nähe entwickeln sich im Laufe der Zusammenarbeit in der Regel enge persönliche Beziehungen. Asylsuchende finden oft einen Ersatz für die Großfamilie in der Heimat. Einmal entstanden, stärken diese Beziehungen das eigene Bewußtsein. Asylsuchende entwickeln eine differenzierte Einstellung zur deutschen Bevölkerung. Sie schöpfen in ihrer »Kuschelnische« Kraft, um der Ausländerfeindlichkeit »draußen« besser begegnen zu können.

Die Möglichkeiten eines ehrenamtlichen Einsatzes sind jedoch zu begrenzt, um die Probleme der Asylsuchenden zu bewältigen. Erstens kann ein einzelner Christ nur wenige Leute kontinuierlich betreuen. Es gibt nicht viele Menschen, die ausländerfreundlich sind. Ehrenamtliche suchen die zu betreuenden Personen in der Regel nach Sympathie aus, was menschlich ist, und die Wahl fällt oft auf extrovertierte Asylsuchende, die humorvoll oder gute Gesprächspartner sind. Es kommt öfter vor, daß sich mehrere ehrenamtliche Helfende um eine Person kümmern, während die Schüchternen und Schwachen niemanden haben. Vielen ehrenamtlichen BetreuerInnen fehlt die Information und das Fingerspitzengefühl, um die Sache der Asylsuchenden gegenüber den Behörden ohne Schaden für die Betroffenen zu vertreten. Aus Zeitgründen können sich ehrenamtliche Helfende nicht genügend über die ständige und schnelle Entwicklung und Veränderung im Asylverfahren und im Asylverfahrensrecht informieren, um schnelle und kompetente Beratung zu geben.

Inzwischen sind auch im Ruhrgebiet zahlreiche Asylarbeitskreise und Flüchtlingsräte entstanden. Diese Gremien sind meistens Zusammenschlüsse von ehrenamtlichen MitarbeiterInnen aus dem kirchlichen und nichtkirchlichen Spektrum der Gesellschaft. Einige wenige Kreise haben die Betroffenen in die Arbeit mit einbezogen. Bei vielen Kreisen arbeiten auch Rechtsanwälte mit, die im Ausländerrecht gewandt sind.

Asylarbeitskreise ermöglichen eine Arbeitsteilung mit verbindlichen Absprachen, die eine doppelte Betreuung verhindern. Die Mitglieder haben bei Zusammenkünften die Gelegenheit, Erfahrungen und Informationen auszutauschen und dadurch sich gegenseitig zu ermutigen. Flüchtlingsräte bilden oft die für die Asylarbeit dringend notwendige Lobby, weil sie durch eigene Finanzierung ein Stückchen unabhängig sind. Je nach Ausgleichsfähigkeit oder Stärke und Zivilcourage können Asylarbeitskreise eine wichtige »pressure group« für die Asylsuchenden bilden und eine breite Öffentlichkeit für deren Anliegen mobilisieren. Zur Zeit streben diese Asylarbeitskreise trotz Schwierigkeiten eine Vernetzung im ganzen Ruhrgebiet an, um mehr Stärke und Gewicht gegenüber Ausländerfeindlichkeit zu gewinnen. Das große Hindernis ist manchmal die Skepsis, mit der sie von den Behörden betrachtet werden. Andererseits tragen die Flüchtlingsräte durch ihre finanzielle Unabhängigkeit und ihre unbürokratischen Strukturen das Potential in sich, zukünftig – wie in den Niederlanden –

die Asylbetreuung ganz zu übernehmen, weil sie durch ihren Einsatz mehr Glaubwürdigkeit bei den Asylsuchenden gewonnen haben als die Verbände.

Die Themenüberschrift »Verantwortlich wirtschaften: Um des Lebens willen« hat für mich zwei Implikationen. Ein verantwortlicher Umgang mit eigenem Vermögen öffnet für die Kirche zwei wichtige Betätigungsfelder im Hinblick auf die Asylsuchenden aus den Entwicklungsländern.

Zunächst bedeutet diese Aussage, daß sich die Gremien der Kirchen nicht mehr mit guten Stellungnahmen begnügen können und die Hauptlast der Betreuung den Ehrenamtlichen überlassen. Asylsuchende brauchen eine Anlaufstelle, die für alle zugänglich ist. Ein/e hauptamtliche/r MitarbeiterIn in einer solchen Stelle hat die Möglichkeit, gezielt und kontinuierlich durch persönliche Gespräche die Probleme der Menschen anzugehen und kompetente Beratung zu geben. Der Zeitrahmen ermöglicht den Asylsuchenden, wiederholte Besuche zu machen und entsprechende Aufmerksamkeit zu bekommen, bis sie genügend Vertrauen zu den sie Betreuenden gewonnen haben, um freier die persönlichen Anliegen vorzutragen.

Zur Zeit wird die konkrete Arbeit mit Asylsuchenden von der Institution Kirche noch nicht so ernstgenommen, wie die Arbeit es verdient oder wie kirchliche Stellungnahmen es fordern. Es gibt schon feste Stellen für den Arbeitsbereich, aber es sind noch zu wenig und sie sind zu verstreut, um den Asylsuchenden die Gewißheit der Option der Kirche für die Armen und Unterdrückten zu vermitteln. Oft werden Leute auf dem Wege der Arbeitsbeschaffungsmaßnahmen (ABM) eingesetzt und nach Ablauf der Maßnahme wird die Stelle entweder gestrichen oder mit ständig wechselnden Personen besetzt, so daß Asylsuchende hin und her gerissen werden, ohne Gelegenheit, Vertrauen zu entwickeln und offen über ihre brennenden Probleme zu sprechen. Anderswo werden Menschen eingesetzt, die die Asylarbeit neben einem anderen Arbeitsbereich machen. Die Asylarbeit bedarf der Fachkompetenz wie jeder Bereich der Sozialarbeit. Neben konkreter Arbeit sind Fortbildungen, Tagungen und Nachqualifizierungen in speziellen Sparten der Tätigkeiten unabdingbar. Ohne eine langfristige Perspektive und ohne Möglichkeit einer langfristigen Planung der Arbeit fehlt auch die Motivation sich ständig in dem Bereich zu qualifizieren.

Am Anfang geht es in der sozialen Betreuung eher um Beratung und Hilfe im Asylverfahren, bei Behördengängen, bei Hilflosigkeit im neuen sozialen Umfeld und bei Problemen in den Übergangswohnheimen, bei der Wohnungssuche, Wohnungseinrichtung und beim Einkaufen. Nach einer gewissen Zeit gewinnen andere Probleme an Bedeutung: Schulden, Konsumverhalten, Alkoholprobleme, Heimweh, Kindergartenplätze, Schulfragen, Konflikte mit der Polizei, Arbeitslosigkeit, Freizeit und Sprachkurse.

Bei Anerkennung oder Duldung und dem daraus folgenden langfristigen Aufenthalt ergeben sich wiederum andere Problemschwerpunkte: Ehekonflitke, Scheidungen, Sorgerechtsregelungen, Vormundschaften, Heimunterbringungen, Familienzusammenführung, Entfremdung der Kinder von Eltern, Vereinsamung, psychische Erkrankungen, Straffälligkeit, Nichtseßhaftigkeit.

Gegen die Schaffung von festen Stellen für die Asylarbeit wird argumentiert: Die Kirche darf und kann nicht bei jedem Entstehen eines neuen Arbeitsbereichs gleich einspringen und der Kommune ihre Pflichten abnehmen. Dieses Argument mag stimmen bei Arbeitsbereichen, die die deutschen Bürger betreffen, weil diese das Wahlrecht haben. Im Hinblick auf Asylsuchende greift das Argument nicht, weil die Kommune meistens nach politischen Zwängen der Entscheidungen des Tages handelt. Nach der heutigen Politik muß für die Asylsuchenden aus den Entwicklungsländern tendenziell gerade das notwendigste, vom Gesetz vorgeschriebene getan werden, damit sie sich in der Bundesrepublik nicht heimisch fühlen.

Für den Staat liegt die Priorität in der Betreuung deutlich bei den Aussiedlern und Übersiedlern.

Die Kirche hat auch als Arbeitgeberin die Chance, Signale bei der Hilfe zur Selbsthilfe zu setzen, indem sie auch einige Asylsuchende, die oft intellektuelles Kapital mitbringen, für die Betreuung beschäftigt. Die Arbeitslosigkeit liegt auch bei Asylberechtigten, die eine Arbeitserlaubnis besitzen, bei 60 Prozent. Die Asylsuchenden hören durch eigene Arbeitstätigkeit auf, nur Sozialfälle und Objekte der Betreuung zu sein. Sie bekommen die Gelegenheit, ihre Kreativität zu entfalten und ihren Beitrag zur Multikulturalität dieser Gesellschaft zu leisten. Außerdem hat die Kirche die Möglichkeit, den Gemeinden durch einen koordinierten Einsatz das Bewußtsein für die Probleme der Entwicklung zu schärfen und kann den Blick für Zusammenhänge öffnen.

Die zweite Dimension des verantwortlichen Wirtschaftens ist der kirchliche Entwicklungsdienst, oft Kern der Mission oder der Partnerschaftsidee heute:

»Völker, Regierungen und Kirchen müssen sich vor Augen halten, daß eine Politik der geschlossenen Grenzen und Augen den wachsenden Flüchtlingsproblemen kein Ende setzen kann. Die beste vorbeugende Politik gegenüber Flüchtlingsströmen jeder Art besteht darin, den Frieden, die Entwicklung und den Schutz der Menschenrechte in den Entwicklungsländern und in der ganzen Welt aktiv voranzutreiben und zu unterstützen. Nur so werden die Ursachen für die Flüchtlingsprobleme sowohl in den Herkunftsländern wie auch in den Aufnahmeländern an der Wurzel gepackt.« (Aus einem Rundschreiben des EKD-Außenamtes vom 20. Februar 1985).

Mission oder Partnerschaft bedeuten in der heutigen Situation, in der die Weltwirtschaftsordnung eine geteilte Welt geschaffen hat, ernsthafte Versuche, Brücken zu schlagen, damit die Armen nicht immer ärmer und die Reichen nicht immer reicher werden. Almosen als eine Art des Transfers von überschüssigen Ressourcen haben schon zu lange die Menschen in der sogenannten Dritten Welt in Abhängigkeit gehalten und unmündig gemacht. Die Realität der Selbsthilfeorganisierung zeigt, daß die Armen schon längst keine Objekte der Mildtätigkeit mehr sind, sondern Subjekte, die das eigene Schicksal in die eigene Hand genommen haben, um sich selbst zu befreien. Diese Selbstorganisation repräsentiert einen Rückzug der Armen von den Strukturen der Ungerechtigkeit, um eigene Ressourcen zusammenzulegen, eine Gegenmacht zu bilden und für eine gerechte Ordnung zu kämpfen.

Die Aufgabe der Ökumene im europäischen Kontext besteht darin, die moralische und materielle Unterstützung der Befreiungsbemühungen der Armen zu organisieren.

Der Einsatz in diesem Sinne vollzieht sich nicht ohne eine Auseinandersetzung mit der eigenen Lebensweise, die kritisch zu hinterfragen ist. Im Zuge dieser Auseinandersetzung bekommen die Teilnahme an den Kämpfen der Unterdrückten und am Ende die eigene Befreiung vom Götzendienst einen besonderen Stellenwert. In einer Stellungnahme der Evangelisch-Lutherischen Kirche in Tanzania zum ökumenischen Teilen von Besitztümern aus dem Jahre 1988 heißt es:

»Wir brauchen von seiten der Christen in Nordamerika und Westeuropa die Zusage einer Verpflichtung, das System des Bösen, eingebettet in schlechten Strukturen und fortgesetzt Armut und Elend erzeugend, zu beenden. Diese Verpflichtung ist besser als große finanzielle Zuwendungen.«

Themenbereich 2: Die Deutschen in Europa: Befreit zum Miteinander

Micha Brumlik

Deutsche Identität – Identische Deutsche?

I

Am Ausgang des zweiten Jahrtausends christlicher Zeitrechnung haben die Zeitläufte dazu geführt, daß die Bevölkerung der Bundesrepublik und der DDR sich Rechenschaft darüber ablegen müssen, wie sie jene Einheit, die ihnen durch die Perestrojka Gorbatschows zugefallen ist, deuten sollen. Es hat sich eingebürgert, derlei kollektive Prozesse der Selbstverständigung als »Identitätsdebatten« zu bezeichnen. Alleine: der Begriff der »Identität«, in der neueren Sozialpsychologie gut eingeführt, schillert, und es ist gewiß mehr als ein Zufall, daß das neu gegründete Theorieorgan der französischen Rechtsextremisten den Titel ›Identité‹ trägt.

Bevor also die Frage beantwortet werden kann, welche »Identität« die Deutschen in Europa hatten oder haben, ganz zu schweigen von der Frage, welche »Identität« sie haben sollen, ist zunächst die Frage nach dem vernünftigen und legitimen Gebrauch dieses Begriffs zu stellen.

Ich möchte im folgenden eine kritische sozialwissenschaftliche Interpretation dieses Begriffs vorschlagen (II.), um dann einige Überlegungen zur »Identität« der Deutschen in der Bundesrepublik und der DDR anzuschließen (III. und IV.) Endlich stelle ich einige Überlegungen zum Problem einer »postkonventionellen Identität« der Bewohner und Bewohnerinnen der deutschen Länder an (V.) um schließlich zu fragen, ob uns die Bibel, ob uns biblisches Denken Hinweise zur »Identitätsdebatte« geben kann.

II

Der Begriff der »Identität« ist in der sozialpsychologischen Auseinandersetzung um die Frage des Sozialcharakters in den vierziger, fünfziger und sechziger Jahren in den USA prominent geworden und verdankt diese Prominenz vor allem dem Werk des Psychoanalytikers Erik H. Erikson. Erikson verstand unter dem Konstrukt der »Ich-Identität« einen spezifischen Zuwachs an Persönlichkeitsreife, »den das Individuum am Ende der Adoleszens der Fülle seiner Kindheitserfahrungen entnommen haben muß, um für die Aufgaben des Erwachsenenlebens gerüstet zu sein« (*Erikson* 1970, S. 123). Am Ende der Adoleszenz stehen junge Mittelschichtangehörige in den USA nach Erikson vor dem Problem, in *acht* Bereichen Entwicklungsaufgaben lösen zu müssen.

Junge Menschen in den USA mußten sich, wollten sie in dieser Gesellschaft ein einigermaßen akzeptiertes und akzeptables Leben leben, für bewußte und geplante Zeitperspektiven gegen ein diffuses Zeitbewußtsein entscheiden. Sie sollten über eine fraglose Selbstgewißheit verfügen und sich nicht ihrer selbst peinlich bewußt sein. Sie sollten zudem in der Lage sein, mit verschiedenen gesellschaftlichen Rollenangeboten spielerisch und experimentell umzugehen und sich nicht nur zwanghaft gegen andere abgrenzen. Darüber hinaus sollten sie Zutrauen zu eigenen Leistungen entwickeln und nicht lähmenden Arbeitshemmungen verfallen. Einer bisexuellen Verwirrtheit sollten sie eine eindeutige, wohl doch heterosexuelle Orientierung entgegensetzen. In hierarchischen Beziehungen sollten sie, je nachdem ob Führer oder Geführte, eindeutige Zurechnungen vornehmen können. Verschwimmenden, widerstreitenden Idealen sollten sie eine eindeutige Polarisierung entgegenbringen können. Mit anderen Worten: sie sollten »Identität« gegen »Identitätsdiffusion« entwickeln.

Es ist heute unübersehbar, daß sich in dieser vermeintlich wertneutralen Beschreibung von Entwicklungsaufgaben außerordentlich viele, heute brüchig gewordene bürgerlich-puritanische Persönlichkeitsideale verbergen. Hieraus ist schon früh der Schluß gezogen worden, daß »Identität« abstrakter zu begreifen sei und daß anstelle kulturell tradierter Persönlichkeitsideale neuzeitlicher Menschen nur strukturelle Persönlichkeitsmerkmale zu treten hätten. Ein Erikson nahestehender Interpret seines Werks führt aus der psychoanalytischen Literatur der ersten Hälfte dieses Jahrhunderts folgende Deutungen des Begriffs an: »die Fähigkeit, sich selbst als Kontinuität zu erfahren; die Erkenntnis, immer ein Einzelwesen zu sein; ein Vergleich zwischen Selbstbeobachtung und Beobachtung durch andere; der Glaube an den Sinn des Lebens; das »wahre« Selbst« (*de Levita* 1971, S. 7). Zumal die neuere soziologische Rollentheorie hat sich von der Frage nach einem durchgängigen »Selbst*gefühl*« abgewendet und sich stärker für das Problem der *Balance von Einzigartigkeit und Gemeinsamkeit* im Verkehr mit anderen Menschen zugewendet. Diese Fragestellung geht auf den in den dreißiger Jahren in den USA lehrenden Sozialphilosophen G.H. Mead zurück, der das menschliche *Selbst*, als die spontane Reaktion auf bzw. die kreative Weiterentwicklung von gesellschaftlichen Rollenerwartungen untersucht hat (*Brumlik* 1973; *Brumlik* 1989). Geht es also psychoanalytischen Theorien der Identität vor allem um die Frage nach einem unversehrten Fühlen des eigenen Körpers, des eigenen Tuns und der eigenen Beziehungen, so interessieren sich sog. interaktionistische Theorien eher für die Frage, wie Menschen in einer Gesellschaft, die durch *allgemeine* Handlungsnormen gekennzeichnet ist, ihre Individualität erhalten und das heißt: darstellen können – da eine Individualität, die von anderen nicht anerkannt wird, gar keine menschliche Individualität ist: Die Menschen, die das, was sie sind, immer nur mit und durch andere werden können und daher ihrer Anerkennung bedürftig sind, müssen das, was sie sein wollen, zur Anerkennung stellen und das heißt: repräsentieren! Wie repräsentiert man in konformistischen Gesellschaften Einzigartigkeit? Kritische Sozialwissenschaft hat an dieser Stelle stets Einwände gegen den Begriff der »Identität«, sei er nun psychoanalytisch oder rollentheoretisch entwickelt, erhoben und ihn eines geheimen Konformismus, ja geradezu als Ausdruck innerer Repression geziehen. So behaupteten schon Adorno und Horkheimer in den vierziger Jahren: »Die Herrschaft des Menschen über sich selbst, die sein Selbst begründet, ist virtuell allemal die Vernichtung des Subjekts, in dessen Dienst sie geschieht, denn die beherrschte, unterdrückte und durch Selbsterhaltung aufgelöste Substanz ist gar nichts anderes als das Lebendige, als dessen Funktion die Leistungen der Selbsterhaltung einzig sich bestimmen, eigentlich gerade das, was erhalten werden soll.« (*Horkheimer/Adorno* 1981, S. 51).

Dem Hinweis, daß jedes Selbst ein gerütteltes Maß an Selbstbehauptung gegenüber anderen und den eigenen Wünschen enthalte und damit verinnerlichte Herrschaft sei, daß also die Menschen gerade dort, wo sie ganz bei sich zu sein sich wähnen, sie sich in Wirklichkeit unterdrücken, folgte in der kritischen Tradition meist die Analyse des mit dem Begriff der »Identität« verbundenen Begriffs der »Identifikation«. Indem wir Dinge oder Menschen identifizieren, nehmen wir sie, so der generelle Einwand, nicht mehr als die wahr, die sie sind oder sein wollen, sondern als *Fälle von etwas*, verrechnen wir sie auf eine übergeordnete Klasse, identifizieren wir sie mit etwas anderem und verkennen sie damit als die, die sie sind. Freilich: der Begriff des »Identifizierens« ist mindestens zweideutig: Wir können Dinge oder Menschen *mit etwas* oder *als etwas* identifizieren: Im ersteren Fall verrechne ich Dinge oder Menschen auf eine Eigenschaft; so wird sich etwa ein Rassist nur dafür interessieren, daß sein Nachbar am Arbeitsplatz mit den Ausländern identisch ist, er ist ein Fall von »Nicht-Deutsch«. Demgegenüber werde ich, wenn ich nach zwanzig Jahren meine Freundin Y, die ich seither nicht gesehen habe, sogar dann als die, die sie ist, identifizieren, wenn sie sich äußerlich stark verändert hat: ich identifiziere sie als die, die sie ist, weil sie immer noch auf jene unnachahmliche Art geht. Jemanden als die oder den, die oder der sie ist, zu identifizieren, stellt eine notwendige Bedingung der Anerkennung ihrer Individualität dar.

Um aber andere anerkennen zu können, müssen wir uns auch selbst anerkennen können, müssen wir uns als die, die wir sind oder sein wollen, identifizieren können. Diese Identifikation unserer selbst durch uns selbst nehmen wir anhand der Reaktionen anderer auf uns in der Gegenwart sowie durch die Vergewisserung unserer eigenen Lebensgeschichte vor – einer Lebensgeschichte, in der wir unserer Beziehungen zu anderen rückwirkend einen Sinn zumessen und uns damit in der Erinnerung eine Einzigartigkeit zusprechen.

Wir können also abschließend – gegen alle Kritik am Begriff der »Identität« als eines Ausdrucks bürgerlicher Selbstbehauptung – an einem minimalen, von Herrschaft und Repression nicht berührten Begriff individueller Identität festhalten: als der kritisch gegen sich und andere bewahrten *Einheit einer Lebensgeschichte!* Diese erkämpfte und bewahrte Einheit einer Lebensgeschichte stellt sich uns als nie abschließbare Aufgabe dar, eine Aufgabe, deren schrittweise, stets widerrufbare Lösung auch noch die Bedingung dafür darstellt, falsche und repressive Formen von Selbstbehauptung zu identifizieren.

Der Umstand, daß die Menschen als intersubjektiv verfaßte Wesen zur Darstellung der Einheit ihrer Lebensgeschichten stets der Anerkennung durch andere bedürfen, hat oft genug zu der irrigen Auffassung geführt, daß jene Lebensbereiche, in denen Menschen mit anderen gemeinsam oder auch nebeneinander leben, ihrerseits Subjekte seien, die sich der Einheit ihrer Geschichte in der gleichen Weise versichern, wie dies Individuen tun. So glaubte etwa der moderne Nationalismus an die Nation als historisches Übersubjekt, während bestimmte Theoretiker des Marxismus in der Arbeiterklasse oder »der« Partei jenes Übersubjekt sahen, dessen zu wahrende Identität erst die Emanzipation bzw. die Vollendung der Individuen darstellt. Freilich wird sofort klar: Wenn das Wesen der Individuen nicht in ihrem Anerkennungsverhältnis mit anderen Individuen, sondern in ihrer Teilhabe an Klassen oder Nationen besteht, dann sind sie ein *Fall von etwas* und in ihrer Einzigartigkeit verfehlt.

Die Frage nach der Identität von Völkern, Nationen oder Klassen läßt sich allenfalls in einem beschreibenden, nicht aber in einem normativen Sinn stellen, ohne zu repressiven Konsequenzen zu kommen.

Daher kann auch die sozialpsychologische Auseinandersetzung mit der deutschen Identität immer nur in die Frage nach der individuellen Identität all jener Individuen münden, die in Deutschland die Einheit ihrer eigenen Lebensgeschichte zu meistern haben.

III

Die in der Bundesrepublik Deutschland lebenden etwa sechsundfünfzig Millionen Menschen deutscher Staatsangehörigkeit und deutscher Ethnizität müssen – nach unterschiedlichen Generationen unterschiedlich – die Einheit ihrer Lebensgeschichte unter historischen Bedingungen herstellen, die alles andere als leicht zu meistern sind. Hatte die Generation der Mittäter und Mitläufer des Nationalsozialismus mit der Unfähigkeit, den geliebten Führer Adolf Hitler zu betrauern, zu tun, stellte sich die Generation der »Achtundsechziger« die Aufgabe, die Unwahrhaftigkeit und

Verlogenheit ihrer Elterngeneration aufzudecken, so steht die Generation der nach 1970 Geborenen heute vor dem Problem, ihren Platz in einer sich rapide wandelnden Staatenwelt zu finden. Vor dem kollektiven Hintergrund einer nicht ablösbaren Schuld der Großelterngeneration sehen sich junge Menschen heute vor der Aufgabe, dem Umstand, daß sie in Deutschland geboren sind, einem Staat Deutschland, dessen Nennung noch heute ob der nationalsozialistischen historisch einzigartigen Massenvernichtung hier Angst und dort Schamgefühle provoziert, einen vor sich selbst und anderen vertretbaren Sinn abzugewinnen, diesen zufälligen Umstand in die eigene Lebensgeschichte zu integrieren.

Das, was oben als die Wahrung der Einheit einer Lebensgeschichte bezeichnet wurde – Identität – steht im Lauf eines einzelnen menschlichen Lebens bzw. im epochalen Ablauf von Generationen vor ganz unterschiedlichen Herausforderungen: Individuelles Scheitern an selbst gesetzten oder kollektiv vorgegebenen Normen, erlittene Kränkungen durch Beeinträchtigung der eigenen Integrität, fehlgeschlagene Identifikationsversuche mit anderen, erfahrene oder selbst an den Tag gelegte Mißachtung bedeutsamer Einzelner oder Gruppen, die Übernahme der Verantwortung für selbst verursachte Verstöße gegen selbstgesetzte oder allgemein anerkannte Normen, d. h. die Übernahme von Schuld; das Einstehen für die Folgen dessen, was bedeutsame Andere getan haben, d. h. Verantwortung aus Scham; das Anerkennen von Konsequenzen aus dem Handeln anderer, die vielleicht nicht bedeutsam sind, aber doch in einem anerkannten Verhältnis zum handelnden Individuum stehen, d. h. die Übernahme von Haftung!

Die Deutung der Hypothek der deutschen Geschichte durch Angehörige der nach neunzehnhundertsiebzig geborenen Generation ist – wenn sie denn überhaupt als Problem auftaucht – in genau diesen drei Dimensionen möglich: als Übernahme von Schuld, Verantwortung oder Haftung!

Neben diesen gleichsam negativen Bezügen auf das vorgegebene Kollektivschicksal besteht schließlich noch die Möglichkeit der produktiven und kreativen Aneignung der kollektiven Geschichte: die Suche nach Alternativen in der deutschen Geschichte, die Identifikation mit dem »Anderen Deutschland«. (Psychologisch gesehen setzt dieser Weg freilich die schwierige Aufspaltung der deutschen Geschichte in »Licht und Schattenseiten« voraus.) Tatsächlich bleiben schließlich fünf Möglichkeiten eines Bezugs auf die negativen Seiten der deutschen Vergangenheit übrig: 1. Flucht aus der Geschichte 2. Umdeutung einer negativen Geschichte durch Verleugnung oder Verharmlosung 3. Übernahme von staatsbürgerlicher Verantwortung sowie 4. Übernahme von staatsbürgerlicher Haftung. Die oft diskutierte Übernahme einer Schuld wird sich schließlich an der Einsicht brechen, daß Schuld denn doch die Übernahme der Verantwortung für unvertretbar eigene Handlungen darstellt und daher einer Situation von mehr als vierzig Jahren nach dem Ende des Dritten Reiches nicht mehr gerecht wird.

Wie sind die Bedingungen für die oben genannten Möglichkeiten? Hier ist zwischen »historischen« und sozialen Vorgegebenheiten zu unterscheiden, wenn nicht – anstelle einer empirischen Aussage über die in der Bundesrepublik lebenden Individuen – Spekulationen über ein vermeintliches Kollektivsubjekt treten sollen.

Historisch scheint mir bedeutsam, daß entgegen der von Mitscherlich diagnostizierten »Unfähigkeit zu trauern« (*Mitscherlich & Mitscherlich* 1968) die Wirklichkeit der westdeutschen Gesellschaft trotz Wirtschaftswundereuphorie, opportunistischer Übernahme ehemaliger nationalsozialistischer Schreibtischtäter in den Staatsapparat und trotz der skandalösen Verschleppungs- und Verhehlungspraxis großer, aber nicht aller Teile der westdeutschen Justiz die Auseinandersetzung mit dem Nationalsozialismus keineswegs zum Verstummen bringen konnte. Im Gegenteil: die zunächst rudimentären, dann immer stärkeres Gewicht erringenden Elemente einer liberalen Gesellschaft wie unabhängige Medien, eine freie Forschung und Lehre, eine autonome Kunst und eine politisch nicht gesteuerte Öffentlichkeit haben seit den fünfziger Jahren den Nationalsozialismus ins Scheinwerferlicht einer öffentlichen Dauerdebatte gestellt. In diesem Klima öffentlicher Auseinandersetzung wurde wenigstens das eine erreicht – daß nämlich anders als in individuellen Familienbeziehungen die Schuld der Täter und das Leiden der Opfer kein Tabu waren. Bis weit ins Bildungswesen hinein konnte so ein vielen im Prinzip zugängliches Wissen verbreitet werden, das ein Minimum an historischer Information darstellte. Freilich besagt das Vorhandensein eines Minimums an Information sowie das Nichtvorhandensein eines Tabus noch wenig, wenn nicht gar nichts über individuelle Rezeptionsfähigkeit und Rezeptionswilligkeit aus. In diesem Kontext werden dann die sozialen und ökonomischen Lebenslagen bedeutsam, unter denen die Individuen mit derlei Themen konfrontiert werden. Aspekte des Alters, der Schulbildung, des Einkommens, der sozialgeographischen Lage, der Erziehungsstile und endlich der Generation scheinen dann die Aufnahmebereitschaft zu bestimmen.

Sowohl die Jugendstudien der frühen achtziger Jahre (*Jugendwerk der Deutschen Shell* 1981; *Allerbeck/Hoag* 1985; *Jaide/Veen* 1989) als auch Untersuchungen zu Antisemitismus und Ausländerfeindlichkeit (*Silbermann* 1982; *Sinus* 1985) haben gezeigt, daß eine verantwortliche Haltung gegenüber der nationalsozialistischen Vergangenheit bzw. eine stärker an universalistischen denn an national-partikularistischen Werten orientierte Haltung in dem Maß zunimmt, in dem die Befragten jünger, besser gebildet sind, in größeren Städten leben und in liberaleren Elternhäusern erzogen werden. Unter diesen Gruppen spielt auch der Umstand, Deutscher zu sein, eine weitaus weniger wichtige Rolle als unter Jugendlichen, die frühzeitig berufstätig oder arbeitslos sind, auf dem Land oder in der Provinz leben und schon relativ früh ein eher autoritär erziehendes Elternhaus verlassen mußten. In diesen Gruppen wird, so steht zu vermuten, die Frage nach der deutschen Identität auch weiterhin eine starke Rolle spielen. Entsprechend werden politische Parteien, die sozial und ökonomisch für eher konventionelle Einstellungen eintreten, auch in Zukunft das Thema »kollektiver Identität« im Sinne eines positiv getönten Zusammengehörigkeitsgefühls stärker unterstreichen und – ähnlich wie 1985 in Bitburg – den Versuch unternehmen, durch kollektive nationale Symbole unter diesen Gruppen politische Loyalität zu binden. Welche Rolle aber wird die Frage nach der nationalen Identität bei jenen Jugendlichen spielen, von denen der achte Jugendbericht der Bundesregierung aus dem Jahre 1990 folgendes aussagt: »Es kann... kaum ein Zweifel bestehen, daß im politischen Bereich Orientierungsmuster von Jugendlichen und jungen Erwachsenen an Bedeutung gewonnen haben, die von der Verantwortlichkeit und Entscheidungskraft jedes einzelnen ausgehen und individuumbezogene Werte in den Vordergrund stellen. Nicht mehr Sicherheit, Ordnung, und materieller Wohlstand, sondern Selbstverwirklichung, Partizipation, Schutz der Umwelt und Frieden sind Werte geworden, die bei einem Teil der Jugendlichen eine zunehmend größere Attraktivität gewonnen haben.« (*Jugendbericht* 1990, S. 63)

Welche Rolle kann die Frage nach der nationalen Identität für diese künftigen Bürgerinnen und Bürger spielen?

IV

Während in der Bundesrepublik in einem nun bald vierzig Jahre währenden Prozeß mühsam, konfliktreich und spannungsgeladen über die NS-Prozesse, den Generationenkonflikt von 1968, die massenmediale Verbreitung des Themas deutscher Vergangenheit, die Debatte über Bitburg und zuletzt im »Historikerstreit« differenzierte und moralisch anspruchsvolle Einstellungen zur Frage der Aneignung der deutschen Geschichte erarbeitet wurden, war das heikelste Thema dieser Geschichte, nämlich der von Deutschen verübte Holocaust an den Juden, in der DDR mit Ausnahme weniger Filme und einiger, erst in den letzten Jahren erschienener historischer Studien, tabu. Indem die durch den Kalten Krieg diktatorisch an die Macht gelangte SED das Schicksal ihrer eigenen Kader, die von den Nationalsozialisten eingesperrt, gefoltert und gemordet wurden, als das Schicksal zunächst der Opfer, dann der Sieger über den Nationalsozialismus projektiv auf die gesamte Bevölkerung der DDR übertrug, leistete sie einer Verdrängung Vorschub, die vermutlich ungleich tiefer und damit bedrohlicher ist, als jene Verdrängung, die im Westen als »Unfähigkeit zu trauern« bezeichnet wurde. Die eines jeden realen Anhaltspunktes entbehrende Identifikation mit den Opfern *und* Siegern ersparte der Gesellschaft der DDR aber auch jede kritische Auseinandersetzung mit der Vergangenheit. Darüber hinaus jedoch führte die totalitäre Durchdringung der DDR-Gesellschaft mit Spitzelei, Schnüffelei, Verrat, Verdacht, Anpasslertum und Autoritarismus zu gesellschaftlichen Verhältnissen, die den Menschen offensichtlich nur noch die Wahl zwischen dem Rückzug in kleinste private Kreise, in denen eine authentische Darstellung der eigenen Identität noch möglich war, und einer sozialen Struktur, in der der Verrat und das heißt zutiefst gespaltene Persönlichkeiten gleichsam an der Tagesordnung waren, ließ.

Unter solchen Bedingungen, so dürfen wir vermuten, funktioniert der Bezug auf eine kollektive, positiv besetzte Identität als

Surrogat für die Trauer um die verlorenen Jahre in einem Gesellschaftssystem, das den meisten seiner Bürger weder Perspektiven noch Sinn anzubieten hatte, bzw. für die Trauer um ein authentisches Selbst in psychischen Haushalten, die über Jahre mit dem Problem der Selbstverachtung und Unterwerfung zu kämpfen hatten. Sieht man von den wenigen kirchlichen, intellektuellen und dissidenten Minderheiten ab, denen es im Rückzug auf staats- und gesellschaftsferne Solidarkreise gelungen ist, eine hoch entfaltete individuelle Identität zu retten, so dürfte meiner Auffassung nach das Gros – auch der jüngeren – DDR-Bevölkerung in ihren Lebensgeschichten und auch in ihrer Selbstachtung erhebliche, schmerzhafte Lücken aufweisen, die durch relativen materiellen Wohlstand und Identifikation mit der Bundesrepublik nur notdürftig und brüchig abgedeckt werden können.

Hinterließ schon die »Unfähigkeit zu trauern« verheerende psychische Spätfolgen in der westdeutschen Bevölkerung – nach »nur« zwölf Jahren Nationalsozialismus – so addieren sich bei der Bevölkerung der DDR auf diese zwölf Jahre nationalsozialistischer Repression noch weitere *fünfundvierzig* Jahre Stalinismus und Spätstalinismus eines Gesellschaftssystems, über dessen psychische Dynamik wir bisher vor allem Kenntnisse aus der Literatur: aus Orwells »1984«, Koestlers »Yogi und Kommissar«, Sperbers »Wie eine Träne im Ozean« sowie der frühen Romane Solschenyzins, besitzen.

Das Aufeinandertreffen so unterschiedlicher Lebensgeschichten und Identitätsentwürfe in einem neuen Deutschland macht die »Wiedervereinigung« zu einem sozialpsychologischen Experiment ungeahnten Ausmaßes und ungewissen Ausgangs.

Hier ist ehrlich einzugestehen, daß wir über die künftige Entwicklung nur wenig sagen können, da eine derartige Situation – der Zusammenbruch *stalinistischer* Herrschaftssysteme, die ja nicht einfach mit den autoritären und faschistischen Systemen Südeuropas oder Lateinamerikas zu vergleichen sind – historisch kein Vorbild besitzt.

Zu vermuten ist allenfalls, daß die lange verdrängte Trauer um die eigenen Jahre und die unterdrückte Wut darüber, ein authentisches Selbst nicht ausgebildet zu haben, aggressive und projektive – sagen wir: fremdenfeindliche – Potentiale enthält, die, sofern diese Emotionen nicht öffentlich zugelassen und bearbeitet, sondern durch ökonomische Emsigkeit überdeckt werden, gerade dann ihre explosionsartige Wiederkehr erleben werden, wenn auch ökonomischer Fleiß den Hunger nach Ganzheit und Selbst nicht zu stillen vermag.

V

In dieser Situation kommt jenen immer größer werdenden Minderheiten, die ihr Selbstverständnis nicht mehr aus traditionalen Zusammengehörigkeitsgefühlen, undurchschauten Identifikationsbedürfnissen und konventionellen Haltungen zu Staat und Gesellschaft ziehen, eine besondere politische, soziale und moralische Verantwortung zu. Könnte es sein, so fragte kürzlich der Frankfurter Philosoph K. O. Apel, daß die Deutschen aus ihrer nationalen Katastrophe etwas *Besonderes* gelernt haben? (*Apel* 1988). Nämlich den Übergang zu einer *postkonventionellen* Moral, die sich nur noch an hochabstrakten Prinzipien, die alle faktischen Vorgegebenheiten übersteigen, wie Gerechtigkeit und Freiheit bzw. an unverbrüchlichen Rechten aller Individuen, etwa den Menschenrechten, orientiert? Dieses postkonventionelle Denken wurzelte historisch in den antiken Hochkulturen vom alten Persien bis nach Indien, fand aber in der klassischen griechischen Philosophie und bei den Verfassern der Hebräischen Bibel, zumal den Propheten, seinen ersten, niemals in Reinkultur auftretenden Ausdruck. Die Debatte um die nationale Identität wird – gerade im Bereich von Kirche und Judentum – oftmals mit dem teils richtigen Hinweis geführt, daß das Christentum an die Stelle der Identifikation mit Staat und Volk das Bekenntnis zu der einen, universalen Kirche gesetzt habe; und die Erfahrungen des Nationalsozialismus bestätigen nur die Richtigkeit dieser Haltung. Umgekehrt wird dann – wenn überhaupt – dem jüdischen Volk eine Art göttlich verbrieftes Recht auf nationale Identität zugesprochen – woraus denn doch wieder die eine oder der andere glaubt, ein gutes Wort für nationale, kollektive Identität überhaupt ableiten zu können. Daß dem in der Bibel so ist, muß nicht weiter verwundern, entstand sie doch in einer traditionalen Gesellschaft, in der die Zugehörigkeit zu einem ethnischen Kollektiv die übliche Form der Vergesellschaftung war. Der Geist freilich auch der Hebräischen Bibel – und nicht erst der paulinischen Briefe – stand von Anfang an gegen derlei konventionelle Selbstverständnisse. 4. Mose 11,26–30 berichtet von den beiden Israeliten Eldad und Medad, die offenbar nicht zu den siebzig Ältesten gehörten, die Mose dem Herrn unterstellen sollte, auf daß er seinen Geist über sie gieße. Zwar waren sie aufgeschrieben zum Treffen mit Gott, aber aus irgend einem Grund zurückgeblieben. Der Geist ließ sich gleichwohl auf ihnen nieder – mitten im Feldlager, wo derlei nicht vorgesehen war. Von Josua über dies Ereignis alarmiert, antwortete ihm Moses schroff: »Willst für mich du eifern? Wer gäbs, all SEIN Volk wären Künder, daß ER seinen Geistbraus über sie gäbe.«

Es geht in dieser Passage um mehr als um das sonst auch in der Kirche stets so heftig umstrittene Priesterum aller Gläubigen, also die Fähigkeit und Vollmacht, an Heilsgütern zu partizipieren oder sie selbst zu verteilen. Sowie nämlich Moses als Prophet mit der Kraft seiner Kündung bedeutsamer für das Volk ist als Aron, der Vater des Priestertums, ist der Gedanke eines Prophetentums aller Gläubigen radikaler und beunruhigender als das Priestertum aller Gläubigen. Indem in diesem Kapitel die Idee erörtert wird, daß prinzipiell alle Israeliten Propheten sein könnten, stellen die Verfasser die herkömmliche paternalistische Struktur von führenden Propheten und fürsorglich geführtem Volk und damit zugleich eines durch Herkunft ausgezeichneten Volkes in Frage. Gottes Geist erweckt die, die er trifft, zu Propheten, reißt sie aus ihren alltäglichen Bewandnissen und herkömmlichen Bindungen heraus und wendet sie Gott zu. Wo *alle* Propheten werden, hat alle Herkunft und alle Identifikation von Menschen als ein Fall von etwas ihr Recht verloren. Wen Gottes Geist trifft, wird in seiner Individualität getroffen und genannt. Eldad und Medad sind zwei Nebenfiguren, zwei Individuen, zwei *Namen*, von denen wir sonst nichts mehr hören. Die Auflösung aller ethnischen Identifikation, die im Gedanken des prophetischen Geistes, der stets universalistisch war, mitschwingt, ist freilich eine Gedankenfigur, die vor mehr als zweieinhalbtausend Jahren mindestens so radikal war wie heute. Und da das Problem eines eindeutigen Unterscheidungsmerkmals zwischen wahren und falschen Propheten bis heute nicht gelöst ist, halten sich die Menschen im Zweifelsfall lieber an vermeintlich zuverlässige Größen wie Volk und Staat, als daß sie der beunruhigenden Erfahrung Abrahams und Mose folgten, die sich auf Gottes Ruf hin auf eine ungewisse Wanderschaft begaben. Die Suche nach nationaler Identität im Zwanzigsten Jahrhundert stellt die Unfähigkeit oder die Weigerung dar, sich auf das Wagnis postkonventioneller Selbstverständnisse einzulassen!

Literatur

K. Allerbeck / W. Hoag, Jugend ohne Zukunft, München 1985

K. O. Apel, Zurück zur Normalität – Oder könnten wir aus der nationalen Katastrophe etwas Besonderes gelernt haben? in: ders., Diskurs und Verantwortung, Ffm. 1988, S. 370–474

Bundesminister für Jugend, Familie, Frauen und Gesundheit, Achter Jugendbericht, Bonn 1990

M. Brumlik, Der symbolische Interaktionismus und seine pädagogische Bedeutung, Ffm. 1973

M. Brumlik, Interaktionismus, symbolischer, in: D. Lenzen (Hg) Pädagogische Grundbegriffe, Reinbek 1989

D. de Levita, Der Begriff der Identität, Ffm. 1971

E. H. Erikson, Identität und Lebenszyklus, Ffm. 1970

M. Horkheimer / Th. W. Adorno, Dialektik der Aufklärung, Ffm. 1981

W. Jaide / H. J. Veen, Bilanz der Jugendforschung, Paderborn 1989

Jugendwerk der Deutschen Shell, Jugend '81, Leverkusen 1982

A. u. M. Mitscherlich, Die Unfähigkeit zu trauern, München 1968

A. Silbermann, Sind wir Antisemiten? Köln 1982

Joachim Garstecki

Aufbruch zu mehr Selbstbestimmung?

Deutsch-Deutsches nach der »Wende« in der DDR

Mit der gewaltfreien Revolution vom Oktober 1989 hat sich nicht nur die DDR, sondern auch die europäische Nachkriegsordnung grundlegend verändert. Die durch sie eingeleiteten Prozesse werden uns in ihrer Bedeutung erst allmählich bewußt. Sie sind in ihrer Art auch für viele Menschen in der Bundesrepublik eine Ermutigung. Im Rückblick auf die wenigen Monate nach der sogenannten »Wende« entdecken wir mit Erstaunen, daß dieses Ereignis eine historische Einmaligkeit in Deutschland besitzt; zu langsam beginnen wir zu begreifen, was geschehen ist, während andere, die schneller waren als wir, die Wasser der Erneuerung längst auf ihre alten Mühlen umgeleitet haben. Der Aufbruch des Volkes aus seiner Unmündigkeit war zugleich die Offenbarung der ohnmächtigen Schwäche des Staates DDR; wer von dieser Schwäche politisch profitiert, zeigt uns der erste Staatsvertrag: ein Dokument der Überwältigung der DDR durch die Bundesrepublik.

Daß die Demokratie-Bewegung in der DDR aus den Höhenflügen des Herbstes auf den Boden der Realitäten zurückfallen würde, war absehbar, seit das ursprüngliche Ziel einer demokratischen Erneuerung der DDR mit dem Interesse einer schnellen Vereinigung der beiden deutschen Staaten in Konflikt geriet. Die Faszination des demokratischen Aufbruchs in der DDR wurde überlagert von der Faszination des satten Wohlstands in der Bundesrepublik. Wir alle kennen den Ausgang dieses ungleichen Rennens. Die Bürgerbewegungen der DDR sitzen nun als kleine feine Opposition auf dem parlamentarischen Abstellgleis der Volkskammer. Ihre Enteignung durch die Allianz von gestern war mit dem Wahlergebnis vom 18. März auch politisch besiegelt.

So sehen sich die tragenden Kräfte des Aufbruchs unversehens wieder in jene Normalität einer gesellschaftlichen Minderheit zurückversetzt, die für die Bürgerbewegungen in der Bundesrepublik schon immer das Normale war. Wenigstens in dieser Beziehung befinden wir uns in deutsch-deutsch vergleichbaren Verhältnissen. Gerade diese schmerzliche Erfahrung könnte aber für die Arbeit am Thema »Deutschland – wohin?« zu einer produktiven Herausforderung werden. Sie kann uns lehren, daß die Hoffnung auf Demokratisierung und Humanisierung der Gesellschaft nicht allein am Glücksfall einer bestimmten historischen Konstellation wie der vom Oktober 1989 oder an einem Wahlerfolg hängt. Und sie kann uns warnen, jetzt das Bild eines Aufbruchs zu verklären, statt die notwendige Erweiterung demokratischer Handlungsmöglichkeiten in unseren Gesellschaften mit allen verfügbaren politischen Mitteln zu betreiben. Die Demokratie-Bewegung der DDR hatte zwar die richtigen Ideen, nicht aber die besseren Menschen, die diese Ideen gegen die Macht des real existierenden Konsumismus in der Bundesrepublik hätten verteidigen können. Der Versuch, die Dynamik des basisdemokratischen Aufbruchs auf dem Weg über Bürgerkomitees und »Runde Tische« bis hinein in die Volkskammer ›auf Dauer‹ zu stellen, mußte scheitern, weil er von der massiven Verführung zum schnellen Wohlstand unterlaufen wurde. »Ja! Besser leben!« hieß die griffige Kurzformel der »Allianz für Deutschland«, die schließlich wahlentscheidend sein sollte.

Die unheimliche Beschleunigung, die die Veränderungen in der DDR in den letzten Monaten erfahren haben, hat unsere Verarbeitungsfähigkeit überfordert. Nach Jahrzehnten, in denen das Denken nur mühsam gegen die Wirklichkeit ankam, hat die Wirklichkeit nun das Denken überholt. Der schnelle Gang der Ereignisse verdrängt, was noch gestern wichtig war, und was wir heute planen und tun, kann schon morgen veraltet sein. Es fehlt Distanz zu dem, was wir tun und was mit uns geschieht. Die Forcierung des Tempos der deutschen Vereinigung durch die Regierung in Bonn hat Methode. Sie benutzt das deutsch-deutsche Thema zum Zweck eigenen Machterhalts und verhindert damit einen besonnenen und partnerschaftlichen Umgang mit den Chancen, die der Prozeß des Zusammenwachsens der Deutschen bietet. Viele Menschen in der DDR sind wie gelähmt, weil gerade erst gewonnene Selbstbestimmung schon wieder in Fremdbestimmung unterzugehen droht.

Wir erinnern uns. Die entscheidende »Wende in der Wende« kam nicht erst mit den Wahlen vom Frühjahr. Sie begann schon, als der Ruf »*Wir* sind das Volk« auf den Straßen und Plätzen Leipzigs abgelöst wurde durch »Wir sind *ein* Volk«. Jenes ursprüngliche »Wir« drückte die Subjekt-Werdung des Volkes aus, das sich 40 Jahre lang zum Objekt der Unterdrückung durch die SED hatte machen lassen. In diesem »Wir« lag der eigentliche emanzipatorische Gewinn des Oktober 1989. Es war die späte, aber selbstbewußte Antwort auf die Arroganz der Mächtigen in der SED. Aber was dieser Gewinn für die Zukunft bedeutet und wie er politisch zu nutzen sei, das blieb im Oktober noch weitgehend unklar. Statt dessen entdeckten die Menschen nach dem 9. November, daß sie zuerst einmal Deutsche waren. Ich bin davon überzeugt, daß die nationale Inanspruchnahme der demokratischen Revolution in der DDR eine zwangsläufige Entwicklung war. Auf welche Identität hätte sich der Demokratisierungsprozeß denn noch beziehen sollen, nachdem der »real existierende Sozialismus« als einzige verbindende Klammer des Staates DDR zerbrochen war? Es konnte nur die so lange unterdrückte deutsche Identität der »DDR-Bürger« sein.

Aber das mußte ja nicht bedeuten, daß der Ruf nach demokratischer Erneuerung vom Ruf nach deutscher »Wiedervereinigung« einfach erstickt wurde. Die Gefahr des Nationalen liegt in Deutschland in dem Mißbrauch, der mit ihm möglich ist. Das ist die Lektion unserer Geschichte. Nicht daß die »Herbst-Revolution« im November 1989 immer »deutscher« wurde, war ihr Verhängnis, sondern daß das Deutsche widerstandslos für eine einzige politische Auffassung in Anspruch genommen wurde. Helmut Kohl hat geschickt zu verhindern gewußt, daß Emanzipatorisches und Nationales sich verbinden und durch diese Verbindung zu einem wirklichen Demokratie-Gewinn für alle Deutschen führen. Zu diesem Zweck schmiedete er eilig die konservative »Allianz für Deutschland« zusammen, die sich ihrerseits zum Sprachrohr der schnellen Vereinigung machte. Die Idee einer deutschen Konföderation, als Chance eines behutsamen Aufeinanderzugehens der beiden deutschen Staaten, im Dezember 1989 noch aussichtsreich ins Gespräch gebracht, war im Januar 1990 bereits überholt. Vor allem die prekäre ökonomische Lage der DDR, im Westen gezielt dramatisiert, führte zum Wunsch nach schnellem »Anschluß« der Konkursmasse DDR an die Bundesrepublik. Je näher der Wahltermin rückte, desto mehr materialisierte sich der Wunsch nach schneller Einheit im Begehren nach schneller Einführung der DM. »Helmut, nimm uns bei der Hand, führ uns ins Wirtschaftswunderland« – in solchen und ähnlichen Sprüchen war die politische Bedeutung der Volkskammerwahlen auf ihren banalen Punkt gebracht: Kohl als deutschen Messias zu installieren.

Der 9. Oktober 1989 ist im 9. November 1989 aufgegangen. Daß er in ihm nicht untergeht, ist von nun an eine Sache aller Deutschen in Ost und West. Vielleicht hat die nationale Welle, die als Folge des 9. November über dem demokratischen Aufbruch der DDR zusammenschwappte, auch ihre noch nicht entdeckten positiven Seiten. Sie läßt die sozialen Bewegungen und Bürgerrechtsgruppen in der Bundesrepublik nicht länger Zuschauerinnen sein, die von außen über die Mauer – die es nun nicht mehr gibt – zu uns herüberschauen müssen. Sie macht es vielmehr möglich, daß sich Deutsche aus Ost und West gemeinsam vom Erbe des Aufbruchs in die Pflicht nehmen lassen.

Die emanzipatorische Erfahrung der »Herbst-Revolution« ist kein Sondergut der DDR mehr. Sie ist durch den Gang der Dinge zu einer deutsch-deutschen Aufgabe geworden und allen Deutschen zugänglich. Und sie muß zu einem Faktor der europäischen Einigung werden. Nur ein erfahrbarer Zugewinn an Demokratie in einem künftig vereinten Deutschland kann den Europäern die heimliche Angst vor der deutschen Einheit nehmen. Entmilitarisierung nach außen und Demokratisierung nach innen sind der Preis, den die Deutschen um ihrer gemeinsamen Zukunft willen zu zahlen haben.

An der qualitativen Ausstattung der Demokratie in einem geeinten Deutschland wird erkennbar sein, ob die Wende zum Nationalen nach dem 9. November nur den restaurativen Kräften gedient oder ob sie auch Ressourcen der Erneuerung freigesetzt hat. An dieser Frage treffen sich die bisher getrennt verlaufenen Linien der sozialen Bewegungen in der Bundesrepublik und der Demokratie-Bewegung in der DDR. Sie münden ein in die Bekräftigung gemeinsamer Anliegen, die gerade jetzt durch die gesellschaftlichen Veränderungen in beiden deutschen Staaten eine einmalige Chance der Verwirklichung bekommen müssen: mehr direkte politische Willensbildung durch Volksbegehren und Volksentscheid, mehr Bürgerbeteiligung in der Politik, Verankerung sozialer Grundrechte und ökologischer Standards in der Verfassung, demokratische Kontrolle der Wirtschaft und Erweiterung betrieblicher Mitbestimmung, freie und gleiche Entfaltungsmöglichkeiten der Frauen, Solidarität und partnerschaftliches Verhalten gegenüber der ⅔-Welt, mehr Rechte für Ausländer, Asylanten und gesellschaftliche Minderheiten.

Hieran muß sich zeigen, ob der Prozeß des Zusammenwachsens der Deutschen von einer ehrlichen Suche nach mehr Demokratie und Humanität getragen ist oder ob er in ein schäbiges Jagen nach Besitzanteilen ausartet. Die Diskussion über eine neue deutsche Verfassung auf der Basis des Grundgesetzes gemäß Artikel 146 GG ist in dieser Frage von exemplarischer Bedeutung.

Die politische Ausgestaltung und Fortentwicklung von Freiheits- und Grundrechten, die das Grundgesetz anbietet, ist eine ständige Aufgabe. Der Rechtsstaat kann ohne gesellschaftliche Reformen nicht überleben. Die Revolution in der DDR war in diesem Sinne nicht nur ein Akt der Selbstbestimmung des Volkes in der DDR, sondern darin auch ein kräftiger Impuls für die Deutschen in der Bundesrepublik, auf die weitere Ausgestaltung von Grundrechtsnormen im Grundgesetz zu drängen. Plötzlich bietet sich hier die Chance, die Einheit der Nation nicht nur zusammenzuwirtschaften, sondern auf einen deutlichen Mehrwert an Demokratie zu gründen.

Immer weniger Menschen sind bereit, ihre demokratische Kompetenz auf einen Wahlakt zu beschränken und an die deutsch-deutsche Kabinetts-Diplomatie abzutreten. Es gehört nicht nur zum Wesen der Demokratie, Mehrheiten zu suchen auf die Gefahr hin, dabei als Minderheit »entlarvt« zu werden. Bürgerbewegungen, basisdemokratische Initiativen und Runde Tische haben die Signatur der Demokratie um neue Dimensionen erweitert. Es ist Sache der Mehrheiten, darauf mit einer Erweiterung unmittelbarer Mitwirkungsrechte zu reagieren, und es ist Sache der Minderheiten, um diese neue Qualität der Demokratie mit allen legalen Mitteln zu kämpfen. Die Diskussion über die Standards einer neuen deutschen Verfassung wird damit zu einer Schlüsselfrage für das künftige geeinte Deutschland. Nur so wird der Beitritt der DDR zum Grundgesetz ein Akt der Selbstbestimmung und nicht der Unterwerfung.

In den bisherigen Ausführungen wurde darauf verzichtet, aus der *Sicht eines Christen* den Anspruch auf eine besondere Perspektive abzuleiten, aus der die Ereignisse in der DDR zu betrachten wären. Das Verdienst von Christen, wenn es ein solches war, bestand im Herbst 1989 darin, für die Allgemeinheit zur Verfügung zu stehen. Vieles, was in Kirchen begann, ist mittlerweile in die gesellschaftliche Allgemeinheit übergegangen und gänzlich »säkularisiert«. Das ist gut so. Die gegenwärtig noch überdurchschnittlich starke Präsenz von Christen und besonders Theologen in der Politik ist eine direkte Folge der Verhältnisse »vor der Wende«; sie wird sich verlieren. Die Herausforderungen des begonnenen Demokratisierungsprozesses sind für alle Deutschen in der DDR die gleichen, denn alle sind in den Nischen des alten Systems gleichermaßen demokratieunfähig geworden. Die ungewohnte Politisierung des Alltags, die rasante Pluralisierung der Strukturen, die Ent-Solidarisierung vieler menschlicher Beziehungen und die soziale Destabilisierung der Gesellschaft stellen Probleme dar, denen wir lernend als Bürger begegnen müssen, ehe wir ihnen als Christen mit einem besonderen Anspruch antworten.

In einem einzigen Punkt bestehe ich auf einer besonderen Sicht. Sie bringt eine ungebetene und unbequeme Wahrheit in Erinnerung: Wir haben festzuhalten, daß der Systemwechsel in der DDR nicht identisch ist mit dem Paradigmenwechsel, den die sozialen Bewegungen rund um die Erde seit den siebziger Jahren propagiert haben und den die ökumenische Christenheit im konziliaren Prozeß für Gerechtigkeit, Frieden und Bewahrung der Schöpfung thematisiert hat. Dieser Prozeß ist offen und muß weitergehen, und die Politik wird ihn nicht einholen. Ganz und gar christlich gesprochen bedeutet das: Die »Wende« in der DDR ist nicht die Umkehr, die Gott von uns erwartet, wenn wir, unsere Mitgeschöpfe und unsere Nachkommen eine Zukunft auf dieser Erde haben wollen. Aber an der Art, wie wir politisch mit den unerledigten Aufgaben dieser »Wende« umgehen, wird sich erweisen, ob wir überhaupt zur Umkehr fähig sind.

Axel Noack

Stationen auf dem Weg zur Freiheit

1. Freiheit, die ich meine

»Frechheit« sagten bei uns die Leute und meinten damit die in unserer Gegend weitverbreitetste Tageszeitung, das SED-Blatt »Freiheit«. Die Wende hat uns von der »Freiheit« befreit. Sie heißt jetzt »Mitteldeutsche Zeitung«. Viel besser ist sie nicht geworden. Wie frei die »Freiheit« war, erfuhren unsere Gemeindeglieder noch im Jahr 1989, wenn ihnen Sterbeanzeigen mit folgenden Bemerkungen zurückgegeben wurden: »Bitte wählen Sie einen anderen Spruch aus, da der religiöse Satz (»Der Gnade Gottes empfohlen«) nicht veröffentlicht wird.«

Die Geschichte unserer Tageszeitung steht hier als Beispiel für den zynischen, demagogischen Gebrauch des Wortes »Freiheit«. Daneben gibt es den naiven, etwas einfältigen Gebrauch von »Freiheit«. »Über den Wolken muß die Freiheit wohl grenzenlos sein«, so heißt es in einem Lied eines bekannten westdeutschen Liedermachers. Dabei weiß jedes Schulkind: Dort gibt es überhaupt keine Freiheit, sondern nur den lebensnotwendigen Zwang zur möglichst sanften Landung auf der Erde.

Freiheit, die ich meine, und Leben, zu dem der Geist Gottes mich befreit, ist eine andere Freiheit. Sie verträgt nicht demagogischen Mißbrauch und ist nicht auf der Stufe der Naivität zu belassen. Dietrich Bonhoeffer hat in seinem großen Gedicht über die Freiheit, geschrieben in der Unfreiheit des Gefängnisses, festgehalten:

»TAT
Nicht das beliebige, sondern das Rechte tun und wagen, nicht im Möglichen schweben, das Wirkliche tapfer ergreifen, nicht in der Flucht der Gedanken, allein in der Tat ist die Freiheit.
Tritt aus ängstlichem Zögern heraus in den Sturm des Geschehens, nur von Gottes Gebot und deinem Glauben getragen, und die Freiheit wird deinen Geist jauchzend empfangen.«
(Dietrich Bonhoeffer, Stationen auf dem Weg zur Freiheit, 1944)

Bonhoeffer nennt neben der »Tat« auch noch »Zucht«, ja sogar »Leid« und »Tod« als Stationen auf dem Weg zur Freiheit.

Wie hören wir DDR-Bürger diese Sätze? Wir, die wir mehr oder weniger passiv, vielleicht mit innerem Groll und Zähneknirschen, nach außen aber in aller Regel artig und angepaßt in der Unfreiheit verblieben? Die wir »das Richtige« nicht nur nicht taten, sondern oft genug nicht einmal »das Mögliche« wirklich ausschöpften? Welche Stationen zur Freiheit werden wir durchlaufen? Und wie hören es die Menschen in der Bundesrepublik, die – so ein verbreiteter Slogan – »Freiheit statt Sozialismus« schon lange gewöhnt sind. Das »Richtige« zu tun, fällt auch dann, wenn die Zahl der Möglichkeiten größer ist, nicht unbedingt leichter.

Welche Stationen auf dem Weg zur Freiheit werden wir gemeinsam durchlaufen müssen?

Eine der Stationen, die wir jetzt erreichen müssen, wird der unverstellte, nüchterne Blick auf uns und unsere Wirklichkeit, eingeschlossen unsere Vergangenheit, sein. Wie gelangen wir zu solchem Blick und was kann ein Kirchentag dafür tun?

Eine Antwort gibt Martin Luther:

2. Von der Freiheit eines Christenmenschen

Martin Luther hat in der großartigen Freiheitschrift aus dem Jahre 1520 davon Zeugnis gegeben, daß die Freiheit, zu der Christus uns befreit, eine ganz entscheidende Wahrheit zur Voraussetzung hat. *»Welches ist denn das Wort, das solche große Gnade gibt«*, fragt Luther. *»Antwort: Es ist nichts anderes als die Predigt von Christus geschehen, wie sie das Evangelium enthält. Diese soll sein und ist so beschaffen, daß du deinen Gott zu dir reden hörst, wie all dein Leben und Werk vor Gott nichts sein, sondern müssest mit all dem, was in dir ist, ewiglich verderben... Damit du aber aus dir und von dir, das ist aus deinem Verderben herauskommen mögest, so setzt er dir seinen lieben Sohn Jesus Christus vor und läßt dir durch sein lebendiges tröstliches Wort sagen: Du sollst in denselben mit festen Glauben dich ergeben und frisch ihm vertrauen.«* (Martin Luther: Von der Freiheit eines Christenmenschen, 6. Abschnitt.)

Diese Wahrheit wird uns freimachen, aber wer wird schon gerne hören wollen, daß »sein Leben und Werk vor Gott nichts sein«? Gerade wir DDR-Christen werden doch jetzt allenthalben gelobt und gewürdigt. Und die Christen in der Bundesrepublik spüren es gerade jetzt, daß ihre Art zu leben, zu produzieren und zu konsumieren aus dem Zusammenbruch des sozialistischen Systems weltweit Bestätigung erfährt.

Die Predigt, die »so beschaffen ist, daß *Du deinen* Gott zu *dir* reden hörst...«, will den Einzelnen in seinem Herzen und Gewissen treffen. Wie ist solche Predigt einer ganzen Kirche oder gar einem Volk auszurichten? Vieles in unserem Land erinnert an die Jahre nach 1945: Alle sind wir Opfer und eigentlich verantwortlich sind nur ganz wenige. An der Person Erich Honeckers z. B. macht sich der ganze Zorn fest. Der »Sündenbockmechanismus« funktioniert wieder einmal sehr gut. Wie schon für die Nachkriegszeit festgestellt, gibt es auch heute unter uns eine »Unfähigkeit zu trauern« (A. und M. Mitscherlich).

Unsere Kirche steht vor schwierigen Zeiten. Wenn sie dem Geist Gottes, der zum Leben befreit, Raum gibt und wenn dieser Geist nicht nur den Einzelnen in seiner persönlichen Unfreiheit meint, sondern eine »öffentliche« Dimension hat, wird Kirche in *beiden* Teilen unseres Landes auf der Beliebtheitsskala Punkte verlieren. Was wir in diesen Zeiten zu sagen haben – wenn wir etwas zu sagen haben – wird nicht nur Bestätigung oder geistliche Streicheleinheit sein können. Die Wahrheit über die »Freiheit eines Christenmenschen« werden wir nicht verschweigen dürfen, wenn wir nicht alles schuldig bleiben wollen.

Im Folgenden will ich als kirchlicher Mitarbeiter in einem umweltbelastenden und umweltbelasteten Industriegebiet der DDR versuchen, das an drei Bewährungsfeldern zu verdeutlichen:

3. Die Freiheit der Kinder Gottes – in der Kirche

Wir sind im Fernsehen aufgetreten. Ja, bis in unseren Luftkurort Wolfen hat sich ein Fernsehteam verlaufen, um Aufnahmen vom Gottesdienst und vom Gemeindeleben zu machen. Kirche ist »in«! Es vergeht kein Abend, an dem ich nicht ehemalige Studienfreunde und Kollegen im Fernsehen bei Interviews mit gewichtigen Worten vernehmen kann. In Regierung und Parlament wimmelt es nur so von Pfarrern und anderen Christenmenschen. Ist so die Freiheit der Kinder Gottes bei uns schon herrlich angebrochen? Die »Wende« hat die Kirche aus der Nischenexistenz ins Scheinwerferlicht der verschiedenen Fernsehanstalten gerückt. Darf man sagen »befreit?« Oder haben wir, ehe wir uns recht versehen, nur die eine Art Unfreiheit gegen eine andere ausgetauscht? Sind Ohnmachtserfahrung und Machtausübung nicht beide auf die »Macht« fixiert? Wie weit liegen Nischenmentalität und Größenwahn eigentlich auseinander? Vermutlich gehören sie enger zusammen, als es auf den ersten Blick scheinen mag. Letztlich bestreiten beide, der Übermut wie die Resignation, die Herrschaft Gottes in seiner Kirche. Die aber ist der einzige Garant für die Freiheit der Kinder Gottes!

Wir beginnen ganz langsam zu begreifen, daß mit der politischen Wende noch nicht der Schritt aus dem »Reich der Notwendigkeit« in das »Reich der Freiheit« getan worden ist. Neue Zwänge und neue Gefährdungen umgeben uns von allen Seiten. Die Versuchung der Macht ist dabei nicht die ungefährlichste.

Die Wahrheit, die uns frei macht, wird ernüchternd sein. Wir werden es sehen müssen, wie wir als Christen und Kirchen in den vergangenen vierzig Jahren, gefangen in Ängsten und vermeintlich objektiven Zwängen, unwahrhaftig gelebt haben. Wir waren sicher subjektiv der Meinung ehrlich und wahrhaftig zu sein. Wir haben es ernst gemeint, als wir bewußt Kirche in unserem Land sein wollten. »Kirche im Sozialismus«, diese heute schon fast vergessene Formel war ehrlich und mit Überzeugung ausgesprochen worden. Heute sehen wir aber auch, daß wir bestimmte kritische Fragen ganz einfach ausgeklammert haben. Wir erkennen, was wir alles nicht gesagt haben oder bestenfalls andeutungsweise vernehmen ließen. Die »Machtfrage« z. B., die bei uns die Frage nach dem Führungsanspruch der Partei gewesen ist. Diese Frage war für uns entschieden. Das haben wir akzeptiert. Ja, gerade diese Akzeptanz schien uns die Bedingung für die Möglichkeit der Existenz als Kirche im sozialistischen Staat zu sein. War das wirklich die Bedingung? Fast nebenbei wurde im Herbst die »führende Rolle« der Partei aus der Verfassung gestrichen. Mit Erschrecken stellen wir heute fest, daß wir, bei aller subjektiven Redlichkeit, objektiv doch nicht übersehen dürfen, wie wir »Wahrheit durch Einsicht gezügelt« haben und wie uns oft genug die Übereinstimmung mit dem vermeintlich Notwendigen näher war als die Freiheit.

Der Geist, der zum Leben befreit, wird uns das alles deutlich sehen und empfinden lassen. Dabei werden wir nicht nur Bestätigung und schon gar nicht all die Würdigung erfahren, die uns z. Z. in den Medien, besonders den westlichen, entgegengebracht wird.

»Daß ich erfahre, wie ich mit all meim Tun und Leben vor Gott nichts bin...« Auch das wird für uns eine Station auf dem Weg zur Freiheit sein müssen. Billiger wird sie nicht zu haben sein.

4. »Wir wissen, daß die ganze Schöpfung gemeinsam seufzt...«

Die meisten Menschen kennen die plastischen Nachbildungen der alten indischen Skulptur von den drei Affen, die sich je verschieden Augen, Ohren und Mund zuhalten: Ich sehe nichts, ich höre nichts, ich sage nichts.

Für uns im Bitterfelder Industriegebiet müßte eigentlich noch ein vierter Affe hinzukommen. Einer, der sich die Nase zuhält: Ich rieche nichts! Vermutlich können die Leute hier gar nicht anders leben, als daß sie die harten Fakten und schlimmen Zahlen über die Umweltbelastung einfach verdrängen. Zum einen arbeiten unsere Gemeindeglieder ja fast alle in den Großwerken der Chemie und verdienen dort ihr Geld. Zum anderen: Wer soll das aushalten, sich täglich die Gefahren und möglichen Folgen vor Augen zu halten. Manche können es nicht mehr hören, wenn von drohenden Krankheiten und verkürzten Lebenserwartungen geredet wird: Ich rieche nichts!

»Mit uns seufzt die ganze Schöpfung« schreibt der Apostel Paulus im Römerbrief in dem Kapitel über die Freiheit der Kinder Gottes (Römer 8):

> *»Denn wir wissen, das die ganze Schöpfung bis zu diesem Augenblick gemeinsam seufzt und in Wehen liegt. Aber nicht nur sie, sondern auch wir selbst, die wir den Geist als Erstlingsgabe haben, seufzen in uns selbst und warten auf die Kindschaft, die Erlösung des Leibes.«*

Paulus schreibt aber auch davon, daß die ganze Schöpfung »frei werden wird von der Knechtschaft der Vergänglichkeit zur herrlichen Freiheit der Kinder Gottes.«

Kann diese Verheißung eigentlich noch hören, wer »das Seufzen der ganzen Schöpfung« nicht mehr oder nur noch undeutlich hört? Bei uns erhalten die Menschen ein »Schweigegeld«. Sie können Anträge auf Entschädigung für Umweltschäden im Garten, am Haus usw. stellen. Vermutlich wird so manchen das Geld, was dabei zu verdienen ist, wichtiger sein als eine saubere und schadlose Umwelt. Ganz deutlich ist da so etwas wie wirkliche Entfremdung des Menschen passiert. Entfremdung von sich selbst, seiner Arbeit und seinem Lebensraum. Etliche Arbeiter arbeiten für viel Geld in giftigen oder schmutzigen Betrieben. Entgiftung oder Entstaubung der Arbeitsplätze, die den Wegfall von finanziellen Zuschlägen zur Folge hätten, würden Arbeiter auf die Barrikaden bringen. So sieht Entfremdung aus. Diese führt zum »Ich rieche nichts!«

Der Geist Gottes, der zum Leben befreit, wird uns auch das Seufzen der ganzen Schöpfung deutlich hören lassen und uns aus dieser Entfremdung befreien. Bei uns wird das »Schweigegeld« ganz offen beantragt und bezahlt. In westlichen Gesellschaften läuft diese Bestechung viel komplizierter, so daß oft nicht einmal der Bestochene selbst etwas davon merkt, daß er gekauft wird.

5. *»Niemand lebt davon, daß er viel besitzt«*

Der Evangelist Lukas (Lk 12) berichtet in einer ganz kurzen Geschichte davon, daß zwei mit Erbstreitigkeiten befaßte Brüder Jesus gern als Schlichter einsetzen wollen. Die Antwort Jesu ist verwunderlich: Er warnt alle beide vor der Habgier. In der üblichen Auslegung dieser Geschichte wird das Jesuswort als Hinweis auf die hinter allen praktischen Fragen liegende eigentliche Frage verstanden. Jesu Antwort ist im wörtlichen Sinne »radikal« d. h. an die Wurzel gehend.

Mir fällt diese Geschichte ein, wenn ich um mich herum erlebe, wie die praktischen Fragen des Alltags uns alle in ihren Bann ziehen. Zur Zeit sind es die Fragen der Währungsumstellung, der Renten, der Preise. Sparguthaben und Versicherungsleistungen beschäftigen die Menschen. Auf den Sparkassen stehen lange Schlangen von Menschen, die ihr Geld – je nach Gerüchtelage – auf Konten anhäufen bzw. verteilen. Wer wird in dieser Situation das »radikale«, auf die hinter alle Vordergründigkeiten liegende wirkliche Wurzel weisende Worte sagen können? Ist es mit Warnung vor der Habgier getan? Vermutlich nicht, da sie es nicht allein ist, die die Menschen so mit Beschlag belegt. Wirkliche Ängste sind da mit im Spiel.

Deutlich aber ist in jedem Fall, daß wir alle im derzeitigen deutsch-deutschen Erbstreit die Erweiterung des Blickes auf die hinter allem liegenden wirklichen Gefahren brauchen. Der Geist Gottes, der zum Leben befreit und uns Wirklichkeit neu sehen und tiefer wahrnehmen läßt, ist da sehr nötig. Wir werden sehen müssen, daß deutsch-deutsch nicht alles ist. Ja, daß auch das vielzitierte »Haus Europa« nicht allein in der Landschaft steht und es überhaupt nicht reicht, wenn da die Türen dichtgemacht werden. Es ist in der Tat in einigen wenigen Ländern gelungen, die »Marktwirtschaft« zu zwingen »sozial« zu sein. Weltmarkt (und anderen Markt zu denken ist naiv!) ist immer noch brutal. »Soziale Marktwirtschaft« ist immer noch mehr eine beschwörende Wunschvorstellung als Tatsachenbeschreibung. Lassen wir uns durch den Geist Gottes auf weiten Raum stellen, zu sehen was wirklich ist, zu sehen was hinter den Fragen, die uns jetzt in den Bann ziehen, an eigentlichen Fragen und Gefahren liegt.

6. Gott will die Freiheit

Zum Schluß eine kleine Erinnerung an den Kirchentag vor vierzig Jahren in Essen. Manches von dem, was damals in Arbeitsgruppe I festgehalten worden ist, verdient auch heute Beachtung:

> *»Die Freiheit des Menschen ist in Gefahr. Die Not, unter der wir leiden, ist die Vermassung. Gott aber will den Menschen, der in Freiheit und Verantwortung vor ihm lebt. Uns ist es aufgegeben für diese Freiheit einzutreten. …*
>
> *Evangelische Christen! Entzieht euch nicht eurer politischen Verantwortung für den Nächsten! Gebt echter Selbstverwaltung und genossenschaftlichem Zusammenwirken Raum! Nehmt das diakonische Amt ernst und faßt es in einem ganz weiten Sinn! …«*

Gott schenke dem Evangelischen Kirchentag seinen ernüchternden, klaren, befreienden Geist.

Themenbereich 3: Glaube und Kultur: Der Geist gewinnt Gestalt

Martin Stöhr

Für eine Geist-reichere Sprache und Praxis in der Nachfolge Christi

Anmerkungen eines Christen zum jüdisch-christlichen Gespräch

I

1) Jesus, seine Jüngerinnen, Jünger und Apostel kannten als ihre Bibel die »Hebräische Bibel«. Diese nannten die Christen »Altes« Testament und nährten damit oft genug den Verdacht, sie sei veraltet. Die Autoren des Neuen Testaments wollten nicht eine neue Bibel schreiben, sondern Gottes Wort bestätigen und neu auslegen, verstehen und anwenden. »Neu« bedeutet in diesem Fall nicht die Absage an das »Alte«, sondern dessen Bekräftigung und Aktualisierung. Was galt, gilt weiter für Israel und für die Völker, wird bestätigt, weitergeführt und neu ausgelegt. Das ist ein Vorgang, der innerhalb des »Alten« Testamentes so selbstverständlich läuft wie innerhalb des Neuen Testamentes: Da kritisiert Amos Gottesdienst und Opfer, Gebete und Lieder, die doch alle durch Gottes Weisung eingerichtet worden waren (Amos 5,21ff.). Da widerspricht Jakobus dem Paulus: Zur Erlösung des Menschen gehören natürlich gute Werke. Dieser Widerspruch ist nicht mit der Beschimpfung und Verachtung des Jakobusbriefes als einer »strohernen Epistel« (Martin Luther) zu lösen, sondern nur durch die Beachtung der ungeheuren Dynamik und Lebendigkeit, mit der Gott sich selbst wandelt und sein Wort neu formuliert. Er ist und verkörpert kein Prinzip wie die antiken Gottheiten. Er handelt und spricht neu, bereut sein Handeln und fängt neu an. (1. Mose 6,6f.; 1. Sam 15,11; Amos 7,3.6)

Das ist nicht die Willkür eines Autokraten, sondern das ist die Zuneigung eines lebendigen Vaters, der mit seinen Geschöpfen unterwegs ist, auf sie eingeht – liebevoll und kritisch, lebendig und überraschend.

Werden aus Gottesdiensten und Gebeten hohle Rituale, die die Bemühung um Recht und Gerechtigkeit ersetzen oder verdrängen, so läßt Gott das durch seine Boten klar mitteilen. Das ist keine Absage an Gottesdienst und Gebet, wohl aber deren Erneuerung durch Praxis, durch die Verknüpfung von Alltag und Feiertag, Gottesdienst und Menschendienst.

Wird Paulus, der das Gesetz, die Tora, den nomos Röm 7,12 heilig, gerecht und gut nennt, so verstanden, als könne man die Tora verächtlich und ungelebt zur Seite schieben, so betonen ja nicht nur Jakobus, sondern vor allem die Evangelien und Paulus in jedem seiner Briefe selbst, wie wichtig es ist, das zu leben, was man glaubt und das zu tun, was man in Gottes Wort hört. Die Tora ist Gottes Weisung zu einem way of life, der das ganze Leben umfaßt. Die beiden Gestalten des Wortes Gottes, Evangelium und Gesetz, gehören zusammen. Sie finden sich beide sowohl in der Hebräischen Bibel wie im Neuen Testament.

2) Ein Grundirrtum der christlichen Tradition besteht darin, Erstarrungen und Manipulationen des Wortes Gotts in den Händen, Mündern und Buchstaben der Menschen, wenn es sich um Juden handelt, als typisch für Israel, dergleichen Erscheinungen auf seiten der Christen aber als untypische, vergebbare und reformierbare Entgleisungen zu halten. Die notwendige Unterscheidung von Evangelium und Gesetz – als zweier Gestalten des einen Wortes Gottes – hatte fatale Auswirkungen: Nur das Gesetz galt als minderwertig, zwanghaft, gegen Gott benutzbar. Dabei ist es doch die gnädige Weisung Gottes zum Leben Israels und durch Israel zum Leben der Völker. Die Christen vergaßen, daß Christen und Kirchen – in ihrer Sprache – auch das Evangelium, die gute Botschaft Gottes, durch menschliche Institutionalisierung, Hörverweigerung, Verharmlosung, Verjenseitigung und Spiritualisierung korrumpieren. Die Abschiebung Jesu durch die Kirche, die er in ihrer Macht- und Dogmenverwaltung nur stört, beschreibt F. Dostojewskis Legende vom Großinquisitor oder die scharfe Kritik Dietrich Bonhoeffers von der »billigen Gnade«, die auf die Kosten der Nachfolge in einem idealistischen Erlösungsglauben verzichtet. Beide sprechen genau diese christliche Selbstkritik aus: Auch das Evangelium ist korrumpierbar. So gewiß diese biblisch begründete, also prophetische Selbstkritik innerchristlich lebt, sie

wurde nur mühsam und selten genug in Denken und Praxis übersetzt. So gewiß es in der dominierenden Linie der Kirchen- und Theologiegeschichte eine christliche Selbstabsolution gab, gegenüber Israel wurde gnadenlos gedacht und gehandelt. Da stand fest, daß auf seiten Israels, seiner Bibel und seines Glaubens nur Vorläufigkeit, Verheißung, Erstarrung, Abschattung des Kommenden zu sehen seien, während auf seiten der Kirche Letztgültigkeit, Erfüllung, Licht und Gegenwart des gekommenen Reiches Gottes herrschten. Augustinus faßte bündig diesen Hauptstrom des christlichen Denkens und Lebens zusammen: Die Juden sind »Zeugen ihrer Bosheit und unserer Wahrheit.«

Aus dieser theologisch-christlichen Rollenzuschreibung an die Juden wurden in dem Augenblick auch erniedrigende und verächtliche soziale Rollenzuweisungen an die Juden geschmiedet, als das Christentum als Staatsreligion zur Macht gekommen war. Im corpus christianum – so war der Leib Christi als eine Gestalt der Gegenwart Gottes auf Erden nicht gemeint – blieben ihnen die von Christen mit staatlicher Macht und sozialer Kontrolle definierten Rollen und Erniedrigungen.

Hier liegt der entscheidende Beitrag von Theologie und Kirche zum Ausbau und zur Verlängerung der antiken, vorchristlichen Judenfeindschaft, zum Aufbau einer eigenständigen christlichen Judenfeindschaft und zur Vorbereitung vieler rassistischer, biologistischer, ökonomischer oder nationaler Antisemitismen.

Hätte Paulus nur den ersten Brief nach Saloniki geschrieben (mit dem schrecklichen Satz, daß die »Juden den Herrn getötet haben, Jesus, und die Propheten und uns verfolgt haben und Gott nicht zu gefallen suchen und gegen alle Menschen feindselig sind« 1. Thess 2,15f.) und nicht auch den Römerbrief, die Christen wären wehrlos gegen den in ihre Botschaft eingebauten Antijudaismus.

3) Der Streit um Jesus war und ist nicht ein Streit um nichts. Wo er nicht schmerzlich empfunden wird in der Christenheit, sondern triumphalistisch als entschieden (zugunsten der Christen) angesehen wird, da ist weder Platz noch Notwendigkeit für die Kirche, immer wieder neu auf Gottes Wort zu hören, Christus nachzufolgen und auf die Erlösung der unerlösten Welt zu hoffen. Da wird die Kirche zur Heilsanstalt und ein Heilsegoismus breitet sich aus, der nicht nach der Erlösung der Welt fragt, sondern nur nach der der eigenen Seele. Dietrich Bonhoeffer hat bezeichnen-

derweise in seiner Ethik davon gesprochen: »Der Jude hält die Christusfrage offen.« Das Beten und das Tun des Gerechten sind und bleiben notwendig.

II

Im jüdisch-christlichen Dialog wird – und alle Beteiligten sind erst am Anfang – an folgenden Neuorientierungen im Christentum und damit des Christentums gearbeitet:

1) Jesus war Jude, lebte im Gottesdienst und in der Überlieferung seines Volkes Israel, hielt die Tora, teilte Israels Hoffnung auf Gottes kommendes Reich, beteiligte sich leidenschaftlich, d. h. auch polemisch und kritisch wie viele Juden und jüdische Gruppen seiner Zeit, am Streit um die rechte Auslegung der Bibel, um das richtige Tun und Lassen. Er beteiligte sich an der Auseinandersetzung um die Frage, ob Gottes Reich nahe herbeigekommen sei und welche Umkehr diese, von ihm entschieden geglaubte Nähe von dem Menschen verlangt.

Wenn er gegen Pharisäer, die entscheidende Neuerungsgruppe des nachbiblischen Judentums, Stellung bezog, so auf der Basis großer Übereinstimmung mit ihnen. Seine Worte gegen die Pharisäer zu benutzen als Belege dafür, daß Jesus prinzipiell die Grenzen des Judentums gesprengt habe, ist falsch, so falsch als benutze man die Kritik des Jeremia und Hosea zum Beispiel an Israel als prinzipielle Absage an Israel, als Ende des Bundes Gottes mit seinem Volk. Wenn in der späteren mehrheitlich aus »Heiden« bestehenden Kirche Argumente eines Juden gegen Juden, also Elemente einer innerjüdischen Auseinandersetzung, von Nichtjuden gegen »die Juden« verwandt wurden, dann machte sich die Kirche einer intellektuellen Unredlichkeit und einer für die Juden oft tödlichen Ausgrenzung schuldig.

2) Christliche Verkündigung hat sich immer wieder selbst petrifiziert, wenn sie eine bruchstückhafte Einsicht in Gottes Wort (1. Kor 13), in der kontroversen Suche nach der Wahrheit Gottes festschrieb zu »ewigen Wahrheiten«, Prinzipien und Dogmen des Glaubens. Sie vergaß die jüdisch-rabbinische Tradition, die darin liegt, um die Wahrheit zu ringen, verschiedene Positionen auszuhalten, die Verbindlichkeit im Tun der Wahrheit und nicht in der Formulierung der Wahrheit zu suchen. Sie vergaß ihre eigene Tradition, Gottes Wort in Menschengestalt immer nur als einen

Schatz in irdenen Gefäßen (2. Kor 4,7) zu verstehen, immer neu auszulegen und weiterzusagen. Die mittelalterliche »disputatio« hatte eine ihrer Grundregeln darin (auch wenn sie oft vergessen wurde), die eigene Position erst dann formulieren zu dürfen, wenn die »gegnerische« Position mit der Zustimmung des anders Argumentierenden genau und fair wiedergegeben worden war. Die Juden erlebten von seiten der Christen diese Methode nie. Die reformatorische Erneuerung legte Wert auf die »viva vox evangelii«, die sich der Kirchen und der Dogmen bedient, um praktisch und gedanklich zur Sprache zu kommen.

3) Die bleibende Erwählung Israels ist der im »Alten« wie im Neuen Testament durchgehaltene Grundgedanke. Die schärfste Kritik der Propheten und Jesu an Israel zielt auf Umkehr und Erneuerung, nicht auf Israels Enterbung, Entlassung aus der Heilsgeschichte oder Verwerfung. Nimmt die Kirche die Bibel als ihre Bibel ernst, dann liest sie jeden Satz der »Israelkritik« als Kirchenkritik. Anders kann sie weder die Hoffnungen noch die Gebote der Bibel haben.

Eine gegenüber Gottes Tun und Wort defizitäre Christenheit hat einfach nicht das Recht, defizitäres Verhalten in Israel – noch ist Gottes Herrschaft im Himmel wie auf Erden nicht vollendet! – mit der Pose des endzeitlichen Richters definitiv zu beurteilen und zu verurteilen. Unterwegs sind Israel und die Kirche. Nur durch Jesus hat die Kirche Anteil am Bund Gottes mit seinem Volk, seinen Taten und Weisungen der Gerechtigkeit und des Rechtes, der Liebe und der Befreiung von Schuld und Unterdrückung, von Fremdbestimmung und Egoismus. Israel und die Kirche sind unterwegs zur Vollendung dessen, was beide hoffend glauben: Daß Gottes Name in allen Dimensionen des menschlichen Lebens geheiligt wird, daß sein Reich komme und sein Wille nicht nur im Himmel, sondern auch auf Erden geschieht. Paulus sagt das in seinem letzten Brief Röm 9–11, wo er seinen unsäglichen Irrtum von 1. Thess 2,15f. korrigiert, so: Israel gehören die Annahme als Kinder Gottes, die Gegenwart Gottes, die Bundesschließungen (Plural!), die Gabe der Tora, der Gottesdienst, die Verheißungen, die Erzväter. Es ist das Volk, aus dem Christus stammt. »Gott, der da über allem ist, sei gepriesen in Ewigkeit. Er ist wahrhaftig.« Dieser Gott Israels, der auch der Gott der Völker ist, hat Israel gegenüber nie seine Bündnisse und Worte widerrufen, schon gar nicht dadurch, daß er durch Jesus

Menschen und Gemeinden aus den Völkern zu Israels Gott und dessen Willen führte.

4) Aber nun bekennt die Christenheit Jesus als den Messias, den Gesalbten Gottes, griechisch: den Christus. Zerstört oder gefährdet dieser Unterschied nicht die bleibende Gemeinsamkeit zwischen Juden und Christen: auf einen gemeinsamen Gott zu hören, dem sie sich und ihre Welt verdanken, der über Ziel und Praxis des Lebens der Geschichte nicht stumm blieb, sondern Gerechtigkeit und Liebe, Befreiung und Frieden als seine Gaben und Aufgaben auch für seine Kreatur bekanntmachte? Israels kritische Anfrage an seinen christlichen Weggefährten durch die Geschichte bis zu ihrem Ende liegt in der Gemeinsamkeit der Gaben und der Worte Gottes und der daraus erwachsenden Hoffnungen und Aufgaben begründet.

Das hat Konsequenzen für die Messiasfrage. Nicht Israel muß sich rechtfertigen, warum es nicht an Jesus als den Messias glaubt. Die Christenheit ist eine Antwort schuldig, warum sie so perfektisch von Erlösung und Versöhnung reden kann, als sei alles geschehen, obwohl sie mit Israel gemeinsam auf das kommende Gottesreich wartet, um seine Gegenwart betet und in dessen Geist jetzt schon zu leben versucht. Die Christenheit ist der Welt nichts als »Liebe schuldig, diese ist des Gesetzes Erfüllung« (Röm 13,10). Das biblische Doppelgebot der Liebe, das Jesus ausdrücklich bekräftigt (Mk 12,28–34) mit seinem Bekenntnis zur Einzigkeit Gottes und zur Einzigkeit eines jeden göttlichen Ebenbildes schließt Juden und Christen stärker zusammen als bleibende Unterschiede sie trennen. Die Christenheit ist den Menschen den »Beweis des Geistes und der Kraft« schuldig und nicht eine Predigt und Lehre »in überredenden Weisheitsworten«, damit der Glaube nicht auf Menschenweisheit, sondern auf Gottes Energie beruht« (1. Kor 2,4f.).

Das bedeutet: Die Hebräische Bibel hat asymmetrisch zwei Fortsetzungsgeschichten. Das nachbiblische Israel und die nachbiblische Kirche sind Zeugen Gottes und seiner Herrschaft. Israel von diesem gemeinsamen Weg als »verworfen« auszuschließen, ist eine Lästerung der Berufung dieses Volkes durch Gott, der dieses und kein anderes Volk erwählt hat und bis zum Ende der Tage zu ihm steht. Es auszuschließen aus der Geschichte – theologisch und physisch wurde es oft genug versucht –, bedeutet für die Kirche auch, sich des Partners zu entledigen, der durch seine Existenz, nicht durch einen vermeintlichen Unglauben oder seine Defizite (wo sind diese qualitativ von Defiziten und Unglauben der Kirche unterschieden?) Gottes Wort und Treue auf dieser Erde, in Israel und der Diaspora verkörpert. »Es war immer der Jude, der durch sein bloßes Dasein dem Christen das Überhören der Botschaft der jüdischen Bibel unmöglich machte«, sagte der Rabbiner Geis einmal auf einem Evangelischen Kirchentag.

5) Die Christenheit muß lernen, die Frage auszuhalten: Bist du, Jesus, der da kommen soll oder sollen wir auf einen anderen warten? Johannes der Täufer, der aus dem Kerker des Herodes – wie kann eine so vorletzte Größe gegenüber Gottes naher Herrschaft noch eine soviel Verzweiflung und Gewalt produzierende Schlagkraft entfalten? – diese Frage stellt, bekommt von Jesus eine jüdisch-biblische und keine kirchliche Antwort. Jesus verweist ihn nicht auf christologische Dogmen. Er zeigt auf die realen Veränderungen, die durch ihn im Gang sind. Kranke werden geheilt, Arme erfahren Gerechtigkeit, Tote werden auferweckt (Mt 11,1ff.). Wo das geschieht, da beginnt das messianische Reich, da werden Himmel und Erde neu. Die Bibel fragt nicht nach dem behaupteten Glauben, sondern nach dem gelebten Glauben.

Das führt mich zu der Vermutung, ob nicht ein tiefer Grund der christlichen Judenfeindschaft darin liegt, sich diese als lästig empfundene Frage (und ihre Fragesteller!) vom Halse zu schaffen.

Der Pharisäer Gamaliel gibt den staatlichen Behörden den Rat, die gefangenen Apostel frei zu lassen. Wenn ihr Werk von Gott sei und nicht Menschenwerk, dann werde sich das auf der Erde und in der Geschichte zeigen (Apg 5,38ff.). Gottes Sache kann nicht untergehen. Die Glaubwürdigkeit Jesu kann vorausgesetzt werden, die der Kirche nicht. Sie kann sich aber erweisen, was bisher gegenüber Israel kaum geschah.

Es gibt in der Geschichte immer wieder falsche Messiasse wie Theudas oder den Galiläer Judas, von denen die Bibel erzählt (Apg 5). Bar Kochba, Sabbatai Zwi oder Jakob Frank waren Menschen, die behaupteten, der Messias zu sein und auch ihre Anhänger fanden, sie sind dem Judentum nichts Fremdes. Sie unterliegen der biblischen Frage nach der Verwirklichung des Reiches Gottes. Jesus selbst rechnet mit Leuten, die sich als Messiasse ausgeben (Mt 24,4f.). Sie treten als Antichristen nicht außerhalb, sondern innerhalb der Kirche auf. Das Bekenntnis der Christen zum biblischen Gott als dem Vater Jesu Christi und die Nachfolge Christi sind die christlichen Antworten auf dem langen Weg von den gemeinsamen Urkunden der Bibel zur Verwirklichung der gemeinsamen Hoffnung. Und eine 2000jährige Christenheit muß ehrlich sagen, daß Jesus und die seinen nicht mit einem so langen Weg rechneten.

6) Geht der Größe Jesu Christi etwas verloren, wenn wir Christen bescheidener formulieren – vielleicht mit Albert Schweitzer (1951) »daß Jesus sich nicht als Messias hingestellt hat, sondern sich als derjenige verstand, der der Messias sein würde, wenn das Himmelreich kommt«?

Ich rede persönlich: wenn ich so oder so ähnlich meinen Glauben an die Messianität Jesu ausdrücke, bin ich dann nicht näher an der Vielfalt der biblischen Rede vom messianischen Reich? Die jüdische Bibel und die jüdische Tradition kennen viele Messianologien, das Neue Testament dementsprechend auch nicht nur eine Christologie, sondern verschiedene. Da wird vom Menschen Jesus gesprochen, vom Knecht Gottes, von Davids Sohn, vom Sohn Gottes, der adoptiert wurde oder wunderbarerweise geboren wurde, vom Propheten oder vom Lehrer (Rabbi) ist die Rede. Was er tat und lehrte, wird in vielen Sprachen ausgedrückt. In der Sprache des Versöhnungsopfers, des Freikaufs, des Sieges über Sünde und Tod, in der Sprache der radikalen Forderung oder Kritik, der absoluten Liebe und der parteiischen Solidarität mit Mühseligen und Beladenen. Nichts anderes, als was das Wort und die Tat des biblischen Gottes sind, lehrt und lebt Jesus.

Schaut die Christenheit sich selber ehrlich um, so entdeckt sie diesen Reichtum entsprechend wieder in einem ökumenischen Reichtum, von Jesus Christus zu reden, der überrascht. Die Kopten, die Mennoniten, die Griechisch-Orthodoxen, die Monophysiten, die Quäker, die Böhmischen Brüder, die Minjung-Theologie, die tridentisch katholische Christologie, die Christologien der Befreiungstheologien und der Schwarzen Theologie. Pietismus oder Aufklärung wandelten die Rede von Jesus Christus aus der lutherischen und reformierten Reformationszeit wie die der alten ökumenischen Konzile beträchtlich ab.

Wer eine Gestalt der Christologie zum Maßstab christlicher Rede von Christus setzt, macht Vorletztes zum Letzten, erweckt den Eindruck theologischer Endgültigkeit, statt damit zu rechnen, daß der Geist – wie geschehen! – so frei macht, neu zu buchstabieren, was in unserer Zeit an Christusbekenntnis neu gelebt und neu gedacht werden kann und muß.

Die biblische und die ökumenische Sprache ist geist-reicher als die Wächter nur einer rechten Lehre wahrhaben wollen. Gottes Geist befreit zum Leben – auch zu einem neuen Leben, auch zu einem neuen Leben zwischen Juden und Christen. Wie will eine Christenheit für Gerechtigkeit, Frieden und Bewahrung der Schöpfung eintreten, wenn sie nicht ihre Wurzeln in Israels Bibel neu entdeckt und diese nicht gegen Israel wendet, sondern mit Israel an dem tätig ist, was unserer gemeinsamen Welt fehlt?

Hintergrund dieser Skizze sind Gespräche mit Edna Brocke, der jüdischen Vorsitzenden der AG Juden und Christen beim Deutschen Evangelischen Kirchentag.

Gerhard Jasper

Christen und Muslime müssen den Weg zueinander finden

Islamische Einwanderung hat stattgefunden

Ein türkischer Bergmann hatte in dem Haus, das er von der Zeche erworben hatte, in der unteren Etage eine Gebetsstätte und eine Teestube eingerichtet. Wir saßen nach den Erörterungen, wie es mit dieser Haus-Moschee weitergehen könne, noch gemütlich zusammen und ich fragte den Hausherrn, wie lange er schon in der Bundesrepublik sei. »Seit 1964« berichtete er, »Ich kam mit den Ersten. 17 Jahre habe ich untertage ›malocht‹, jetzt arbeite ich übertage. Im nächsten Jahr werde ich invalidisiert.« Auf meine weitere Frage: »Werden Sie dann in die Türkei zurückgehen?« trat Schweigen ein. Auch die anderen waren auf die Antwort gespannt. Dabei war klar, daß die Rückkehr ins Geburtsland der Traum ist, den alle »Gastarbeiter« der ersten Generation träumen. Aber war es nicht auch diesem Freund so ergangen, daß er die Verwirklichung schon viel zu lange herausgeschoben hatte? Erst nach einer Weile schaute der Bergmann auf und sah mir direkt in die Augen. Sehr bedächtig kam es von seinen Lippen: »Ich kann doch meine Enkel nicht hier lassen und mich von ihnen trennen!« So kommen die Alten noch einmal in einen Entscheidungszwang: Sollen sie sich von der Heimat endgültig trennen, weil die Fremde, in die sie kamen um »zu malochen«, für ihre Kinder und Enkel zur Heimat wurde oder trotz aller negativen Aspekte des Noch-immer-als-Ausländer-abgestempelt-Seins zum Lebensraum, den man nicht mehr aufgeben kann? Die Wurzeln, die sie an die Dörfer und kleinen Städte der alten Heimat binden, gehen tief, und doch wissen sie, daß die alte Heimat auch für sie fremd geworden ist. Gleichzeitig bindet sie ihr Familiensinn noch fester an die Enkel und Enkelinnen hier in der Halb-Heimat-Halb-Fremde. Das ist ihre Tragik. Sie läßt die Bitte unter ihnen immer stärker werden: »Macht es für uns möglich, zu unserer türkischen auch Eure deutsche Staatsbürgerschaft zu erwerben. Wir arbeiteten hier zwanzig, ja fünfundzwanzig Jahre auch für Euch. Wir zahlten ebenso wie Ihr Steuern und Sozialabgaben und alles, was noch gezahlt werden mußte. Laßt uns gleichzeitig deutsche und türkische Staatsbürger sein. Dann brauchen wir uns nicht als Verräter an unserem eigenen Volk vorzukommen. Die türkische Staatsbürgerschaft kann dann ja ruhig ›schlafen‹. Aber wir werden Mitmenschen, die Ihr endlich voll anerkennt.« 80 bis 90 Prozent der Älteren würden sich für solch eine Doppelstaatsbürgerschaft entscheiden und damit gleichzeitig den Jüngeren in ihren Familien die Einbürgerung freigeben. Diese Bitte zeigt eindeutig, daß Einwanderung, Immigration, stattgefunden hat.

Bei der Volkszählung gaben 1987 1650000 Menschen an, daß sie Muslime sind. Dieser Zahl muß noch eine hohe Dunkelziffer hinzugefügt werden. Vieles deutet darauf hin. Über ein Drittel der Muslime leben in Nordrhein-Westfalen, mehr als die Hälfte von ihnen in dem hochindustrialisierten Gebiet von Köln über das ganze Ruhrgebiet hin bis in den Raum von Hamm. Die Zahl der deutschen Muslime wird mit 48000 angegeben. Darin ist allerdings auch die nicht feststellbare Zahl bereits eingebürgerter Muslime, Inhaber eines deutschen Passes, eingeschlossen. Ihre Zahl dürfte in den nächsten Jahren schnell wachsen, weil die Bereitschaft zur Übernahme der deutschen Staatsbürgerschaft zunimmt und Aufrufe dafür immer häufiger werden. So haben im Juni 1990 auf dem vierten islamischen Europa-Kongress in Ludwigsburg vierzig islamische Organisationen gemeinsam die Muslime überall in Europa aufgefordert, sich in ihren jeweiligen Wohn-Ländern um den Erwerb der Staatsbürgerschaft zu bemühen.

Die islamischen Gemeinden und Verbände etablieren sich selbstbewußt

In den ersten Jahren haben die Muslime die täglichen Pflichtgebete in den Unterkünften der Stahl- oder Bergarbeiter-Wohnheime in ihren Schlafräumen durchgeführt, oder auch in Kellerräumen. Sie haben diese oft mit sehr viel Liebe ausgestaltet. Das Ungenügende dieser Lösung wurde deutlich, als das Rotationssystem, nach dem »Gastarbeiter« nach jeweils drei Jahren ausgetauscht werden sollten, durch den Familiennachzug abgelöst wurde. Jetzt bezogen Muslime mit Frauen und Kindern Wohnungen. Aus Wanderarbeitern wurden »ausländische Arbeitnehmer«, denen mit ihren Familien Bleiberechte zuerkannt werden mußten. Die Wohnunterkunfts- und Keller-Moscheen eigneten sich nicht für Leute, die in Wohnbezirken zerstreut lebten. Es mußten größere Räumlichkeiten angemietet werden, auch wenn es nur ungenutzte Hinterhofbauten waren, die dazu zu oft überhöhten Mietpreisen gefunden wurden. Dafür aber war es nötig, daß man sich in Gemeinden und Gemeindeverbänden zusammenschloß.

Der erste Zusammenschluß, zu dem es 1973 kam, war der Verband der Islamischen Kulturzentren, der seine Zentrale heute in Köln in der Vogelsangerstraße 290 hat. Die Gründer gehörten zu einer Bewegung, die sich schon in der Heimat der Säkularisierung entgegengestellt hatte und nun die Notwendigkeit sah, den muslimischen Auswanderern bei der Erfüllung ihrer religiösen Pflichten zu helfen und sie vor der Entwurzelung zu bewahren. Von den etwa tausend islamischen Gemeinden in der Bundesrepublik gehören etwa ein Viertel zu diesem Verband. Er hat durch seine Mitarbeit bei den letzten drei Kirchentagen gezeigt, daß er verstanden hat, daß es für die islamische Existenz in der Bundesrepublik nötig ist, dialogbereit zu sein.

Ihm folgte nach Vorläufern 1985 der Verband »Neue Weltsicht Europa«, Avrupa Milli Görüsch Teskilatlari, mit dem Hauptsitz in Köln, Mehrheimer Straße 229. Diese Gruppe ist viel mehr auf die ilsamische Ökumene (Umma) hin ausgerichtet und stand der rechts orientierten Partei Necmettin Erbakan nahe. Die Milli Görüsch-Gruppe hat sich in den letzten Jahren allerdings bewußt für das Gespräch mit den Christen geöffnet und bietet durch ihre engen Beziehungen zur islamischen Gesamt-Umma besondere Chancen für das theologische Gespräch. Auch zu dieser Gruppe gehören über ein Viertel der islamischen Gemeinden der Bundesrepublik.

1985 erfolgte ebenfalls die Gründung der dritten Großgruppe, der »Türkischen Islamischen Union« (DITIB), ebenfalls mit dem Hauptsitz in Köln, in der Venloer Straße 160. Sie ist mit der »Abteilung für religiöse Angelegenheiten bei dem Amt des Ministerpräsidenten der Türkischen Republik« (DIYANET) eng verbunden und gleichsam ihr Instrument für die religiöse Betreuung aller Türken in der Bundesrepublik. Weit über ein Drittel der Gemeinden in der Bundesrepublik gehören dieser Organisation an. Auch für DITIB ist die Gesprächs- und Kontaktbereitschaft zu den Kirchen hin selbstverständlich.

Aber auch die nicht-türkischen Muslime haben ihre Strukturen aufgebaut. Eines ihrer Hauptzentren ist die Bilal-Moschee in Aachen. Sie feierte 1989 ihr 25-jähriges Jubiläum. Hier treffen sich nicht nur die sunnitischen Muslime aus den arabisch sprechenden Ländern, viele davon Studenten, sondern auch ein Großteil der deutschen Muslime. Es wird für das Gespräch zwischen Christen und Muslimen wichtig sein, auch die Kontakte zu dieser Gruppe auszubauen. Dies gilt vor allem, wenn die Pläne Wirklichkeit werden, in Aachen ein international anerkanntes islamisches Kursus-Zentrum einzurichten.

Die deutsche Abteilung des Islamischen Weltkongresses mit dem Sitz im »Islam-Archiv Deutschland« in Soest, Am Kuhfuß 8, versucht, das Gemeinschaftsbewußtsein in allen Gruppen zu stärken und für gemeinsame Schritte zusammenzuführen.

Mit der Etablierung der islamischen Verbände fühlen sich die einzelnen Gemeinden nicht mehr allein auf sich selbst gestellt. Die Zugehörigkeit gibt ihnen in den Arbeitersiedlungen der großen und kleinen Städte nicht nur Hilfe in mancherlei Problemen, sondern auch ein stärkeres Selbstbewußtsein. Das führt dazu, daß die Zeit der Hinterhofmoscheen anfängt, dem Ende entgegenzugehen. Immer mehr Gemeinden versuchen zu Dauerlösungen zu kommen und Häuser zu erwerben, die sie dann für ihre Zwecke umbauen mit all den Räumlichkeiten, die sie brauchen, von den Waschräumen und dem großen Gebetsraum bis zum Raum für die Frauen, einer Teestube, einem Bücherladen und Büro. So wurde z. B. bereits 1988 ein nicht mehr gebrauchtes Fabrikgebäude in Gelsenkirchen-Horst gekauft, das zu einem regionalen Zentrum nicht nur für den Süd-Westen der Stadt wird, während gegenwärtig im Norden in Hassel die Bemühungen laufen, ein geeignetes Grundstück für »eine vollständige Moschee mit Kuppel und Minarett« zu erwerben. In Marl bei Recklinghausen, konnte im Mai dieses Jahres der Grundstein für eine solche neue Moschee gelegt werden. An den Feierlichkeiten nahmen neben dem Bürgermeister auch der evangelische Pfarrer und der katholische Orts-Dechant teil. In Hamm-Ahlen aber wird die bereits vorhandene Moschee mit einem Minarett ausgebaut, für das die Steine vorgefertigt aus der Türkei importiert wurden. In Werl bei Soest wurde fast gleichzeitig mit der Grundsteinlegung in Marl eine fertiggestellte Kuppel-Moschee mit Minarett ihrer Bestimmung übergeben, während in Iserlohn der Moscheebau langsam seiner Vollendung entgegengeht.

Christen und Muslime müssen den Weg zueinander finden

Es ist deutlich, daß die aus dem Ausland gekommenen Muslime von der dritten Generation an, ganz sicher aber in der vierten, deutsche Staatsbürger islamischen Glaubens sein werden mit mehrheitlich türkischer Herkunft. Es hat sich bereits eine bleibende zahlenmäßig starke islamische Minderheit in Deutschland gebildet. Sie verfestigt sich immer mehr. Damit ergibt sich die Frage, wie sich die Mehrheit der Deutschen und vor allem ihr christlicher Teil zu dieser Minderheit stellen wird und was sie zu tun gedenkt, um das Verhältnis zueinander positiv zu gestalten. Dafür ist es nach wie vor dringend nötig, gegenseitige Vorurteile zu überwinden und die Möglichkeiten gemeinsamer Bürgerschaft bewußt ins Auge zu fassen, selbst wenn Eindrücke aus dem internationalen Geschehen, und die Art, wie in den Medien davon berichtet wird, dem entgegenstehen. Vorurteile verfestigen sich leicht neu, wenn nicht auch differenziert auf Hintergründe bei Geschehen eingegangen wird, die vordergründig als Ausschreitungen von Fanatikertum oder Terrorismus erscheinen. Aber sind letztere nicht oft Symptome für die eskalierenden Unrechtsstrukturen zwischen Nord und Süd im Armutsgürtel unserer Welt? Kommt nicht auch das, was oft als aufbrechende Intoleranz des Islam bezeichnet wird, aus Verzweiflung, weil es für breite Bevölkerungsschichten – etwa in Ägypten – immer auswegloser wird, auch nur annähernd ein genügendes Minimum für das schlichte Überleben zu gewinnen? Die Mehrheit der islamischen Menschen lebt in Ländern, denen nicht einmal der Status von Schwellenländern zuerkannt wird mit der Aussicht auf Überwindung der größten Armut. So ist auch hier auf die Verstrickung der Christen in die einst kolonialen und heute neokolonialistischen Zusammenhänge hinzuweisen.

Noch drängender ist die Frage, ob Christen in Deutschland überhaupt bereit sind, den immer stärker werdenden Trend zu einem multikulturellen Leben wirklich zu bejahen. Das schließt ein gleichberechtigtes Nebeneinander-Stehen verschiedener Religionsgruppen ein. Es verlangt auch gegenüber den Muslimen eine klare Absage an jeden Zwang und Druck zu einer wie auch immer gearteten Assimilation. Integration erwartet von der Mehrheit die Bereitschaft, die Andersartigkeit der Minderheit anzuerkennen und ihr das Recht, auf der eigenen Identität zu bestehen, einzuräumen, ja, sie setzt die Willigkeit voraus, Verschiedenheit als möglichen Reichtum und Chance für das eigene Lernen zu sehen. Das schließt selbstverständlich die Freigabe des Raumes ein, den Muslime für ihren Glauben brauchen.

Aussagen des Rates der Evangelischen Kirche in Deutschland erkennen das voll an. So bejaht die Stellungnahme vom 4.6.1984 »die Rechte... der Glaubens- und Gewissensfreiheit, die eine ungestörte Religionsausübung einschließen«, und sieht es als »Aufgabe des Staates, im Sinne des Grundgesetzes auch den hier lebenden Menschen islamischen Glaubens gerecht zu werden«. Aber ist das nur Aufgabe des Staates? Sind hier nicht alle Staatsbürger mitgefordert? Die Folgerungen müssen noch mühsam durchbuchstabiert werden, wenn es in die Niederungen des Alltagsgeschehens kommt.

Der Alltag muß es zeigen

Bei den Kirchen und durch Christen hat es manches Eintreten für muslimische Mitmenschen gegeben. Dafür stehen nicht nur die klaren Stellungnahmen für ein großzügigeres Ausländerrecht und die vielen Voten gegen Ausländerfeindlichkeit. Als ein Beispiel sei etwa auf den Aufruf der evangelischen Kirchenkreise in Duisburg vor den letzten Kommunalwahlen hingewiesen: »Duisburg muß ausländerfreundlich bleiben: Geben wir dem Haß keine Chance!« mit einer entsprechenden Poster- und Plakataktion. Man muß dabei wissen, daß Duisburg mit 8 Prozent muslimischen Mitbürgern und 25 Gebetsstätten den höchsten Anteil von Muslimen unter allen Städten in Nordrhein-Westfalen, ja der Bundesrepublik hat und daher die Bevölkerung für Parolen neofaschistischen Charakters eher anfällig ist. Muslime haben solche Aktionen begrüßt und anerkannt.

Aber tun Christen genug dafür, daß die Ausländerbeiräte in ihren Städten und Kommunen ihre Aufgaben erfüllen können und ihre Stimmen nicht nur als »unverbindlich beratende Voten« eingestuft, sondern gehört werden? Sind Christen sich darüber einig, daß Menschen, die fünf oder zehn Jahre in ihren Kommunen mitleben und mit Steuern zahlen, um der Menschenwürde und der gemeinsamen Zukunft willen das kommunale Wahlrecht nicht vorenthalten werden darf? Das Evangelium überwindet furchtsames Bedenken und Zukunftsangst und läßt nach Gerechtigkeit fragen.

Ebenso drängend sind die Fragen aus den Bereichen schon gelebten Miteinanders. Wird es gelingen, ein Auseinanderdriften zu vermeiden etwa bei der Jugendarbeit in Programmen der »Offenen Tür«, so daß es nicht zu Konfrontationen unter den Jugendlichen kommt? In den Kindergärten gelingt es oft, Gruppenbildungen und das Sich-von-einander-Absondern zu überwinden. Aber kann das in den Grundschulen und darüber hinaus noch durchgehalten werden? Kann in den Schulen nicht mehr Verständnis bei Lehrern und der Mehrheit der Schüler und Schülerinnen für die Besonderheiten ihrer muslimischen Mitschüler geweckt werden, so daß es zu entkrampfenden, flexiblen Lösungen kommt, wann immer Konflikte drohen? Das scheint sogar noch immer bei der Kopftuchfrage nötig zu sein. Wann begreifen die Nichtmuslime, daß das Kopftuch weder ein Zeichen für »anatolische Rückständigkeit« ist, noch als ein »Symbol islamischen Fanatikertums« angesehen werden darf, sondern ganz einfach als ein Zeichen dafür zu gelten hat, daß Mädchen ihrem Glauben treu bleiben wollen? Das Sich-Weigern, am Schwimmunterricht teilzunehmen, muß nicht als falsche und darum zu überwindende Prüderie gesehen werden. Es kommt für viele muslimische Eltern aus der Bindung an »die guten Weisungen des Korans« und steht deshalb für sie außerhalb des Bereiches, in dem Kompromisse möglich sind – es sei denn, daß der Unterricht für die Mädchen allein organisiert wird. Sollte das nicht möglich sein?

Muslime und Christen müssen es noch lernen, die Unterschiede in ihrem Glauben auszuhalten

Der jüdisch-christliche Dialog ist längst zu einer Selbstverständlichkeit geworden. Das gemeinsame Erbe als »Kinder Abrahams« und die gemeinsame Heilige Schrift des Alten Bundes, die die heilige Schrift Jesu und der Apostel war, machen das möglich. Daß auch Christen und Muslime durch eine tiefe Gemeinschaft miteinander verbunden sind, ist für viele neu und will ihnen nicht einleuchten. Und doch ist es der gleiche Eine Gott, vor dem beide stehen, Christen und Muslime, Gott der Schöpfer und Erhalter der Welt, dem alle Rechenschaft für ihr Tun und Lassen schuldig sind. Allah, das heißt »der Gott«, der Eine, der wirklich Gott ist. Auch Jesus bekannte ihn im Bekenntnis seines Volkes: »Höre Israel, der Herr, dein Gott, ist ein einziger Herr!«

Mehr noch als Christen und Juden sind Christen und Muslime in der Hochachtung Jesu miteinander verbunden. Sie ist für Muslime selbstverständlich, weil 'Isa Masih bin Maryam, Jesus Christus, der Sohn der Maria, zu den »Gott ganz Nahen« gehört (Sure 3,59), so sagt es der Koran, ja »Wort von Gott an Maria« (Sure 4,171) ist und ein »Zeichen der Barmherzigkeit Gottes« »für alle Menschen« (Sure 19,21; 21,91). Muslime und Christen sind bis in die Christologie hinein einander näher als Christen und Juden es sein können.

Und doch bleibt der Unterschied, daß auch für Muslime gilt, daß Jesus Christus nicht auf die Seite Gottes gehört, sondern nur Mensch unter Menschen ist, einer in der langen Kette der Propheten und Gesandten Gottes. Hier bleibt eine Differenz, die deshalb so schmerzhaft ist, weil sie um der Ehrlichkeit unseres Gottesverständnisses willen unüberbrückbar ist und daher ausgehalten werden muß. Muslime können die Mittlerschaft Jesu und damit sein Kreuz nicht bejahen als etwas, was von Gott her den Menschen zugute gesetzt und geschehen ist. Christen können darauf nicht verzichten. Denn für sie kommt das Evangelium von Jesus Christus erst in dem Sterben Jesu am Kreuz und in seinem Auferweckt-Werden durch Gott zur Vollendung. Beim Eintreten des Todes am Kreuz sprach Jesus: »Es ist vollbracht« (Joh 19,30). Petrus aber verkündet in der Gründungspredigt, durch die die Kirche entstand: »So hat Gott diesen Jesus... zum Herrn und Christus gemacht« (Apg 2,36). Weil er gehorsam war bis zum Tod am Kreuz und in diesem Gehorsam ganz eins war mit Gott und seines Vaters Willen, den Menschen zu helfen, sehen Christen in Jesus den ganz Besonderen, der anders ist als alle Propheten und mehr ist als sie. Denn durch ihn ist Gottes ewiges Erbarmen zu den Menschen herabgekommen, durch ihn, der Knecht Gottes und Sohn in eins ist, weil er wie kein anderer ganz mit Leib und Seele Gott untertan war: In ihm war Gottes Erbarmen. Darum gehört er für Christen mit in das Wunder der Einheit Gottes, die für Muslime das Allentscheidende im Wesen Gottes ist, und die sich dennoch, so bezeugen es die Christen, mehrfältig offenbart.

Für Muslime ist das Wunder des Erbarmens Gottes das Kommen des Korans in die Welt. Denn durch ihn wird das Leben des Menschen durch seine Tage auf Erden so recht geleitet, daß er zur Ewigkeit Gottes gelangen kann. Mit Gottes Gnade kann der Mensch es schaffen. Sieht der Islam den Menschen und seine Möglichkeiten zu positiv? Unterschätzt er die Macht des Bösen im Menschen? Christen wissen stärker um ihr Scheitern. Sie leben von dem Neuanfang, den die Vergebung Gottes durch Christus schon in diesem Leben immer wieder neu schenkt.

Aber heißt dies, daß Christen und Muslime nicht in einem Land in Frieden miteinander leben können? Der Koran spricht von einem Wettstreit, in den Gott Juden, Christen und Muslime gestellt hat, in dem jeder seiner Tradition verpflichtet bleibt (Sure 5,48). Aber das ist kein Krieg gegeneinander. Das ist auf jeder Seite das Sich-Mühen um Echtheit in der Treue zu Gott und auch im Zeugnis voreinander. Dabei ist es für Christen wichtig zu sehen: Jesus Christus, der aus den Toten auferweckte Herr, grüßte seine Jünger mit dem Gruß: »Friede sei mit Euch!« (Joh 20,21.26; Lk 24,36). Wo aber seine Jünger ein Haus betreten, sollen sie zuerst sprechen: »Friede sei diesem Haus« (Lk 10,5). Die Apostel bekannten, daß Gott, der »Vater der Barmherzigkeit« ein »Gott des Friedens« ist (2. Kor 1,3 u. 13,12). Das verpflichtet.

Für Muslime ist der fünfte der »schönen Namen Gottes« nach *ar-Rahman*, der Barmherzige, *ar-Rahim*, der Erbarmende, *al-Malik*, der König, und *al-Quddus*, der Heilige, der Name, *as-Salam*, der Friede. Fünf aber hat als Symbolbedeutung, daß sie Vollkommenheit anzeigt. Fünf Finger hat eine Hand. Fünf Glaubenswahrheiten kennt der Islam. Fünf Grundordnungen (Säulen) regeln das Leben des Glaubenden. Fünf Gebete bestimmen den Rhythmus des Tages. Der fünfte Name Gottes as-Salam, Friede, hat den Klang von Vollkommenheit.

Beide, Christen und Muslime sollten einander darauf verpflichten. Das macht das Miteinander-Leben in einem Land möglich.

Für dieses Sich-gegenseitig-in-die-Pflicht-Nehmen ist es aber nicht nur nötig *über* den anderen etwas zu wissen, sondern vielmehr, ihn zu kennen und zu verstehen. Darin sind Christen und Muslime in der Bundesrepublik noch frühe Anfänger. Es ist gut, daß der Kirchentag bereits sechsmal in Begegnungsformen dafür seine Hilfe anbot – für erste Schritte. Auf einem Ruhrgebiets-Kirchentag ist das besonders dringend.

Abdoldjavad Falaturi

Der Islam im Gespräch mit dem Christentum

Anfänge und Entwicklungen, Probleme und Erfolge

1. Anfänge und Entwicklungen

Anders als die apologetischen Auseinandersetzungen ist ein friedliches Gespräch unter den Religionen und Kulturen erst dann und dort notwendig, wenn Angehörige verschiedener Religionen und Kulturen willentlich oder notgedrungen an einem Ort zusammenleben.

Ein friedliches Gespräch setzt jedoch voraus, daß sich alle gegenseitig akzeptieren oder zumindest tolerieren.

Die Anfänge eines solchen Gesprächs seitens des Islam begannen bereits in der Zeit, als sich Muhammad noch in Mekka befand (vor 622). Eine mekkanische Sure, Sure 29, liefert uns Belege dafür. Dort heißt es:

»Und streitet nicht mit dem Volk der Schrift; es sei denn auf die beste Art und Weise. Ausgenommen davon sind jene, die ungerecht sind. Und sprecht: ›Wir glauben an das, was zu uns herabgesandt wurde und was zu euch herabgesandt wurde; und unser Gott und euer Gott ist Einer; und ihm sind wir ergeben.‹«

Auf dieser gemeinsamen Basis, nämlich auf der Basis der Überzeugung, daß es sich innerhalb der drei Religionen um einen einzigen und denselben Gott handelt, wird hier empfohlen, in bester Form Gespräche mit Juden und Christen zu führen. Diese Haltung entwickelt sich dann zu einem Prinzip, das das Verhältnis der Muslime zu den Nichtmuslimen regeln soll. In Sure 16,125 heißt es:

»Rufe zum Weg deines Herrn mit Weisheit und schöner Ermahnung auf, und streite mit ihnen auf die beste Art. Wahrlich, dein Herr weiß am besten, wer von Seinem Wege abgeirrt ist; und Er kennt jene am besten, die rechtgeleitet sind.«

Nicht missionieren, sondern die Selbstdarstellung und das Umwerben dazu ist das Prinzip. Dieses Prinzip schließt eine Aufforderung zum Bekehren der anderen aus und räumt den anderen eine Freiheit ein, den Ruf anzunehmen oder abzulehnen, nachdem das Anliegen eindeutig klar geworden ist. Auf eine solche

Haltung bezieht sich auch der medinensische Koranvers Sure 2,256:

»Es gibt keinen Zwang zum Glauben. Der richtige Weg ist nun klar erkennbar geworden gegenüber dem unrichtigen. Der also, der nicht an falsche Götter glaubt, aber an Allah glaubt, hat gewiß den sichersten Halt ergriffen, bei dem es kein Zerreißen gibt. Und Allah ist Allhörend, Allwissend.«

Beachtlich ist dieser Koranvers besonders, weil er sich gerade an Götzenanbeter richtet. Umsomehr dürfte das für Schriftbesitzer gelten. Aus dieser Haltung heraus ist sogar eine Aufforderung an Juden und Christen entstanden, welche die tiefe Verbundenheit des Islam und der Muslime mit den Juden und Christen unterstreicht. Auch dies kommt am deutlichsten in der medinensischen Zeit, also ungefähr in den Jahren 624/625 zum Ausdruck. In Sure 3,64 heißt es:

»Sprich: ›O Volk der Schrift, kommt herbei zu einem gleichen Wort zwischen uns und euch, daß wir nämlich Allah allein dienen und nichts neben Ihn stellen und daß nicht die einen von uns die anderen zu Herren annehmen außer Allah.‹ Und wenn sie sich abwenden, so sprecht: ›Bezeugt, daß wir Muslime sind.‹«

Diese Grundhaltung des Korans den Christen und Juden gegenüber wurde abschließend als eine gesellschaftliche Regelung verkündet. Trotz aller Auseinandersetzungen, die innerhalb von 23 Jahren der Koran und Muhammad mit Juden und Christen aufweisen, trotz Kritik, die an Glaubensinhalten und Verhaltensweisen der Juden und Christen geübt wird, wird gegen Ende der Offenbarungszeit den Muslimen nahe gelegt, sich auf eine dauerhafte und versöhnliche Koexistenz mit den Schriftbesitzern einzustellen. So heißt es in Sure 5,5:

»Heute sind euch alle guten Dinge erlaubt. Und die Speise derer, denen die Schrift gegeben wurde, ist euch erlaubt, wie auch eure Speise ihnen erlaubt ist. Und ehrbare gläubige Frauen und ehrbare Frauen unter den Leuten, denen vor euch die Schrift gegeben wurde, wenn ihr ihnen die Brautgabe gebt, und nur für die Ehe und nicht für Unzucht und heimliche Liebschaften...«

Diese Tisch- und Ehegemeinschaft mit den Schriftbesitzern ist insofern von großer Bedeutung, als es sich bei den beiden Phänomenen, zumindest zu jener Zeit, nicht um eine Verbindung zweier einzelner Menschen, sondern um die Verbundenheit von Großfamilien handelte.

Wenn man von Toleranz im Islam redet, muß man dazu sagen, daß sie ihren Ursprung in den o. g. Koranversen hat. Sicherlich sind in der Geschichte diese Anweisungen nicht immer von den Muslimen eingehalten worden. Dennoch hat dies zumindest dafür gesorgt, daß die jüdischen und christlichen Gemeinden als Diaspora unter den Muslimen ihr unbestrittenes Lebensrecht behalten haben. Nachweislich sind Abweichungen davon auf individuelle Willkür, punktuelle Ereignisse oder sogar auf politische Interessen, jedenfalls aber nicht auf die eigentliche Quelle des Islam, nämlich den Koran, zurückzuführen.

Was nun die Anfänge eines solchen Gesprächs seitens des Christentums mit den anderen Religionen, besonders mit dem Islam, betrifft, so ist verkürzt dazu zu sagen, daß christlicherseits hauptsächlich nach dem Zweiten Weltkrieg, aus welchem Grunde auch immer, die Einführung des Dialogs mit den Muslimen für notwendig erachtet wurde. Beide Kirchen, die evangelische wie auch die katholische, haben sogar offizielle Maßnahmen dazu getroffen und dies z. T. als Ersatz für die klassische Missionstätigkeit verstanden.

Eine klassische Aussage darüber hat das 2. Vatikanische Konzil wie folgt gemacht:

»Mit Hochachtung betrachtet die Kirche auch die Muslime, die den alleinigen Gott anbeten, den lebendigen und in sich seienden, barmherzigen und allmächtigen, den Schöpfer des Himmels und der Erde, der zu den Menschen gesprochen hat. Sie mühen sich, auch seinen verborgenen Ratschlüssen sich mit ganzer Seele zu unterwerfen, so wie Abraham sich Gott unterworfen hat, auf den ihr islamischer Glaube sich gern beruft. Jesus, den sie allerdings nicht als Gott anerkennen, verehren sie jedoch als Propheten, und sie ehren seine jungfräuliche Mutter Maria, die sie bisweilen auch in Frömmigkeit anrufen. Überdies erwarten sie den Tag des Gerichtes, an dem Gott alle Menschen auferweckt und ihnen vergilt. Deshalb legen sie Wert auf sittliche Lebenshaltung und verehren Gott besonders durch Gebet, Almosen und Fasten.

Da es jedoch im Lauf der Jahrhunderte zu manchen Zwistigkeiten und Feindschaften zwischen Christen und Muslimen kam, ermahnt die Heilige Synode alle, das Vergangene beiseite zu lassen, sich aufrichtig um gegenseitiges Verstehen zu bemühen und gemeinsam einzutreten für Schutz und Förderung der sozialen Gerechtigkeit, der sittlichen Güter und nicht zuletzt des Friedens und der Freiheit für alle Menschen.«

Ähnliche, wenn auch nicht so deutliche Belege, welche zugleich die Anerkennung der Muslime seitens der Kirche beinhalten, haben unterschiedliche Institutionen der evangelischen Kirche als Empfehlung herausgegeben. Die wichtigste darunter ist die Entschließung der 5. Synode der EKiD auf der Synodaltagung vom 5.–10. November 1978 in Bethel, in der es heißt:

»Die Anwesenheit von 3,9 Mio. Ausländern in der Bundesrepublik Deutschland ist eine Herausforderung zur Überprüfung von Bildungsinhalten. Das Zusammenwachsen Europas erfordert die Aufgeschlossenheit gegenüber anderen Kulturen sowie die Fähigkeit und Bereitschaft zum Gespräch mit orthodoxen Kirchen und zur Begegnung mit dem Islam.

Etwa 1 Million Kinder ausländischer Arbeitnehmer unter 18 Jahren lebt gegenwärtig in der Bundesrepublik Deutschland. Der Anteil der Ausländerkinder an den Lebendgeborenen betrug 1975 in Frankfurt 41 %, in Stuttgart 36,5 % und in Köln 34 %. Viele ausländische Kinder werden für immer in der Bundesrepublik bleiben, auch wenn ihre Eltern einmal in die Heimat zurückkehren wollen. Die noch weit verbreitete Ablehnung der Ausländer kann nur abgebaut werden, wenn junge Menschen andere Kulturen achten lernen. Schulbücher sind zu überprüfen, ob sie zum besseren Verständnis der Herkunftsländer ausländischer Mitbürger beitragen.«

2. Probleme

Wenn wir nun solche Zugeständnisse, Überlegungen, Verhaltensweisen und Empfehlungen in Betracht ziehen, dürfen wir voller Hoffnung erwarten, daß nicht mehr viel im Wege eines Friedens unter den drei Weltreligionen steht. In der Praxis jedoch begegnen wir Problemen, die Hand in Hand mit dem Bestreben nach einem Dialog den Gang dazu erschweren und für Rückfälle sorgen.

Dafür ist folgendes verantwortlich:

Zum einen die unterschiedliche Einstellung der Muslime auf Weltebene sowie auch auf Bundesebene zu einem Dialog.

In der islamischen Welt ist zunächst der Einsatz der Kirche für einen Dialog nach dem Zweiten Weltkrieg weitgehend mit Skepsis zur Kenntnis genommen worden. Man fragte nach den Gründen dieses für die Muslime unerwarteten neuen Schrittes. Eine der Erklärungen, die man dazu erdacht und sogar darüber geschrieben hat, ist die Vermutung, »ob nicht die Kirche damit eine neue Ära der Missionstätigkeit eröffnen wolle.« Während diese Vermutung die Haltung der meisten Theologen bestimmte, hat eine Reihe vor allem intellektueller Muslime in der islamischen Welt sich dazu bewegen lassen, auf den Dialog einzugehen. Heute ist der Dialog besonders mit den Christen in der islamischen Welt weit verbreitet, weil man mittlerweile de facto festgestellt hat, daß es den Anhängern beider Religionen möglich ist, auf diesem Wege die herkömmlichen Mißverständnisse und Vorurteile abzubauen.

Auf Bundesebene verlief der Dialogprozeß von Anfang an anders.

Zu Beginn der 60er Jahre haben sich die verhältnismäßig gering islamkundlich intellektuellen Muslime in der BRD ohne Bedenken auf die von der Kirche initiierten Gespräche eingelassen, was sich mit der Zeit für beide Seiten als fruchtbar erwies. Mit der Aufnahme mehrerer Millionen muslimischer Arbeitnehmer in die BRD änderte sich jedoch die Situation. Die Aktivität der kirchlichen Stellen erhöhte sich in einem noch nicht dagewesenen Maße. Demgegenüber war die Masse der muslimischen Arbeitnehmer weder imstande noch bereit, auf das Angebot einzugehen. Das war verständlicherweise in den geschichtlichen Fakten begründet, die im Laufe der Jahrhunderte das Verhältnis zwischen den Anhängern der beiden Religionen stark belastet haben. Zum zweiten war diese Haltung tief in einer Skepsis begründet, welche die Muslime immer noch in Folge der Kolonialherrschaften den Missionaren entgegenbrachten. Die Masse hat dies ohne weiteres als einen Versuch zu missionieren aufgefaßt und abgelehnt. Dazu haben auch nicht selten die kirchlichen Stellen beigetragen, sei es durch Beschlüsse oder durch individuelle Aktivitäten. Aus seelsorgerlichen Gründen haben nicht selten fromme Christen sich verantwortlich gefühlt, die Gastarbeiter zum Christentum zu bekehren und ihre Seele auf diese Weise zu retten, ehe sie im Irrtum in ihre eigenen Länder zurückkehrten.

Daraus entstand eine Spannung, die einerseits durch altherkömmliche Vorurteile gegen die Muslime und andererseits durch entsprechende Ereignisse auf der internationalen politischen Ebene vertieft wurde. Das führte sogar zu einer Spannung innerhalb der muslimischen Lager in der Bundesrepublik. Die Auseinandersetzungen haben sich weitgehend dahin zugespitzt, daß die Gegner naher Kontakte mit den Christen die anderen Muslime, die für den Dialog waren, diese mehr oder weniger der Mitläuferschaft mit der kirchlichen Intention bezichtigt haben. Andererseits haben diejenigen, die für den Dialog waren, die anderen wiederum dahingehend beschuldigt, sie wollten hier eine friedliche Koexistenz der Anhänger beider Religionen unmöglich machen. Dieser Vorwurf wurde vor allen Dingen durch die Verhaltensweise der älteren Generation, die nicht nur mit dem islamischen Glauben, sondern auch mit eigenen volkstümlichen Sitten und Gebräuchen hierher kam, bekräftigt. Mehrere Jahre haben wir – und dieser Prozeß ist noch nicht abgeschlossen – mit Anschuldigungen einerseits und Verteidigung andererseits zu tun. Heute haben wir allen Grund, mit einer Normalisierung der Verhältnisse zu rechnen.

3. Erfolge

Es hat sich mittlerweile herausgestellt, daß sehr viele Probleme generations- und mentalitätsbedingt waren. Die neue Generation der muslimischen Mitbürger, von denen die meisten hier geboren wurden und auch ihre schulische Ausbildung hier erhalten haben, sind zwar überzeugte praktizierende Muslime, aber dennoch in ihrer Erziehung und Vertrautheit mit den hiesigen Sitten und Gebräuchen so dem Dialog gegenüber aufgeschlossen, daß sie vielfach die Initiative dafür ergreifen. Hier möchte ich gerne abschließend ein Beispiel aus einer neulich veröffentlichten Erklärung einer der größten muslimischen Organisationen türkischer Herkunft, AMGT, zitieren. Diese Erklärung hat die Aufgabe, den vielfachen Anschuldigungen entgegenzuwirken und gleichzeitig die Bereitschaft und Notwendigkeit eines verständnisvollen Zusammenlebens mit den Christen im Rahmen des Grundgesetzes der Bundesrepublik zu betonen.

Unter der Überschrift »Islam und Muslime, Grundgesetz und Verfassungstreue« heißt es u. a.:

»Neben vielfältigen wirtschaftlichen, sozialen und kulturellen Problemen, die das Leben als Minderheit in der Fremde mit sich bringt, gibt es auch des anderen Glaubens und der anderen Glaubenspraxis wegen eine Reihe von Schwierigkeiten. Daß nun fast die gesamte öffentliche Berichterstattung zum Thema Islam nicht durch die 2 Mio Muslime in der BRD, sondern vor allem durch Ereignisse in anderen Gegenden der Welt, die zugegebenermaßen wesentlich spektakulärer sind, bestimmt ist, macht das bedauerliche Aufkommen von Mißverständnissen und Fehlvorstellungen verständlich.

Hinzu kommt, daß jüngste sozialwissenschaftliche Untersuchungen zeigen, daß es historisch gewachsene gesellschaftliche Mechanismen gibt, die die Entstehung und Erhaltung von Vorurteilen über die Muslime und den Islam begünstigen. Das Schlagwort des ›islamischen Fundamentalismus‹ hört man inzwischen häufiger, und das öffentliche Bild des Islam ist ohnehin das einer aggressiven, martialischen Religion, in der die Wörter Toleranz und Pluralismus nicht vorkommen, in der Frauen eine Art beseelter Ware sind, in der jeder Nicht-Muslim mit ›Feuer und Schwert‹ zum ›rechten Glauben‹ bekehrt werden muß und die eine politisch-ideologische Komponente besitzt, die sich mit den Wertvorstellungen der westlichen Demokratie, wie sie sich etwa durch das Grundgesetz der BRD repräsentiert, nicht vereinen läßt.

Angesichts dessen fragt sich nun jeder politisch interessierte Bürger und jeder verantwortlich denkende Politiker, ob die Muslime aus ihrem Bekenntnis heraus geradezu zwanghaft verfassungsfeindlich sein müssen, um fromme Gläubige ihres Glaubens zu sein. Kurz, ob Verfassungstreue und islamischer Glaube nicht unvereinbare Gegensätze sind. Durch unseren Glauben sind wir Muslime zu konstruktivem Handeln und zum Dialog verpflichtet, Koexistenz in sozialem Frieden ist auch unser Ziel. Es belastet uns, wenn durch Mißverständnisse und Vorurteile über uns und unseren Glauben der Eindruck entsteht, wir könnten den sozialen Frieden gefährden.

Durch das nun vorzulegende Gutachten des Vorstandsausschusses ›Recht‹, das der Vorstand für verbindlich erklärt, wollen wir versuchen aufzuklären, um solch fundamentale Fehlvorstellungen zu überwinden, die, wenn sie zutreffen würden, eine Koexistenz unmöglich machen würden.

Die Verfassungstreue, die die Muslime bisher an den Tag legten, zeigt, daß die Dinge auf muslimischer Seite offenbar immer schon so verstanden wurden und zum Selbstverständnis gehörten, wie sie in dem Gutachten zum Ausdruck kommt... im übrigen besteht zwischen den grundgesetzlichen Wertvorstellungen des Islam und des Grundgesetzes Übereinstimmung. Auch im Islam sind Menschenwürde, freie Entfaltung der Persönlichkeit,

Gleichheit vor dem Gesetz, Religionsfreiheit, Meinungsfreiheit, der Schutz der Ehe und Familie sowie andere Grundrechte ebenso tragende und unantastbare Prinzipien. Die Wertordnung des Islam und die Wertordnung des GG sind nicht grundsätzlich verschieden, was es den Muslimen zusätzlich erleichtert, die bundesdeutsche Rechtsordnung anzuerkennen.« Soweit die Entwicklung auf der muslimischen Seite.

Genauso erfreulich ist die positive Entwicklung, die man auf der christlichen Seite und der offiziellen Ebene erlebt. Hier ist vor allem die Aktivität der Islamischen Wissenschaftlichen Akademie zu erwähnen, die eigens zur kulturellen Völkerverständigung gegründet wurde und ihre Vorreiterrolle erfolgreich behauptet hat, und zwar hauptsächlich in den Analysen der Schulbücher der BRD zum Thema Islam in den Fächern Geschichte, evangelische und katholische Religion, Geographie sowie der Richtlinien für den Unterricht. Diese Analyse ist in einer Schriftenreihe des Georg-Eckert-Instituts in Braunschweig veröffentlicht worden, und die Bände sind von allen Schulen, Lehrern und kulturellen Institutionen positiv aufgenommen worden. Mittlerweile lassen sich sogar direkte Einflüsse auf die Schulbuchautoren beweisen. Das Ziel der sieben bereits abgeschlossenen und durch den Diesterweg-Verlag vertriebenen Bände ist es, zu einem guten Zusammenleben deutscher und ausländischer Kinder und ihrer Familien beizutragen und das Gespräch zwischen den Kulturen zu fördern. Dieses Ziel läßt sich nur erreichen, wenn man die Anwesenheit großer, aus anderen Ländern und Kulturen stammender Gruppen in der Bundesrepublik nicht aus der Defensive betrachtet, sondern als Chance zur Erweiterung und Bereicherung eigener Lebenshorizonte begreift. Es geht nicht nur um die pädagogische Förderung und Integration der ausländischen Kinder, sondern auch um eine entsprechende Gesamtausrichtung des schulischen Unterrichts und der außerschulischen Erziehung, durch die Kinder aus verschiedenen Kulturen und Religionen befähigt werden, einander mit Verständnis und Offenheit zu begegnen. Nur so kann die Erziehung dem Auftrag des Grundgesetzes (bes. Art. 3 und 4) gerecht werden, das auf Glaubens- und Gewissensfreiheit im umfassenden Sinne abzielt.

Was den weiteren Verlauf betrifft, hängt in der Tat alles von dem guten Willen der Anhänger der beiden Religionen ab, sich gegenseitig zu achten und zu respektieren.

Hartmut Przybylski

Glaube auf der Chefetage

Es war im Jahre 1957. Martin Hoppmann, ein kleiner Unternehmer aus Siegen, im Regierungsbezirk Arnsberg, starb, und sein Sohn Klaus mußte die Firma übernehmen. Verkauf von neuen und gebrauchten Kraftfahrzeugen, Ersatzteilen und Zubehör sowie Instandsetzungen. Ein Betrieb mit etwa 170 Mitarbeitern und einigen Sach- und Vermögenswerten. Klaus Hoppmann erinnert sich: »Ich übernahm die Firma, als ich dreißig Jahre alt war. Das kam alles ziemlich plötzlich, ich war kaum vorbereitet auf diese Situation. Zudem hatte ich erst kurze Zeit im eigenen Unternehmen gearbeitet, so daß ich mich mit dieser Rolle noch nicht so recht anfreunden konnte. Vorher hatte ich mir wenig Gedanken gemacht um die Zusammenhänge. Hinzu kam die Überlegung, ob es richtig wäre, daß jemand, der bisher nur wenig Verdienste im Unternehmen hatte, nun plötzlich die Verfügungsgewalt über die Produktionsmittel, also über das Betriebsvermögen haben sollte und auch Anweisungsbefugnis gebenüber allen Mitarbeitern. Das schien mir damals alles nicht selbstverständlich.«

Rollenprobleme und moralische Skrupel bei der Übernahme des väterlichen Betriebs, ein ganz normaler Vorgang, den sicher einige Unternehmersöhne so oder in ähnlicher Weise erlebt haben. Keineswegs normal war jedoch, was dann weiter in Siegen geschah. Während sonst meist sehr schnell vergleichbare Irritationen und kritische Impulse der Übergangsphase im unternehmerischen Alltag versanden und folgenlos bleiben, erwiesen sie sich im Falle Hoppmann von längerer Dauer und führten im Laufe der Zeit zu erheblichen praktischen Konsequenzen. So kommt es zwischen 1961 und 1969 im Hoppmannschen Unternehmen zu einer Umgestaltung der gesamten Betriebsverfassung. Nach dem Grundgedanken, daß der Unternehmenserfolg das Ergebnis gemeinsamer Anstrengungen aller ist und Arbeitslohn und Kapitalverzinsung nur Grundabfindungen darstellen, mithin auch darüber hinaus Erwirtschaftetes gerecht auf Beschäftigte und Kapitalgeber zu verteilen sei, beteiligt Klaus Hoppmann seine Mitarbeiter finanziell am Gewinn des Unternehmens. Nach Abzug einer 7%-igen Eigenkapitalverzinsung wird der Gewinn zwischen

Unternehmen und Mitarbeitern halbiert. Die eine Hälfte der Erfolgsbeteiligung wird bar ausgezahlt, die andere Hälfte bleibt als Investivanteil im Unternehmen und wird auf persönlichen Darlehenskonten angespart. Eine Beteiligung der Mitarbeiter am Verlust ist ausgeschlossen.

Man könnte einwenden, daß daran noch nichts Besonderes sei. Erfolgsbeteiligung gibt es schließlich auch in anderen Unternehmen. Außerdem ist Erfolgsbeteiligung doch nur ein Trick der Unternehmer zur Erzielung von mehr Leistung und höherer Produktivität. Das mag sonst so sein, in der Firma Hoppmann verlief die Sache jedoch anders. Wer am Erfolg beteiligt ist, soll auch Einfluß auf das Zustandekommen der Betriebsergebnisse haben. Nach anfänglichen Experimenten mit einem Partnerschaftsausschuß, der noch keine Mitbestimmungsrechte besaß, wird auch dieser Grundsatz ab dem Jahre 1969 bei Hoppmann Realität. Es wird ein Wirtschaftsausschuß gebildet, der über seine vom Gesetzgeber vorgesehenen Beratungsrechte hinaus durch Betriebsvereinbarung mit erheblichen Kompetenzen ausgestattet ist. Er setzt sich zu gleichen Teilen aus Arbeitgeber- und Arbeitnehmervertretern zusammen und bestimmt in wichtigen unternehmerischen Entscheidungen mit, so zum Beispiel bei der Errichtung von Neubauten und größeren Umbauten, bei Investitionen und Rationalisierungsvorhaben und bei der Einrichtung von Planstellen. Außerdem prüft er die monatlichen Abteilungsergebnisse und die Erfolgsrechnung. Damit aber noch nicht genug. Zur selben Zeit wird das Mitbestimmungsmodell durch ein entsprechendes System direkter Mitwirkung am Arbeitsplatz ergänzt. Wirtschaftsausschuß und Betriebsrat sind kaum in der Lage, die tagtäglichen Probleme im unmittelbaren Arbeitsbereich des einzelnen vollständig zu erfassen und zu beraten. Daher werden gleichzeitig mit dem Wirtschaftsausschuß Arbeitsgruppen eingerichtet. Entscheidend für ihre Zusammensetzung ist die gemeinsame Arbeitsaufgabe und der gemeinsame Vorgesetzte. Die Arbeitsgruppen haben gemäß Betriebsvereinbarung ein Recht auf Gruppenbesprechungen, die sowohl während der Arbeitszeit als auch außerhalb stattfinden können. Der Zeitaufwand wird in jedem Falle finanziell vergütet, für Sitzungen außerhalb der Arbeitszeit sogar mit Überstundenzuschlag. Weiterhin besitzen die Gruppen das Recht auf Information und Mitwirkung in allen Belangen, die unmittelbar den Arbeitsplatz betreffen. Und schließlich haben sie Anhörungs-, Beschwerde- und Initiativrecht und können viele Modalitäten der Arbeitsplanung und -ausführung in selbständiger Absprache regeln.

Daß die anfänglichen Skrupel und Zweifel bei der Übernahme der väterlichen Firma ein solches Modell allein entstehen ließen, ist kaum anzunehmen. Wie aber konnte es dazu kommen, wo liegen die Gründe und Ursachen? Dazu Klaus Hoppmann:

»Ich kann nicht sagen, ob das besondere Gründe in meiner Erziehung hatte. Sicher, ich bin traditionell christlich erzogen worden, aber ich weiß nicht, ob das in der Erziehung schon angelegt war. Politisch war ich nicht sehr interessiert und auch nicht sehr aktiv. Mit den gesellschaftlichen Zusammenhängen hatte ich mich noch wenig befaßt in dieser Anfangszeit. Ich habe dann aber versucht, mich zu orientieren, und habe an verschiedenen Veranstaltungen teilgenommen, unter anderem auch an einem evangelischen Sozialseminar in Siegen, welches damals beeinflußt war von Günter Brakelmann. In den Vorträgen und Diskussionen, die ich dort mitgemacht habe, ist mir Verschiedenes klarer geworden. Da sind dann auch Gedanken entstanden zu einer Beteiligung der Arbeitnehmer. Für mich ist der Weg so gegangen, daß ich zunächst einmal durch christliche Überlegungen angesprochen wurde, und das hat bei mir zu einem politischen Engagement geführt. Es ist aber so, daß ich nicht täglich darüber nachdenke, wie das begründet ist, was ich tue. Das gibt einem eine Richtung, und dann kann man in dieser Richtung weiterlaufen. Die christliche Überzeugung kann jemanden frei machen und hat auch mich dazu frei gemacht, etwas zu tun, was nicht unbedingt von allen verstanden wird. Es ist nicht einfach so, daß ich da meine christliche Überzeugung vor mir her trage, aber wenn ich nicht die Überzeugung hätte, daß das eine Sache ist, die vom Grunde her richtig ist, dann hätte ich schon häufig Gelegenheit gehabt, das Ganze wieder aufzugeben.«

Der tragende Grund des Hoppmannschen Unternehmensmodells liegt in einer bestimmten christlichen Überzeugung. Das wird über die zitierte Selbstaussage hinaus auch daran deutlich, daß in offiziellen Firmendarstellungen ausdrücklich auf die christliche Sozialethik Bezug genommen wird, daß das Gruppensystem nach einer Vorlage des Amtes für Industrie- und Sozialarbeit der hessischen Landeskirche entwickelt wurde und daß sich im betriebsinternen Handbuch zur Gruppenarbeit folgende Sätze fin-

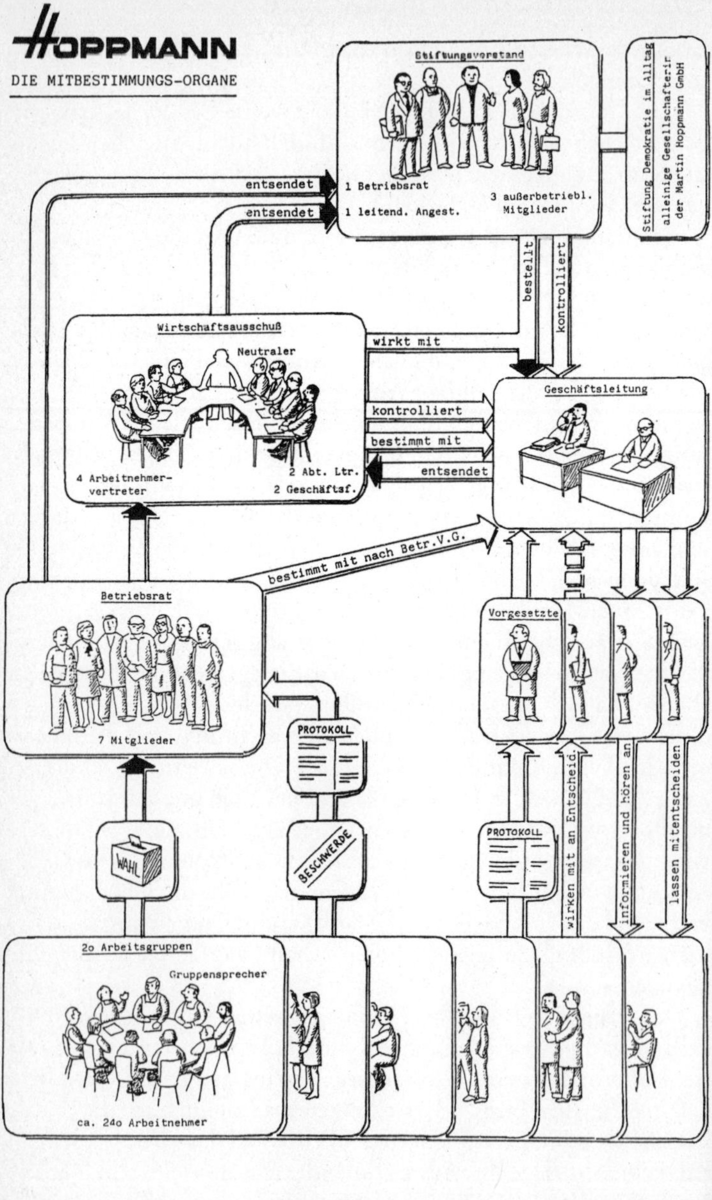
HOPPMANN
DIE MITBESTIMMUNGS-ORGANE
Stiftungsvorstand
1 Betriebsrat
1 leitend. Angest.
3 außerbetriebl. Mitglieder
Stiftung Demokratie im Alltag
alleinige Gesellschafterin der Martin Hoppmann GmbH
entsendet
entsendet
bestellt
kontrolliert
Wirtschaftsausschuß
Neutraler
4 Arbeitnehmervertreter
2 Abt. Ltr.
2 Geschäftsf.
wirkt mit
kontrolliert
bestimmt mit
entsendet
Geschäftsleitung
bestimmt mit nach Betr.V.G.
Betriebsrat
7 Mitglieder
Vorgesetzte
PROTOKOLL
WAHL
BESCHWERDE
PROTOKOLL
wirken mit an Entscheid.
informieren und hören an
lassen mitentscheiden
2o Arbeitsgruppen
Gruppensprecher
ca. 24o Arbeitnehmer

den: »Die abendländische Auffassung von der Würde des Menschen steht in einer über zweitausendjährigen Tradition. Wesentliche Elemente unseres Menschenbildes gehen auf Jesus von Nazareth zurück. Vielen Zeitgenossen ist das nicht mehr bewußt. Auch wer sich – aus vielen verständlichen Gründen – ausdrücklich vom Christentum distanziert, ist davon in seinen Auffassungen beeinflußt. Danach ist jeder Mensch – auch der Behinderte, der sozial Benachteiligte, der Kriminelle – auf seine Weise einzigartig, unverwechselbar, unvertretbar, unersetzlich und hat von Gott eine ganz persönliche Würde erhalten.«

Ein Unternehmer macht Ernst mit seiner christlichen Überzeugung. Er nutzt seine Chancen und Möglichkeiten, zu entscheiden und zu bestimmen, wie sein Unternehmen aussehen soll. Bis zu welcher Konsequenz diese Form praktischen Christentums zu gehen bereit und in der Lage war, zeigte sich dann Anfang der siebziger Jahre. 1973 verwandelt Klaus Hoppmann sein Unternehmen in eine GmbH. Ein Jahr später errichtet er die Stiftung »Demokratie im Alltag« und überträgt ihr seinen gesamten GmbH-Anteil, das sind 98,5 % der überhaupt vorhandenen Finanzmasse. Damit ist das Firmenvermögen neutralisiert und unabhängig von der Willkür zufälliger privater Inhaber oder persönlicher Eigentümer langfristig für das Unternehmen gesichert. Durch die Stiftung werden Aus- und Weiterbildungsmaßnahmen für Arbeitnehmer und Projekte zur Förderung sozial benachteiligter Kinder finanziert. Mit diesem letzten Schritt ist das entstanden, was man in Gewerkschafts- und Unternehmerkreisen, aber auch in der sozial-wissenschaftlichen Literatur, das Hoppmann-Modell nennt. Insgesamt könnte man es als beispielhaft gelungene Verwirklichung der theologischen Grundgedanken aus der Eigentumsdenkschrift der EKD vom Jahre 1962 bezeichnen. Dort heißt es: »Das Recht des Menschen, über irdische Güter zu verfügen, ist eine Gabe Gottes, die den Menschen hilft, in Verantwortung und Freiheit miteinander zu leben... Der Mensch soll ›mein‹ sagen können, um frei zu sein. Im Dienste Gottes und um des Verhältnisses zu den Mitmenschen und um des Gemeinwohls willen gilt freilich auch der Satz: Der Mensch muß ›dein‹ sagen können, um frei zu bleiben. In der Nachfolge Christi und als Mitmensch der Notleidenden wird sich darüber hinaus der Christ immer wieder persönlich vor die Frage gestellt sehen, ob er nicht alles hergeben müsse. Die Bewährung der Menschen vollzieht sich auch in Verzicht und Opfer und in Distanz gegenüber Hab und Gut... Im Umgang mit dem Eigentum soll der Mensch also nach Gottes Willen in einer Spannung leben zwischen der Freiheit zur Aneignung und zum Verzicht.« Wie man damit lebt, wenn man solche Sätze wirklich ernst nimmt, schildert Klaus Hoppmann so: »Ich kann sagen, daß mir nichts fehlt, sondern daß ich etwas dazu gewonnen habe. Ich habe ein anderes Verhältnis zu meinen Mitarbeitern bekommen, habe persönlich auch mehr Interesse an meiner Arbeit, weil es Spaß macht, in dieser Weise zusammenzuarbeiten. Und ich habe auch insofern gewonnen, als ich etwas Verantwortung auf andere übertragen kann. Ich fühle mich nicht mehr so allein verantwortlich und denke nicht mehr, daß alles von mir abhängt, sondern ich kann mit anderen die Verantwortung teilen.«

In einer Hinsicht erscheint das Modell Hoppmann allerdings problematisch. Erfolgsbeteiligung und Mitbestimmung wurden von oben, vom Unternehmer eingeführt. Es stellt sich daher die Frage, ob und wie die Arbeitnehmer überhaupt in der Lage waren, dieses Modell mit Leben zu füllen und in und mit ihm zu arbeiten. Normalerweise, so wird immer wieder behauptet, sind Arbeitnehmer weder durch die Schule noch durch ihre Ausbildung darauf vorbereitet, mitzubestimmen oder an Entscheidungen teilzunehmen. Selbst die Fähigkeit, vernünftig miteinander zu diskutieren, steht ihnen oft nicht zur Verfügung. Klaus Hoppmann ließ sich davon jedoch nicht beirren. Von Anfang an wurden erhebliche Anstrengungen unternommen, den Mitarbeitern die Möglichkeit zu geben, sich in gruppenpädagogischen Seminaren mit dem System vertraut zu machen und ihre Fähigkeit zur Mitwirkung ständig weiterzuentwickeln. Daß es dabei nicht ohne Schwierigkeiten und Konflikte abging, versteht sich von selbst. Durch den erfolgten Abbau hierarchischer Strukturen besonders betroffen waren vor allem diejenigen, die sich durch Fleiß und Durchhaltevermögen gerade einen bestimmten Platz in dieser Hierarchie gesichert hatten: die Vorgesetzten im Betrieb. Ein Werkstattmeister berichtet: »Wir waren andere Zeiten gewöhnt. Wir sind groß geworden unter der autoritären Hierarchie und sollten dann plötzlich Wegbereiter für die neue Sache sein. Das war wirklich nicht einfach. Die Vorgesetzten hingen am Anfang ganz schön in der Luft. Als Werkstattmeister stand einem die Mitbestimmung so 'n bißchen gegenüber. Bei Problemen trat einem nicht ein einzelner wie früher, sondern eine ganze Gruppe gegenüber. Auch heute ist das noch oft recht schwer. Es ist viel leichter, zu bestimmen, das und das wird gemacht, als nach unserem System zu arbeiten.« Trotz dieser Vorbehalte überwiegt jedoch auch bei den Vorgesetzten die Zustimmung. Ein anderer Meister: »Ich komme morgens mit ruhigem Gewissen hierher. Der einzelne Mitarbeiter muß sich nicht mehr als Nummer fühlen. Er ist frei und kann mitentscheiden. Und auch außerhalb der Arbeit verhält man sich anders. Durch die vielen Seminare, die man mitgemacht hat, kann man sich über viele Themen besser unterhalten. Das färbt auch ab auf den privaten Bereich. Z. B. erwische ich mich hin und wieder zu Hause, daß meine Kinder sagen, also Papa, das kann doch nicht sein, du redest immer von Mitbestimmung und hier meinst du, müßten alle nach deiner Pfeife tanzen. Ich glaube schon, daß sich ein Teil der Leute ernsthaft Gedanken darüber macht.«

Aussagen dieser Art ließen sich noch viele anfügen. Sie machen deutlich, daß es mit einem revolutionären Gewaltakt von oben allein nicht getan ist. Eine wirkliche Veränderung herkömmlicher Betriebsstrukturen in Richtung auf mehr Demokratie und Humanisierung ist nur realisierbar, wenn möglichst alle bereit sind, sich auf die damit verbundenen Lernprozesse einzulassen. Und das braucht seine Zeit. Das Modell Hoppmann ist ein Beweis dafür, daß die Demokratie nicht vor den Fabriktoren Halt machen muß. Auch in einem System, das nach privatkapitalistischen Prinzipien organisiert ist, braucht die Stellung eines Unternehmens am Markt nicht Schaden zu nehmen, wenn man auf Humanisierung der Arbeitsbedingungen und Demokratisierung der betrieblichen Entscheidungsprozesse setzt. Die Erfolgsbilanzen der Firma Hoppmann sprechen hier eine eindeutige Sprache. Das Ganze ist keine Utopie und hat auch nichts von einem gescheiterten Experiment. Heute sind bei Hoppmann in einem Stammbetrieb und zwei Zweigbetrieben rund 260 Mitarbeiter beschäftigt. Das Modell funktioniert im Kapitalismus zugleich als Vorschein seiner Veränderungsmöglichkeiten. Es setzt voraus, daß die umgebende politische Sphäre demokratisch und rechtsstaatlich geregelt ist, und es rechnet mit der prinzipiellen Effektivität von Märkten. Gleichzeitig jedoch besteht es auf dem Prinzip der Kapitalneutralität sowie auf Machttransparenz und Machtkontrolle. Der Bochumer Sozialethiker Günter Brakelmann urteilt: »Dieses verwirklichte oder besser sich verwirklichende Modell bedeutet nicht nur für die Praxis, sondern auch für die theoretische Diskussion um Mitbestimmung und Mitbeteiligung mehr als alle Modelle, die in Gewerkschafts- und Parteiprogrammen auf dem Papier stehen. Jeder noch so kleine Versuch, traditionelle Rechtsformen und überkommene Führungs- und Kooperationsmethoden zugunsten mitbestimmungsorientierter Praxis abzubauen, ist gesellschaftspolitisch wichtiger als der ewige Ruf nach der großen Reform, die mit einem Schlage alles und alle betreffen soll. Jede Eigeninitiative, die nicht auf die großen Entscheidungen von oben wartet, hat gesellschaftspolitisch provokativen Charakter. Sie dokumentiert, daß es ein moralisches und politisches Potential unter uns gibt, das die Fähigkeit zum selbständigen und zielgerichteten Handeln noch nicht verlernt hat.«

Der Geist gewinnt Gestalt, befreit zum Leben. Dabei handelt es sich nicht um einen schlichten Transport christlicher Ideen in die säkulare Wirklichkeit, auch nicht um den Versuch von Inkulturation in angestrengt pädagogisch-missionarischer Absicht, sondern um einen letztlich nicht erklärbaren kleinen »Sprung«. Jenseits von Autonomie und Heteronomie entsteht ein Stück neuer Wirklichkeit. Und diese neue Wirklichkeit bleibt der alten teilweise verborgen, weckt Unverständnis und macht Angst. So antworten z. B. langjährige Kunden des Unternehmens auf die Frage, was das denn wohl sei, das Hoppmann-Modell: »Ja, man nennt das hier, glaube ich, Volkseigenen Betrieb, aber genaues weiß ich auch nicht.« Oder: »So blöd möchte ich sein, einfach meine Firma zu verschenken.« Oder: »Ist mir egal, was die machen, Hauptsache, sie liefern ordentliche Arbeit.« Auch die Gewerkschaften betrachten den Hoppmannschen Versuch mit gemischten Gefühlen. Ein Gewerkschaftssekretär: »Wir haben gegen das Modell nur einzuwenden, daß es auf die Person des Unternehmers Hoppmann zugeschnitten ist. Nach unserer Meinung hat Herr Hoppmann in durchaus positiver Weise auf Eigentumsrechte verzichtet und hat aus diesem Betrieb eine Stiftung gemacht, die den Betriebsräten und Arbeitnehmern viele Rechte bringt. Als Modellcharakter für andere Unternehmen scheitert das aber daran, daß Unternehmer wie Herr Hoppmann nur sehr selten zu finden sind. Was das Gruppenmodell anbelangt, so kann das vielleicht auch in einem Betrieb übernommen werden, der im Eigentumsverhältnis sich nicht verändert. Wir wissen allerdings nicht genau, wie ein Unterenhmer die Gruppenverantwortlichkeit einführen will, ohne daß er auf das Eigentum verzichtet. Unserer Meinung nach klappt die Gruppentheorie nur dann, wenn die Leute auch materiell echt beteiligt sind. Darüber hinaus ist für uns interessant, daß der gewerkschaftliche Gedanke bei Hoppmann natürlich etwas in den Hintergrund tritt, weil die Arbeitnehmer das Gefühl haben, bei uns ist die Ausbeutung beendet, der Kapitalist ist nicht mehr da, er hat alles in unsere Hände gegeben. Die Gewerkschaft wird in diesem Modell, das sagen wir ganz offen, so ’n bißchen zweitrangig behandelt, weil der Gegensatz von Kapital und Arbeit, den wir überall mit Recht hervorheben können, dort abgeschafft worden ist.« Auch wenn bei Hoppmann kaum jemand nach der Parole denkt und handelt »bei Hoppmann sind wir sicher, was brauchen wir die Gewerkschaften« und die Betriebsratsarbeit im Vergleich zu früher eher intensiver und produktiver verläuft, so bleibt doch die Tatsache, daß die Gewerkschaften bisher nur wenig Interesse an einer weiteren Verbreitung des Modells gezeigt haben. Das gleiche gilt, wenn auch aus anderen Gründen, für die Unternehmerseite. Hier ist allerdings die anfänglich ablehnende Haltung einer wohlwollenden Duldung gewichen, weil man gesehen hat, daß entsprechende Auswirkungen auf andere Betriebe ausgeblieben sind.

Eine besondere Verpflichtung gegenüber dem Hoppmann-Modell hätten eigentlich die Kirchen. In der christlichen Traditionslinie liegt es nämlich, daß jeder Mensch ein Recht auf humane Arbeit hat, ein Recht auf Teilhabe am Arbeitsplatz, im Betrieb und im Unternehmen sowie auf Einheit und Ganzheit seines Lebens, wobei die Eigentumsfrage prinzipiell offen ist. Dennoch kann von einem ausgeprägten Interesse der Kirche am Hoppmannschen Unternehmen keine Rede sein. Offenbar ist uns die Fähigkeit, den Geist dort wahrzunehmen, wo er zeichenhaft erscheint, verloren gegangen. Wir haben uns aufs Beschwören verlegt, aufs Beten und Bitten, daß der Geist doch kommen möge. Angesagt ist die individuell-privat vollzogene spirituelle Hocke oder der große Überschlag ins universell Mysthisch-Mythologische. Demgegenüber bestünde unsere Aufgabe darin, die kleinen Sprünge des Geistes der Humanität und Menschenwürde im Betrieb dankbar zu erkennen, sie auf Dauer zu stellen und wenn möglich, ohne Angestrengtheit weitere Sprünge anzuregen – auch innerhalb der Kirche.

Hanni Berthold

»Um die Entbehrungen beim Namen zu nennen...«

Vom Aufbruch der Frauen in der Kirche

I

Dieser Beitrag wird geschrieben aus der Perspektive der Beteiligung an einer Phase der jüngsten Frauenkirchengeschichte in der Bundesrepublik, einer Phase, in der die kirchliche Frauenbewegung bewußt die Begegnung und Auseinandersetzung mit der institutionellen Kirche suchte. Während sich etwa die Arbeit von Gruppen feministischer Theologie in Werkstätten und Seminaren zwar auch im Raum der Kirche, jedoch in größtmöglicher Autonomie vollzog, ging und geht es in der Begegnung von kirchlicher Frauenbewegung und Institution Kirche um die konkrete politische Realisierung von Schritten zu einer frauengerechten Kirche. In verschiedenen Landeskirchen im Bereich der EKD entstanden Ideen zur Verwirklichung von größerer Einflußnahme und Machtteilhabe von Frauen »auf allen Ebenen« des kirchlichen Lebens. Diese Bemühungen kamen in der Errichtung von Frauenreferaten oder Gleichstellungsausschüssen zu einem ersten Ziel. Die gerade installierten oder in der Entstehung befindlichen Einrichtungen unterscheiden sich erheblich in ihren Rechten und Aufgabenbereichen sowie in ihrer Einbindung in die kirchlichen Strukturen. Das reflektiert zum Teil die unterschiedlichen Kirchenverfassungen, zum Teil aber auch die in den Regionen unterschiedliche Stärke und Durchsetzungskraft der kirchlichen Frauenbewegung.[1]

Die Evangelische Kirche von Westfalen hat auf Drängen von und in Kooperation mit Fraueninitiativen und -verbänden als erste Kirche im Bereich der EKD ein hauptamtlich arbeitendes Frauenreferat installiert. Sie hat damit eine Sensibilität gegenüber dem auch gesellschaftlich und ökumenisch andrängenden Thema der Gleichstellung von Frauen bewiesen, allerdings in einer bestimmten, begrenzten Konkretion. Das westfälische Frauenreferat ist als Beauftragung auf der Ebene funktionaler kirchlicher Dienste – in einer mittleren Ebene zwischen Gemeindebasis und

Kirchenkreisen auf der einen Seite und landeskirchlicher Leitungsebene auf der anderen Seite – eingerichtet. Diese Einbindung in die kirchliche Institution signalisiert bereits ein Verständnis der Frauenfrage als Segment des kirchlichen Ganzen. Eine Beauftragung für Frauenfragen erschien möglich, so wie es Beauftragungen für Probleme von bestimmten Gruppen gibt (z.B. Zivildienstleistende). Eine eigenständige Einrichtung jedoch, die eine direkte Beteiligung an Leitungsgremien vorgesehen hätte, die aber ohne rechtliches Pendant zu bestehenden kirchlichen Institutionen gewesen wäre, war politisch nicht durchsetzbar und rechtlich nicht in Einklang zu bringen mit der synodalen Grundstruktur der Kirche. Daß das Frauenreferat nun aber in der beschriebenen Weise existiert, eröffnet umgekehrt die Chance, die Fragen nach einer frauengerechten Kirche und speziell nach Frauenförderung und Gleichstellung in der breiteren kirchlichen Öffentlichkeit, in Gemeinden und Kirchenkreisen, in anderen funktionalen Diensten, in bezug auf die theologische Ausbildung etc. einzubringen.

Nachhaltig wirksam und deshalb bemerkenswert ist das Faktum, daß im Zusammenhang mit dem Synodenbeschluß, der die Einrichtung eines Frauenreferates ermöglichte, keine innerkirchlich öffentliche Diskussion geführt worden ist. So ergibt sich der Tatbestand, daß bisher keine kirchlich offizielle Äußerung zum Thema ›Frauen in der Kirche‹ oder speziell zur Begründung eines Frauenreferates existiert. Für die konkrete Arbeit fehlt damit ein Bezugsrahmen, der statt dessen aus allgemeineren Äußerungen gewonnen werden muß (z.B. aus dem Bereich der EKD[2]). Auch die grundsätzliche Debatte anzuregen und die Leitung der Kirche zu verbindlichen Aussagen zu bewegen, muß folglich im Aufgabenkatalog des Frauenreferates angesiedelt bleiben.

Worum ging es auf der Frauenseite? Frauen des ganzen kirchlichen Spektrums verbanden sich zum Zweck der Durchsetzung ihrer Interessen gegenüber der Institution. Dabei trafen die Frauen, die sich zu Recht im Zentrum gemeindlichen Lebens ansiedeln wie etwa die Frauenhilfe (die in Westfalen eine besonders alte und eigenständige Geschichte hat), mit anderen eher kirchenkritischen Gruppen zusammen wie etwa den ›Frauen für den Frieden‹. Die Fragen nach der Diskrepanz von Einfluß und Arbeit, von Verantwortung und Ehrenamt, von Leitung und Dienst waren für alle Frauen so deutlich gestellt, daß es unumgänglich wurde, nach Lösungen zu suchen. Das, was Frauen individuell und gemeinsam in der Kirche erleben, ihr enormer Einsatz und ihr geringfügiger Einfluß, wurde als strukturelles Problem begriffen: Kirche beruht auf einer als ›klassisch‹ zu bezeichnenden geschlechtsspezifischen Arbeitsteilung von Wort und Dienst.

»Männer verkündigen das Wort – Frauen hören zu. Männer verwalten die Diakonie – Frauen pflegen, heilen, erziehen, trösten. Männer setzen die rechte Lehre fest – Frauen handeln der Lehre gemäß. Männer werden bezahlt – Frauen arbeiten ehrenamtlich. Männer predigen Nächstenliebe und Demut – Frauen leben Nächstenliebe und Demut.« So überspitzt Ina Praetorius die Arbeitsteilung in der Kirche, um dann genauer fortzufahren: »... anstatt ihre Botschaft von der Versöhnung und vom Machtverzicht der *ganzen* Welt aus Männern *und* Frauen auszurichten und vorzuleben, richtet sich die Kirche im überkommenen Gehäuse geschlechtsspezifischer Arbeitsteilung ein: Männer ergreifen ›das Wort‹ und benützen die ihnen angeblich rechtmäßig zustehende Definitionsmacht dazu, die Tatseite des Evangeliums an die Frauen zu delegieren. Es etabliert sich die statische Zweiheit von lautstarker, männlich besetzter Wort-Theologie und stillschweigendem ›praktischem Christentum‹ der Frauen.«[3]

Es war diese Einsicht, die Frauen in großer Anzahl dazu brachte, sich während der Auseinandersetzung um das Frauenreferat im Gegenüber zur Institution Kirche zu verstehen. ›Wir Frauen sind Kirche‹ – der Satz Marga Bührigs war zwar noch nicht in aller Munde, aber bereits in unserem Bewußtsein. Das Gegenüber von ›Frauenkirche‹ und Institution war nicht nur Kampf, es spiegelte bisweilen auch etwas von der konstruktiven Spannung zwischen Bewegung und Institution, wie sie nach ekklesiologischem Verständnis zur Kirche gehört. Insbesondere im Verhältnis zu nichtorganisierten Frauengruppen wurden im Laufe des Prozesses Beteiligungsmöglichkeiten an rechtlichen Funktionen entwickelt, die bisher in unserer Kirche nicht üblich waren, wie z. B. die Einbindung von Initiativen in das kirchliche Nominierungsverfahren. Daß es um die Kirche ging in jenen Auseinandersetzungen, nicht allein um ein ›Frauenproblem‹, war für die Beteiligten spürbar, auch wenn die theologische Frage nach der Einheit der Kirche aus Männern und Frauen (Gal 3,28) nicht eingehend erörtert wurde. Sie bildete den Hintergrund, vor dem die Kirche in Bewegung geriet.

Die Frage, die aus den Anfängen bleibt und die sich gegenwärtig in der täglichen Arbeit neu stellt, ist eben diese Frage des Verhältnisses von Bewegung und Institution, die Frage nach der eigenen Perspektive. Ist es möglich – offiziell eingebunden in die Institution – sich den Blick ›von außen‹ zu erhalten? Wie bleiben die Kraft und auch das Pathos der Bewegung bestehen, wenn auch Verwaltungsakte gemeistert sein wollen? Es gibt die Angst und die Gefahr, zu Alibifrauen zu werden, die sich einpassen, etablieren und dabei die Perspektive wechseln. »Wir sind nicht dazu da, uns beliebt zu machen«, sagte eine Frau, die in Leitungsgremien mitarbeitet. Und das brauchen wir um so weniger, ließe sich fortfahren, je mehr wir uns die Sichtweise der Frauen, die nicht Insiderinnen sind, aneignen, die Sichtweise der Alleinerziehenden, der lesbischen Frauen, der alten Frauen, der ehrenamtlich über die eigene Kraft arbeitenden Frauen, der Laiinnen, die von TheologInnen dominiert werden, der von kirchlicher Sprache und kirchlichem Leben enttäuschten Frauen, kurz: je mehr wir alle am Rande der Kirche und Gesellschaft stehenden Frauen ins Zentrum rücken.

II

Das Bild des Aufbruchs ist in diesen Anfängen vielfach gebraucht worden. Es enthält Momente des Sich-bewußt-werdens, des Selbst-sehens, der Verweigerung, der Befreiung, und in allem immer beides: sowohl erkämpft als auch erfahren. Was Kirchenfrauen gefeiert haben und feiern in ihrem Aufbruch ist ein Abbruch alter Selbstverständlichkeiten, traditioneller Zustimmung, ein Abbruch ihres Ja-und-Amen-Sagens. Neu ist die eigene Sichtweise, oft schmerzlich durchbuchstabiert: Wer bin denn ich, wenn ich mich nicht länger durch die geltenden Rollenmuster identifiziere, wenn ich nicht länger die Frau bin, die ich sein soll, die Gehilfin, als die ich gebraucht werde. Wenn ich nicht länger die Erwartungen erfülle, auch die der Gemeinde oder des Pfarrers? »Ich möchte in meiner Art als Frau, was ich einbringen kann, wichtig genommen werden – wie Verordnungen von Synodalen oder so etwas,« sagt eine ehrenamtlich arbeitende Frau. Die eigene Perspektive, der eigene Kopf, die eigenen Füße und Hände, der eigene Körper – alles gilt es neu zu entdecken, zu durchdenken, zu benennen. »Von einer, die auszog, das Fürchten zu verlernen«, war das Motto einer Frauenwerkstatt, wobei mit ver-lernen genau der Bruch bezeichnet ist, um den es geht: das Verlassen alter Wege, auf denen wir unser Mädchen- und Frausein gelernt haben. Es gibt eine Menge von Gefühlen in diesem Bruch, der zum Aufbruch gehört, Scham, Ärger und ohnmächtige Wut: So grundlegend ist die Unterdrückung der Frauen, weltweit, so offen am Tage – und doch mit so viel Gewohnheit überdeckt und als ›natürlich‹ empfunden, versteckt in alten Rollenklischees.

Für Kirchenfrauen haben sich mit dem Aufbruch ebenso konkrete wie grundsätzliche Fragen verknüpft, z. B. die Frage nach dem ›Wir‹ in der Kirche. Gehören Frauen nun dazu oder werden sie in ähnlicher Weise als Randgruppen angesehen, wie es auch anderen Gruppen in der Kirche passiert. Es ist wichtig, die Differenz zwischen dem geläufigen Kirchen-Wir und dem wachsenden Frauenbewußtsein wahrzunehmen. Kirchenfrauen sprechen erst einmal ein eigenes Wir und widersprechen damit vorschneller Vereinnahmung. Weiter ging es um sehr konkrete Fragen nach der eigenen Verantwortung und nach selbstbestimmtem Engagement in der Kirche. »Warum muß die Stellung des Pfarrers so sein, daß er immer recht bekommt?« fragen Gemeindefrauen, denen der Pfarrer die Art und Weise ihrer Mitarbeit vorschreibt. Es ging um Fragen nach Gottesdienst und Sprache und ihrer bewußtseinsbestimmenden Kraft. Es ging um Fragen nach der Diskrepanz von Beteiligung und Entscheidungsmöglichkeiten, von Dienst und Macht.

Im Bild vom Aufbruch steckt die Kraft des Beginns, auch eine gewisse Euphorie, die nicht konserviert werden kann. Der Aufbruch läßt sich nicht auf Dauer stellen. Seine glückliche Stimmung widerspricht der Realität, wie sie täglich erlebt wird und ausgehalten werden muß. Das Gelingen, das im Aufbruch steckt, ist nicht immer und überall zu bewahrheiten. Nach dem Aufbruch folgt die Zeit der Wüstenwanderung, der Erfahrung von Stagnation und Sinnlosigkeit, von rückwärts gewandter Sehnsucht.

Eva-Renate Schmidt beschreibt den Aufbruch der Frauen als psychologischen Prozeß der Identitätsfindung.[4] Sie macht vier unterschiedliche, aufeinander beruhende Phasen aus, die sich – idealtypisch – als Entwicklungsschritte verstehen lassen: Die erste Phase ist die Phase der Introjektion – die Phase der Einpassung ins geltende Frauenbild, männeridentifiziert, mit nur vereinzelten Unsicherheiten und Fragen. Darauf folgt die Phase der Differenzierung – die Phase, in der die Gegensätze empfunden werden, das Gegenüber zu Männern und Männermacht, die Phase von Zorn und Wut. Die dritte Phase ist die Phase der Neuorientierung – die Phase des Sich-auf-den-Weg-Machens, der Verbindung zu anderen Frauen, der Konstruktion. Schließlich kommt es zur Phase der Integration – der Phase der Identität und des inneren Gleichklangs, des gegenseitigen Befähigens jenseits von Kämpfen und Projektionen.

Diese Phasen, die nicht »rein« und klar abgrenzbar aufeinander folgen, sondern sich individuell unterschiedlich darstellen, lassen sich für den Frauenaufbruch in der Kirche in Anspruch nehmen, insbesondere die Phase der Differenzierung und die Phase der Neuorientierung. In ihnen ist die Solidarisierung und Gemeinschaft von Frauen ein wesentliches Element, das die individuell erlebten Bewußtseinserweiterungen spürbar werden läßt und sich ihrer ›unter Schwestern‹ vergewissert. Die Differenzierung steht für die Absage an die allein von Männern repräsentierte Kirche und die Neuorientierung für die gute Erfahrung, mit vielen anderen verbündet zu sein. Das, was Frauen mit ›Schwesterlichkeit‹ im Aufbruch bezeichnen, ist ja gerade das, was den Abschied, ›den Bruch‹ erträglich macht: »Da sind andere, die ähnliches erleben wie ich, ich bin nicht verrückt, wenn ich so denke, ich bin froh, daß wir so viele sind.« Dagegen erzählen Frauen, die sich allein aus der Phase der Introjektion lösen, von schwierigen Erfahrungen. »Ich würde keiner Frau raten, geh, mach dich auf diesen Weg, das ist zu schmerzhaft und zu schwer«, sagt eine 50jährige, die sich enttäuscht von der Gemeinde abgewandt hat und nur schwer eine adäquate Bezugsgruppe findet: »Es ist wie in der Wüste.«

Frauen in der Kirche finden sich traditionell in Gemeinschaften vor, in Frauengemeinschaften. Ihr Frauenbild wird im Zusammenhang dieser Gemeinschaften geprägt, sie selbst bekommen Schutz und Bestätigung durch die Gemeinschaft. Anknüpfend an das Phasenmodell wird deutlich, daß das Frauenbild, das der Phase der Introjektion entspricht, bisher in der Kirche am stärksten favorisiert wurde. In dieser Phase beziehen Frauen ihr Selbstwertgefühl vom Mann; sie entsprechen seinen Erwartungen, die sie als die ihren empfinden. Die Kirche hat von diesem Frauenbild profitiert. Wenn dann, wie z.B. in der jüngsten kirchlichen Frauenbewegung, größere Gruppen und einzelne zu Differenzierung und Neuorientierung aufbrechen, kommt es zu Schwierigkeiten und Auseinandersetzungen auch zwischen Frauen und Frauengruppen. Frauen sehen ihr Lebenskonzept in Frage gestellt und zusätzlich ihr Verständnis der Kirche, in der sie sich engagieren.

Es ist eine Aufgabe der kirchlichen Frauenbewegung, aus den Ungleichzeitigkeiten, in denen Frauen leben, nicht nur Streit zu entwickeln, sondern ein realistisches Vorwärtsgehen, das die Einsprüche und Klagen gegenseitig wahrnimmt und bearbeitet. Die Stufe der Integration »werden wir in diesem Leben vielleicht nur andeutungsweise erreichen«.[5] Diese Stufe, die die Versöhnung mit dem Fremden und den Fremden meint, so daß Unterschiede ins eigene Bewußtsein integriert, nicht abgespalten werden, würde einen Zustand wirklicher Gemeinschaft von sich ihrer selbst bewußten Individuen spiegeln.

Wenn Männer in der Kirche die Frauenbewegung zuerst immer auf ›Gemeinschaft‹ verpflichten wollen – und diese Erfahrung machen Kirchenfrauen permanent –, fordern sie damit etwas Unmögliches, nämlich immer gleich die ›letzte Stufe‹, die Phase des freien Zusammengehens von Frauen und Männern. Wenn aber Identitätsfindung an einen Prozeß gebunden bleibt, ist diese Forderung übereilt. Sie reißt Frauen aus ihrer Entwicklung, die durch Aufbruch und auch widersprüchliche Wegstrecken gekennzeichnet ist, und spricht ihnen ihren eigenen Weg ab. Abbruch, Aufbruch, Differenzierung und Neuorientierung sollen nicht sein. Anstatt die Forderung zu wiederholen, wäre nach den Motiven für diesen Gemeinschaftswunsch zu fragen und nach dem Bild der Kirche, das dahintersteht. Die kirchliche Frauenbewegung jedenfalls hat längst ein Bild der Kirche hinter sich gelassen, in dem ängstlicher Familiensinn den einzelnen Mitgliedern eigene Wege untersagt.

Es ist hilfreich, durch das dargestellte Phasenmodell auf die Zeitbedingtheit des Aufbruchs der Frauen aufmerksam zu werden. Frauen brechen nicht allezeit auf, sie sind auch unterwegs, gehen weiter und brauchen auch von Zeit zu Zeit eine Ruhepause. Wir können uns die Euphorie des Aufbruchs nicht künstlich bewahren, auch nicht Wut und Klage beschwören. Aber dann kommen andere Frauen hinzu, neue Bewegung entsteht in der Begegnung zwischen ›Jungen‹ und ›Alten‹, auch Auseinandersetzungen, Konflikte. Die Reflexion, die im Weitergehen einsetzt, weitet den Blick, sie läßt die Anfänge in einem neuen Licht erscheinen und nimmt die Ziele kritisch in Augenschein.

III

Wozu also brechen die Kirchenfrauen auf, um welche Ziele geht es auf ihrem Weg? In den Fragestellungen der Ökumenischen Dekade »Solidarität der Kirchen mit den Frauen« sind die Ziele und Arbeitsschwerpunkte neu zusammengefaßt, die die Frauen in der Kirche (und anderswo) bewegen und die nun also auch die Kirchen bewegen sollen.

Es geht um die Infragestellung von sexistischen Strukturen in Kirche und Gesellschaft und um die Befreiung aus diesen Strukturen, die zusätzlich mit anderen Unterdrückungsmechanismen verknüpft sind. Dazu ist auf die volle Beteiligung der Frauen in allen kirchlichen und gesellschaftlichen Bereichen zu dringen. Es geht um Mitverantwortung der Frauen in der Theologie und im geistlichen Leben. Und es geht um ihren Beitrag zu den Themen des konziliaren Prozesses: Gerechtigkeit, Frieden und Bewahrung der Schöpfung.

Diese Ziele machen deutlich, daß nicht allein innerkirchliche Frauenbelange gemeint sind, sondern daß die geforderte Solidarität sich auf die Anliegen von Frauen als den überall Benachteiligten bezieht. Die Erkenntnis der Frauenbewegung, daß keine Frau frei ist, solange nicht alle Frauen frei sind, trifft mit dem christlichen Motiv der Verantwortung für die Schwachen zusammen. Diese gemeinsame Option verbindet die kirchliche Frauenbewegung mit der gesellschaftlichen und ökumenischen Frauenbewegung und ist ein kritischer Vorbehalt gegen jede allzu vordergründige Befriedigung von Fraueninteressen. Die Option »Für alle Frauen« läßt Aufspaltungen von Frauen erkennen und das Erzeugen von Alibifrauen, die den übrigen beweisen sollen, daß für Frauen ›alles möglich‹ sei.

Nun gibt es im Rahmen des Katalogs der Dekadeschwerpunkte kirchlich mehr oder weniger geläufige Ziele. So sind die Ziele des konziliaren Prozesses mittlerweile vielerorts akzeptiert, und wie selbstverständlich erscheint die intensive Arbeit von Frauen in diesen Problembereichen. Schon strittiger sind die Bemühungen von Frauen um feministische Theologie und Spiritualität. Am wenigsten geläufig aber sind bisher die Ziele, die die volle Beteiligung von Frauen innerhalb von Kirche (und Gesellschaft) anstreben. Hier stehen ideologische Vorbehalte, die mit einem Interesse an der Erhaltung bisheriger Zustände zusammengehen, den

Fraueninteressen an klar durchschaubaren Regeln und Absprachen für gezielte Veränderungen im Wege.

Ich möchte das an einem Beispiel des kirchlichen Sprachgebrauchs verdeutlichen. Es ist zu beobachten, daß der Begriff ›Gleichstellung‹ in der kirchlichen Amtssprache noch kaum Akzeptanz findet, stattdessen von ›angemessener Beteiligung‹ die Rede ist. Der Begriff der Quote ist ähnlich negativ besetzt. Er wird im EKD-Synodenbeschluß bewußt vermieden und durch den Begriff einer »Zielvorgabe« ersetzt, die in einem bestimmten Zeitraum zu erreichen ist.[6] Natürlich sollen aus der Perspektive der Institution Frauen beteiligt werden. Dafür aber erscheinen objektivierbare Kriterien oder gar rechtliche Regelungen nicht als adäquater Weg. Sie schaffen eine empfindliche Abkühlung im warmen Klima vertrauter familiärer Beziehungen, in denen Kirche sich begreift. Das Selbstverständnis in der Kirche, das Männer und Frauen sogleich zu Brüdern und Schwestern erklärt, suggeriert Gemeinschaft und fürsorgliches Verhalten und verdeckt die real vorhandenen Machtverhältnisse. Familienbande gelten als stabil. Sie halten in der Regel auch schwierigere Konflikte aus. Der Beziehungsrahmen, der durch die Familie konstituiert wird, ist den einzelnen vorgegeben. Er steht nicht zur Veränderung an. Nähe unter Geschwistern muß nicht erst hergestellt werden, im Konfliktfall kann auf sie zurückgegriffen werden. Der Sprachgebrauch, der sich im Bereich der angedeuteten Familienideologie oberhalb der wirklichen Machtverhältnisse in der Kirche ausbildet, lautet dann z. B.: Schwestern sind angemessen zu beteiligen.

Frauen dagegen fordern die Gleichstellung. Das klingt hart und fällt aus dem familiären Rahmen. Es unterstellt, daß innerhalb der Familie nicht nur solidarisches Verhalten geübt wird, sondern patriarchalische Strukturen der Über- und Unterordnung ausgebildet sind. Die Brüder haben sich längst die Methoden der Väter angeeignet und sorgen so für ›angemessene Beteiligung‹.

Daß auch für Frauen das Bild der Kirche als Familie attraktiv ist, weil es von eigener Verantwortung und Leistung entlastet und weil es auch immer liebenswerte Brüder und Patriarchen gibt, sei nur am Rande angemerkt. Es erschwert die Distanzierung und die Entwicklung der eigenen Vorstellungen und Forderungen.

An diesem Beispiel – es ist wirklich nur ein Beispiel für eine Fülle von kirchlich noch nicht akzeptierten Begriffen aus den Zusammenhängen der Frauenbewegung; ein anderes Beispiel wäre der Begriff des Sexismus – wird deutlich, wie das Interesse an der Veränderung kirchlicher Machtverhältnisse immer die ideologischen Umhüllungen mitbedenken muß. Allerdings kann es sie nicht isoliert in den Blick nehmen, sondern ihnen nur im Bemühen um reale Veränderungen der Machtstruktur ein Stück Nährboden entziehen.

Die tatsächlichen Schritte zur Gleichstellung sind im Rahmen eines Frauenreferates relativ klein. Die Erkenntnis, daß die Ungerechtigkeiten tief in die Struktur der Kirche sowie in die Bewußtseinsstruktur vieler ihrer Mitglieder eingedrungen sind, bedingt als einen wichtigen Schritt die Enttabuisierung von Fragen, die Frauen in der Kirche betreffen. Ein Beispiel dafür ist die Frage nach der ehrenamtlichen Mitarbeit. Kirchenfrauen haben hier ein großes Bedürfnis, ihre Erfahrungen zu sammeln und Ideen zu entwickeln, wie ihre ehrenamtliche Arbeit mit gegenwärtigen frauenpolitischen Bestrebungen verknüpft werden kann, wie sie nicht abgeschafft, sondern »modernisiert« werden kann.

Eine andere Frage, die die Kirche als PfarrerInnenkirche betrifft, berührt Fraueninteressen an vielen Stellen. Hier sei nur auf das Problem hingewiesen, das bei der Erarbeitung von Quotierungsplänen für Leitungsgremien entsteht. Da die PfarrerInnen gemäß der kirchlichen Verfassung hohe Quoten in den Entscheidungsgremien erfüllen und da der Anteil der Pfarrerinnen gering ist[7], ergibt sich bei der Forcierung einer Frauenquote ein neues Ungleichgewicht zwischen Theologen und Frauen, die zumeist Laiinnen sind. Eine auch inhaltlich befriedigende Gleichstellung im Gremienbereich wird also nur in einer Folge von Schritten und Maßnahmen zu erreichen sein.

Die angesprochenen Probleme der praktischen Frauenreferatsarbeit zeigen an, wie die umfassend formulierten Ziele nur in konkreten Schritten Veränderungsmöglichkeiten bieten. Diese Arbeit läßt uns kaum Zeit, die vollendete frauengerechte Kirche auszumalen. Sie verpflichtet uns, volle Gleichstellung für Frauen einzuklagen und sie zu Aufbruch und Beteiligung einzuladen.

IV

Die Befreiung zum Leben, von der die Kirchentagslosung spricht, stellt sich im Zusammenhang von Frauenbewußtsein und Frauenbewegung zuerst einmal als Befreiung zum Sehen heraus, zum Sehen und Benennen dessen, was wirklich ist, zum Wahrnehmen der Realität, in der Frauen leben. Das Faszinierende ist, daß sie es selbst tun – für sich und andere Frauen. Sie lassen sich die Welt, die Kirche, die Bibel, die ethischen Leitlinien, die Zusammensetzung von Leitungsgremien und auch ihre eigene ›Rolle‹ oder ›Bestimmung‹ nicht länger erklären, wie es in der Kirche lange der Fall war und ihnen bis heute angeboten wird. Sie sehen mit ihren eigenen Augen, stellen ihre eigenen Fragen und kommen zu ihren eigenen Schlußfolgerungen. Und sie empfinden die Befreiung, die darin steckt, als schmerzlich und hoffnungsvoll. Schmerzlich, weil die Deformationen und Entbehrungen des Lebens erkennbar werden, die sie sich bisher nicht so offen klargemacht haben. Hoffnungsvoll, weil sie die Kraft spüren, die im neuen Sehen, in der feministischen Perspektive, steckt.

Das ›Sehen‹ und ›Benennen‹ des Lebens von Frauen ist an der Erfahrung einzelner Frauen orientiert, aber es gewinnt seine verändernde Kraft aus der Option ›Für alle Frauen‹. Adrienne Rich, eine amerikanische Feministin, sagt das in ihrem Gedicht ›Hunger‹ so:
»Ich lebe noch, um mehr zu wollen als mein Leben /
um es für andere zu wollen - Hungernde und Ungeborene /
um die Entbehrungen beim Namen zu nennen, . . .«

Anmerkungen

1 Vgl. dazu folgende Dokumentationen:
- Frauenanhörung in der Ev. Kirche in Hessen und Nassau, hrsg. von der Arbeitsstelle für Erwachsenenbildung der Ev. Kirche in Hessen und Nassau, Darmstadt 1986
- Wenn Frauen die Kirche bewegen, Dokumentation zur Entstehung des Frauenreferats in der Ev. Kirche von Westfalen, hrsg. von Hanni Berthold, Katharina v. Bremen, Schwerte-Villigst 1987
- Gleichberechtigt in Gottes Namen!? Zur Diskussion um ein Frauenreferat in der Bayerischen Landeskirche, Tutzinger Materialien Nr. 52, 1988
- Frauen melden sich zu Wort, Frauenhearing am 15. 10. 88 in der Ev. Kirche in Berlin-Brandenburg (Berlin-West), hrsg. von Susanne Kahl-Passoth, Berlin 1989

2 Vgl. Die Frau in Familie, Kirche und Gesellschaft. Eine Studie zum gemeinsamen Leben von Frau und Mann, hrsg. im Auftrag des Rates der EKD, Gütersloh 1979.
Die Gemeinschaft von Frauen und Männern in der Kirche / Synode der Ev. Kirche in Deutschland, hrsg. im Auftrag des Rates der EKD, Gütersloh 1990

3 Ina Praetorius, Geschlechtsspezifische Arbeitsteilung als theologisches Problem, in: Frauen in der Kirche – ein Aufbruch nimmt Gestalt an, Theologia Practica 1987/2, S. 136f.

4 Eva-Renate Schmidt, Frauen auf dem Weg zu ihrer Identität, in: Aufhören und Anfangen, hrsg. von E.-R. Schmidt u. H.-G. Berg, Offenbach 1987, zitiert nach: zum weitergeben. Arbeitshilfen der Ev. Frauenhilfe in Deutschland, Juli 1988, S. 50ff.

5 Ebenda, S. 53

6 Die Gemeinschaft von Frauen und Männern in der Kirche, aaO, S. 34

7 Der Anteil der TheologInnen in der westfälischen Landessynode z. B. betrug 1989 47,4%, das sind 98 Mitglieder der Synode. 6 davon waren Frauen.

Barbara Siebel-Robra

Hilde – Frauenkultur im Ruhrgebiet

I Ruhrgebiet – Kulturgebiet

»Städtisch verordnete Wiesenzertrampelungsaktion«

Die Verwaltung ist nicht glücklich, wenn so auf den Punkt gebracht und karikiert wird, was als Großereignis den Bürgern ein unvergeßliches Erlebnis sein soll zur 775-Jahr-Feier der Stadt: Flohmarkt, Verkaufsbuden, Bier- und Würstchenstände und als besondere Attraktion importierte Ritterspiele. Sogar die sonst penibel gepflegten Rasenflächen vor dem städtischen Saalbau werden diesem Spektakel geopfert. Geschichte wird beschworen. Mit den Geschichten der Menschen hat dies nichts zu tun.

Kulturpolitik als Werbung, damit sich das Image der Stadt nach außen und bei den eigenen Bürgern verbessert – zu sehr bestimmt dieses Muster das Denken in den Rathäusern im Revier, denn zweierlei erhofft man sich davon: Wählerstimmen und vor allem eine größere Bereitschaft der Wirtschaft, im Ruhrgebiet zu investieren, das mitten im Strukturwandel auf solche Investitionen dringend angewiesen ist. »Ruhrgebiet – Kulturgebiet« ist der Slogan einer großangelegten Werbekampagne des Kommunalverbandes Ruhrgebiet, in dem auf das überdurchschnittlich dichte und durchaus interessante Kulturangebot mit überregional renommierten Museen, bekannten Theatern und großen Opernhäusern zwischen Dortmund und Duisburg hingewiesen wird. Dennoch: Public Relations rangiert vor lebendigen Beziehungen – Kultur als »Callgirl des Kommerzes« hat der Sozialwissenschaftler Oskar Negt diese unheilige Allianz genannt, die die streitbaren Zwillinge Kunst und Kultur einerseits zweckrational in Dienst nimmt und ihnen die kritische Spitze bricht, andererseits gerade Spitzenleistungen fordert und nur sie honorieren will.

Hilde, die im Spott über die »Wiesenzertrampelungsaktion« ihrem Unmut Luft macht, steht mit ihrer Kritik nicht allein. Mit ihr verbinden sich andere Frauen aus der Stadt. Sie führen Aktionen durch, die 775 Jahre gegen den Strich der Heroengeschichte bürsten. Sie brechen das Schweigen über das Schicksal einzelner

Frauen. Sie zeigen Orte, wo z. B. Hexen im Mittelalter hingerichtet wurden, wo erst jüngst Neonazis Wohnungen von Tamilen in Brand setzten oder Räume des Frauenzentrums verwüstet wurden. Was das Maskenspiel der Helden verbirgt und wohlgefällige Selbstbespiegelung verdrängt, nennen sie beim Namen. Sie schaffen neue Kontakte, werben für die Arbeit des Frauenforums und entdecken bei sich selbst und miteinander neue Fähigkeiten.

Treffpunkt Frauenzentrum

Aus dem Kampf um ein Frauenhaus entstanden, konnte das Frauenzentrum bis jetzt noch nicht mehr als ein Treffpunkt werden. Mehrfach schon sind Frauen in der Stadt auf die Straße gegangen, um diesen Ort für sich zu erhalten: Mehrfach wurden vom städtischen Eigentümer Gründe gesucht, den Frauen zu kündigen, zuletzt sollten Aussiedler gegen sie ausgespielt werden. In den Räumen des Zentrums trifft sich u. a. das Frauenforum: Frauen aus ganz verschiedenen Lebens- und Arbeitsbereichen und unterschiedlichen Nationalitäten kommen regelmäßig zusammen, um Informationen weiterzugeben, sich auszutauschen über aktuelle Probleme, die Kommunalpolitik kritisch zu begleiten, ihren Lebensraum mitzugestalten, ein Netz von Beziehungen zu knüpfen.

»Frauen und Kultur« – Thema eines der ersten Treffen des Frauenforums, entpuppt sich als facettenreiches und von den Erfahrungen, Interessen und Vorstellungen einzelner Frauen ganz unterschiedlich gegliedertes Feld. Was sie eigentlich suchen, wissen sie noch nicht. Aber in den Gesprächen wird deutlich: Kunst und Kultur haben für sie viel mehr mit den eigenen und regionalen Widersprüchen und Rissen, mit Geschichte, aber auch mit überschießenden Hoffnungen und Visionen zu tun. Spontan bildet sich eine Gruppe zur Frauengeschichte der Stadt, an der sich Hilde beteiligt. Sie hat ein anderes Verständnis von Kultur und Geschichte: »Wenn alles so weitergemacht wird wie vor dreihundert Jahren, dann lebt es nicht mehr – und was nicht lebt, ist keine Kultur.« Frauen-Leben sucht Anknüpfung an Frauen-Geschichte.

Die Frauen des Arbeitskreises forschen in privaten und öffentlichen Archiven. Sie bereiten ihren Beitrag für die Frauen-Kultur-Woche vor, die die Gleichstellungsstelle der Stadt mit dem

Frauenforum plant. Interviews werden gemacht und Materialien zusammengetragen und ausgewertet für eine Dokumentation über Frauen in Witten. Aktuelle Fragen und Probleme sollen in ihren lokalen und historischen Bezügen bei einem Frauenrundgang durch die Stadt zur Sprache kommen. Begeistert erzählt Hilde: »Wir wollen zeigen, was alles an Frauen erinnert, bestimmte Straßennamen oder historische Stätten. Wir gehen zum Diakonissenhaus und zum Karmelitinnenkloster. Die Äbtissin ist eine prima Frau. Die Nonnen halten auch die Erinnerung an die Morde der Nationalsozialisten wach. Bei dem Rundgang diskutieren wir: Können die Frauen mitbestimmen in der Stadt? Was nützt uns die Gleichstellungsstelle hier? Und was machen wir eigentlich im Vergleich zu den Frauen früher? Die waren doch in den zwanziger Jahren auch schon ganz aktiv. Mich interessiert das. Ich lese in den letzten Jahren mit Vorliebe Bücher von Frauen. Was und wie die schreiben, geht mich entschieden mehr an. Ich weiß auch, daß Frauen anders malen. Aber aufdröseln kann ich das nicht; will ich auch – glaube ich – gar nicht. Ich nehm' es einfach so. Das stärkt mein Selbstbewußtsein. Und mein Selbstbewußtsein kann ich auch wieder an andere Frauen weitergeben.«

Deshalb kommt Hilde auch hier zu Wort. Typisch für die Ruhrgebietsfrau – was immer das sein mag – ist sie nicht. Aber wer nach Frauenkultur im Ruhrgebiet fragt, ohne eine knappe Definition oder schnelle Antwort zu erwarten, ist nicht schlecht beraten, Hilde kennenzulernen. Wie sie sich einbringt im Frauenforum, das wurde schon deutlich. Gegen die Zerstörung von Gemeinschaft und Lebenszusammenhängen baut sie auf aktive Teilnahme. Statt kulturellen Highlights zu huldigen, initiiert sie langfristige Prozesse, die nicht unbedingt mehrheitsfähig und konsensfähig, sondern ethisch fundiert sind und sehr viel mit ihr selbst zu tun haben und mit Menschen im Beziehungsgeflecht ihrer Umgebung. In ihrem Leben spiegelt sich die Geschichte der Region, und die Phasen und Schwerpunkte ihres Engagements zeigen, wie sehr sie sich beteiligt hat an der gesellschaftlichen Entwicklung der Nachkriegszeit und den mit den Herausforderungen wechselnden Ausdrucksformen einer politischen Kultur von unten: vom Lesekreis über das politische Kabarett als Form der Kritik zum Ostermarsch und über die Folk-Musik als Friedensarbeit schließlich zur Frauenbewegung.

II Zu Hause im Ruhrgebiet

Zu Hause – das ist Erinnerung

Hilde, 1928 geboren und seit 30 Jahren Bergmannswitwe, ist in der Stadt nicht unbekannt. Die Zerstörung des Stadtbildes durch Krieg und schnellen Aufbau hat sie erlebt ebenso wie die Veränderung der Stadtteile, die immer weniger geprägt sind von der gemeinsamen Arbeit der Männer in den Großbetrieben der Stahlindustrie. Das letzte Bergwerk, auf dem ihr Mann verunglückte, wurde 1972 geschlossen. Wenn Hilde von ihrer Heimat spricht, meint sie diese Stadt und ihre Menschen: »Ich bin ein Ruhrgebietsmädchen. Ich bin hier geboren. Meine Eltern sind hier geboren. Ich liebe meine Heimat – im Gegensatz zum Vaterland. Ich liebe diese Stadt. Ich kenne jedes Haus. Hier, vor diesem Haus, in dem ich lebe, saß früher, immer wenn Kirmes war, ein Mann, der keine Beine hatte. Der hatte in Kleinstarbeit eine Zeche nachgebaut, die einzelnen Stollen, die Schächte, alles, die Abbauhämmer mechanisch betrieben. Zu Hause - das ist wie die Leute hier sprechen, wie die Leute miteinander umgehen, wo jeder dritte Guten Tag sagt und jeder fünfte stehen bleibt. Das ist einfach wohltuend. Zu Hause – das ist Erinnerung.«

Impulse der Arbeiterbildung aus den zwanziger Jahren beschreibt Hilde, wenn sie von ihrem Elternhaus spricht: »Sehr, sehr einfach war es bei uns – aber knuffigerweise kriegst du auch noch was anderes von zu Hause mit: die Freude am Lesen, und Lesen, das gehörte einfach dazu. Bei meinem Vater und meiner Mutter lag immer ein Buch auf dem Nachttisch. Ich denke, daß das in anderen Arbeiterfamilien auch so war. Das ist eigentlich nicht das, was man den Ruhrgebietsmalocher nennt. Den gab es auch. Da wurde die Nase gerümpft, weil sie schlechtes Deutsch sprachen und auch kein Buch zu Hause hatten. Mein Vater war Mitglied der Freilichtbühne und anderer Theatergemeinden. Dadurch war da ein anderer Hintergrund. Bei uns zu Hause wurde auch unentwegt gesungen. Von vielen Volksliedern kann ich noch alle Strophen auswendig.

Kindergottesdienst, Katechumenen- und Konfirmandenunterricht, das gehörte dazu, ohne daß darüber geredet wurde. Das war tief verwurzelt. Aber es war nie so vordergründig. Das lag auch daran, daß mein Vater ein paar sehr bigotte Schwestern hatte. ›Den lieben Herrn Jesus‹ hatten die immerzu im Mund, waren aber keine so guten Menschen. Nach der Konfirmation und der Schule haben meine Eltern es möglich gemacht, daß ich eine Frauenfachschule besuchen konnte. Das war viel Geld für eine Arbeiterfamilie.«

Kritisch war Hilde damals nicht: »Der Kindergottesdienst und der HJ-Dienst, das gehörte zu meinem Leben, widerspruchslos. Meine fromme Tante schrieb: ›Gott möge Dich schützen! Schönen Gruß und Heil Hitler!‹ Konflikte kriegst du nicht mit in dem Alter, du hast so viel damit zu tun, erwachsen zu werden und zu überleben.

Was ich gelesen habe? Was man so las: Heimatliteratur, weitgehend mit Blut und Boden: ›Und ewig singen die Wälder‹, ›Gösta Berling‹, aber natürlich auch ›Quo vadis‹ – das habe ich sicher fünfmal gelesen;« und als der Krieg zu Ende und Hilde gerade siebzehn Jahre alt war, »die ersten Rowohlt-Geschichten auf Zeitungspapier im Zeitungsformat gedruckt. Das Kulturangebot bis zur Währungsreform war ja unwahrscheinlich. Wir hatten sogar unser eigenes Theater in Witten, und gar nicht mit schlechten Schauspielern. Wir haben das alles aufgesogen, weil es so weit weg war von dem, was wir bis dahin hatten: Filme, die doch ganz klar ideologisch ausgerichtet waren, wie ›Der Hitlerjunge Quex‹, oder diese Überlebensfilmchen heiter-bis-zum-geht-nicht-mehr und Liebe-Triebe, um die Leute bei guter Laune zu halten: ›Das kann doch einen Seemann nicht erschüttern‹. Als ich dann die ersten amerikanischen Filme gesehen habe und Leute wie Traven und Hemmingway las, da dachte ich: Was ist möglich an Kritik im eigenen Land! Und: Au ja, das ist Demokratie – Gott, ist das gewaltig!«

Politische Kultur

»Angefangen hat mein politisches Wachwerden, als ich 22 Jahre alt war – eigentlich durch einen ›Onkel Freiersmann‹, dessen Vater im KZ gewesen war. Wir beide und mit uns viele andere haben zunächst einen literarischen Arbeitskreis gegründet, d. h. wir haben zusammen gelesen – Tucholsky und Kästner u. a. – und darüber gesprochen: Wie wirkt das auf dich? Was empfindest du dabei? Aus diesem Lesekreis hat sich dann ganz bald ein politisches Kabarett gebildet, denn das konnten wir doch gar nicht für uns behalten. Das mußten wir unter die Leute bringen. Das war 1950 bis 1955, für mich eine sehr aktive Zeit. Wir gehörten zu den Jusos. Ich entdeckte auch die Gewerkschaften und erfuhr, was Einigkeit und Solidarität bedeuten.« Nach einer Kündigung gewann sie ihren Arbeitsgerichtsprozeß mit Unterstützung der Kollegen.

»Wär' uns das Kabarett vor der Währungsreform eingefallen, hätten wir uns vor Aufträgen nicht retten können. Auftrittsmöglichkeiten gab es für uns jetzt in Friedensgesellschaften. Aber unsere Kontakte z. B. zum Weltbund der Demokratischen Jugend führten zu meinem ersten Parteiordnungsverfahren. Für die SPD waren alles Kommunisten, was mit Frieden anfing. 1972 bin ich wieder eingetreten. Mir ist es ziemlich schwer gefallen draußen zu sein. Schließlich bin ich auch in dieser Tradition. Mein Vater war in der SPD schon in der Weimarer Zeit – und weil viele Menschen in dieser Tradition verhaftet sind, kannst du heute hier Besenstiele hinstellen und sie werden gewählt, wenn SPD dransteht. Trotzdem bin ich wieder ausgetreten, als Schmidt für die Raketen war.«

Ihr Mann

»Ich habe mich dann entschlossen, eine Familie aufzumachen. Da blieb keine Zeit mehr. Ich wollte das richtig machen. Als ich nach der Heirat umgezogen bin, habe ich mich in Herbede nicht wohlgefühlt. Ich bin da nie heimisch geworden. Ende 1963 ist mein Mann verunglückt. Sie kamen morgens um halb Neun, rissen mich aus meinem gesunden Schlaf, um mir zu sagen: ›Der Rolf ist tot.‹ Ich weiß bis heute nicht, was ein Magen ist. Da war in mir nur Magenschmerz. Da war kein Raum in mir mehr für etwas anderes als nur Magenschmerz, diese Abwehr meines Körpers. ›Was können wir denn für Sie tun?‹ ›Ich will sofort hier raus! Ich will in Witten eine Wohnung haben.‹ Das man so was denken kann, in einem solchen Moment, dieser Überlebenswillen und daß man weiß: Hier muß ich weg, hier ist alles voller Erinnerungen. Zunächst war nicht viel Raum außer für Trauer. Das ist ein Zustand, der sich nicht gut beschreiben läßt. Der kleine Rolf war 1½ und Anke war 7. Hätte ich nicht meine alten Freunde und nichts zu Lesen gehabt, ich glaube, ich wäre verrückt geworden.«

»Ich werde heute oft gefragt: Wo kriegst du eigentlich deine Kraft her? Ich bin ein Mensch, der nicht in die Kirche geht. Ich habe über Jahre hin die Wohngemeinschaft hier im Haus gehabt. Ich habe zwei sehr junge Freudinnen zum Sterben begleitet. Da wird man wirklich voll gefordert. Ich kann es nicht auf den Punkt bringen. Aber ich denk mal so für mich: Das ist das, was ich als Kind so mitgekriegt habe. Das ist so tief drin. Ich scheu' mich fast, das Wort Gottvertrauen zu benutzen – daher krieg ich meine Kraft.«

Ostermärsche und Deutsch-Ausländischer Freundschaftskreis

»Was Kultur ist, darüber denke ich nicht nach. Ich weiß nur, warum ich das getan habe, was ich getan habe. Das weiß ich ganz genau. Mitte der sechziger Jahre bin ich wieder rausgegangen und hatte meine Ohren am politischen Geschehen. Nicht umsonst hat es mit den Ostermärschen angefangen:

– da war der Friedensgedanke,
– da war die Kritik am Bestehenden, die sich in Liedern wiederfand,
– da war das gemeinsame Singen, das miteinander gesungene Lied: ›Wer zusammen singt, der schießt nicht aufeinander‹,
– da war der Austausch mit Menschen aus anderen Ländern – schon bald bildete sich eine Deutsch-Türkische Tanzgruppe.

Zunächst geht es sicher um die Befriedigung der eigenen Bedürfnisse: ›Dat muß doch auch wat Späßken bringen‹. Und wenn für andere auch noch was dabei rüberkommt: das ist toll, das ist phantastisch. Mein Engagement hat etwas mit meinem Unrechtsbewußtsein zu tun. Wenn ich meine, da wird irgend etwas auf Kosten von Menschen gemacht, die sich nicht wehren können, denke ich – und ich bin ganz flink mit dem Maul: Ich muß für sie zum Sprachrohr werden.«

Das tut sie auch beim täglichen Einkaufen. An der Obsttheke, wo Trauben und Äpfel aus Südafrika angeboten werden, bleibt sie stehen: »Wie könnt ihr bloß dieses Unrechtsregime unterstützen!« Gegen Apartheid beteiligt sich Hilde bei den Aktionen der »Infostelle Dritte Welt« und macht mit beim Straßentheater. »Wenn ich mich heute wieder in der Partei einbringe« – diesmal für die Grünen im Stadtrat, »dann hat das was damit zu tun, daß ich bestehende Verhältnisse, die ich als nicht richtig erkannt habe, ändern muß. Und wenn ich mich in den letzten Jahren für Frauen einsetze, dann ist das einfach die Erkenntnis, daß Frauen über Jahrhunderte untergebuttert worden sind.«

Hilde gehört auch zum Deutsch-Ausländischen Freundschaftskreis, der sich gegen Abschiebungen eingesetzt hat oder mit anderen für neue Reifen sorgte, als Neonazis bei Autos türkischer Familien in einer Nacht die Reifen aufschlitzten. »Die hier lebenden Ausländer: Amerikaner, Iren, Franzosen, ein Ungar, Griechen, Türken, Sikhs, sobald sie hier Fuß gefaßt hatten, mußten wir sie einfach annehmen. Sie waren doch da, und wir haben sie mit einbezogen – nicht wie das von den Städten gemacht wird: Man läßt die Ausländer für sich tanzen. Ich hasse das, und ich nehme es ihnen übel. Das setzt der Diskriminierung die Krone auf. Sie meinen es ja soo gut, es ist aber auch nur gut gemeint.«

Folkclub Witten

Besonders aktiv war Hilde für den Folkclub Witten, den sie 1973 mit gegründet hat. »Ich hatte eine Unmenge Schallplatten: Degenhardt, Joan Baez, Odetta, Pete Seeger. Aber los ging es, als Michael Lohrengel den Ray Austin mitgebracht hat. Ray kam öfter und hat uns von seinem Folkclub in Freiburg erzählt und gesagt: Das könnt ihr auch. Nach dem ersten Konzert in einer Schulaula sind wir von Kneipe zu Kneipe gezogen, um Räume zu finden. Ein Grieche – der nahm uns dann. Ab September '74 haben wir wirklich jede Woche kontinuierlich Folkclub gemacht. Und unsere Festivals, die waren lebendig und warm. Zwanzig Leute haben im Vorfeld gearbeitet, alle ohne Bezahlung. Die Künstler kamen gern. Das hat viel mit dem Haus hier zu tun. Wir hatten oben unter dem Dach Matratzen und Betten. Ich hab auch gekocht – wir hatten alle kein Geld, um in den Kneipen rumzusitzen. Die Musiker sind teilweise auch wegen der guten Suppe gekommen, ham'se zumindest gesagt. Und abends nach dem Club kamen sie wieder hier raus. Das ging bis zum frühen Morgen. Hier ist so mancher Ire besoffen vom Stuhl gefallen.« Die »Mutter des Volks« wurde Hilde deshalb beim zehnjährigen Jubiläum des Clubs in großen Zeitungen genannt. Hilde gefällt das nicht: »Der Begriff Mutter stimmt nicht, weil er in den meisten Fällen so ein verlogener Begriff ist. Deutsche Mütterlichkeit ist ja wieder mal angesagt, weil die Frauen im Betrieb keine Arbeit finden. Bei ›Mutter‹ denkt man auch, daß die das so selbstlos macht. Aber ich hab meinen Spaß daran gehabt.«

Beim zehnjährigen Geburtstagsfestival übernahm der Bürgermeister die Schirmherrschaft. Aber sonst liest sich die Geschichte des Folkclubs als alternative Stadtgeschichte, mißtrauisch beäugt nicht nur von den Nachbarn, denen das Haus mit den vielen Gästen unheimlich war. Die Verwaltung konnte sich mit diesem bunten Treiben nicht anfreunden. Sie stellte sich taub, wenn sie um Unterstützung gebeten wurde. Das änderte sich erst, als der Folkclub Witten weit über die Stadtgrenzen hinaus Freunde hatte. Viele Menschen kamen gern zu den Konzerten, später auch in ein kirchliches Gemeindezentrum, als wieder einmal neue Räume gesucht werden mußten.

Wenn Hilde an diese Zeit denkt, dann kann sie sagen: »Eigentlich läuft alles über persönliche Beziehungen – immer. Im Gespräch mit anderen kommen mir viel klügere Gedanken, als wenn ich mich alleine in die Ecke setze. Kein Mensch weiß etwas aus sich heraus.« Von sich aus liebt Hilde z. B. keine Opern und auch kein Ballett. Trotzdem fährt sie nach Gelsenkirchen ins Musiktheater im Revier. Wieder geht es um Menschen, um Freunde im Tanzensemble: »Meine Freunde haben mir geholfen und sind mir wichtig. Ich will natürlich wissen, was macht meine Freundin. Dann will ich sehen, was sie arbeitet. Und wenn mir das noch gelingt, zu verstehen, was sie tanzt, dann kann ich doch erst sagen: Das ist meine Freundin.«

III Jede Frau eine Künstlerin

Zuhören, Sehen

Was Hilde erzählt, ergibt kein umfassendes Bild der Frauenkultur im Ruhrgebiet. Nachfragen bei den Gleichstellungsstellen und Kulturämtern der Städte haben als Ergebnis eine lange Liste, die Rückschlüsse darauf erlaubt, wie vielfältig Frauen inzwischen im Kulturbereich mitmischen – durchaus mit kritischem Anspruch: mit Frauen-Musikgruppen, Theater- und Tanzensembles, mit politischem Kabarett und Pantomime, Geschichtswerkstätten, literarischen Arbeitskreisen und nicht zuletzt auch in der bildenden Kunst. Einige Kulturdezernenten haben inzwischen entdeckt, daß es Aufmerksamkeit findet, Lebensqualität erhöht und überdies den Etat schont, alternative Kultur zu fördern. Nicht nur in

Dortmund gibt es ein wesentlich von Frauen geprägtes Künstlerhaus, und das Projekt »Frauen Künste« in Unna bleibt kein Einzelfall, wenn jetzt andere Städte Frauen-Kultur-Tage veranstalten und dabei die verschiedenen Kunstformen im Programm berücksichtigen.

Aber der Versuch, einen umfassenden Überblick zu erstellen, würde wahrscheinlich zum Verschwinden bringen, worauf es ankommt: Nicht auf eine Darstellung, in der die zeitlichen und räumlichen Bezüge verschwimmen oder beliebig werden und das Konzept die konkreten Widersprüche, Verwundungen und die Vielfalt der lebendigen Zusammenhänge verdeckt, sondern auf die Selbstbegrenzung des eigenen Anspruchs, Wirklichkeit zu erklären und zu gestalten, und auf die geduldige Wahrnehmung des anderen und Fremden mit dem jeweiligen Lebensrecht und Wirklichkeitsverständnis, um der Möglichkeit der Beziehung und der Notwendigkeit des gemeinsamen Überlebens willen: Zuhören also, sehen, in Dialog treten und darin Beziehung schaffen und stärken; Protest aber und Widerstand, wo gerade das im Namen dominanter Strukturen bedroht ist. In den letzten Sätzen Hildes wird noch einmal erkennbar, wie sehr das für sie selbst gilt und ihr früher in Krisen geholfen hat.

Kreativität entfalten

Joseph Beuys wollte über die Möglichkeiten der Kunst das kreative Potential jedes Menschen wecken, um Gesellschaft als soziale Plastik zu gestalten und sie nicht der Dominanz wirtschaftlicher Kräfte zu überlassen. Sein »Manifest« vom 1.11.1985 »Der Fehler fängt schon an, wenn einer sich anschickt, Keilrahmen und Leinwand zu kaufen« zielt darauf, daß Kunst sich nicht als Sonderbereich begründen und dem Markt ausliefern darf, weil sie dann wirkliche Kreativität bindet und der Trennung zwischen sinnloser Arbeit und kultureller Freizeitbeschäftigung Vorschub leistet, ja ihr selbst unterliegt. Damit will er nicht künstlerische Arbeit als Tätigkeit von Spezialisten für »die Wahrnehmung von Gestalt durch Schaffung von Gestalt« (so definiert C. F. v. Weizsäcker »Kunst«) denunzieren, sondern sie wieder in ihren gesellschaftlichen Zusammenhang stellen. Frauenkulturarbeit wird also darum kämpfen, den Bezug zwischen Künstlerinnen und engagierten Frauen herzustellen: »Jede Frau eine Künstlerin«. So wie Hilde ihre Freundin aufsucht, um ihre Arbeit, ihren Tanz, zu verstehen, weil sie erst dann die Freundin versteht.

Hingehen

»Gottes Geist befreit zum Leben« heißt die Losung des Kirchentages. Die schöpferische Kraft des Geistes löst den Blick von der Fasziniation und Lähmung durch die scheinbare Übermacht der Todesmächte, die in der Tendenz zu totalitärer Vergleichgültigung und Vereinheitlichung die Vielfalt des Lebens zu vernichten drohen. Geschenk des Geistes ist die Wiederentdeckung des Lebens und seiner vielfältigen Gestalten in der Mitwelt und unter Mitmenschen. Gottes Geist stellt die Gemeinde in die Beziehungsfülle des Lebens, die sich aufgehoben finden kann in der liebevollen und leidensbereiten Beziehung des weltoffenen Gottes zu seiner Schöpfung, Sendung, missio, heißt in diesem Sinn nicht Überwältigung und Bemächtigung der Welt, sondern die Aufnahme des Dialogs der Verschiedenen und die Entdeckung des lebendigen Zusammenhanges, der sich dem menschlichen Zugriff entzieht, aber dennoch wirklich ist: Geschenk des Lebens, in dem wir leben können.

Gemeinde, die sich auf sich selbst beschränkt, verschließt sich gegenüber dem befreienden Wirken des Geistes, der sie zum Dialog mit der Welt und zur gemeinsamen Praxis um des Lebens willen herausfordert. Luther sprach vom homo incurvatus in se, dem in sich selbst verschlossenen Menschen, als dem Menschen unter der Sünde. Die ecclesia incurvata in se, die auf sich selbst bezogene und mit sich selbst genügsame Kirche, ist Kirche unter der Sünde und will sich nicht befreien lassen zum dankbaren Lob der Schöpfung über ihre eigenen Grenzen hinaus. Gemeinde, die sich befreien läßt zum Leben, wird den Dialog suchen. Sie wird das Lebensrecht und die Wahrnehmungsweisen anderer achten und sich von ihnen herausfordern lassen in ihrem eigenen Zeugnis.

Kirchengemeinden im Ruhrgebiet, ebenso wie der Kirchentag, der sich kontextuell auf seine Zeit und den Veranstaltungsort beziehen will, sollten deshalb zunächst sehen und wahrnehmen, was in dieser Region geschieht und auf welche Weise Frauen ihre eigenen Geschichten, ihre Probleme und Hoffnungen artikulieren. Vor den Wörtern, die auf den Begriff bringen und klarstellen wollen, was geschieht und wie Menschen sich in ihrer Wirklichkeit orientieren, gibt es andere, zunächst sprachlose Gestalten der Wahrnehmung und der Beziehung, des Unterlassens und Miteinander-Teilens im gemeinsamen Erleiden und Freuen. Wahrscheinlich liegt Hilde gar nicht verkehrt, wenn sie darauf besteht: »Dat muß doch auch wat Späßken bringen.«

Themenbereich 4: Gelingendes Leben: Komm heilender Geist

Ulrich Bach

Gottes Heil und unser Streben nach Heilung

I

Zuerst dachte ich, ich hätte mich verlesen. »Komm, heiliger Geist« – das ist ein notwendiges Gebet. »Komm, Gott Schöpfer, Geist« – seit Jahrhunderten beten Christen so. Aber: »Komm *heilender* Geist« – wie habe ich das zu deuten? Soll hier das bekannte Gebet in einer bestimmten Weise nur konkretisiert werden? Dann sollten wir dem weiter nachsinnen. Oder liegt hier ein *neues* Gebet vor, ein *anderer* Inhalt, eine Frömmigkeit, die sich modernen Ideologien anpaßt: Alle reden von Gesundheit, wir Christen auch? Alle sagen: »Hauptsache gesund!«, wir Christen ziehen nach, behaupten, auch für Gott sei Gesundheit die Hauptsache, mindestens: sie gehöre für Gott zu den wichtigsten Dingen; zu heilen sei so sehr eine seiner *Haupt*-Funktionen, daß »Heilen« zu seinem »Namen« werden kann; Gottes Geist darf *»heilender* Geist« genannt werden? Soll *diesen* Behauptungen Ausdruck verliehen werden?

Um das Problem möglichst präzis deutlich zu machen: Wird Gott geehrt, *oder* wird er mißachtet, wenn wir beten: »Komm heilender Geist«? Zeigt diese Bitte, daß wir *unter* Gott bleiben (*er* ist »der Herr«); das hieße: Wir lassen *ihn* definieren, wer er ist und was er an uns tun wird? *Oder* wollen *wir* Herren werden, wollen wir uns sogar Gottes bemächtigen, indem *wir* definieren, was zu Gottes Wesen gehört, was sein »Name« ist? – Friedrich Naumann hat im Ersten Weltkrieg einmal gesagt: »Alle Religion ist uns recht, ... heiße sie Heilsarmee oder Islam, wenn sie nur dazu taugt, uns den Krieg durchhalten zu helfen.« Steht unsere Thema-Zeile in *dieser* Tradition? Singen wir eine Strophe des Liedes: Wir suchen einen Gott, der sich vor unseren Karren spannen läßt?

Dann wäre unser Thema so gemeint: Wir wissen schon selbst, was »gelingendes Leben« ist; wir wissen auch, was wir dazu nötig haben; wir wissen damit, wer Gott zu sein hat; und schon definieren wir, weil uns die Gesundheit so überaus wichtig ist, Gott als einen »heilenden« Geist. *Oder* lassen wir von Gott her bestimmt sein, wer Gott ist und was er an uns tut? – Kurz: Hören wir in die biblische Botschaft hinein, wenn wir wissen wollen, ob und wie »Gott« und »Heilen« miteinander zu tun haben; oder sind wir so fasziniert von dem Gedanken, Gott sei dafür zuständig, uns vor Krankheiten zu bewahren, uns Gesundheit zu schenken, daß wir kein offenes Ohr mehr haben für die Botschaft unserer Bibel?

II

Denn was besagt die biblische Botschaft im Zusammenhang der Wörter »Gott« und »Heilen«? Es muß hier genügen, ein paar Thesen zu formulieren und sie die biblische Basis der weiteren Ausführungen sein zu lassen (ausführlicher: U. Bach, »Heilende Gemeinde«? Versuch, einen Trend zu korrigieren, Neukirchen 1988).

1. »Heilen« ist nicht *die* für Gott typische Tätigkeit, bei ihm stehen »heilen und (zer)schlagen«, »töten und heilen« nebeneinander. – 5. Mose 32,39: Es ist »kein Gott neben mir! Ich kann töten und lebendig machen, ich kann schlagen und kann heilen, und niemand ist da, der aus meiner Hand errettet.« – Hiob 5,18: »er verletzt und verbindet; er zerschlägt, und seine Hand heilt.«

2. »Heilen« wird, gerade wenn es von Gott ausgesagt wird, häufig im übertragenen Sinne gebraucht und meint dann die Wiederherstellung einer gestörten Beziehung, das Zusammenführen des Zerstreuten, die Aussöhnung der Zerstrittenen. – Jer 3,22: »so will ich euch heilen von eurem Ungehorsam.« – Hos 6,1: »er hat uns zerrissen, er wird uns auch heilen.« Besonders anschaulich ist hier Psalm 147,2–4: »Der Herr baut Jerusalem auf und bringt zusammen die Verstreuten Israels. Er heilt, die zerbrochenen Herzens sind, und verbindet ihre Wunden. Er zählt die Sterne und nennt sie alle mit Namen.« Nicht also das-gebrochene-Bein-heilen oder den-Fieber-Anfall-beenden, nein; *das* ist der biblische Kontext für das Wort »heilen«: Verstreutes zusammenbringen, Wunden verbinden (die Wunde ist nicht einfach verschwunden, aber sie ist in das Übrige integriert; man kann jetzt *mit ihr* leben),

und: das unzählig Namenlose, die puren Nullen, die Viel-zu-Vielen, »alle«, jeden Menschen ohne Ausnahme, ernstnehmen, ehren, ihm einen »Namen« geben.

3. Daß Jesus einige Menschen geheilt hat, wird niemand bestreiten. Bestritten werden muß aber, daß dieses Heilen mit zum Inhalt seines Auftrags gehörte. Gewissermaßen als Ausweis waren die Heilungen nötig (die Propheten hatten ja verheißen: Wenn der Messias kommt, dann werden Gelähmte gehen...); die Heilungs-Wunder werden aber nirgends erwähnt, wo das Wozu der Sendung Jesu benannt wird: Jesus »mußte« *leiden* (nirgendwo heißt es: er »mußte« heilen); Jesus »ist gekommen«, um zu *predigen* (es gibt keinen Beleg für den Satz, er sei zum Heilen gekommen; im Gegenteil: Wo er aufgefordert wird, weitere Kranke zu heilen, entzieht er sich diesem Wunsch mit dem Bemerken: Laßt uns in andere Städte gehen, damit ich auch dort *predige*, denn dazu (!) bin ich *gekommen*, Mk 1,38).

Wer also dem »Gekreuzigten« in der Theologie des *Paulus* (1. Kor 2,2: ich kenne »allein Jesus Christus, den Gekreuzigten«) einen »heilenden Jesus« (oder einen »heilenden und predigenden Jesus«) in den *Evangelien* gegenüberstellen würde, der hätte die Predigt der Evangelisten mißdeutet. – Daß Jesus sich einmal selber als »Arzt« bezeichnet (Mk 2,17), *könnte* wie ein Gegenbeweis aussehen (ein Arzt heilt nicht nur gelegentlich; »heilen« ist sein Beruf, nennt den Grund, weshalb man zu ihm kommt), ist aber statt dessen eher ein Beweis; eindeutig ist hier »Arzt« nämlich im übertragenen Sinne gebraucht, was ja kaum möglich wäre, wenn Jesus sich auch in direktem Sinne als Arzt verstanden hätte (davon findet sich nirgends eine Spur).

4. Wie Jesus (vgl. »3«) keinen Doppel-Auftrag hatte (zu predigen *und* zu heilen), so läßt sich auch für die Gemeinde nicht von einem Doppel-Auftrag sprechen. Wo Jesus den Jüngern seinen Geist verspricht, ist bei der inhaltlichen Ausdeutung dieser Verheißung entweder an die Gabe der Sündenvergebung gedacht (Joh 20,22 f.) oder an die weltweite Predigt (Apg 1,8). Wieder sollen Heilungen nicht bestritten werden. Klar ist aber, daß sie nicht als regelmäßiges Vorkommnis dargestellt werden (etwa wird in Apg 3 f. deutlich: Auch in den ersten christlichen Gemeinden wurden solche Wunder für außergewöhnlich gehalten), und daß sie mehr »nebenher« geschahen (Mk 16,20: »mitfolgende Zeichen«, wobei unterstrichen wird, daß nicht die Gemeinde das Subjekt dieser Zeichen ist, sondern »der Herr«).

5. Wo etwas ausgesagt wird über die Wirkung des göttlichen Geistes in seiner Gemeinde, da ist nur gelegentlich von Krankenheilungen die Rede, häufig aber von anderem: dem Zusammenrükken des Getrennten, dem Frieden zwischen ehedem verfeindeten Lagern, dem »Ja«-Sagen-Können zu einer erschwerten Situation. Simeon (in seinem knappen Text kommt dreimal das Wort »Geist« vor) hält den Jesus-Knaben auf seinen Händen, nun kann er sogar in Frieden sterben; »denn meine Augen haben deinen Heiland gesehen« (Lk 2,30). Die mehrfache Bezeichnung »Tröster« für den Heiligen Geist im Johannes-Evangelium (etwa Joh 14,26) sei eben nur erwähnt. Bei Paulus lesen wir: »das Reich Gottes ist... Gerechtigkeit und Friede und Freude in dem heiligen Geist« (Röm 14,17). Dem entspricht es, daß »Friede« und »Freude« auch Gal 5,22 bei den »Früchten des Geistes« aufgezählt sind (neben Liebe und Treue und anderem). Wenn es 2. Kor 3,17 heißt: »Wo der Geist des Herrn ist, da ist Freiheit«, dann stelle man sich für einen Augenblick den Satz vor: »Wo der Geist des Herrn ist, da ist Gesundheit«, und gestalte von *dieser* Zeile her eine umfassende Botschaft – die gesamte Heilige Schrift bekäme ein total anderes Gepräge.

Wer in diesen fünf Punkten an der biblischen Botschaft festhält, mag *gelegentlich* den Satz wagen: »Komm heilender Geist«. Wer aber bei dieser Zeile (gegen »2« und »5«) an einer direkten, von unseren körperlichen Zuständen redenden Wort-Bedeutung festhält, wer zudem (gegen »1«) dieses äußerliche Heilen zu einer der göttlichen Haupt-Aufgaben erklärt, und wer dann (drittens) diese Aufgabe mit dem Sinn der Sendung Jesu (gegen »3«) oder mit dem Auftrag der Kirche (gegen »4«) verbindet, der landet in einem Heil-losen Aberglauben. Theologie hätte die Platt-Form erreicht: Gott ist dafür zuständig, Grippe, Krebs und Muskelschwund von uns fernzuhalten; um dieser Zuständigkeit willen schickte er seinen Sohn in die Welt (Anselms Frage: »Cur Deus Homo?« [= Warum wurde Gott ein Mensch?] fände endlich ihre Antwort). Im Vergleich zu solchen Sätzen muten die Sprüche eines afrikanischen Medizinmannes gewiß wie eine kulturell hochstehende Weltsicht an.

III

Selbstverständlich unterstelle ich nicht, die Kirchentags-Leitung wolle mit dem Motto: »Gelingendes Leben – Komm heilender Geist« die vorhin umrissene, abergläubische Frömmigkeit propagieren. Der Grund, weshalb ich dennoch so ausführlich auf die falsche Verstehens-Möglichkeit unserer Thema-Zeile eingehe, liegt darin: Gerade in unseren Tagen (im In- und Ausland – ich erinnere an die Diskussion um Peter Singer – wird öffentlich gefragt, ob das Leben schwerstbehinderter Menschen nicht unter Umständen schmerzlos beendet werden solle) *muß* betont werden: Dieses Motto ist eine äußerst riskante Zeile. Wer auf dem Kirchentag seinen Mund auftut, sollte das wissen.

Die Dramaturgie des möglichen Unglücks, auf das ich hier vehement aufmerksam machen möchte, läßt sich so darstellen. Ich gehe aus von drei Beobachtungen:

a) Jeder Mensch möchte gesund sein.

b) Fast jeder Mensch will sich dafür einsetzen, daß möglichst viele Menschen gesund sind.

c) Fast alle Christen hoffen, Gott werde ihnen in beiden Hinsichten behilflich sein.

Zu a–c: Ich denke nicht daran, diese drei Wünsche zu kritisieren. Aber: So berechtigt sie sind, sie haben in sich die Tendenz zu anderen, zu fatalen Sätzen. Diese Tendenz läßt sich formal so umreißen: Aus einer *Möglichkeit* neben anderen Möglichkeiten wird eine *Notwendigkeit* (zwanghafte Wunsch-Vorstellung), womit die ehemaligen »anderen Möglichkeiten« jetzt als Un-Möglichkeiten abqualifiziert werden; sie sind mit einem Mal das, was nicht sein »darf«, was man ausschließen muß. Im einzelnen sieht das für die genannten drei Wünsche so aus:

Zu a: Was wird aus einem Menschen, der nicht gesund werden kann (unheilbare Krankheit, bleibende Behinderung)? Ist die Gesundheit ein so hoher Wert unter uns (mit geradezu absolutem Anspruch), daß der Nicht-Gesunde nur noch die bedauerliche Ausnahme sein kann, die (im eigenen Selbstwertgefühl und auch im Ansehen seiner Mitmenschen) an den Rand rutscht, weil sie angeblich an den Rand gehört? Oder sagen wir mit der Rheinischen Synodalerklärung von 1985 (sie wurde im Herbst 1985 von der Westfälischen Landessynode übernommen): »Wir erkennen, daß dem Menschen seine Würde von Gott beigelegt und darum unantastbar ist, daß sie also nicht in seinen Fähigkeiten und Leistungen begründet ist. ... Wir erkennen, daß Leiden den Menschen nicht erniedrigt und Leistung den Menschen nicht erhöht« (Erklärung zur Zwangssterilisierung, Vernichtung sogenannten lebensunwerten Lebens und medizinischen Versuchen an Menschen unter dem Nationalsozialismus, zitiert nach: J. Seim, Hg., mehr ist eben nicht, Kranksein, Behindertsein, Menschsein; Gütersloh 1988, S. 20)?

Zu b: Was wird aus dem Heilen-Wollen, wenn es an Grenzen stößt? Sind wir fähig zu erkennen: Zum Menschsein gehört nicht nur das Leiden, sondern auch das Nicht-alle-Menschen-heilen-Können? Gelingt es, der Resignation zu entgehen (»wenn ich nicht alle heilen kann, gebe ich auf!«; der Nicht-Geheilte als persönliche Kränkung des Arztes und/oder des Beters)? Erkennen wir, daß wir uns übernehmen, wenn wir uns vornehmen, eine leidfreie Menschheit zu schaffen, und daß bei dieser Zielvorstellung paradoxerweise die Gewalttätigkeit enorm nahe ist? Sind wir darin einig, daß manche falsche Einstellung in uns wirksam ist, etwa diese: »Der Sinn des Lebens wird in Glück, Gesundheit, Leistung und Konsum gesehen, darum werden Krankheit, Schmerz, Leid... verdrängt. Falsch verstandenes Mitleid führt dazu, die Tötung leidender Menschen als Erlösung zu rechtfertigen« (so die genannte »Erklärung«, bei Seim, S. 19)? – Vgl. auch O. Fuchs (in: Katechetische Blätter, 1989, S. 853): »Gotteskomplexe im Bereich der Diakonie führen leicht zu Resignation und Gewalttätigkeit«.

Zu c: Was wird aus unserem Glauben, wenn Gott uns Krankheit, auch bleibende Krankheit, zumutet, obwohl wir ihn oft und intensiv um Genesung baten? Hier wird die Erkenntnis wichtig (s. o.: »II, 1«), daß Gott Gesundheit *und* Krankheit zuweisen kann. Ohne diese Erkenntnis driften wir ab in eine geradezu rassistische Spaltung: Wenn Gott dafür zuständig ist, Gesundheit zu schaffen (wenn er das tun *muß*), wenn also der eigentlich von Gott gemeinte Mensch gesund ist (gesund zu sein *hat*), dann gerät jeder Kranke ins theologische Abseits, so wie es jedem Schwarzen geschieht, sobald der fatale Satz behauptet wird, der Weiße sei der eigentlich von Gott gemeinte Mensch. Es mag also sein, daß es auch unter uns eine Apartheids-Theologie gibt, zwar nicht mit dem Thema »schwarz/weiß«, aber im Blick auf Kranke und Gesunde, auf Behinderte und Nichtbehinderte.

Klaus Dörner (Chefarzt für Psychiatrie im Westfälischen Landeskrankenhaus Gütersloh) hat in seinem Buch »Tödliches Mitleid« (Gütersloh 1988) nachgewiesen, daß wir in einer Tradition leben, in der uns, seit dem 19. Jahrhundert bereits, als Ziel-Vorstellung vorschwebt eine Gesellschaft (fast) ohne Krankheit; die »Euthanasie« im Dritten Reich war demnach nichts Außergewöhnliches in ihrem Vorhaben, außergewöhnlich war sie nur in der konsequenten Durchführung eines alten und weithin anerkannten Zieles; eines Zieles, das auch heute wieder (oder: noch immer) in unseren Köpfen einen wichtigen Platz einnimmt. Der Mediziner

Dörner kritisiert die Kirche, weil sie, eigentlich der bestellte Anwalt allen Lebens, auch des kranken und schwerbehinderten Lebens, allzu willig den modernen Medizin-Technikern entgegenzukommen bereit ist. – Ähnliche Kritik läßt sich auch mit Zeilen aus der Feder eines Theologen belegen, ich denke an einen Ausschnitt aus der Betheler Presse-Erklärung zum 1. September 1989 (50. Wiederkehr des Tages, auf den Hitler den Euthanasie-Erlaß datierte): »Wir erinnern die Verantwortlichen in Kirche, Staat und Medien, alles dafür zu tun, daß im Blick auf die erneut aufgeworfene Diskussion um den Wert schwerbehinderter Menschen den Anfängen gewehrt wird, damit wir nicht weiter (!) zu einer Gesellschaft entarten, in der sich Starke und Schwache zunehmend getrennt entwickeln, wobei sich schließlich die Ersteren aufgrund einer Kosten-Nutzen-Rechnung der Letzteren entledigen könnten, um ihren eigenen ›Fortschritt‹ zu sichern« (verfaßt vom dortigen Anstaltsleiter, Pfarrer Johannes Busch). – Noch einmal: Ich halte das Gebet: »Komm heilender Geist« nicht für absolut unmöglich, aber auf dem soeben genannten Hintergrund halte ich die Zeile für sehr gefährlich. Zu verantworten ist sie nur, wenn eindeutig klar wird, daß wir mit ihr *nicht* in dem angedeuteten Fahrwasser schwimmen.

Daß wir es anders meinen, ließe sich leicht klarmachen. Man müßte sich nur zu bestimmten, bereits formulierten Positionen ohne Zögern bekennen. Ich erinnere an das Zitat von Johannes Busch. Er redet von dem Ziel, daß »wir nicht weiter zu einer Gesellschaft entarten, in der sich Starke und Schwache zunehmend getrennt entwickeln«. »Komm heilender Geist« kann von hier aus nur die Bitte meinen, Gott möge uns befähigen, die Trennung (und auch schon die Tendenz zur Trennung) zu erkennen und konsequent zu bekämpfen.

Zugespitzt: Das Gebet »Komm heilender Geist« kann nur die Bitte meinen, Gott möge uns den Geist Jesu verleihen, den Geist dessen, der (etwa Lk 15,1f.) mit den Verstoßenen Tischgemeinschaft hatte (der damit, s.o., den »puren Nullen« einen »Namen« gab), der »unter die Übeltäter gerechnet« wurde (Mk 15,28), bei dessen Sterben der Vorhang im Tempel zerriß, so daß auch der heidnische Hauptmann Zugang zu Gott fand (Mk 15,38f.). Jesus ist »unser Friede«, indem er die »Feindschaft« zwischen Juden und Nicht-Juden überwand (er »hat den Zaun abgebrochen«, Eph 2,14). Bei ihm finden seine Jünger »gelingendes Leben«: Als viele ihn verließen wegen seiner »harten Rede«, fragt Jesus, ob auch die Jünger weggehen mögen;

deren Antwort: »Herr, wohin sollen wir gehen? Du hast Worte des ewigen Lebens«, des Lebens, das darum Bestand hat, weil es sich von Gott und auf Gott hin ausrichten läßt (Joh 6,60–69).

In der Jesus-Nachfolge erbitten wir vom »heilenden« Geist also gar nicht (wenigstens nicht in erster Linie), daß er alle Schwachen stark sein läßt, daß er alle Kranken und Behinderten heilt; wir erbitten vielmehr vom »heilenden« Geist, daß er uns hilft, die Trennungen aufzuheben, die unser Miteinander in ein »Heil«-loses Gegeneinander aller gegen alle oder in ein geistiges, lokales und materielles Selektieren der Schwachen von den Starken pervertieren: etwa die Trennung, in der ich mir einbilde, ich sei wichtiger als ein schwerstbehinderter Mensch; oder die Trennung, in der ich behaupte, »so etwas« nicht sehen zu können; oder auch die Trennung, in der ich meinen Kindern einreden will, sie seien eigentlich zu schade für einen Krankenpflegeberuf. Wer richtig hinschaut, stellt leicht fest: Es gibt unter uns eine Fülle kranker (krank gemachter, krank gewordener und krank machender) Zerrissenheit und Spaltung; wir brauchen dringend das »Wächteramt Ethik« (Michael Schibilsky, in: EvKomm 11/1989, S. 32ff., zur Debatte um Peter Singer). Darum werde ich mich hüten zu behaupten, das Gebet »Komm heilender Geist« sei in jedem Falle ein falsches, abergläubisches Gebet. Immer deutlicher freilich wird mir: Es ist eine riskante Formulierung; sie könnte Menschen (zumal diejenigen, die für unsere kranke Gesellschaft einen nur ungeübten Blick haben) dazu verführen, Zuflucht zu nehmen bei einem völlig unbiblischen Gesundheits-Götzen.

Noch einmal also: In welcher Weise wäre *nach biblischer Verkündigung* Gottes Geist vielleicht *doch* zu verstehen als »heilender« Geist? Damit nehme ich den in »II« begonnenen »Faden« wieder auf.

IV

Bei dem Propheten Maleachi wird das Kommen Elias angekündigt: »Der soll das Herz der Väter bekehren zu den Söhnen und das Herz der Söhne zu ihren Vätern« (Mal 3,24). Damit ist die heilende Funktion des göttlichen Geistes anschaulich beschrieben: Das Getrennte wird versöhnt. Nicht nur so, daß der zwischen beiden Seiten ausgehobene Graben zugeschüttet wird (das wäre ein statisches Sich-Nahe-Sein), sondern so, daß die ehedem getrennnten Teile ehrlich einander zugetan sind. Da kommt ein Prozeß in Gang: ich horche mich in die anderen hinein; ich »kehre« ihnen nicht den Rücken, sondern be-kehre mich zu ihnen hin. Damit wird die Trennung »geheilt«, das Getrennte wird ausgesöhnt. Jede Seite duldet nicht freundlich die andere, sondern will sie. Wo das in Gang kommt, ist die Erkenntnis nicht fern: ohne die anderen war ich viel ärmer. Gelingendes Leben gibt es nicht für den anderen oder für mich oder auch für beide einzeln; gelingendes Leben kann es nur für beide gemeinsam geben, oder das Leben ist eben miß-lingendes Leben: Jeder sieht auf seinen eigenen Weg; und damit gehen alle in die Irre wie Schafe (Jes 53,6). Der Schaden, der »geheilt« werden soll, meint nicht ein Defizit der einzelnen (private Armut, individuelle Krankheit), sondern das Heil-lose Nebeneinander-Her aller einzelnen (die, jeweils für sich, vielleicht gesund, reich und glücklich sind).

Komm heilender Geist – diese Bitte ließe sich, nach der Bibel, mindestens auf den ersten Blick *auch* auf einen einzelnen beziehen. Ich denke an die vier Männer, die ihren gelähmten Freund durch das Dach an Stricken herunterließen vor die Füße Jesu. So geht es nicht weiter! Komm heilender Geist! Und Jesus sagt ihm (Mk 2,5): Mein Sohn, deine Sünden sind dir vergeben. Punkt. Damit ist Jesus fertig mit seinem »Heilen«. Der Gelähmte bleibt auf die Bahre angewiesen, bleibt auf die Freunde angewiesen, die ihn tragen müssen. Wieso kann es so *nicht* weitergehen? Traut dem »heilenden« Geist Gottes zu, daß er euch solches ermöglicht. Dem Gelähmten wurde die Vergebung der Sünden zugesprochen, ihm wurde das Heil Gottes zuteil. Und bekanntlich ist das Heil Gottes auch ohne des Menschen buchstäbliche Heilung des Menschen ganzes Heil. – Daß dieser Gelähmte nachher *doch* wieder gehen konnte, weiß ich auch. Aber das lag nicht daran, daß Gottes »heilender« Geist an ihm erst noch tätig werden mußte; als »heilender« Geist war er vorher an ihm wirksam geworden: Da war die Beziehung zwischen Gott und ihm »geheilt« worden; und eine Heilungs-*Möglichkeit* wurde zudem auch im Blick auf eine andere Beziehung eröffnet, auf die Beziehung zwischen ihm und seinen Mitmenschen, die vermutlich durch das Vorurteil belastet war, bei dem Gelähmten müsse eine besondere Sünde vorliegen. *Wenn* wir auch *da*, wo Jesus den Gelähmten aufstehen läßt, von »heilendem« Geist sprechen wollen, dann ist das nur möglich im Blick auf eine dritte Beziehung; und die war in der Tat gestört: Die Schriftgelehrten dachten falsch über Jesus; sie meinten, er habe kein Recht, die Sünden zu vergeben; auf *sie* konzentriert sich Jesu »heilender« Geist in seinem folgenden Satz, an *sie* wendet er sich: »Auf daß *ihr* wisset«, daß ich Sünden vergeben kann, sprach er zu dem Gelähmten...! *Dem Gelähmten* hat seit Jesu erstem Satz (»deine Sünden sind dir vergeben«) zu seinem Heil nichts mehr gefehlt. *Den Nicht-Gelähmten*, die in ihrer Gottes-Beziehung lahmten, mußte auf die geistlichen Sprünge geholfen werden. Damit *ihre* marode Gottes-Beziehung »geheilt« wurde, ließ Jesus den Mann von seiner Bahre aufstehen. Komm heilender Geist, heißt also auch von dieser Geschichte her nicht: Gott solle unsere individuellen Defizite reparieren, sondern: Gott solle unsere kranken Beziehungen »heilen«, er möge uns als Gelähmte und als Nicht-Gelähmte jeden mit sich selbst, jeden mit Gott und uns alle untereinander versöhnen.

Der Frage, ob es nicht zu Sprachverwirrungen führen muß, wenn wir auch in diesem übertragenen Sinne von »heilen« sprechen, bin ich an anderer Stelle ausführlich nachgegangen: U. Bach, »Heilende Gemeinde«?, bes. S. 11ff., 17ff. und 28f. – Andererseits hat sich aber im hier vorliegenden Beitrag inzwischen gezeigt: Gottes Geist darf überhaupt nur dann mit dem Namen »heilender Geist« benannt werden, wenn wir dabei das Wort »heilen« klar im übertragenen Wortsinne gebrauchen; sonst würden wir Glauben in Aberglauben verkehren. – Wie werden wir mit dieser doppelten Schwierigkeit fertig (bei übertragenem Wortgebrauch drohen Sprachverwirrungen, bei direktem Wortgebrauch droht Verführung zum Aberglauben)? Klar scheint mir zu sein: Wer weder bei Sprachverwirrungen noch im Aberglauben landen möchte, und wer außerdem die Notwendigkeit umgehen will, bei jedem Satz kompliziert zu erklären, was genau er meint und was nicht gemeint sein soll, der müßte vielleicht doch der Frage nähertreten, ob wir nicht auf die gefährliche Zeile: »Komm heilender Geist« verzichten sollten. – Da ich natürlich mit diesen Argumenten die Thema-Zeile für den Kirchentag 1991 nicht zu Fall bringen kann, nachdem sie von den Entscheidungs-Gremien einmal so beschlossen wurde, wende ich mich jetzt wieder der Überlegung zu, was diese Zeile aussagt als eine Zeile, an der man zwar umständehalber festhalten wird, die man aber inhaltlich von der biblischen Botschaft her füllen möchte.

Komm heilender Geist – ich denke an das Gespräch des Vaters mit dem älteren Sohn (Lk 15): Ich war dir immer gehorsam, und du hast mich knapp gehalten; jetzt kommt dieser Mißratene, und du gibst eine Party – so hatte der Sohn geschimpft. Trennung. Rechthaberei. Schmollwinkel. Der Vater sagt: Dein Bruder war verschollen; er ist wieder da; komm, freu dich mit. – Wir wissen nicht, wie die Geschichte weiterging, wissen nicht, ob sich der Junge dem Fest anschloß. Aber das weiß ich: Wenn Gottes heilender Geist hier zu seinem Ziele gekommen ist, dann hat der Sohn seine berechtigte Kritik fröhlich fahren lassen.

V

Komm heilender Geist – mir fällt ein, was eine behinderte Dame erzählte. Sie macht, mühsam mit ihren Gehstützen, einen Schaufensterbummel und merkt, daß sich ein Schuhband gelöst hat. Beim Weitergehen könnte sie stolpern; aber sie müßte einen Stuhl haben, wenn sie sich den Schuh selbst zubinden wollte. So fragt sie eine Passantin: Können Sie bitte so freundlich sein und mir meinen Schuh wieder zubinden? Sie bekommt die Antwort: Ach entschuldigen Sie, aber man könnte ja denken, wir gehörten zusammen – und sie geht weiter. – Als sie weiterging, war ein Stückchen Leben gründlich mißlungen. »Gelingendes Leben«, das hätte vielleicht für einen Augenblick so ausgesehen: Die Passantin kniet sich auf das Straßen-Pflaster, um ihrer Schwester behilflich zu sein. Beide wären sie sich gegenseitig wichtig gewesen. Wenn es schon für einen Schlüssel nichts Besseres gibt, als endlich das »richtige« Schloß zu finden (und für ein Schloß, endlich mit dem »richtigen« Schlüssel zu tun zu bekommen), was gibt es für zwei Menschen Besseres, als zueinander zu »passen«: Der eine kann genau das tun, was der andere jetzt nötig hat – was heißt »gelingendes Leben«, wenn nicht auch dieses? Wir gehören zusammen, mindestens für diesen Augenblick, weil wir zusammenpassen; so einfach kann »gelingendes Leben« sich vollziehen. Und so rasch kann Leben miß-lingen: Ich will besser sein, will mit »so einer« nicht zusammengehören; und ich merke nicht, daß ich unbrauchbar zu werden drohe, wenn ich mich nicht brauchen lasse. Wer sich ständig so verweigert, wird sich eines Tages überflüssig vorkommen, wird zu denen gehören, die man für Nullen hält.

Komm heilender Geist – ich denke an Paulus, an das, was er aus dem Gefängnis an die Gemeinde zu Philippi schreibt, seinen Triumph gegen die Resignation: Ich kann Mangel leiden und Überfluß haben, ich kann niedrig sein und hoch sein; ich kann hungern und satt sein – ich kann das alles durch Christus, der mich das können läßt (Phil 4,11–13). Wie großartig diese Sätze sind, spüre ich besonders, wenn ich einen anderen Satz daneben halte: Vor Jahren fragte mich eine ältere, auf den Rollstuhl angewiesene Frau (und es klang am Telephon verbittert): Wie lange haben *Sie* denn schon – abgesessen in Ihrem Rollstuhl? Paulus sitzt nicht ab. Paulus sitzt und weiß sich getragen; er lebt, als Gefängnis-Insasse, in einem Frieden, der höher ist als alle Vernunft (Phil 4,7); und darum freut er sich und kann sogar andere, die nicht sitzen müssen, zur Freude aufrufen: Freuet euch in dem Herrn allewege (Phil 4,4). – Ich denke nicht daran, meiner Telephon-Partnerin ihren Satz anzukreiden. Denn »gelingendes Leben«, Jahrzehnte im Rollstuhl *nicht* »absitzen« – das läßt sich nicht platt fordern. Richtiger ist es zu fragen: Hat sie Menschen, bei denen sie spürt: Man soll merken, wir gehören zusammen? Oder erlebt sie, wie jene andere bei ihrem Schaufensterbummel, daß Menschen sich ihr verweigern? Wer als Rollstuhl-Fahrer mit dem Gelähmten vom Teich Bethesda sagen muß: »Ich habe keinen Menschen« (Joh 5,7), wird damit zwar nicht gezwungen, aber doch genötigt zu sagen: Ich sitze meine Jahre ab. Hier bestätigt sich (s. o.), daß es »gelingendes Leben« nicht für einzelne gibt, sondern nur für mehrere gemeinsam.

Oder habe ich verfälscht, was Paulus sagte? Er weiß sich getragen von *Christus*, und ich rede von den zwischen-menschlichen Beziehungen. Zugegeben, das ist ein Unterschied, muß aber kein Gegensatz sein. Auf der einen Seite: Gerade im Philipper-Brief wird deutlich, daß Paulus sich *auch* von der dortigen Gemeinde getragen weiß. Wenn aber wirklich Christus der Herr dieser Gemeinde ist, dann liegen die beiden Aussagen nicht weit auseinander: »Christus trägt mich« und: »ihr tragt mich«; vielmehr sind diese beiden Sätze zwei Beschreibungen *eines* Tatbestandes. Auf der anderen Seite: Wenn mir ein Mensch begegnet, der vereinsamt und verbittert ist, der seine Jahre (ob mit oder ohne Rollstuhl, ist vielleicht nicht einmal die wichtigste Frage) nur »absitzen« kann, dann mag es »richtig« sein, auch für ihn davon auszugehen, daß Christus ihn zu »Freude« und »Friede« fähig machen kann (und im Gebet werde ich unseren gemeinsamen Herrn vielleicht intensiv auf diese Möglichkeit ansprechen); solange ich aber vom Telephon aus keine Gelegenheit habe, dem anderen über hunderte von Kilometern weg wirklich beizustehen (daß ein längeres Zuhören dem anderen ein Labsal sein kann, empfinde ich mitunter als relativ großartige Möglichkeit, die es in unserer verworrenen Welt gibt), und solange ich ihm keinen Mitmenschen »vermitteln« kann, halte ich es für eine billige Vertröstung zu sagen: du hast zwar keinen Mitmenschen, aber du hast Gott.

Schon der Jakobus-Brief fragt: Wenn Schwester oder Bruder Mangel leiden, und ihr sagt: sei im Frieden Gottes, aber ihr gebt ihnen nicht, was sie brauchen, »was hülfe ihnen das?« (Jak 2,15f.). Mit anderen Worten: Gott kann allerdings einen Menschen auch dann »tragen«, wenn alle Menschen versagen; diese Erfahrung aber kann wohl (fast) nur als Ich-Bekenntnis gewagt werden (auch Paulus sagt »ich«); aus einer tragenden Gruppe heraus einem anderen, vereinsamten Menschen solches zuzusagen, das rutscht schnell ab in kränkenden Zynismus.

Komm heilender Geist – mir kommen Geschichten in den Sinn, in denen deutlich wird, daß äußeres Nicht-Heil-Sein manchmal kein Gegensatz ist zu »gelingendem Leben«, sondern geradezu dessen Voraussetzung. Da erzählte vor Jahren bei einer Tagung die Mutter eines behinderten Kindes von ihrer Scheu, mit dem Jungen zum Gottesdienst zu gehen: Er gibt oft unkontrollierte Laute von sich, das stört doch wohl. Die anderen sagten zwar: Bringen Sie den Jungen ruhig mit; aber sie konnte dabei nicht ruhig sein. Bis dann in einem Gottesdienst ein Mundharmonika-Chor aus einer großen Behinderten-Einrichtung auftrat. Schmunzelnd erzählte sie: Die spielten so viele falsche Töne, und alle fanden es schön; *dann* hat auch mein Kind hier seinen Platz. – Ähnliches erlebte ich kürzlich, als ich eine alte Dame besuchte, bei der es vielleicht dem Ende zuging. Ihr Hörgerät war nicht in Ordnung, so war das Gespräch nicht einfach. Sie redete dieses und das. Und dann sagte ich, sie habe uns mal erzählt, ihr Lieblingslied sei: »Mein schönste Zier, Herr Jesu Christ…«, ob ich ihr das einmal vorsingen sollte. Sie nickte und sang zwischendurch ein bißchen mit. Zwischen den Strophen klagte und erzählte sie. Plötzlich sagt sie: »Helfen kann nur einer. Menschen können nicht helfen.« Ich fand das für meine Situation sehr zutreffend: »Da haben Sie recht, Frau N. Ich setze mich hier an Ihr Bett und singe Ihnen ›Mein schönste Zier‹ vor; aber weiß ich denn, ob Ihnen das hilft; ich würde Ihnen gern richtig helfen.« Da sagt Frau N. ruhig, ich meine sogar, etwas gütig: »Wir können beide nicht so, wie wir wollen.« – In diesem Satz lag keinerlei Resignation, da wurde Befreiung in Worte gefaßt: Wir brauchen (»beide«) nicht »Könner« zu sein; wir tun, was uns möglich ist; mehr ist nicht verlangt. Weil der dabei ist, der helfen kann, können wir eingestehen, nicht wirklich helfen zu können. Weil Gottes Zusage gilt, darum soll nicht Tod, nicht Angst, nicht Not uns von seiner Liebe trennen (so hatten wir es gerade gesungen; EKG 358,2). Da haben wir beide »gelingendes Leben« erfahren in einem Zimmer, das vielleicht in Kürze ein Sterbezimmer werden konnte.

Komm heilender Geist – mir fällt ein Satz ein, den eine Großmutter anfangs der 60er Jahre während der Contergan-Katastrophe zu ihrer Schwiegertochter sagte: Hättest du das Drecks-Zeug nicht genommen, dann wäre das Kind meines Sohnes gesund. Der verständliche Stolz der Großmutter gefährdet Leben. Sie darf hoffen, daß der Sohn glücklich ist (daß er zum Beispiel gesunde Kinder hat); sie darf hoffen, Großmutter eines nichtbehinderten Enkels zu sein – als Wunsch geht das in Ordnung, nicht aber als Anspruch. In den Augen dieser Frau *muß* das so sein, alles andere ist die Katastrophe. Und damit fördert sie nicht das Heilwerden der Beziehungen, sie unterstützt die Heil-Losigkeit: Eine junge Mutter, die von Belastungen mehr als genug weiß, gerät unter zusätzlichen Druck; ein Kind, das lernen soll, seinen behinderten Körper zu lieben, wird von vornherein als Unglück definiert; einem jungen Vater, der es sich ebenfalls leichter gewünscht hätte, wird verwehrt, fröhlich »ja und?« zu sagen. Diese Großmutter nötigt ihre Bezugs-Personen, in der Behinderung des Enkels eine Vorstufe von Welt-Untergang zu sehen. »Gelingendes Leben« ist für sie nicht in Sicht, weder für den Enkel noch für den Sohn, weder für die Schwiegertochter noch für sie selbst; weil »gelingendes Leben« hier verstanden wird als schönes und glattes Leben für die einzelnen. – Paulus dagegen redet (1. Kor 12,12 ff.) vom »Leib Christi«: Die Gemeinde gleicht einem Körper mit vielen Gliedern. Es ist relativ unwichtig, wie perfekt das einzelne Glied funktioniert; was zählt, ist dieses: ob und wie die unterschiedlichen Glieder und Organe gegenseitig sich ergänzen. Das ist keine weltenferne Religiosität, das trifft sofort in die Situation unserer Großmutter. Möglich wird ein radikales Nein zur versklavenden Vereinzelung, ein befreiendes Ja zum gelebten Miteinander: Jeder einzelne erfragt seine Funktion für die anderen. So könnte etwa der Großmutter auffallen, daß ihre Kinder kein Foto-Album anlegten für »dieses« Kind (und wenn es fotografiert wird, dann so, »daß man nichts sieht«); an dieser Stelle könnte sie ihre Aufgabe erkennen: Ich lasse Fotos anfertigen, die die Eltern sich gewiß heute noch nicht ins Zimmer hängen können; aber *ich* hänge mir die Bilder meines behinderten Enkels ins Zimmer; mal sehen, welche Gesichter die Eltern bei ihrem nächsten Besuch machen. Sie kann die Situation nicht in der Weise »heilen«, daß der Enkel nicht behindert und die Eltern ohne Schock sind; aber sie kann dazu beitragen, daß diese erschwerte Situation von allen angenommen und gelebt wird: wir gehören zusammen; vielleicht schaffen wir es gemeinsam.

Es würde den Rahmen dieses Beitrages sprengen, zwei weiteren wichtigen Themen ausführlich nachzugehen; wenigstens erwähnt werden müssen sie aber:
a: Das Nein zu Trennung und Vereinzelung, das Ja zum »Wir gehören zusammen«, darf nicht auf die Begegnung von einzelnen eingegrenzt werden, darf nicht *nur* heißen: zwei oder drei tun sich zusammen. So wichtig der persönliche Einsatz ist, so nötig ist auch, daß er eingebettet ist in ein strukturelles Aufeinander-Zugehen größerer Gruppen. Ich denke, als Beispiel, an den Aktionskreis »Der behinderte Mensch in Dortmund«. Hier sitzen, seit 1973 monatlich einmal, Vertreter der verschiedensten Organisationen zusammen: Schulen und Ämter, Rotes Kreuz und Selbsthilfe-Gruppen, Caritas und Diakonie und manche andere Institution. Das Ziel ist, daß nicht »jeder auf seinen Weg sieht« und so alle in die Irre gehen (vgl. noch einmal Jes 53,6; s. o.: IV, erster Absatz); statt dessen: gemeinsam erreichen wir mehr. Mir scheint mit diesem Dortmunder Modell ein Weg beschritten zu werden, der, wenn viele ihn gehen, uns dahin bringen könnte, die Klage unnötig zu machen, behinderte Menschen hätten keine Lobby. (Anschrift des Aktionskreises: z. Hd. Rolf Scheer, Jägerstraße 1, 4600 Dortmund.)
b: Aus dem »Wir gehören zusammen« darf allerdings auch keine menschenfeindliche Ideologie werden. Das muß betont werden im Blick auf Forderungen, die dahin gehen, alle Sondereinrichtungen abzuschaffen. Ich behaupte: Eine »totale Integration« würde vielen Menschen nicht gerecht; denn mancher braucht die soziale Niesche in einem Ausmaße, das die Normal-Schule, der Normal-Kindergarten usw. nicht bieten *kann.* Es darf nicht darum gehen, unsere sozialen Ideen durchzusetzen (mögen sie »Stärkung der Anstalten«, »Abschaffung der Anstalten« oder wie immer heißen); es muß darum gehen, daß jeder bei uns den Platz bekommt, der ihm eher gerecht wird als andere vorhandene oder erstellbare Plätze.

VI

Zwei Auslegungen also stehen sich gegenüber: »Komm heilender Geist« in buchstäblicher Bedeutung (wir bitten Gott um Gesundheit) und in übertragenem Wortsinn (wir bitten Gott, uns trotz der großen Unterschiede zwischen »gesund und krank«, »stark und schwach« *eine* Gemeinde sein zu lassen, gelingendes Leben zu schenken). Die Losung des Kirchentages sagt: »Gottes Geist befreit zum Leben.« Wir können jetzt auch sagen: Gottes Geist läßt Leben gelingen. Dieses beides gehört nämlich zusammen:

Gott befreit, und: Gott läßt Leben gelingen. Von Anfang an gehört das beides zusammen. Denn so war es schon bei Mose, dem Schafhirten mit einer schweren Sprechbehinderung (genauer: U. Bach, »Heilende Gemeinde«?, S. 48f.). Gott schickt Mose zum Pharao: Laß mein Volk ziehen! Die Befreiung des Volkes Israel aus der Sklaverei in Ägypten beginnt damit, daß Gott einem behinderten Menschen einen Auftrag erteilt, der weltgeschichtliche Bedeutung bekommen sollte. Gott macht die kindische Gleichung nicht mit: behindert = unbrauchbar. Gott erklärt den behinderten Mose für brauchbar, für wichtig, für nötig. Denn er ist der Gott, der die Welt aus dem Nichts erschuf, der Sünder gerecht spricht, der Tote lebendig macht. Damit wird der hoffnungslose Slogan: »Gesundheit ist nicht alles; aber ohne Gesundheit ist alles nichts«, zur Lüge erklärt, ja zur Gotteslästerung. Dieser Slogan offenbart präzise die Gefangenschaft, die uns gesundheitsgläubige Europäer versklavt. Dieser Slogan tötet ab, erstickt keimendes Leben. »Gottes Geist befreit zum Leben«, das muß unter anderem konkret dieses heißen: Wir bitten Gott, uns durch seinen Geist unser »Hauptsache-gesund«-Denken als Sklaverei erkennen zu lassen, als einen Schaden, der »geheilt« werden muß; denn dieser Schaden besteht darin, daß wir uns in bessere und weniger gute Menschen einteilen, in wichtige Menschen (besonders wichtige nennen wir: wichtige »Persönlichkeiten«) und »Leute«, in brauchbar und unbrauchbar. Bei solchen Zertrennungen können immer nur einzelne Lebensstücke wie eine Beute besessen und vernascht werden; aber Leben kann so niemals gelingen. Leben kann aber gelingen, wenn wir mit dem Dabeisein unseres schöpferischen Gottes rechnen. Dem Mose wurde zugesagt: »So gehe nun hin, ich will mit deinem Munde sein« (2. Mose 4,12). Mose wurde der Beweis dafür, daß Leben gelingen kann, auch bei bestehender schwerer Behinderung. Und auch heute gibt es dafür zahlreiche Beweise für alle, die sich intensiv und auf Dauer einlassen mit Menschen, die nach den Maßstäben einer Leistungsgesellschaft womöglich als »unbrauchbar« bezeichnet werden.

Ein letztes Mal: Unsere Thema-Zeile (»Komm heilender Geist«) ist eine gefährliche Formulierung. Denn sie *muß* gar nicht als Kontra zu jenem Slogan verstanden werden; man *könnte* sie auch buchstäblich nehmen und dann begreifen als seine religiöse Stütze, die sich willig einbauen ließe in eine »Liturgie für den Gesundheitsgötzen«, etwa so: »Ohne Gesundheit ist alles nichts.

Darum rufen wir zu dir: Komm, heilender Geist!« Keineswegs also stehen jene beiden Auslegungen (das wörtliche und das übertragene Verständnis) gleichberechtigt nebeneinander, so daß sich jeder nach Gutdünken die ihm genehme wählen könnte. Vielmehr gilt es zu erkennen: Ein buchstäbliches Verständnis unserer Thema-Zeile spaltet uns, zertrennt uns: Die Gesunden (die Nichtbehinderten) leben angeblich »hier und heute« so, wie es dem Wirken des göttlichen Geistes entspricht; die Kranken aber (und die Behinderten) leben, wie es Gottes Geist und seinen Möglichkeiten zuwiderläuft. Denn *wenn* »Heiliger Geist« verstanden wird als »Heilender Geist« im Sinne von »gesundmachender Geist«, dann ist über den Nicht-Geheilten, den Langzeitkranken, den Behinderten gesagt: Gottes Geist kam bei ihm nicht richtig zum Zuge. Auf diese Weise, also auf dem Wege einer bestimmten Theologie (!), wird eine Kirchenspaltung »aus der Taufe gehoben« (wenn dieser Ausdruck erlaubt ist), die es nun allerdings unumgänglich macht, im übertragenen Wortsinn zu beten: Komm heilender Geist! Komm, Gott Schöpfer, Geist: »Schaue die Zertrennung an, der kein Mensch sonst wehren kann; sammle, großer Menschenhirt, alles, was sich hat verirrt. Erbarm dich, Herr« (EKG 218,3).

Siegfried Brinkmann

Gelingendes Lieben

»Gelingendes Leben: Komm heilender Geist.« Schon in dieser Formulierung kommt zum Ausdruck: Gelingendes Leben ist nicht einfach da. Es geschieht, es vollzieht sich – oder auch nicht. Gelingendes Leben ist nicht verfügbar. Wohl deshalb ist hinzugefügt die Bitte: Komm heilender Geist!

Die Unverfügbarkeit von Liebe

Gelingen hat es mit »glücken« zu tun. Daß mir etwas glückt, hat nicht unbedingt etwas mit meinen Fähigkeiten zu tun. Manches fällt mir zu. Ich erfahre es als Geschenk und bin insofern Empfangender. Das heißt aber nicht, daß ich einfach die Hände in den Schoß legen und warten kann, daß sich das Gelingen einstellt. Oder umgekehrt kann ich nicht das »Schicksal« anklagen, wenn mir etwas mißlingt. Leben ist voller Gegensätze und Widersprüche. Ich habe nicht alles in der Hand und kann für das Gelingen von Erwünschtem und Ersehntem nicht garantieren, und dennoch bin ich verantwortlich und muß mich so einsetzen, als hinge alles von mir ab. »Etsi deus non daretur« (als ob es Gott nicht gäbe) – dieser Satz Bonhoeffers als Beschreibung der Lebenshaltung des Menschen in der Moderne (Dietrich Bonhoeffer, Widerstand und Ergebung, München 1954, S. 241) gilt auch im Blick auf das Schaffen von menschlichen Beziehungen.

Viele Menschen in unserer Welt sehnen sich nach Liebe, nach einem Menschen, den sie lieben können und von dem sie geliebt werden. Lieben und Geliebtwerden sind wichtig für das eigene Selbstwertgefühl. Und weil beides für Menschen so wichtig ist, scheint es mit dem Lieben und Geliebtwerden immer schwieriger zu werden. Menschen suchen in dieser unsicheren Welt nach tragfähigen und sicheren Beziehungen und erleben auch an dieser Stelle Unsicherheit und Scheitern. Sie stehen vor den Scherben ihrer Liebe und können nicht verstehen, wie sie dorthin gekommen sind. Sie haben alles getan und versucht und haben nicht erreichen können, wonach sie sich doch so sehr sehnten. Martin Buber formuliert: »Die Grundlage menschlichen Zusammenlebens ist eine zweifache und doch eine einzige: der Wunsch jedes Menschen, von den anderen als das bestätigt zu werden, was er ist, oder sogar als das, was er werden kann; und die angeborene Fähigkeit des Menschen, seine Mitmenschen in dieser Weise zu bestätigen. Daß diese Fähigkeit so weitgehend brachliegt, macht die wahre Schwäche und Fragwürdigkeit der menschlichen Rasse aus: Wirkliche Menschlichkeit besteht nur dort, wo sich diese Fähigkeit entfaltet« (Martin Buber, Distance and Relation, 1957, zit. nach Watzlawick, Beavin, Jackson, Menschliche Kommunikation, 1971, S. 85). In diesen Sätzen ist der große Zwiespalt zwischen Wunsch und Wirklichkeit festgehalten. Aus diesem Zwiespalt ergibt sich die Frage: Was können wir tun, um im Bereich von Lieben und Geliebtwerden nicht Wünschen und Sehnsüchten hinterherzulaufen, sondern die Erfahrung von gelingendem Leben zu machen? Wie kommt der heilende Geist zu uns? Oder auch ganz einfach gesagt: Wie kann Lieben gelingen?

Wenn Gottes Geist, wie es die Losung verheißt, zum Leben befreit, dann hat diese Befreiung in unserem Zusammenhang mit zwei Sicht- und Erlebnisweisen zu tun, die für gelingendes Leben ganz wichtig sind: einmal damit, wie ich mich selbst sehe und verstehe, und zum anderen, wie ich meinen Mitmenschen, den Partner, die Partnerin sehe und verstehe.

Mein Selbstverständnis ist stark geprägt durch das Menschenbild und die Erfahrungen, die mir durch Erziehung und andere Einflüsse vermittelt werden. Ich bin immer wieder erschüttert, wenn ich in einem Seelsorge- oder Beratungsgespräch erlebe, wie einem Menschen das Rückgrat gebrochen wurde, wie er den »aufrechten Gang« verloren hat und von sich selbst ein durch und durch negatives Selbstbild und Selbstverständnis hat.

Gelegentlich bitte ich Gesprächspartner, drei positive und drei negative Beschreibungen von sich selbst zu geben. Während in der Regel die negativen Beschreibungen sofort und ohne Stocken gelingen, tritt bei den positiven Aussagen oft ein Stocken ein, und nur mit Mühe fallen den Betreffenden ein oder zwei Eigenschaften ein, die sie an sich selbst positiv sehen. Daß ich mich selbst als jemand sehen und verstehen kann, der wichtig und wertvoll ist, ist ihnen eine fremde Erkenntnis. Oft kann sie nur mit großer Mühe in die eigene Erfahrung geholt werden. Es bedarf manchmal geradezu einer »Umdeutung« der Lebensgeschichte, damit ein Mensch sich selbst achtet und sich selbst als wertvoll ansieht.

Die Bibel bezeugt, daß Gott dem Menschen zugewandt ist. Dies auf das eigene Leben zu beziehen, wahrzunehmen, daß Gottes Wertschätzung auch dem eigenen Leben gilt, ist keineswegs selbstverständlich. Es kann für die eigene Person nur übernommen werden, wenn es Erfahrungshintergründe dafür gibt, wenn mir ein anderer das »Ja des Seindürfens« zuspricht. »Jeder Mensch hält heimlich Ausschau, ob ihm ein anderer Mensch das Ja des Seindürfens zuspricht« (Martin Buber, zit. nach Th. Bovet, Mensch sein, 1977, S. 20).

Wird mir dieses Ja zugesprochen – und ich verstehe die biblische Botschaft als einen einzigen großen Zuspruch dieser Bejahung – dann kann ich mich selbst als jemand verstehen, der geachtet und liebenswert ist, und dann werde ich in dieser Grundhaltung auch anderen Menschen begegnen.

Heilender Geist wäre also anwesend, wenn der untrennbare Zusammenhang von Selbstliebe und Nächstenliebe in uns eingepflanzt ist und nicht allein die Nächstenliebe betont wird, sondern wenn gleichgewichtig daneben die Aussage tritt, daß der Mensch Liebe zu sich selbst haben darf und soll. Dabei ist die Formulierung »Liebe haben« mißverständlich. Erich Fromm sagt dazu: »Wenn man das könnte (Liebe haben), wäre Liebe ein Ding, eine Substanz, mithin etwas, das man besitzen kann. Die Wahrheit ist, daß es kein solches Ding ›Liebe‹ gibt. ›Liebe‹ ist eine Abstraktion, vielleicht eine Göttin oder ein fremdes Wesen, obwohl niemand je diese Göttin gesehen hat. In Wirklichkeit gibt es nur den Akt des Liebens. Lieben ist eine produktive Aktivität, es impliziert, für jemanden (oder etwas) zu sorgen, ihn zu kennen, auf ihn einzugehen, ihn zu bestätigen, sich an ihm zu erfreuen – sei es ein Mensch, ein Baum, ein Bild, eine Idee. Es bedeutet, ihn (sie, es) zum Leben zu erwecken, sein (ihr) Lebensgefühl zu steigern; es ist ein sich selbst erneuernder und intensivierender Prozeß« (Erich Fromm, Haben oder Sein, Stuttgart 1976, S. 51/52).

Voraussetzungen für gelingendes Lieben

Noch einmal: Wie gelangen wir in diesen Prozeß? Zwei Aspekte scheinen mir besonders wichtig, wenn Lieben gelingen soll. Gelingendes Lieben kann sich ergeben, wenn ich die Fähigkeit entwickle zu geben und zu nehmen, wenn ich den anderen Menschen als Du in seinem Anderssein akzeptieren kann und wenn ich ertragen und aushalten kann, daß im Prozeß des Liebens sich immer wieder Einssein und Getrenntsein einstellen. Ich möchte diese zwei Aspekte etwas genauer betrachten:

a) Die Fähigkeit zu geben und zu nehmen

In unserer Welt richtet sich vieles nach dem Schema des Entweder – Oder. Wir hätten die Verhältnisse gern klar und fordern von daher, daß Entscheidungen gefällt werden für die eine oder die andere Seite. In Sachzusammenhängen ist das auch oft richtig, aber in zwischenmenschlichen Beziehungen ist das nicht so einfach. Wenn ich »Lieben« im Entweder-Oder-Schema definiere, dann könnte es einmal bedeuten: Ich muß mich ganz verschenken, ich muß ganz für den anderen da sein, nichts mehr für mich wollen, alles geben! Mir begegnet diese Vorstellung gelegentlich immer noch, vor allem bei älteren Frauen, die sich nur von ihrem Ehefrau- und Mutter-Sein her verstehen.

Das Oder ließe sich etwa so beschreiben: Wenn mich ein Mensch liebt oder gar mir einmal Liebe »versprochen« hat, dann kann ich unbeschränkt nehmen, dann habe ich einen Anspruch auf seine unbegrenzte Aufmerksamkeit, er muß immer und überall für mich da sein. Dies ist nach meiner Erfahrung die »männliche Variante« eines einseitig verstandenen Liebens.

Für beide Zerrbilder der Liebe gibt es auch in unserer Welt noch immer Beispiele.

Gelingendes Lieben ist flexibel und nicht statisch. Es steht weder unter einem Muß des Gebens noch unter der Möglichkeit des Nur-Nehmens. Es zeichnet sich aus durch ein Sowohl-als-auch. Das eine Mal bin ich in der Rolle der Gebenden, die sich sorgt und für den anderen einsetzt. Das andere Mal bin ich in der Rolle des Nehmenden, der Wärme, Anerkennung, Zärtlichkeit, Beistand und Verständnis braucht. Interesse am anderen haben, verstehen wollen, was er fühlt und denkt, sich um ihn sorgen, sich dafür einsetzen, daß er seinen Lebensraum entwickeln kann, sind Anzeichen dafür, daß ein Mensch geben kann.

Vertrauen können, Nähe zulassen, etwas annehmen, sich Fürsorge gefallen lassen, sind Anzeichen dafür, wie weit ein Mensch etwas nehmen kann.

Das Gleichgewicht zwischen beiden Verhaltensweisen, das sowohl im Blick auf mich selbst als auch im Blick auf PartnerInnen wechseln kann, ist eine wichtige Bedingung für gelingendes Lieben. Der Mensch ist liebesfähig und befindet sich im Prozeß des Liebens, der in der Beziehung zu einem anderen Menschen geben und nehmen kann. Das betrifft den geistigen, emotionalen wie den körperlich-sexuellen Bereich. Nur wo beides gelebt und zugelassen werden kann, sind auf Dauer Stabilität, Selbstwertgefühl und Autonomie möglich.

b) Ich und Du – das Anderssein des anderen

Der zweite Aspekt des gelingenden Liebens steht im engen Zusammenhang mit dem ersten. Es geht um die Realität des Lebens im Unterschied zur Illusion. Am Beginn des Liebens – im Zeichen des Verliebtseins – steht oft der Wunsch, mit dem anderen eins zu sein. Es soll nichts Trennendes geben. Wir meinen, den anderen in all seinen Regungen zu verstehen. Unser Ziel ist eine weitestgehende Gemeinschaft des Fühlens und Erlebens. Es ist von dieser Illusion oft ein mühsamer Weg hin zu der Erkenntnis: »Ich bin nicht du und weiß dich nicht!« (M. L. Moeller, Die Wahrheit beginnt zu zweit, Rowohlt-Verlag, 1988, S. 153) Ich und Du sind zwar auf Beziehung angelegt, sie sind keine Gegensätze, aber sie sind eigenständige und voneinander getrennte Wesen. Das heißt, ich weiß von mir aus nicht, was der oder die andere denkt, fühlt und erlebt. Ich meine zwar immer wieder das Gegenteil und mache mir ein Bild vom anderen, aber es ist eben mein Bild, und es entspricht nicht der Erlebnis- und Gefühlswelt des anderen. Manches Miteinanderleben ist von dem Versuch gekennzeichnet, daß wir einen Menschen so »hinbiegen« wollen, wie er unserer Meinung nach sein sollte. In Gesprächen mit Ehepaaren erlebe ich manchmal, daß einer der Partner in der Beziehung etwas entdeckt hat, was ihn stört. Und dann heißt es: »Ich habe gedacht, ich würde das ändern können oder es würde sich mit der Zeit von selbst abschleifen.« Aber die Erfahrung läuft anders. Es ändert sich nichts. Der andere verhält sich nicht so, wie wir es erwartet und erhofft haben. Nur das echte Gespräch kann dazu helfen, den anderen in seiner Andersartigkeit zu sehen und zu akzeptieren. »Die Hauptvoraussetzung zur Entstehung eines echten Gespräches ist, daß jeder seinen Partner als diesen, als eben diesen Menschen meint. Ich werde seiner inne, werde dessen inne, daß er anders, wesenhaft anders ist als ich, in dieser bestimmten, ihm eigentümlich einmaligen Weise wesenhaft anders als ich, und ich nehme den Menschen an, den ich wahrgenommen habe, so daß ich mein Wort in allem Ernst an ihn, eben als ihn, richten kann.« (Martin Buber, Elemente des Zwischenmenschlichen, Werke Bd. 1, Schneider-Verlag 1962, S. 277)

Gelingendes Lieben ist von der Entstehung dieses Dialogs abhängig. Aber auch dieser Dialog schließt nicht die schmerzliche Erfahrung des Getrenntseins aus. In uns allen steckt – offenbar als Rest vorgeburtlicher Erfahrungen – der Wunsch nach Einssein, nach Symbiose, nach totaler Vereinigung. Manche Menschen machen ungeheure Anstrengungen, um die Illusion aufrechtzuerhalten, dieses Ziel sei erreichbar. Aber völliges Einssein gibt es nicht. Zwei Menschen können nicht alles füreinander sein. Augenblicke des Glücks gehen zu Ende. Unverständnis wird erfahren. Unsere Sehnsucht scheitert an der Realität und am Anderssein des anderen. Aus dieser unerfüllten Sehnsucht nach Einheit entstehen immer wieder Auseinandersetzungen, Konflikte und Trennungen. Für mich ist gelingendes Lieben von daher eine immer sich erneuernde Grundbewegung von mir zu einem anderen Menschen, ein ständiger Prozeß, in dem Gemeinsamkeit und Gegensätzlichkeiten entstehen, die aufgehoben werden können und schließlich wieder neu entstehen. Gerade in diesem Auseinanderstreben und auch wieder Zueinanderwollen erweist sich der Prozeß des Liebens. Es ist anstrengend, diese Spannung auszuhalten. Wir hätten es manchmal lieber einfacher im Sinne des Entweder-Oder-Schemas. Aber Leben und Lieben sind nicht so eindeutig.

Im täglichen Miteinander von Frau und Mann will diese Spannung ausgehalten und doch auch zu einer gewissen Ent-Spannung gebracht werden. Eugen Rosenstock-Huessy hat von einem »täglich zu erneuernden Friedensschluß zwischen Mann und Frau« gesprochen. »Wo die Geschlechter nicht zum Frieden kommen, wird die Art verheert: die nicht geglückte Friedensstiftung zwischen Mann und Weib ist der Unfriede par excellence« (zit. nach W. Hartmann, Menschen in sprachloser Zeit, 1973, S. 227).

Der täglich zu erneuernde Friedensschluß zwischen Frau und Mann beinhaltet, daß beide sich in ihren Unterschiedlichkeiten, mit ihren Stärken und Schwächen, mit den eigenen Grenzen und den Grenzen des anderen akzeptieren.

Es gehört zu den Grundaufgaben des menschlichen Lebens, daß der Mensch lernt, mit der Angst vor Ungesichertheit und Zerbrechlichkeit, mit der Angst vor Trennung und Tod zu leben und zu lieben und sich auf Erfahrungen einzulassen, deren Ergebnisse nie im voraus einschätzbar sind. Auch hier erweist sich noch einmal die Unverfügbarkeit von Leben und Lieben, dem die Bitte entspricht: Komm heilender Geist!

Konkretionen

Daß Beten und Tun zusammengehören, ist eine alte Erkenntnis. Was also können wir neben dem Bitten konkret tun, damit Lieben gelingen kann?

Wir können uns zusprechen lassen, daß wir angenommen sind und uns dann selbst annehmen.

Wir können dann auch den anderen als einen Angenommenen verstehen und ihn in seiner Besonderheit und Geprägtheit annehmen. Wir können darauf verzichten, ihn nach unserem Bilde zu formen.

Wir können miteinander in ein echtes Gespräch eintreten, in dessen Mittelpunkt das steht, was jeder Mensch jeweils fühlt und erlebt und in dem das gegenseitige Bewerten und Richten ausgeschlossen sind.

Wir können uns einfühlen in das, was dem anderen wichtig ist und was zu seinem Wesen gehört.

Wir können Gemeinsames und Unterschiedliches entdecken und stehen lassen. Nicht das Bestätigtsein-Wollen oder das Rechthaben-Wollen stehen im Mittelpunkt, sondern das, was im anderen vorgeht und was ihn gerade als diesen besonderen Menschen ausmacht.

Wir können die »Kunst des Liebens« erlernen, von der Erich Fromm sagt: »Trotz unserer tiefen Sehnsucht nach Liebe halten wir doch fast alles andere für wichtiger als diese: Erfolg, Prestige, Geld und Macht. Unsere gesamte Energie verwenden wir darauf zu lernen, wie wir diese Ziele erreichen, und wir bemühen uns so gut wie überhaupt nicht darum, die Kunst des Liebens zu erlernen« (Erich Fromm, Die Kunst des Liebens, Ullstein 1989, S. 16).

Sigrid Reihs

Vereinen, was unvereinbar scheint

Christa Wolf schreibt in einem Essay unter dem Titel »Der Schatten eines Traumes« über Caroline von Günderrode, eine der Frauen der Romantik, die sich im Alter von 26 Jahren umbrachte, »Sie will ja vereinen, was unvereinbar ist: von einem Mann geliebt werden und ein Werk hervorbringen, das sich an absoluten Maßstäben orientiert. Die Frau eines Mannes und Dichterin sein; eine Familie gründen und versorgen und mit eigenen kühnen Produktionen in die Öffentlichkeit gehen – unlebbare Wünsche. ... Was sie begehrt, ist unmöglich – « Obgleich die Lebensgeschichte dieser Frau mit ihrem frühen Ende scheinbar beweist, daß so unterschiedliche Sehnsüchte nicht zu vereinen sind, scheint doch in ihrer Person als denkbare Möglichkeit angelegt, wonach sie sich sehnt, was ihr selbst als Lebensfülle gegolten hätte. Die Erinnerung an Caroline von Günderrode wachhalten, lebendig halten zu wollen, hält darum ein utopisches Potential am Leben, dem es nicht um die Konservierung der Vergangenheit, sondern um die Einlösung der vergangenen Hoffnung zu tun ist.

Sich der Geschichte von Frauen auf diesem Weg zu nähern, geht von der Vermutung aus, daß es so etwas gibt wie eine den unterschiedlichen Lebensgeschichten eigene Subversivität. Doch die ist nicht so schnell und leicht zu entdecken. Sie setzt eine Art der Annäherung voraus, die diesem sich Erinnern und Wahrnehmen entspricht. Es geht um ein emotionales Beteiligtsein am Leben dieser Frauen und zugleich um eine kritische Reflexion dieses Lebens. Dies ist mehr als ein kühl analysierender Blick, aus dem sich entweder nur eine eindeutige Feststellung: »So ist es!« ergibt oder nur eine ebenso eindeutige Aufforderung: »So soll es sein!« folgen kann. Diese andere Perspektive lehnt es ab, daß es so etwas wie eindeutige Lebensmöglichkeiten für Frauen gibt. Die von anderen immer wieder festgelegten eindeutigen Lebensmuster wurden mit der »natürlichen Bestimmung der Frau« identifiziert. Und mit dem Deckmantel des Natürlichen wird die Indienstnahme von Frauen für ihnen fremde Zwecke gerechtfertigt und gesichert. Solche Beziehungen beschreiben sich selbst jedoch nur als Gewaltverhältnisse, denen Frauen nur Widerstand entgegensetzen können.

Andererseits aber wäre es zu einfach, wenn auch verführerisch, einzig im Widerstehen gegenüber angebotenen Lebensmodellen Schritte zu einem Leben in Fülle zu finden. Es ist zu fragen, ob es nicht auch Möglichkeiten gibt, sich das Vorgegebene anzueignen, die sich nicht einfach als automatischer Widerspruch zum Widerstehen begreifen. Gibt es eine Möglichkeit, Frausein als eine wundervolle Form des Menschseins zu bejahen, den eigenen Körper und das eigene Denken, die Harmonie, aber auch die Widersprüchlichkeiten, die Frauen ausmachen, als eigene Identität zu akzeptieren, ohne damit die herrschende Dichotomie zu unterstützen. In diese Spannung hinein zu rufen: »Komm Heiliger Geist!« ist dann keine Bitte um einen beflügelnden frischen Wind, sondern mit diesem Ruf wollen Frauen sich einem Sturm aussetzen, der sie in die Zukunft treibt. Und dieses Getriebenwerden ist etwas anderes als Umkehr. Diese Zukunft ist noch niemals schon Gegenwart gewesen. Dieser heilige Sturm treibt in ein Leben, für das noch keine Muster oder Modelle existieren, das nicht geübt werden konnte und zu dem es dennoch keine Alternative gibt.

Wenn Frauen sich auf den Geist einlassen, dann geschieht es gerade in dem Spannungsverhältnis zwischen Lebensmustern, die Geborgenheit suggerieren, weil sie sich scheinbar historisch durchgesetzt haben und akzeptiert sind, und der bewußten Verneinung dieser Modelle. Dabei liegt die besondere Problematik darin, daß auch dieses bewußte Abgrenzen nur abhängig von den fremden Zuschreibungen geschehen kann, denn die Muster sind ja notwendig. Die Diskussion um eine neue Weiblichkeit und die Suche nach ihr mögen als Beispiel dienen.

Mit dem Hinweis auf ihre »Weiblichkeit« ist Frauen immer wieder eine besondere Bestimmung zugesprochen worden. Ein eigener Lebensbereich wurde damit beschrieben, der abgetrennt und damit auch geschützt von allen übrigen gesellschaftlichen Bereichen existierte. In dieser abgesonderten Sphäre sind Affektivität, Körperlichkeit, Gefühle, Gewaltlosigkeit, Sanftheit, Schönheit, Mutterschaft zu Hause. Obwohl alle diese Merkmale nicht ausreichen, um genau das zu beschreiben, was mit »Weiblichkeit« gemeint ist, beschreiben sie doch notwendige Eigenschaften. Die Elemente, die darüber hinausgehen, lassen sich nicht mehr auf den Begriff bringen, weil es dabei um gelebte Erfahrungen geht. Man begegnet dieser Schwierigkeit, indem das »Weibliche« par excellence mit einer Kultur des Gefühls identifiziert wird. Die Verheißung dieser Vorstellung eines gelungenen Lebens liegt im selbstbewußten Jasagen zu dem vorgegebenen, aber scheinbar eigenen Frausein. Dieser Weg ist nicht ohne Anziehungskraft. Die sogenannten Symbole der Weiblichkeit, wie Haus, Kinder und Mutterschaft sind doch mehr. Sie sind mächtige Identifikationsgrundlagen, die ihren eigenen Reiz haben und Sicherheit und Eigenständigkeit für Frauen anbieten und auch auf den ersten Blick gewährleisten. Erst bei nochmaligem Hinsehen erkennen Frauen, daß sich hier ein Kreis schließt. Die fremde, aufgezwungene Identität ist soweit verinnerlicht worden, daß es nicht einmal mehr ein Gespür für den Zwang gibt, unter dem diese Identifikation mit besonderen Merkmalen und Bereichen nur geschehen konnte. Sie sind endlich davon überzeugt, nicht »anders« gemacht worden zu sein, sondern tatsächlich anders »zu sein«. Und diese Andersartigkeit der Weiblichkeit gilt als ein Wert an sich. Jetzt können sie wenigstens als die andere Hälfte angesehen werden. Weil sie so anders sind als die Männer und dies zu einem großen Anteil mit ihrer besonderen Körpererfahrung zusammenhängt, die sich in den Schmerzen bei der Geburt jeweils neu offenbart, ist ihre Andersartigkeit auf ihr Geschlecht beschränkt und zugleich uneinholbar. Diese spannungsreiche Erfahrung von Begrenzung und Besonderheit nicht zu einer Gefahr werden zu lassen, wird sie zum Sitz von Gnade und Tugend erklärt. Hierher erwächst die Macht der Frauen. Aus der ehemaligen Unterdrückung ist eine Tugend geworden. Es ist ein nicht wiederholbares Wissen, das nicht dumpf und leer ist, sondern voller Geheimnisse.

Der Erfolg des Weges, Weiblichkeit auf diese Weise zu definieren und damit Frauen auch weiterhin ihre Identität über einen abgetrennten, isolierten Bereich anzubieten, beruht darauf, daß er auch bestimmten Tendenzen in gesellschaftlichen Diskussionsprozessen entspricht. Bestimmten sozialen Gruppen und gesellschaftlichen und kulturellen Einrichtungen wird große Aufmerksamkeit zugewendet. Die Zeit der Vorherrschaft nur eines Erklärungsmusters von Wirklichkeit auch ideologisch scheint vorüber zu sein. Überall wird der Segen der Vielfalt gepreisen. Es geht darum, ein Gleichgewicht unterschiedlicher Kräfte herzustellen und einen politischen Markt zu etablieren, auf dem eben auch »das Weibliche« als Währung zirkuliert. Dabei stellt sich jedoch die Frage, in welcher Münze sie geprägt wird.

Hier wird Weiblichkeit weiterhin mit der Kultur des Gefühls

identifiziert. Nur bisher hat niemand den Zustand der Welt damit erklärt, daß diese Kultur des Gefühls keinen machtvollen Ort in ihr hatte. Jetzt wird auf einmal die einseitige Konzentration auf Vernunft zur Ursache für die zerstörerischen Auswirkungen der geltenden Politik. Die fehlende Kultur des Gefühls, Weiblichkeit, noch ins System einzuspeisen, verheißt Rettung. Doch dagegen ist zu sagen, daß eine Kultur des Gefühls und die Geschichte der Vernunft immer parallel verlaufen sind. Die Gefühle haben die Vernunft immer schon ergänzt oder sie kritisch in Frage gestellt. Wenn dies allerdings so ist, dann müssen wir noch einmal neu nachfragen, was es bedeutet, die Lebenswelt der Frauen als Ort der Gefühle zu bestimmen. Offenbar ist es doch nützlich. Der Bereich, der in der modernen bürgerlichen Gesellschaft zur Domäne der Frauen gemacht worden ist, ist die Familie. Dort werden persönliche Beziehungen gelebt, die auch eine unmittelbare emotionale Färbung erhalten. Diese Struktur ist nicht nur gerechtfertigt, sondern gewünscht. Aus diesem Grunde wird die Familie beziehungsweise das Weibliche das Gehege, in dem Frauen gesellschaftlich eingefriedet sind. Neben ihrer Ausgrenzung aus anderen wichtigen Bereichen gelingt auf diese Weise auch die Ausgrenzung des Gefühls aus den übrigen Bereichen der Wirklichkeit. Die heftigsten Leidenschaften wie Revolutionen, Machtkämpfe oder Kriege werden als vernünftig bestimmt, weil hier die Beziehungen in der Regel unpersönlich strukturiert sind.

An diesem Beispiel zeigt sich, daß bestimmte Bereiche und Verhaltensweisen als vernünftig bestimmt werden und andere gleichzeitig als gefühlsbetont. Daß wir das eine so beschreiben und das andere mit den entsprechenden anderen Eigenschaften, hat also nichts mit natürlichen Veranlagungen zu tun, sondern ist das Ergebnis historischer und sozialer Prozesse. Es ist wohl nicht so, daß von Natur aus schon gegeben ist, in welchem Lebensbereich Vernunft herrscht und in welchem Gefühl. Weiblichkeit bietet kein natürliches Identifikationsmuster für Frauen, sondern das, was als »weiblich« verstanden wird, ist durch die Aufteilung der Rollen bestimmt. Diese Zuschreibung zu akzeptieren, wenn auch mittlerweile durch eine Wendung ins Positive verschönt, bedeutet, die Aufteilung der Rollen zu akzeptieren. Das Angebot einer solchen Identität für Frauen ist zwar verlockend, aber es wäre das resignative Akzeptieren einer aufgezwungenen Identität als »andere«. Gleichwohl ist damit die Suche nach einer weiblichen Identität nicht aufgegeben oder völlig sinnlos. Denn wenn wir diese Suche aufgäben, gäbe es als einzig mögliche Lösung des Emanzipationsproblems nur die Imitation des männlichen Lebensmodells. Eine solche Entscheidung würde zugleich aber noch im Nachhinein die Unterdrückung aller Frauen in der vergangenen Geschichte rechtfertigen. Zum einen haben sie die Männer nicht imitiert, und zum anderen haben sie sich mit einem nachgeordneten Lebensmodell begnügt. Die Verzweiflung einer Caroline von Günderrode wäre bedauernswert, wenn auch sinnlos, da sie sich ja auch von den ihr zugeschriebenen Weiblichkeitselementen nicht lösen will und kann.

Um auf dem Boden von »Weiblichkeit« die Grundlage für neue menschliche Beziehungen zu finden, bedarf es eines qualitativen Sprungs in der Betrachtung der eigenen Geschichte. Denn auch das Sichtbarwerden von »befreiten Frauen« ist kein Indiz für die Existenz einer schon einmal vorhandenen Frauenkultur, auf die wir heute nur noch zurückzugreifen brauchen. Gezeigt wird so nur, in welchen Maßstäben sich die herrschende Kultur durchgesetzt und fortgebildet hat.

Und doch sind diese Erfahrungen und Frauen Orte des Eingedenkens. Sie haben die Kultur, in der eigentlich immer nur von Männern die Rede war, auf ambivalente Weise durchzogen. Weil diese historischen Erfahrungen von »Weiblichkeit« einer Zone des Schweigens, des Fehlens von Quellen, so vieler spurenlos vergangener Frauenleben gegenüberstehen und dieses Schweigen nicht revidierbar ist, bleibt das Profil dieses »Weiblichen« jedoch nur bruchstückhaft.

Aus eben diesem Grunde ist die Suche nach gelingendem Leben für Frauen und damit auch für Männer ein eminent politisches Problem. Die konkrete Ausbeutung von Frauen ist ein Aspekt der Ideologie von der Natur des Weiblichen. Er muß immer weiter erforscht und in den Blick genommen werden, um tatsächlich eine neue Definition des »Weiblichen« zu gewinnen.

Zu dem Kontext, der diese Ausbeutung von Frauen durch die wirtschaftlichen, sozialen und politischen Strukturen der Gesellschaft bis heute gerechtfertigt hat und auch immer wieder selbst geschaffen hat, gehört die Kirche in ihrer institutionellen Gestalt ebenso wie in ihrer ideologischen Lehre. Sie hat »Weiblichkeit« mit dem Gedanken des Dienstes verbunden. Diese Zusammenfügung wäre an sich noch kein Indiz für den geringen Status von

Frauen, zumal die biblischen Ursprünge, auf die der jeweilige argumentative Rückbezug stattfindet – Maria oder Jesus selbst –, damit eine ungeheure Aufwertung suggerieren. Diese wird jedoch durch den patriarchalischen Rahmen, in dem diese Verherrlichung des »Dienstes« stattfindet, in Frage beziehungsweise auf den Kopf gestellt. Unter dieser Voraussetzung trägt die Aufwertung des »Dienstes« oder der »Weiblichkeit« nur dazu bei, die Minderwertigkeit oder Beschränkung auf eine Sphäre für Frauen weiter bestehen zu lassen. Und gerade weil sich an der gegenwärtigen Situation von Frauen innerhalb der Kirche und der Gesellschaft zeigt, daß sie keine gleichberechtigte, eigenständige Lebensform entwickeln konnten, obgleich sie sich dem Modell des Dienens gestellt haben, erweist sich diese Theologie des Dienstes oder Ideologie der Weiblichkeit als ein Mittel, um die Überlegenheit des Männlichen über das Weibliche weiterzuentwickeln. Eine feministische Theologie, die nicht länger von der Vision eines zerstükkelten, sondern eines geheilten Lebens für Frauen gespeist ist, hat die Gefahr, die einzig in der Aufwertung der »weiblichen« Bereiche besteht, im Blick.

Statt dessen geht es darum, mit verwandelten Augen ein neues Sehen zu lernen. Dieser Aufbruch, diese Veränderung geschieht jedoch nicht ohne eine existenzielle Leidenserfahrung. Frauen machen diese Erfahrung immer dann, wenn sie erleben, daß die Regeln, nach denen sie ihr Leben eingerichtet haben und die ihnen als einzig richtige angepriesen worden sind, nicht mehr gewährleisten, daß sie ihr Leben in Ruhe und konfliktfrei führen können. Wenn in einem solchen Augenblick des Zusammenbrechens geltender Normen nicht völlige Resignation die Herrschaft gewinnen soll, dann werden die Scheuklappen weggeworfen. Die Tatsache, daß das eigene Leben und die eigenen Erfahrungen bisher als unbedeutend und unwichtig im Vergleich zu den »eigentlichen Problemen« betrachtet wurden, entpuppt sich für Frauen als bewußter Akt ihrer Unsichtbarmachung. Nur unter dieser Voraussetzung sind Veränderungen möglich, weil endlich nichts mehr als gegeben oder selbstverständlich gilt.

Zu diesen nicht mehr geltenden Selbstverständlichkeiten gehört auch die Arbeitsteilung zwischen Theologie und Sozialwissenschaften, zu der auch die Aufteilung der verschiedenen Lebensbereiche in religiöse, soziale, politische, ökonomische, kulturelle, psychische et cetera gehört. Denn in der Vergangenheit mußten

Frauen die Erfahrungen, die sie machten, nach Kriterien beurteilen, die nicht von ihnen gemacht worden sind. Ein Beispiel dafür ist die Definition dessen, was als öffentliche Arbeit gilt und beachtenswert ist und was als sog. Privatsphäre angesehen wird, die weder bei theoretischen Überlegungen noch im Zusammenhang von praktisch-politischen Veränderungskonzepten thematisiert wurde. Da die Lebensräume von Frauen, in denen sie arbeiteten und arbeiten nicht relevant waren und sind, haben sie auch keine Berücksichtigung gefunden. Das Heim ist der Ort, an dem aus Liebe gearbeitet wird, was aber in einer Gesellschaft, in der Arbeit und Liebe sich fast wie unüberbrückbare Gegensätze gegenüberstehen, so viel bedeutet, wie daß an diesem Ort eben nicht gearbeitet wird, sondern »nur« versorgt. Dieser Einschätzung stehen zwar die individuellen und kollektiven Erfahrungen von Frauen entgegen, die nach einem Tag der Versorgung erschöpft, müde und gestreßt sind – also den Mühsalcharakter von Arbeit körperlich erfahren –, zugleich aber verinnerlicht haben, daß sie nicht arbeiten, was sich spätestens bei einer Vorstellung ausdrückt, wenn es heißt: »Ich gehe nicht arbeiten.« Aufgrund der klaren Aufteilung von dem, was Arbeit ist, und dem, was es nicht ist, und auch weil diese Aufteilung so selbstverständlich erscheint, gelten Frauen, ihre Erschöpfungszustände und Unzufriedenheiten als individuelle Formen des Versagens, die sie zu ändern haben.

Der neue Blick einer feministisch-theologischen Perspektive begnügt sich nicht damit, diese sogenannte Frauenarbeit nun anzuschauen und als einen neuen Themenbereich zu entdecken und zu etablieren, um den bestehenden Kanon zu ergänzen. Um wirklich eine lebensschaffende Veränderung einzuleiten, wird das bisherige Sehen und Wissen aus einer feministischen Perspektive betrachtet, was bedeutet, daß die verschiedenen Mosaiksteine, die bisher das ganze Bild geschaffen hatten, neu zusammengesetzt werden. Erst damit erweist sich feministisch-theologisches Denken als ein Weg, um sowohl den theologischen Dualismus als auch die kirchlichen und gesellschaftlichen Herrschaftsstrukturen zu überwinden. Denn solange dies alles weiterbesteht, läßt sich kein ganzheitliches Leben verwirklichen.

Feministische Theologie muß ein Mittel zum Leben werden. Und diesen Weg beschreitet sie, wenn sie Frauen ingangsetzt, die Zerstörung von Lebensmöglichkeit zu unterbrechen. Was dies konkret bedeuten kann, hat sich im Ruhrgebiet während der Zeiten des Arbeitskampfes an der Veränderung der Lebensformen der Frauen gezeigt. Gerade hier, wo es traditionell eine enge Verbindung von Arbeiten und Wohnen auch bei hoher Industrialisierung gibt, reicht die Krise konkret in die alltägliche Lebenswelt hinein. Die Wohnsiedlungen wurden auf werkseigenen Geländen gebaut und stehen in unmittelbarer Nachbarschaft zu den Arbeitsplätzen in den Werken. Durch die Einrichtung und Unterhaltung von Läden, Schulen, Krankenhäusern und Erholungsstätten durch die Großunternehmen ist ein umfassendes Geborgenheitsgefühl für alle Menschen geschaffen worden. Die Frauen von der Fraueninitiative Rheinhausen zum Beispiel haben die erheblichen Auswirkungen auf die alltäglichen Muster des Wahrnehmens, Erlebens und Bewertens individuell beschrieben, als dieser Gesamtzusammenhang bedroht und zerstört wurde.

Die Auflösung dieses Gesamtzusammenhangs, der doch eigentlich für immer Bestand haben sollte, konfrontierte die Frauen mit neuen Erwartungen an sich selbst. Die alten Identitätsmuster haben keine Gültigkeit mehr. Während sich für viele ihr Betätigungs- und Interessenfeld vor der Krise ausschließlich auf Haushalt und Kindererziehung beschränkte, haben sie in der Zwischenzeit die Erfahrung gemacht, daß auch sie selbst Subjekte in dieser Krise sind, daß der Arbeitskampf auch Bedeutung für sie selbst hat. Sie treten nicht länger hinter ihren Männern zurück, sondern stellen sich selbstbewußt neben sie. Eine der Frauen beschreibt ihren persönlichen Veränderungsprozeß so: »Es war eine Zeit, die ich nicht noch einmal erleben möchte, die ich aber auch nicht mehr aus meinem Leben streichen kann. Sie, die Zeit des Kampfes, hat mich aus meiner Küche geholt, aus meinem alten und gewohnten Tagesrhythmus.« Die Erfahrungen der gemeinsamen Betroffenheit haben tiefe Spuren in meinem Leben hinterlassen. Das Lied, das zu einem Motto für den Kampf um die Stahlstandorte Rheinhausen und Hattingen geworden ist, hatte den Titel: »Keiner schiebt uns weg!« In den einzelnen Strophen kommt der Wille zum Leben deutlich zum Ausdruck. Doch dieses Leben ist an konkrete Voraussetzungen geknüpft. Ohne die Möglichkeit, an einem Arbeitsplatz den Lebensunterhalt zu verdienen, ist dieses Leben bedroht. Aus diesem Grunde waren gerade diese Arbeitskämpfe auch Elemente von feministisch-theologischen Aktionen und Reflexionen. Vielleicht haben die scheinbar banalen Dinge in diesem Zusammenhang, wie Flugblätter-Entwerfen, Transparente-Malen, Texte- und Lieder-Schreiben, zusammen bei der Blockade einer Kreuzung frieren und dabei Kaffee und Brötchen verteilen, die von Frauen erwarteten und erlernten Haltungen in Frage gestellt. Denn durch ihren Mut, aus den gesetzten Begrenzungen herauszutreten, haben sie sich nicht länger zur Bescheidenheit und zum klaglosen Erdulden zwingen lassen, was doch zu christlichen Frauentugenden erklärt worden ist.

Und ein weiteres ist in dieser Zeit für Frauen deutlich geworden, und sie haben es laut gefordert: »Brot und Rosen!« Leben können bedeutet eben nicht, sich mit Brot zu bescheiden als dem Lebensmittel, das das Überleben sichert. Leben können bedeutet auch, die Schönheiten genießen zu wollen und ein Anrecht auf diese Schönheiten zu haben. Diese gemeinsame Sehnsucht nach einem Leben in Fülle setzt die Kraft zum Widerstand frei. Und für sie, die den Wert und den Sinn eines Kampfes für das Leben mit all ihren Kräften erkannt haben, war es eine Gabe des Heiligen Geistes, der alles neu werden läßt.

Ein Leben in Fülle bedeutet, Unvereinbares miteinander zu vereinbaren und gerade darin dann Identität zu finden. Es könnte ja sein, daß in diesem Aufbrechen zwischen dem, was Frauen gewesen sind, und dem, was sie sein werden, die Sehnsucht nach gelingendem Leben, nach Erlösung ausgesprochen wird, so daß in dieser Bewegung die wirkliche und tatsächliche »Weiblichkeit« zu finden ist.

Die Autorinnen und Autoren

Ulrich Bach, Jahrgang 1931; seit 1962 Pastor in den Orthopädischen Anstalten Volmarstein/Ruhr und Dozent an der Diakonenanstalt Martineum in Volmarstein, dann Witten; verheiratet; zwei erwachsene Kinder.

Horst Balz, Jahrgang 1937; Theologiestudium in Erlangen und Heidelberg; Vikariat und Ordination in der Bayerischen Landeskirche; Promotion 1966 über ntl. Christologie; Habilitation 1969 über pln. Eschatologie; 1969 Universitätsdozent; 1972 LKA in Kiel; seit 1974 Professor für Neues Testament in Bochum.

Wolfgang Belitz, Jahrgang 1940, seit 1970 Pfarrer im Sozialamt der Ev. Kirche von Westfalen, Lehrbeauftragter an der Universität Münster.

Hanni Berthold, Jahrgang 1946; Pastorin; Dr. theol.; seit September 1988 theologische Mitarbeiterin im Frauenreferat der Evangelischen Kirche in Westfalen in Schwerte-Villigst.

Katharina von Bremen, Jahrgang 1951; seit 1989 Pastorin im Frauenreferat des Kirchenkreises Hattingen-Witten.

Siegfried Brinkmann, Jahrgang 1936; Theologiestudium in Berlin, Heidelberg und Münster; 1965–1977 Gemeidepfarrer in Iserlohn und Bielefeld; seit 1977 Leiter der Telefonseelsorge Recklinghausen; Mitarbeit als Ehe- und Lebensberater in der Ev. Beratungsstelle für Ehe-, Familien- und Lebensfragen in Dortmund.

Micha Brumlik, Jahrgang 1947; Dr. phil.; ist Professor für Erziehungswissenschaften an der Universität Heidelberg. Zahlreiche Publikationen zur Theorie der Sozialpädagogik, zur Philosophie und Ethik der Erziehung sowie zu judaistischen Themen. Zuletzt erschienen als wissenschaftliche Aufsätze: »Zur Kritik verhaltensbiologischer Ansätze im pädagogischen Diskurs«, in: Kolbe, F. U./Lenhart, V. (Hg.) Bildung und Aufklärung heute, Bielefeld 1990 sowie »Phänomenologie und theologische Ethik–Emmanuel Levinas Umkehrung der Ontologie«, in: Mayer, M./Hentsche, M. (Hg.) Levinas, Gießen 1990. Derzeit beginnt Brumlik ein empirisches Forschungsprojekt zu einer auf Kohlberg basierenden Resozialisierung im Jugendstrafvollzug.

Jürgen Ebach, Jahrgang 1945; Dr. theol.; Professor für Biblische Exegese und Theologie an der Universität Paderborn; Mitarbeit bei mehreren Kirchentagen (Vorträge, Bibelarbeiten); zahlreiche Veröffentlichungen, u. a. Leviathan und Behemoth, 1984; Ursprung und Ziel, 1986; Kassandra und Jona, 1987; Theologische Reden, 1989.

Erhard Eppler, Jahrgang 1926; Dr. phil.; Mitglied des Vorstandes der SPD; Vorsitzender der Grundwertekommission beim Parteivorstand der SPD; Mitglied des Präsidiums des Deutschen Evangelischen Kirchentages; amtierender Präsident des Kirchentages 1991 im Ruhrgebiet.

Abdoldjavad Falaturi, Jahrgang 1926; Ausbildung und Studium im Iran, seit 1974 in der Bundesrepublik; Promotion zum Dr. phil. 1962; seit 1975 Professor für Islamwissenschaften an der Universität Köln; Mitglied des obersten islamischen Rates in Ägypten; engagiert für religiöse und interkulturelle Verständigung unterschiedlicher Gemeinschaften in der Bundesrepublik Deutschland.

Magdalene L. Frettlöh, Jahrgang 1959; 1979–1987 Theologiestudium in Bethel, Heidelberg und Bern; seit 1987 Vikarassistenz und Gemeindevikariat in Bielefeld; Arbeitsschwerpunkte: Exegese der Hebräischen Bibel in feministischer Perspektive, Frauenkirche.

Joachim Garstecki, Jahrgang 1942; katholischer Laien-Theologe; Referent für Friedensfragen in der Theologischen Studienabteilung beim Bund der Evangelischen Kirchen in der DDR.

Max von der Grün, Jahrgang 1926; Schriftsteller; Volks- und Handelsschule; Maurerlehre; kaufm. Lehre in der Porzellanindustrie; 1944–1946 Kriegsgefangenschaft in USA. Mitglied PEN-Zentrum (BRD). Veröffentlicht seit 1961 Gedichte, Anthologien, Erzählungen und Romane, u. a.: Am Tresen gehen die Lichter aus; Stellenweise Glatteis; Flächenbrand. Fernsehspiele: Menschen in Deutschland; Leben im gelobten Land, usw. Lebt seit 1951 in Dortmund-Lanstrop.

Christof Hardmeier, Jahrgang 1942; 1968–1977 Heidelberg; seit 1977 Dozent für Hebräisch; seit 1988 Privatdozent für Altes Testament an der Kirchlichen Hochschule in Bethel; Beiträge und Aktivitäten im kirchlichen Spektrum der sozialen Bewegungen; seit 1984 Mitglied des Leitungskreises der AG ›Solidarische Kirche Westfalen / Lippe‹.

Antje Heider-Rottwilm, Jahrgang 1950; Theologin und Pädagogin; zehn Jahre Studentenpfarramt in Paderborn; seit April 1990 in Zusammenarbeit mit der Ev. Frauenhilfe von Westfalen und dem Frauenreferant der EKvW Arbeit im Rahmen der ›Ökumenischen Dekade der Kirchen in Solidarität mit den Frauen‹ innerhalb der westfälischen Landeskirche; Mutter von drei Kindern; lebt mit ihrer Familie seit zwölf Jahren in einer Hausgemeinschaft des Laurentiuskonvents.

Traugott Jähnichen, Jahrgang 1959; Theologiestudium in Bochum und Bonn, Vikariat in Bochum; Promotionsstipendium der Hans-Böckler-Stiftung zum Thema ›Sozialethische Begründungszusammenhänge der Mitbestimmung‹; wissenschaftlicher Mitarbeiter am Lehrstuhl für Christliche Gesellschaftslehre in Bochum; Vorbereitung einer Ausstellung ›Kirche im Ruhrgebiet nach 1945‹ zum Kirchentag 1991.

Gerhard Jasper, Jahrgang 1927; studierte evangelische Theologie in Bethel, Erlangen, Münster und in den USA, 1955–1971 Pfarrer und Dozent am Theologisch-lutherischen College von Makumira der Tansanisch-lutherischen Kirche; 1971–1981 Referent für den Gemeindedienst der Vereinigten Evangelischen Mission (VEM) in Wuppertal; seit 1985 Leiter der Evangelischen Beratungsstelle für Islamfragen der VEM.

Ferdinand Kerstiens, Jahrgang 1933; Priesterweihe 1959; pastorale Tätigkeit in Bocholt; Studentenpfarrer in Münster; seit 1975 Gemeindepfarrer in Marl; Promotion 1968; Mitarbeit im Freckenhorster Kreis, im Bensberger Kreis und in der Initiative Kirche von unten; zahlreiche Veröffentlichungen, u. a. Hoffnungsstruktur des Glaubens, 1969; Wie wir christlich leben können, 1973; Praxis der Befreiung, 1984.

Axel Noack, Jahrgang 1949; Theologiestudium in Naumburg; 1978–1985 Studentenpfarrer in Merseburg; seit 1985 Gemeindepfarrer in Wolfen; Mitglied der Konferenz der Evangelischen Kirchenleitungen in der DDR.

Carl Peddinghaus, Jahrgang 1935; nach dem Studium Assistent für christliche Archäologie und Promotion im Neuen Testament in Heidelberg; 1967–1977 Gemeindepfarrer in Soest, seit 1977 in Marl; Mitarbeit im Landesausschuß Kirchentag Westfalen; seit 1988 in der RAST; Oktober 1988 bis Juni 1989 Mitarbeit in der Geschäftsstelle des DEKT in Berlin.

Hartmut Przybylski, Jahrgang 1944; Studium der Theologie, Germanistik, Pädagogik, Philosophie und Soziologie in Berlin, Tübingen, Münster und Bochum; Geschäftsführer und stellvertretender Leiter des Sozialwissenschaftlichen Instituts der EKD in Bochum.

Konrad Raiser, Jahrgang 1938; Dr. theol.; Pfarrer in der Württembergischen Landeskirche; 1969–1983 Mitarbeiter des Ökumenischen Rates der Kirchen; seit 1983 Professor für Systematische Theologie/Ökumenik an der Evangelisch-Theologischen Fakultät der Ruhr-Universität Bochum.

Sigrid Reihs, Jahrgang 1956; Theologin; Mitarbeiterin im Sozialwissenschaftlichen Institut der EKD in Bochum; Arbeitsschwerpunkt: Aufarbeitung des Verhältnisses von theologischer Sozialethik und den Strukturen der Frauenarbeit; eine Tochter.

Barbara Siebel-Robra, Jahrgang 1956; Theologin und Kunstwissenschaftlerin; Mitarbeiterin an der Universität Köln im Seminar für Theologie und ihre Didaktik; Kenntnisse der Gemeindearbeit als Pfarrfrau in Bochum und Witten; Engagement in der kommunalen Frauenarbeit in Witten.

Martin Stöhr, Jahrgang 1932; Soziologie- und Theologiestudium; Pfarrer in einer Industriegemeinde; Studentenpfarrer an der TH Darmstadt; Leiter der Ev. Akademie Arnoldshain, seit 1986 Dozent für Systematische Theologie an der Universität Siegen; Veröffentlichungen zu Themen der Ökumene und des jüdisch-christlichen Gesprächs; Vorstandsmitglied der AG Juden und Christen beim DEKT.

Bingham Tembe, Jahrgang 1940; Studium der Ethnologie, Soziologie und Afrikanistik an der Universität Südafrika; Dozent für

Ethnologie am Universitätscollege von Zululand; 1970–1974 Studium der Ethnologie, Afrikanistik und Phonetik in Köln; 1975–1976 Forschungsauftrag in Uppsala, Aberdeen und London; 1983 Promotion; 1981–1989 Ausländerbeauftragter beim Diakonischen Werk Essen; seit Januar 1990 Ökumenenreferent des Kirchenkreises Recklinghausen.

Dieter Vetter, Jahrgang 1931; Dr. theol.; Pfarrer in Berlin-Schmargendorf; Lehrer am evangelischen Gymnasium Zum Grauen Kloster in Berlin; Pfarrer in der Badischen Landeskirche; Lehrbeauftragter an der Kirchlichen Hochschule Berlin und an der Theologischen Fakultät in Heidelberg; Professor für Altes Testament in Bochum.

Heinrich Vokkert, Jahrgang 1933; 12 Jahre lang Kaufmann in der Wirtschaft; Abendgymnasium und Theologiestudium; 20 Jahre lang Gemeindepfarrer in Haltern; seit 1988 Umweltbeauftragter der Evangelischen Kirche von Westfalen in Recklinghausen.

Klaus Wengst, Jahrgang 1942; 1961–1967 Theologiestudium in Bethel, Tübingen, Heidelberg und Bonn; 1967 Promotion; 1970 Habilitation in Bonn; seit 1981 Professor für Neues Testament in Bochum.

Die Landesausschüsse des Deutschen Evangelischen Kirchentages

Die Landesausschüsse geben Auskunft zu allen Kirchentage betreffenden Fragen und senden Ihnen auf Wunsch gern aktuelles Informationsmaterial zu.

Baden
Blumenstraße 5, 7500 Karlsruhe
0721/147-419

Bayern
Amt für Gemeindedienst, Egidienplatz 33, 8500 Nürnberg
0911/241211

Berlin
Winterstraße 26, 1000 Berlin 51

Braunschweig
Haus Kirchliche Dienste, Klostergang 66, 3300 Braunschweig
0531/371011

Bremen
Schwachhauser Ring 61, 2800 Bremen
0421/213512

Hannover
Sutelstraße 18, 3000 Hannover 51
0511/647 4821

Hessen-Nassau
Amt für Missionarische Dienste, Elisabethenstraße 51,
6100 Darmstadt
06151/405-455

Kurhessen-Waldeck
Haus der Kirche, Wilhelmshöher Allee 330, 3500 Kassel
0561/3083-381/2

Lippe
Evangelische Erwachsenenbildung, Bruchstraße 2,
4930 Detmold
05231/23822

Nordelbien
Geschäftsstelle Hamburg:
Feldbrunnenstraße 29, 2000 Hamburg 13
040/455868/9

Geschäftsstelle Lübeck-Holstein:
Kirchenkreis St. Lorenz Süd, Moislinger Allee 92b,
2400 Lübeck 1
0451/705656

Geschäftsstelle Schleswig:
Evangelisches Jugendwerk, Nordergraben 3, 2390 Flensburg
0461/27043

Nord-West
Evangelisches Pfarramt, 2974 Krummhörn 1-Uttum
04923/7202

Oldenburg
Landesjugendpfarramt, Haareneschstraße 58, 2900 Oldenburg
0441/7701–314 und –367

Pfalz
Domplatz 5, 6720 Speyer
06232/109–107

Rheinland
Lenaustraße 41, 4000 Düsseldorf 30
0211/631666

Westfalen
Cansteinstraße 1, 4800 Bielefeld 14
0521/448654

Württemberg
Evangelischer Gemeindedienst, Gymnasiumstraße 36,
7000 Stuttgart 1
0711/2068–255

Informationsmaterial erhalten Sie ebenfalls bei den Landesausschüssen des Evangelischen Kirchentages in der DDR.

Geschäftsstelle des Evang. Kirchentages in der DDR
Auguststr. 80, 1040 Berlin
2 88 61 54

Landesausschuß Anhalt
Klaus Bernhardt
Hauptstraße 4 / Pf 53
4501 Wörpen

Landesausschuß Berlin-Brandenburg
Walter Baaske
Zum Jugendheim 12
1301 Finowfurt

Landesausschuß Görlitz
Horst Nönnig
Dorfstraße 25
8901 Königshain

Landesausschuß Greifswald
Ingrid Plath
Bahnhofstraße 35/36
2200 Greifswald

Landesausschuß Mecklenburg
Gisela Meer
Werderstraße 127
2750 Schwerin

Landesausschuß Kirchenprovinz Sachsen
Lothar Tautz
Nicolaikirchenstraße 4
4850 Weißenfels

Kongreß und Kirchentag Luth. Sachsen
Am Trachauer Bahnhof 6 b
8030 Dresden

Hauptausschuß Region Thüringen
Dalbergsweg 21
5020 Erfurt

Bildnachweis

Seite 16
Stadt Bochum
Förderturm des deutschen Bergbaumuseums.
Presse- und Informationsamt Bochum

Seite 20
Der Alte Markt in der Dortmunder City
Informations- und Presseamt Dortmund

Seite 26
Stadt Essen
Münsterkirche (852), *Rathaus (1979)*

24. DEUTSCHER EVANGELISCHER KIRCHENTA
RUHRGEBIET 1991
Veranstaltungsorte

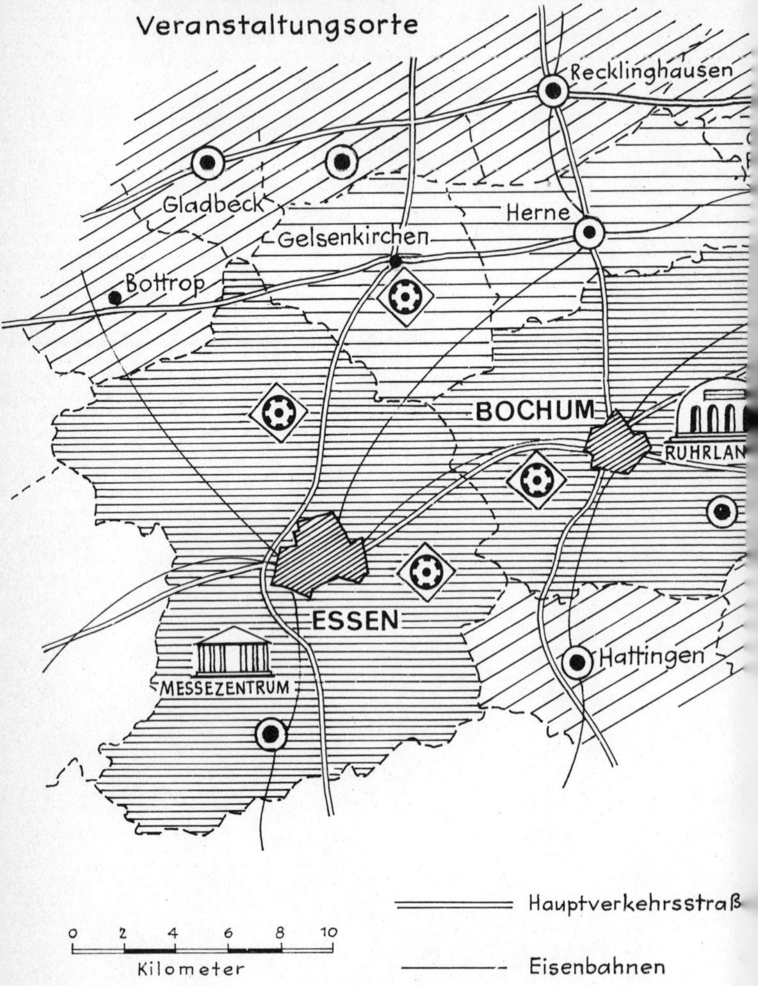

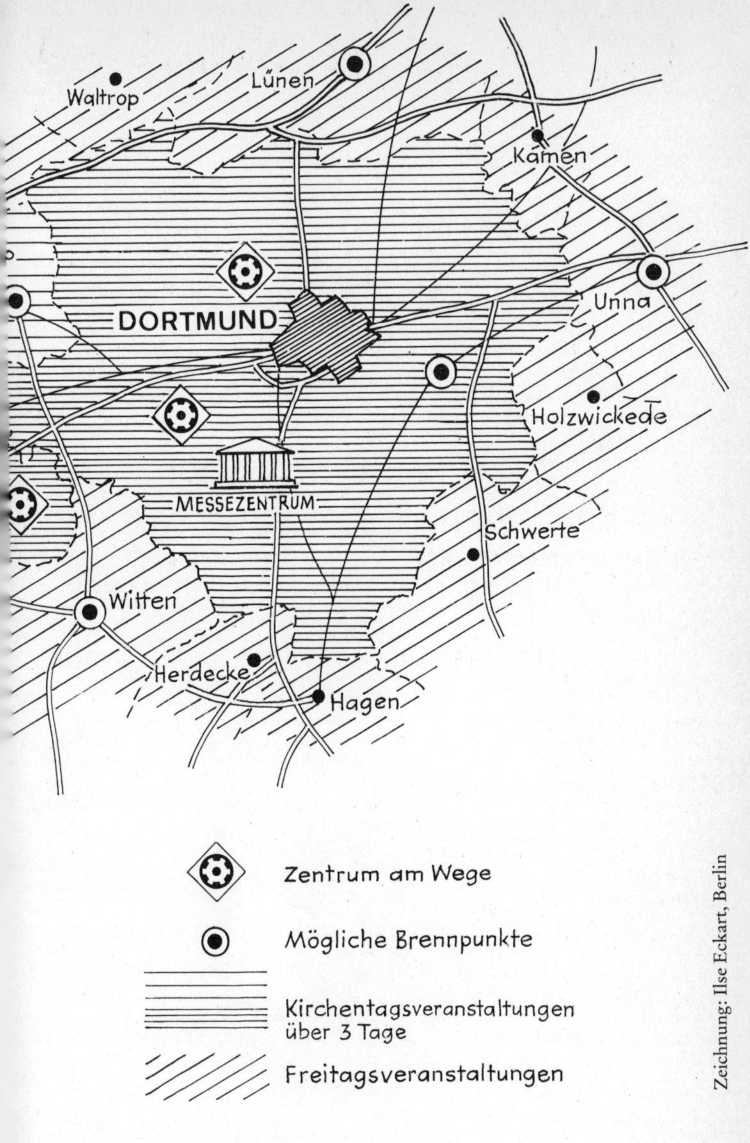

Zeichnung: Ilse Eckart, Berlin

KAISER TASCHENBÜCHER

1 Helmut Gollwitzer, Gebete, 91 Seiten, kart. ISBN 3-459-01670-1 (Originalausgabe)

2 Gerhard von Rad, Theologie des Alten Testaments, Bd. 1: Die Theologie der geschichtlichen Überlieferungen Israels, 512 Seiten, kart. ISBN 3-459-01673-6

3 Gerhard von Rad, Theologie des Alten Testaments, Bd. 2: Die Theologie der prophetischen Überlieferungen Israels, 474 Seiten, kart. ISBN 3-459-01674-4

4 Erasmus von Rotterdam, „Süß scheint der Krieg den Unerfahrenen", übersetzt, kommentiert und herausgegeben von Brigitte Hannemann, 202 Seiten, kart. ISBN 3-459-01669-8 (Originalausgabe)

5 Gerty Spies, Im Staube gefunden. Gedichte, 96 Seiten, kart. ISBN 3-459-01668-X (Originalausgabe)

6 Karl Ernst Nipkow, Erwachsenwerden ohne Gott? Gotteserfahrung im Lebenslauf, 115 Seiten, kart. ISBN 3-459-01672-8 (Originalausgabe)

7 Manfred Josuttis, Der Kampf des Glaubens im Zeitalter der Lebensgefahr, 192 Seiten, kart. ISBN 3-459-01671-X (Originalausgabe)

8 Helmut Gollwitzer, Das hohe Lied der Liebe, 62 Seiten, kart. ISBN 3-459-01675-2

9 Hans Frör, Ich will von Gott erzählen wie von einem Menschen, den ich liebe, 76 Seiten, kart. ISBN 3-459-01676-0

10 Dietrich Bonhoeffer, Nachfolge, 315 Seiten, kart. ISBN 3-459-01677-9

11 Dietrich Bonhoeffer, Lesebuch, hg. von Otto Dudzus, 181 Seiten, kart. ISBN 3-459-01693-0

12 rudolf bohren, heimatkunst, 157 Seiten, kart. ISBN 3-459-01700-7 (Originalausgabe)

13 Hans Frör, Spiel und Wechselspiel. Kommunikationsspiele für Gruppen – Material und Methodik, 176 Seiten, kart. ISBN 3-459-01695-7

14 Helmut Gollwitzer, Ich frage nach dem Sinn des Lebens, 80 Seiten, kart. ISBN 3-459-01696-5

15 Helmut Harsch, Alkoholismus. Schritte zur Hilfe, 164 Seiten, kart. ISBN 3-459-01697-3

16 Jürgen Moltmann, Der gekreuzigte Gott, 320 Seiten, kart. ISBN 3-459-01698-1

17 Dietrich Bonhoeffer, Von guten Mächten, 83 Seiten, kart. ISBN 3-459-01694-9

18 Michael von Brück, Einheit der Wirklichkeit. Gott, Gotteserfahrung und Meditation im hinduistisch-christlichen Dialog, 409 Seiten, kart. ISBN 3-459-01699-X

19 Walter J. Hollenweger, Konflikt in Korinth. Memoiren eines alten Mannes, 93 Seiten, kart. ISBN 3-459-01719-8

20 Manfred Josuttis, Der Pfarrer ist anders. Aspekte einer zeitgenössischen Pastoraltheologie, 232 Seiten, kart. ISBN 3-459-01720-1

KAISER TASCHENBÜCHER

21 Eberhard und Renate Bethge (Hg.), Letzte Briefe im Widerstand. Aus dem Kreis der Familie Bonhoeffer, 135 Seiten, kart. ISBN 3-459-01718-X

22 Wolfgang Huber/Heinz E. Tödt, Menschenrechte. Perspektiven einer menschlichen Welt, 244 Seiten, kart. ISBN 3-459-01721-X

23 Wolfgang Huber, Kirche, 240 Seiten, kart. ISBN 3-459-01722-8

24 Gustav W. Heinemann, Es gibt schwierige Vaterländer ... Aufsätze und Reden 1919–1969, hg. von Helmut Lindemann, 395 Seiten, kart. ISBN 3-459-01723-6

25 Manfred Josuttis, Praxis des Evangeliums zwischen Politik und Religion. Grundprobleme der Praktischen Theologie, 272 Seiten, kart. ISBN 3-459-01732-5

26 Jürgen Moltmann (Hg.), Friedenstheologie – Befreiungstheologie. Analysen – Berichte – Meditationen, 148 Seiten, kart. ISBN 3-459-01728-7 (Originalausgabe)

27 Michael Trowitzsch, Die bunte Gnade Gottes. Von der Einbildungskraft des Glaubens, 140 Seiten, kart. ISBN 3-459-01726-0 (Originalausgabe)

28 Hans Joachim Iwand, Frieden mit dem Osten. Texte 1933–1959, hg. von Gerard C. den Hertog unter Mitarbeit von Klaus Geyer, Jürgen Seim und Dieter Schellong, 280 Seiten, kart. ISBN 3-459-01727-9 (Originalausgabe)

29 Leonore Siegele-Wenschkewitz (Hg.), Verdrängte Vergangenheit, die uns bedrängt. Feministische Theologie in der Verantwortung für die Geschichte, 280 Seiten, kart. ISBN 3-459-01730-9 (Originalausgabe)

30 Luise und Willy Schottroff, Die Macht der Auferstehung. Sozialgeschichtliche Bibelauslegungen, 132 Seiten, kart. ISBN 3-459-01725-2 (Originalausgabe)

31 Waldemar Pisarski, Anders trauern – anders leben, 114 Seiten, kart. ISBN 3-459-01733-3

32 Reiner Strunk, Nachfolge Christi. Erinnerung an eine evangelische Provokation, 263 Seiten, kart. ISBN 3-459-01731-7

33 Hans-Christoph Piper, Kranksein. Erleben und Lernen, 72 Seiten, kart. ISBN 3-459-01729-5

34 Dietrich Bonhoeffer, Ethik, 412 Seiten, kart. ISBN 3-459-01724-4

35 Gerd Theißen, Soziologie der Jesusbewegung. Ein Beitrag zur Entstehungsgeschichte des Urchristentums, 112 Seiten, kart. ISBN 3-459-01765-1

36 Gerd Theißen, Argumente für einen kritischen Glauben. Oder: Was hält der Religionskritik stand?, 128 Seiten, kart. ISBN 3-459-01766-X

37 N. Peter Levinson, Dem Andenken der Gerechten. Nachrufe, 110 Seiten, kart. ISBN 3-459-01767-8 (Originalausgabe)

KAISER TASCHENBÜCHER

38 Dietrich Ritschl, Zur Logik der Theologie. Kurze Darstellung der Zusammenhänge theologischer Grundgedanken, 368 Seiten, kart. ISBN 3-459-01768-6

39 Helmut Breit, Wenn uns ein Licht aufgeht. Kalenderblätter im Dezember, 120 Seiten, kart. ISBN 3-459-01769-4

40 Helmut Gollwitzer / Pinchas Lapide, Ein Flüchtlingskind. Auslegungen zu Lukas 2, 100 Seiten, kart. ISBN 3-459-01770-8

41 Dietrich Bonhoeffer, Gemeinsames Leben, 124 Seiten, kart. ISBN 3-459-01771-6

42 Helmut Gollwitzer, Dennoch bleibe ich stets an dir . . . Predigten aus dem Kirchenkampf 1937–1940, hg. von Joachim Hoppe, Ausgewählte Werke Bd. 1, 208 Seiten, kart. ISBN 3-459-01772-4 (Originalausgabe)

43 Helmut Gollwitzer, Die Existenz Gottes im Bekenntnis des Glaubens, hg. von Peter Winzeler, Ausgewählte Werke Bd. 2, 208 Seiten, kart. ISBN 3-459-01773-2

44 Helmut Gollwitzer, Mensch, du bist gefragt. Reflexionen zur Gotteslehre, hg. von Peter Winzeler, Ausgewählte Werke Bd. 3, 336 Seiten, kart. ISBN 3-459-01774-0 (Originalausgabe)

45 Helmut Gollwitzer, . . . daß Gerechtigkeit und Friede sich küssen. Aufsätze zur politischen Ethik Bd. 1, hg. von Andreas Pangritz, Ausgewählte Werke Bd. 4, 256 Seiten, kart. ISBN 3-459-01775-9 (Originalausgabe)

46 Helmut Gollwitzer, . . . daß Gerechtigkeit und Friede sich küssen. Aufsätze zur politischen Ethik Bd. 2, hg. von Andreas Pangritz, Ausgewählte Werke Bd. 5, 400 Seiten, kart. ISBN 3-459-01776-7 (Originalausgabe)

47 Helmut Gollwitzer, Umkehr und Revolution. Aufsätze zu christlichem Glauben und Marxismus Bd. 1, hg. von Christian Keller, Ausgewählte Werke Bd. 6, 288 Seiten, kart. ISBN 3-459-01777-5 (Originalausgabe)

48 Helmut Gollwitzer, Umkehr und Revolution. Aufsätze zu christlichem Glauben und Marxismus Bd. 2, hg. von Christian Keller, Ausgewählte Werke Bd. 7, 288 Seiten, kart. ISBN 3-459-01778-3 (Originalausgabe)

49 Helmut Gollwitzer, Auch das Denken darf dienen. Aufsätze zu Theologie und Geistesgeschichte Bd. 1, hg. von Friedrich-Wilhelm Marquardt, Ausgewählte Werke Bd. 8, 432 Seiten, kart. ISBN 3-459-01779-1 (Originalausgabe)

50 Helmut Gollwitzer, Auch das Denken darf dienen. Aufsätze zu Theologie und Geistesgeschichte Bd. 2, hg. von Friedrich-Wilhelm Marquardt, Ausgewählte Werke Bd. 9, 288 Seiten, kart. ISBN 3-459-01780-5 (Originalausgabe)

51 Bibliographie Helmut Gollwitzer, hg. von Christa Haehn, mit einem Essay „Helmut Gollwitzer. Weg und Werk" von Friedrich-Wilhelm Marquardt, Ausgewählte Werke Bd. 10, 176 Seiten, kart. ISBN 3-459-01781-3 (Originalausgabe)

KAISER TASCHENBÜCHER

52 James W. Fowler, Glaubensentwicklung. Perspektiven für Seelsorge und kirchliche Bildungsarbeit, eingeführt und herausgegeben von Friedrich Schweitzer. Aus dem amerikanischen Englisch übersetzt von Sieglinde Denzel und Susanne Naumann, 179 Seiten, kart. ISBN 3-459-01797-X (Originalausgabe)

53 Die heilsame Reise. Kurze Geschichten zum Nachdenken, hg. von Ulrich Kabitz mit Lore Graf, Martin Lienhard und Reinhard Pertsch. 170 Seiten, kart. ISBN 3-459-01798-8 (Originalausgabe)

54 Gert Otto, Sprache als Hoffnung. Über den Zusammenhang von Sprache und Leben, 110 Seiten, kart. ISBN 3-459-01799-6 (Originalausgabe)

55 Alfred Walter, AIDS als Versuchung. Christliche Existenz und schwere Krankheit, 185 Seiten, kart. ISBN 3-459-01800-3 (Originalausgabe)

56 Gustav W. Heinemann, Unser Grundgesetz ist ein großes Angebot. Rechtspolitische Schriften, hg. von Jürgen Schmude, 267 Seiten, kart. ISBN 3-459-01801-1 (Originalausgabe)

57 Frieden und Gerechtigkeit. Auf dem Weg zu einer ökumenischen Friedensethik, hg. von Götz Planer-Friedrich, 234 Seiten, kart. ISBN 3-459-01802-X (Originalausgabe)

58 Hans Frör, Spielend bei der Sache. Spiele für Gruppen, 104 Seiten, kart. ISBN 3-459-01803-8

59 Arnold Gilg, Weg und Bedeutung der altkirchlichen Christologie, 108 Seiten, kart. ISBN 3-459-01804-6

60 Yorick Spiegel, Der Prozeß des Trauerns. Analyse und Beratung, 324 Seiten, kart. ISBN 3-459-01805-4

61 Jürgen Moltmann, Kirche in der Kraft des Geistes. Ein Beitrag zur messianischen Ekklesiologie, 407 Seiten, kart. ISBN 3-459-01806-2

62 Ulrich Duchrow, Gert Eisenbürger, Joachim Hippler (Hg.), Totaler Krieg gegen die Armen. Geheime Strategiepapiere der amerikanischen Militärs, 256 Seiten, kart. ISBN 3-459-01817-8

63 Konrad Raiser, Ökumene im Übergang. Paradigmenwechsel in der ökumenischen Bewegung, 205 Seiten, kart. ISBN 3-459-01818-6

64 Friedrich Wilhelm Marquardt, Aber Zion nenne ich Mutter... Evangelische Israel-Predigten mit jüdischen Antworten. Herausgegeben von Joachim Hoppe, 171 Seiten, kart. ISBN 3-459-01819-4

65 Jens Müller-Kent, Vermächtnis für die Zukunft. Gspräche mit Helmut Gollwitzer und Kurt Scharf, 178 Seiten, kart. ISBN 3-459-01827-5

66 Ursula Baltz-Otto, Poesie wie Brot, Religion und Literatur: Gegenseitige Herausforderung, 176 Seiten, kart. ISBN 3-459-01828-3

67 Albert H. Friedlander, Ein Streifen Gold. Auf Wegen zur Versöhnung, 175 Seiten, kart. ISBN 3-459-01829-1

68 Erwin Ringel, Selbstmord. Appell an die anderen, 100 Seiten, kart. ISBN 3-459-01831-3

KAISER TASCHENBÜCHER

69 Eberhard Bethge, Dietrich Bonhoeffer. Eine Biographie, 1129 Seiten, kart. ISBN 3-459-01830-5

70 Albrecht Grözinger, Erzählen und Handeln. Studien zu einer trinitarischen Grundlegung der Praktischen Theologie, 130 Seiten, kart. ISBN 3-459-01832-1 (Originalausgabe)

71 Das Volk will Ochs und Esel. Ein anderes Weihnachtsbuch. Herausgegeben von Ursula Baltz-Otto, 190 Seiten, kart. ISBN 3-459-01833-X (Originalausgabe)

72 Kirchentag '89. Berichte und Materialien aus Berlin. Deutscher Evang. Kirchentag 1989. Herausgegeben im Auftrag des Deutschen Evangelischen Kirchentages von Rüdiger Runge, 256 Seiten mit 16 Seiten Abbildungen, kart. ISBN 3-459-01835-6 (Originalausgabe)

73 Hans Frör, Wie eine wilde Blume. Biblische Liebesgeschichten, 110 Seiten, kart. ISBN 3-459-01844-5 (Originalausgabe)

74 Jürgen Moltmann (Hg.), Religion der Freiheit. Protestantismus in der Moderne, 110 Seiten, kart. ISBN 3-459-01845-3 (Originalausgabe)

75 Ulrich H.J. Körtner, Theologie in dürftiger Zeit. Ein Essay, 110 Seiten, kart. ISBN 3-459-01846-1 (Originalausgabe)

76 Keine Zeit für Kinder? Fragen, Einsprüche, Ermunterungen. Herausgegeben im Auftrag des Deutschen Evangelischen Kirchentages von Konrad von Bonin, ca. 160 Seiten, kart. ISBN 3-459-01847-X (Originalausgabe)

77 Bob Goudzwaard/Harry M. de Lange, Weder Armut noch Überfluß. Plädoyer für eine neue Ökonomie. Übersetzt aus dem Holländischen von Paulander Hausmann und Ernst-Albert Scharffenorth. Eingeleitet und für den bundesdeutschen Kontext bearbeitet von Hans Diefenbacher, 130 Seiten, kart. ISBN 3-459-01848-8 (Originalausgabe)

78 Friedrich Siegmund-Schultze, Friedenskirche, Kaffeeklappe und die ökumenische Vision. Texte 1910–1969. Herausgegeben von Wolfgang Grünberg in Zusammenarbeit mit Elisabeth Hesse, Hans Gressel, Klaus Rehbein, Torsten Schweda und Wolfram Weiße. Mit einem Geleitwort von Wolfgang Huber, 440 Seiten, kart. ISBN 3-459-01849-6 (Originalausgabe)

79 Bengt Hägglund, Geschichte der Theologie. Ein Abriß, 355 Seiten, kart. ISBN 3-459-01850-X

80 Walter Kreck, Grundfragen christlicher Ethik, 386 Seiten, kart. ISBN 3-459-01851-8

81 Jacqui Lee Schiff/Beth Day, Alle meine Kinder. Heilung der Schizophrenie durch Wiederholen der Kindheit, 193 Seiten, kart. ISBN 3-459-01852-6

82 Kurt Lückel, Begegnung mit Sterbenden, 240 Seiten, kart. ISBN 3-459-01853-4

KAISER TASCHENBÜCHER

83 Johannes Sløk, Christentum mit Leidenschaft. Ein Weg-Weiser zur Gedankenwelt Søren Kierkegaards. Übersetzt aus dem Dänischen von Ulrich Panzer, 171 Seiten, kart. ISBN 3-459-01854-2 (Originalausgabe)

84 Albert H. Friedlander, Leo Baeck. Leben und Lehre. Mit einem Nachwort in der Taschenbuchauflage von Albert H. Friedlander und Bertold Klappert, ca. 300 Seiten, kart. ISBN 3-459-01855-0

86 Erhard Eppler, Reden auf die Republik. Deutschlandpolitische Texte 1952–1990. Mit einem einleitenden Beitrag von Joachim Garstecki. Herausgegeben von Wolfgang Brinkel, 176 Seiten, kart. ISBN 3-459-01857-7 (Originalausgabe)